2019
개정판

개정된 산업표준화법령에 따른

*NEW* **KS**

# 인증 실무

개정된 산업표준화법령에 따른

# *NEW* KS 인증 실무       정가 29,000원

| | | | | |
|---|---|---|---|---|
| 발행일 | 2015년 | 7월 | 1일 | 초판 1쇄 발행 |
| | 2018년 | 11월 | 30일 | 개정 1쇄 발행 |
| 편 자 | 한국표준협회 | | | |
| 발행인 | 권 기 수 | | | |
| 발행처 | 한국표준협회미디어 | | | |

주 소   153-787 서울 금천구 가산디지털1로 145
에이스하이엔드타워 3차 1107호

전 화   02-2624-0383
팩 스   02-2624-0369
홈페이지 www.ksamedia.co.kr

등 록   2004년 12월 23일(제2009-26호)
I S B N  979-11-6010-028-0(93320)

**2019
개정판**

개정된 산업표준화법령에 따른

*NEW*

# KS
# 인증 실무

KS CERTIFICATION
GUIDE

**KSAM** 한국표준협회미디어

# Preface

KS 인증이란 국가가 제정한 한국산업표준(KS : Korean Standards) 수준 이상의 제품 또는 서비스를 지속·안정적으로 생산 및 제공할 수 있는 공장 또는 사업장에 대하여 한국표준협회의 심사를 통해 KS 마크를 표시할 수 있도록 하는 국가인증제도이다.

국가표준에 대한 인증제도는 우리나라를 비롯하여 일본(JIS), 영국(KITE), 독일(DIN), 프랑스(NF) 등 많은 나라에서 운영하고 있다. 대부분 각국의 표준협회에서 인증제도를 직접 운영하고 있다.

우리나라 역시 1961년 공업표준화법 제정으로 KS 인증제도가 도입되어 정부가 직접 허가제로 인증업무를 수행해오다가 1998년부터 산업표준 및 품질경영 전문기관인 한국표준협회에서 수행하고 있다.

정부는 2015년 산업표준화 법령 개정을 통해 KS를 해당 전문 분야별로 타 부처로 이관함과 동시에 KS 인증의 절차 및 방법을 KS(KS Q 8001 등 3종)로 제정하여 많은 내용을 법령에서 KS로 이관하였다. 이는 타 법령에서 운용하고 있는 법정 임의인증제도(신재생에너지설비인증 등)를 KS 인증으로 통합하고자 하는 정책 추진에 기인한 것으로, 인증 스킴(형식)이 다소 달라 분야별 인증 요구사항을 별도로 구성하여 모듈화함으로써 KS 인증으로 통합하는 목적을 달성하고자 하는데 있다고 하겠다.

아울러 법령에는 정부와 인증기관 간 책임과 권한을 최소한으로 규정하고 인증기관과 인증기업 간 지켜야 할 내용에 대해서는 상호 인증 계약을 통해 실시하도록 인증의 자율성을 강조하였다.

또한 정부가 인증기관을 지원할 심사기관을 직접 지정하는 지정심사기관제도를 폐지하고 인증기관이 필요할 때 전문적인 심사 및 시험 협력기관을 선택하도록 개선하는 등 인증에 대한 전 과정을 인증기관이 자율적으로 결정하도록 하였다.

2015년 주요 법령 개정 내용은 다른 법정인증 통합에 따른 모듈화 제도 도입, KS 인증기관의 국제 수준 부합화, 공장심사 위주의 사후관리 정기심사 실시, 공장심사 평가 결과를 점수 합산제에서 적부제로 변경, 시판품 및 현장조사 강화, 기업 자율 개선조치가 가능하도록 인증업체 처분 체계 마련 등이다.

2015년 산업표준화 법령 개정 이후 2018년 11월, 현재까지 공장 이전 심사 실시 시기의 단축, 인증받은 자의 지위승계 제한 및 벌칙 신설, 주요 공정 외주 시 외주업체 현장확인 필수 신설, 인증을 받은 날로부터 3년 이내에 정기심사 완료, 공장심사 비용 완화, 공인시험성적서 유효기간 연장 등 인증기업이 꼭 알아야 할 주요사항이 개정되었다

아울러, '산업표준화법 시행규칙 운용요강', 'KS인증기관 지정 및 인증심사원 자격관리에 관한 요령' 등으로 분산 운영된 행정규칙들을 한국산업표준(KS) 인증업무 운영요령으로 통합하여 전부 개정되었으며, 인증의 절차 및 방법에 대한 표준인 KS Q 8001, 8002, 8003 등도 발맞추어 개정되었다.

이와 같은 제도개선 사항을 대폭 반영하여 인증을 준비하는 기업이 인증을 획득하는 과정에서의 불편함과 어려움을 최소화하기 위해 한국표준협회는 산업표준화 법령 및 KS Q 8001 등의 개정된 내용을 전부 반영한 가이드를 사용자 입장에서 새롭게 재정리하였다.

책의 구성을 살펴보면, 제1장에서는 우리나라의 표준화 제도 운영 목적을 제대로 이해할 수 있도록 표준화의 개요와 표준의 분류, 한국산업표준, KS 제정 등을 설명하였다.

제2장에서는 인증과 혼돈하여 사용하고 있는 적합성평가 제도에 대한 개요, 적합성평가와 KS 인증제도 비교, 법정인증제도 현황, 주요국 국가표준 인증제도 등을 개괄적으로 소개하였다.

제3장에서는 KS 인증을 준비하는 업체가 인증 획득 업무를 추진하기 전에 점검하고 체크해야 할 사항을 다루었다.

제4장에서는 산업표준화법 시행규칙에서 규정한 KS 인증심사 기준과 KS(KS Q 8001) 부속서 B의 공장심사보고서 심사사항 및 평가항목에 대해 설명하였다.

제5장부터는 KS 인증 획득 이후에도 지속적으로 KS 인증 유지를 위한 각종 사후관리 내용, 인증받은 자의 의무 등에 대해 항목별로 정리하였다.

이 책은 인증을 준비하는 기업 입장에서 궁금한 사항을 종합적으로 정리한 것이다. KS 인증은 업종별, 규모별로 사례가 다양하다. 그러므로 어떤 것이 정답이라고 확정적으로 말하기는 어렵다. 따라서 이 책을 효율적으로 활용하기 위해서는 우선 KS 인증 실무의 내용들을 충분히 이해한 후, 각 내용별로 업체별 조직 상황과 비교하여 보충하여야 할 부분을 자체적으로 발굴하여야 할 것이다. 이 과정에서 의문 사항이 있을 경우 한국표준협회로 문의하면 도움을 받을 수 있다.

특히, 한국표준협회가 운영하는 한국표준정보망(www.kssn.net) 및 KS인증 지원시스템(www.ksmark.or.kr)을 이용하면 KS 인증에 대한 모든 정보를 손쉽게 활용할 수 있다.

이번 개정판을 통해 KS 인증 신청을 준비하는 기업의 경비 절감과 심사 과정에서 해석의 차이로 인해 생기는 각종 분쟁 방지에 도움이 되길 바란다. 또한 사후관리에 대한 절차 및 준비사항에 대한 지침의 제공으로 KS 인증제도의 신뢰성을 향상시키는 계기가 되었으면 한다. 궁극적으로 우수한 KS 인증제품의 보급으로 소비자 보호뿐 아니라 국가표준을 효율적으로 확립할 수 있는 체제를 구축하는 데 그 역할을 다할 것으로 기대한다.

2018년 11월
한국표준협회

# KS 인증제도 주요 내용

## 01. KS 인증 개요

### KS 인증제도

국가가 제정한 한국산업표준(KS; Korean Standards) 수준 이상의 제품(가공 기술 포함) 및 서비스를 지속적·안정적으로 생산할 수 있는 기업에 대하여 인증기관인 한국표준협회의 심사를 통해 ⏣마크를 표시할 수 있도록 하는 국가인증제도입니다. 이는 표준화된 제품 및 서비스의 보급으로 거래 및 공정의 단순화·투명화를 촉진하고, 소비자 보호와 공공의 안전성 확보는 물론 국가, 기업 및 공공 단체 등에서 물품 구매 시 별도의 품질 확인 절차 등을 생략함으로써 비용 및 시간 절약으로 국민 경제 발전에 기여하고 있습니다.

### KS 인증 제품에 대한 우대

- 국가, 지방 자치 단체, 정부 투자 기관 및 공공 단체 물품 구매에 대한 우선 구매(산업표준화법 제25조)
- 안전 인증 등 인증·검사·형식 승인에 대한 전부 또는 일부 면제 (산업표준화법 제26조)
- 국가를 당사자로 하는 계약에 대한 지명 경쟁 입찰 등 입찰 계약 특례(국가계약법 시행령 제23조)
- 건설자재 품질검사 생략(건설기술진흥법 시행령 제91조)

## KS 인증제도 효과

- 인증기업의 경쟁력 제고
- 공공의 안정성 확보 및 소비자 보호
- 물품 등의 구매기준으로 활용
- 유통 및 시공 등의 단순화·투명화

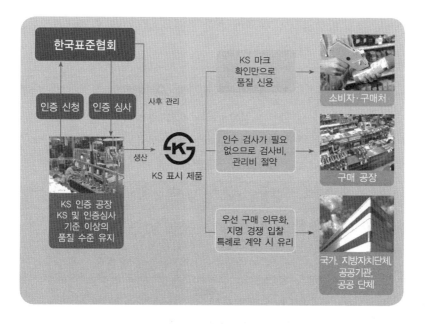

## 02. KS 인증 취득 준비

### 기업의 준비 사항

KS 인증은 한국산업표준(KS) 이상의 제품을 생산할 수 있는 시스템
이 지속적으로 유지될 수 있도록 사내표준화 및 품질경영 활동을 전사
적으로 추진하고 있는지 여부를 판단한다. 그러므로 신청 공장은 최
근 3개월 이상의 공장 운영에 관한 관리실적을 갖춘 후 한국표준협회
에 인증을 신청해야 합니다.

| KS 및 인증품목 지정 여부 확인 |
| --- |
| 한국표준협회에 인증을 신청하려는 품목 지정 여부, KS 및 인증 심<br>사기준 제정 여부 확인 |

| 공장심사보고서 평가항목 확인 |
| --- |
| KS Q 8001의 부속서 B 공장심사보고서의 심사사항 및 평가항목 확인<br>※ KS Q 8001 : KS 인증제도·제품인증에 대한 일반 요구사항<br>※ KS Q 8002 : KS 인증제도·서비스인증에 대한 요구사항 |

| 사내표준화 및 품질경영 기법 도입 |
| --- |
| 해당 KS 및 인증 심사기준과 공장심사보고서에서 규정한 요구사항<br>에 대해 사내 표준화 및 품질경영 추진 |

## 품질관리담당자 확보 및 정기교육 이수

자격이 있는 품질관리담당자 확보 및 정기교육(품질관리 담당자, 경영간부) 이수

## 제조설비 및 시험·검사설비 확보

해당제품을 생산하기에 적합한 제조설비 및 시험·검사설비를 사내표준에 규정하여 보유

## 3개월 이상의 관리 실적

심사일 기준으로 인력 및 설비를 갖추고 정상적으로 3개월 이상 제품 생산실적 보유

## 인증심사 신청

한국표준협회에 인증심사 신청

# 03. KS 인증 절차

## 신규 인증심사 처리 절차

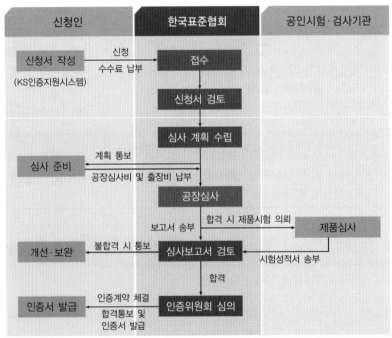

※ 처리기간: 40일(공휴일, 제품 시험기간 제외)

※ 제품심사는 최초 신규(종류 추가 포함) 인증심사 시에만 실시하고, 사후관리 심사(3년, 1년, 공장이전)에서는 실시하지 않습니다.

※ 제품심사는 국가표준기본법 제23조 제2항에 따라 인정을 받거나 같은 수준 의 기준 및 절차에 따라 국제 인정기구로부터 인정을 받은 공인 시험·검사 기관에 의뢰하여 실시합니다.

1. 심사신청(KS인증지원시스템) 및 신청 수수료 납부
2. 심사계획(심사일정 및 심사반(2인) 편성) 수립 및 통보

3. 공장심사비와 출장비를 한국표준협회에 입금
4. 공장심사 실시
5. 제품시험 의뢰 시 공인시험·검사기관에 시험수수료 납부
6. 공장 및 제품심사 적합 시 인증위원회 상정(격주 개최)
7. 인증계약 체결 및 한국표준협회장 명의의 인증서 발급

## 인증신청 시 제출 서류

▶ 제품인증신청서(산업표준화법 시행규칙 별지 제7호서식)
▶ 사업자 등록증
▶ 입금증 사본(신청비)
▶ 공장등록증(해당하는 경우)
▶ ISO 9001 인증서 사본, 내부심사 결과, 경영검토 결과, 부적합 시정조치 결과 등 주요 문서화된 정보(해당하는 경우)
▶ 주요 자재관리(부품, 모듈, 재료 등) 목록
▶ 제조설비 및 시험·검사설비 목록(공정을 외주가공 처리한 경우에는 외주가공 업체 현황, 외부 시험·검사설비를 사용한 경우에는 외부 설비업체 현황 포함)
▶ 외국 KS공장 조사표(대한민국 이외의 지역에 소재한 기업의 경우)

## 심사 시 준비 자료

▶ 회사 현황 설명서(심사원용 각 2부)
  - 회사연혁·회사개요·사내표준 목록/QC공정도·사업자등록증 및 공장등록증(해당하는 경우) 사본
  - 품질관리담당자 자격증 원본 및 근무 증빙서류
  - QM 추진 현황(QM 행사, 내부 심사, 품질분임조 또는 제안, 교육, 불만처리, 5S, 친환경관리, 안전관리 등)

▶ 공장의 일반현황, 제품 재고현황, 생산 및 판매현황, 제조/시험
· 검사설비현황

▶ 사내 표준/해당 한국산업표준(KS) 및 인증심사기준(최신 개정판
확인)/인용표준 및 활용표준(핸드북 등)

## 수수료(VAT 별도)

▶ KS 인증 취득에 소요되는 인증 비용은 아래와 같습니다.

▶ KS 인증 취득 후 정기심사 시에도 동일한 비용이 적용됩니다.

① 신청비용: 기본 1품목당 50만원(매 1품목 추가 시 25만원)
② 심사수당: 심사일수(총 M/D)×심사비*('18년 기준 26만원)
× 2명
  * 한국엔지니어링협회에서 매년 공표하는 엔지니어링기술자 노
    임단가 중 사업 부문별 고급기술자 노임단가를 평균한 값을
    적용하여 계산
③ 인증심사원 출장비 : 공무원 여비규정(5급 공무원 기준)
④ 제품시험비용: 해당 품목(시험항목) 공인 시험·검사기관에서
  정한 금액

# 04. 심사의 종류

## 공장 심사

▶ 공장심사는 한국산업표준(KS), 인증심사기준 및 KS Q 8001 부
속서 B의 공장심사 보고서의 평가항목에 따라 적부제로 심사하
며 33개 모든 항목에서 적합 시 합격으로 판정됩니다.

▶ 33개의 평가항목은 일반품질과 핵심품질(중요 평가항목)로 구분됩니다.

〈공장심사 평가 항목〉

| 심사 사항 | 전체 평가항목 수(핵심 품질) |
|---|---|
| 1. 품질경영관리 | 5(1) |
| 2. 자재관리 | 6(1) |
| 3. 공정·제조설비 관리 | 8(1) |
| 4. 제품관리 | 6(2) |
| 5. 시험·검사설비 관리 | 3(1) |
| 6. 소비자 보호 및 환경·자원관리 | 5(1) |
| 계 | 33(7) |

## 제품 심사

▶ 시료를 채취하여 제품의 품질이 한국산업표준(KS)에 적합한지에 대해 심사합니다.

▶ 제품심사는 최초 신규 인증심사 시에만 실사하고 정기심사(3년, 1년), 공장 이전심사에서는 실시하지 않습니다.

▶ 3개월 이상 시험기간이 장기간 소요되거나 안전인증 등 다른 법령에서 인증을 받은 시험항목 등 KS 수준 이상의 공인시험 성적서(최근 2년 이내) 제출 시 관련 시험은 생략합니다.

# 05. KS 인증 사후관리 절차

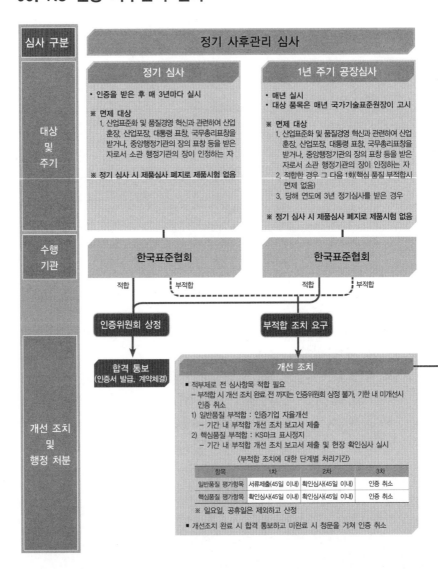

| 심사 구분 | 정기 사후관리 심사 | |
|---|---|---|
| | **정기 심사** | **1년 주기 공장심사** |
| 대상 및 주기 | · 인증을 받은 후 매 3년마다 실시<br><br>※ 면제 대상<br>  1. 산업표준화 및 품질경영 혁신과 관련하여 산업<br>  훈장, 산업포장, 대통령 표창, 국무총리표창을<br>  받거나, 중앙행정기관의 장의 표창 등을 받은<br>  자로서 소관 행정기관의 장이 인정하는 자<br><br>※ 정기 심사 시 제품심사 폐지로 제품시험 없음 | · 매년 실시<br>· 대상 품목은 매년 국가기술표준원장이 고시<br><br>※ 면제 대상<br>  1. 산업표준화 및 품질경영 혁신과 관련하여 산업<br>  훈장, 산업포장, 대통령 표창, 국무총리표창을<br>  받거나, 중앙행정기관의 장의 표창 등을 받은<br>  자로서 소관 행정기관의 장이 인정하는 자<br>  2. 적합한 경우 그 다음 1회(핵심 품질 부적합시<br>  면제 없음)<br>  3. 당해 연도에 3년 정기심사를 받은 경우<br><br>※ 정기 심사 시 제품심사 폐지로 제품시험 없음 |
| 수행 기관 | 한국표준협회 | 한국표준협회 |

적합  부적합  적합  부적합

인증위원회 상정  부적합 조치 요구

합격 통보
(인증서 발급, 계약체결)

| 개선 조치 및 행정 처분 | **개선 조치**<br>■ 적부제로 전 심사항목 적합 필요<br>  – 부적합 시 개선 조치 완료 전 까지는 인증위원회 상정 불가, 기한 내 미개선시<br>    인증 취소<br>  1) 일반품질 부적합 : 인증기업 자율개선<br>    – 기간 내 부적합 개선 조치 보고서 제출<br>  2) 핵심품질 부적합 : KS마크 표시정지<br>    – 기간 내 부적합 개선 조치 보고서 제출 및 현장 확인심사 실시 |

〈부적합 조치에 대한 단계별 처리기간〉

| 항목 | 1차 | 2차 | 3차 |
|---|---|---|---|
| 일반품질 평가항목 | 서류제출(45일 이내) | 확인심사(45일 이내) | 인증 취소 |
| 핵심품질 평가항목 | 확인심사(45일 이내) | 확인심사(45일 이내) | 인증 취소 |

※ 일요일, 공휴일은 제외하고 산정

■ 개선조치 완료 시 합격 통보하고 미완료 시 청문을 거쳐 인증 취소

## 비정기 사후관리 심사

### 시판품 조사 및 현장조사

- 인증 제품의 품질 저하로 인하여 다수의 소비자에게 피해가 발생하거나, 회복하기 어려운 피해가 발생할 우려가 현저하다고 인정되는 경우 실시

- 매년 대상 품목 지정

- **산업통상지원부 국가기술표준원**
  ※ 국가기술표준원 시판품 종합 계획 수립, 정부 요청에 따라 한국표준협회 심사원이 시판품 조사 실시

적합 ← → 부적합

**행정처분 시 처리절차**

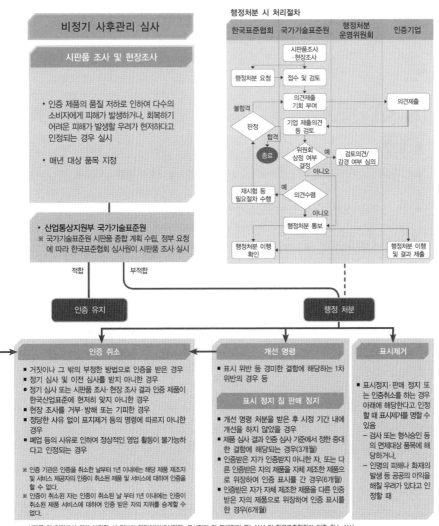

| 한국표준협회 | 국가기술표준원 | 행정처분 운영위원회 | 인증기업 |
|---|---|---|---|

인증 유지 ← → 행정 처분

### 인증 취소

- 거짓이나 그 밖의 부정한 방법으로 인증을 받은 경우
- 정기 심사 및 이전 심사를 받지 아니한 경우
- 정기 심사 또는 시판품 조사·현장 조사 결과 인증 제품이 한국산업표준에 현저히 맞지 아니한 경우
- 현장 조사를 거부·방해 또는 기피한 경우
- 정당한 사유 없이 표지제거 등의 명령에 따르지 아니한 경우
- 폐업 등의 사유로 인하여 정상적인 영업 활동이 불가능하다고 인정되는 경우

※ 인증 기관은 인증을 취소한 날부터 1년 이내에는 해당 제품 제조자 및 서비스 제공자의 인증이 취소된 제품 및 서비스에 대하여 인증을 할 수 없다.
※ 인증이 취소된 자는 인증이 취소된 날 부터 1년 이내에는 인증이 취소된 제품 서비스에 대하여 인증 받은 자의 지위를 승계할 수 없다.

### 개선 명령

- 표시 위반 등 경미한 결함에 해당하는 1차 위반의 경우 등

#### 표시 정지 침 판매 정지

- 개선 명령 처분을 받은 후 시정 기간 내에 개선을 하지 않았을 경우
- 제품 심사 결과 인증 심사 기준에서 정한 중대한 결함에 해당되는 경우(3개월)
- 인증받은 자가 인증받지 아니한 자, 또는 다른 인증받은 자의 제품을 자체 제조한 제품으로 위장하여 인증 표시를 간 경우(6개월)
- 인증받은 자가 자체 제조한 제품을 다른 인증받은 자의 제품으로 위장하여 인증 표시를 한 경우(6개월)

### 표시제거

- 표시정지·판매 정지 또는 인증취소를 하는 경우 아래에 해당한다고 인정할 때 표시제거를 명할 수 있음
  - 검사 또는 형식승인 등의 면제대상 품목에 해당하거나,
  - 인명의 피해나 화재의 발생 등 공공의 이익을 해칠 우려가 있다고 인정할 때

※ 시판품 및 현장조사 결과 부적합 시 정부의 행정처분(개선명령, 표시정지 및 판매정지 등) 실시 및 한국표준협회가 인증 취소 실시
※ 한국준협회는 시판품 및 현장조사 결과 인증 받은자가 표시정지 3개월 이상의 처분을 받은 때에는 시정조치 완료 보고일로 부터 3개월 이내에 확인 심사 실시

# 06. KS 인증 제도가 궁금합니다

▶ KS 인증 준비 시 궁금한 사항이 있으면 언제든지 한국표준협회
에 연락하시면 됩니다.

## KSA 한국표준협회
### KOREAN STANDARDS ASSOCIATION

**본부**

서울특별시 강남구 역삼동 701-7 한국기술센터 19층(지하철 2호선 선릉역 5번 출구 300m)

- **KS 인증심사센터** | 심사 수행(일정수립 및 심사원 배정)
  TEL.(02)6009-4641~8 FAX.(02)6009-4659

- **KS 인증지원센터** | 유권 해석(KS 인증제도 문의)
  TEL.(02)6009-4652~3 FAX.(02)6009-4659
  신규 인증 준비업체 방문 요청
  TEL.(02)6009-4654  FAX.(02)6009-4659

- **홈페이지**
  http://ksmark.or.kr(KS인증지원시스템 : KS 인증 신청)
  http://oksa.or.kr(KSA 공개교육 : 품질관리담당자, 경영간부
  　　　　　　　　KS 인증심사원, 설비윤활기술 등 교육 신청)
  http://kssn.net(한국표준정보망 : KS 및 인증 심사기준 확인)

## 지역 본부 KS 인증센터 연락처

| 지역 | 주소 | TEL | FAX |
|---|---|---|---|
| KSA 가산디지털센터 | 서울특별시 금천구 가산디지털1로 145, 에이스하이엔드타워 3차 13층 | 02) 2624-0114 | 02) 2624-0333 |
| 인재개발원 | 경기도 안성시 원곡면 천덕산로 490-44 | 031) 685-9805~7 | 031) 656-7555 |
| 경기지역센터 | 경기도 수원시 영통구 광교로 109, 한국나노기술원 10층 | 031) 546-6030~8 | 031) 546-6040 |
| 의정부사무소 | 경기도 의정부시 망월로 18-26, 경기북부벤처센터 201호 | 031) 829-8182~4 | 031) 829-8185 |
| 인천지역센터 | 인천광역시 남동구 남동대로 215번길 30, 인천종합비즈니스센터 6층 | 032) 260-0260~7 | 032) 260-0268 |
| 강원지역센터 | 강원도 춘천시 수변공원길 11, 2동 2층 | 033) 252-9423 | 033) 256-9423 |
| 대전세종충남지역센터 | 대전광역시 유성구 가정북로 96, 대전경제통상진흥원 6층 | 042) 864-2301~5 | 042) 864-2366 |
| 충북지역센터 | 충청북도 청주시 청원구 오창읍 연구단지로 40, 충북테크노파크 선도기업관 2층 | 043) 236-2451~3 | 043) 236-2454 |
| 충남북부지역센터 | 충청남도 아산시 배방읍 희망로 46번길 45-21, MSJ빌딩 4층 | 041) 532-7200~1 | 041) 532-7213 |
| 대구경북지역센터 | 대구광역시 동구 동대구로 475, 대구벤처센터 5층 | 053) 384-1562~4 | 053) 384-1565 |
| 부산지역센터 | 부산광역시 동래구 충렬대로 212, 대신증권빌딩 4층 | 051) 557-1239 | 051) 557-0430 |
| 경남지역센터 | 경상남도 창원시 의창구 원이대로 362, 창원컨벤션센터 사무동 602호 | 055) 212-1212 | 055) 212-1213 |
| 울산지역센터 | 울산광역시 북구 산업로 915, 울산경제진흥원 2층 | 052) 289-6601~3 | 052) 289-6604 |
| 광주전남제주지역센터 | 광주광역시 광산구 하남산단 8번로 177, 광주경제고용진흥원 4층 | 062) 953-1435~7 | 062) 953-1438 |
| 전북지역센터 | 전라북도 전주시 완산구 홍산로 276, 전주상공회의소 405호 | 063) 214-2234~7 | 063) 214-2238 |
| 중국사무소 | 北京市昌平区东小口镇北方明珠大厦1号楼 2007室 | +86 - 010 - 56674401 | |

# Contents

PART 01

# 국가표준의 이해

# 01 표준화의 개요

표준화(standardization)란 일반적으로 사물·개념·방법 및 절차 등에 대하여 합리적인 기준(standard)을 설정하고 다수의 사람들이 그 기준에 맞추는 것을 말한다. 다시 말하면 어떤 특정의 활동을 순서 있게 접근할 목적으로 규칙을 세우고, 이것을 적용하는 과정에서 관계하는 모든 사람들의 편익 추구, 경제성 촉진, 기능적인 조건과 안전성 충족을 위하여 모든 사람들의 협력 아래 이루어지는 조직적인 활동이라고 할 수 있다.

## 표준에 대한 각종 정의

### (1) KS Q 3534-4(통계-용어 및 기호-제4부 : 품질경영 용어)

① 표준화

표준을 설정하고 이것을 활용하는 조직적 행위로 정의하고 있다.

② 표준

관계되는 사람들 사이에서 이익 또는 편리가 공정하게 얻어지도록 통일·단순화를 도모할 목적으로 정보·물체·제품·성능·능력·배치·상태·동작·절차·방법·수속·책임·의무·권한·사고 방법·개념 등에 대하여 정한 결정으로 정의하고 있다.

## (2) KS A ISO/IEC Guide 2(표준화 및 관련 활동-일반 어휘)

표준화란 실제적이거나 잠재적인 문제들에 대하여 주어진 범위 내에서 최적의 수준을 성취할 목적으로 공통적이고 반복적인 사용을 위한 규정을 만드는 활동이라고 정의하고 있다.

① 표준을 공식화하고, 발행하고, 이행하는 과정들로 이루어지는 활동
② 표준화의 중요한 이익은 제품, 프로세스 또는 서비스를 본래의 의도된 목적에 적절하도록 개선하고, 무역에 대한 장벽을 방지하며, 기술적 협력을 촉진하는 것이다.

이러한 활동에 필요한 합리적 기준이 표준이다. 표준은 합의에 의해 작성되고 인정된 기관에 의해 승인되며, 공통적이고 반복적인 사용을 위해 제공되는 규칙, 지침서 또는 특성을 제공하는 문서를 말한다.

## (3) WTO/TBT의 정의

'규칙, 지침, 상품의 특성 또는 관련 공정 및 생산 방법을 공통적이고 반복적인 사용을 위하여 규정한 문서이다. 공인된 기구에 의해 승인되고 그 준수가 강제적이 아닌 문서, 이는 상품, 공정 또는 생산방법에 적용되는 용어, 기호, 포장, 표시 또는 상표 부착 요건을 포함하거나 전적으로 이들만을 취급할 수 있다'라고 규정하고 있다.


# 표준의 중요성

표준은 우리 생활과 매우 밀접한 관계를 가지고 있다. 드러나지 않게 제 역할을 다하고 있으며, 살아가는 데 필요한 공기와 같은 존재이다. 오늘날 전 세계가 하나의 네트워크로 연결되면서 표준의 중

요성은 더욱 증대되고, 표준화의 범위도 종전의 제조업 중심에서 건강, 의료, 사회 안전, 교육, 환경, 윤리, 관광, 재무 등 사회의 모든 분야로 급속히 확대되어 가고 있다. 선진 국가들은 저마다 표준화 전략을 국가의 중요 정책으로 채택하여 체계적으로 추진하고 있다. 이러한 현상은 정보 통신, 전기·전자 분야에서 두드러지게 나타나고 있고, 심지어는 '글로벌 표준 전쟁'이라고까지 불리고 있다.

## 표준화의 목적 및 효과

표준화는 생산·소비·유통 등 모든 분야에서 능률 증진 및 경제성 향상을 통해 제품의 품질 개선과 생산 능률의 향상, 상거래의 단순화·공정화 및 공동체 이익의 최적화 촉진을 목적으로 하고 있다. IT 산업의 발달로 전 세계가 하나의 시장으로 통합되면서 세계 시장을 선점하기 위한 수단으로써 확실한 자리매김을 하고 있다.

### (1) 목 적

산업표준화법의 목적은 다음과 같다.

> **제1조(목적)** 이 법은 적정하고 합리적인 산업 표준을 제정·보급하고 품질 경영을 지원하며, 광공업품 및 산업 활동 관련 서비스의 품질·생산 효율·생산 기술을 향상시키고 거래를 단순화·공정화(公正化)하며 소비를 합리화함으로써 산업 경쟁력을 향상시키고 국가 경제를 발전시키는 것을 목적으로 한다.

① 제품 및 업무 행위의 단순화와 호환성 향상
② 관계자들 간의 의사소통의 원활(상호 이해)
③ 전체적인 경제성 추구
④ 안전·건강·환경 및 생명 보호

⑤ 소비자 및 생산자의 이익 보호
⑥ 현장 및 사무실 자동화에 기여
⑦ 네트워크 간 인터페이스 및 호환성(시스템 간 정합화)

## (2) 효 과

① 품질의 향상과 균일성의 유지
② 생산 능률의 증진과 생산 원가절감
③ 대량 생산 시스템 가능(호환성)
④ 인력과 자재의 절약
⑤ 종업원의 교육, 훈련 용이
⑥ 삶의 질 향상(편익 증대)
⑦ 시장 선점을 위한 수단


# 표준화의 기능

## (1) 사회적·경제적인 효율을 향상시키는 중요한 수단

표준은 원료나 자원으로부터 제품이나 서비스를 생산하는 모든 과정에서 생산 효율을 증가시키고 품질의 향상과 소비자를 보호하는 효과를 가져 온다.
최근에는 그동안의 제품 위주의 표준 제정에서 벗어나 유통·물류·소프트웨어·서비스 등 전 산업 분야로 확대되고, 노령화 사회, 정보화 사회에 대비한 필수적인 경제 사회의 혁신 수단으로 인식되고 있다.

## (2) 산업 발전 기반

완성도 높은 기술의 표준화는 기술 적용 제품의 시장 적합성과 경쟁력을 향상시켜 준다.

특히 정보기술, 멀티미디어, HDTV, DVD 등에 적용되는 신기술에 대한 선행적 표준화는 첨단 산업 기술 발전의 기반이 되며, 기술 투자의 중복을 방지하고 기술을 이전하는 데에도 필수적인 산업 발전의 기반이 된다.

## (3) 교역 증대와 무역 자유화의 기반

국제표준과 국가표준의 부합화는 국가 간 상호 인정을 촉진하고 무역 증대 및 경제를 통합하는 데 중요한 역할을 한다. WTO/TBT 협정(Agreement on Technical Barriers to Trade)은 각국의 기술 규정과 표준이 국제 무역에 있어서 장벽이 되지 않도록 국가표준(기술규정 포함)의 제정·개정 시 국제표준이 있는 경우 이를 채택하여 적용하도록 규정하고 있다.

## (4) 네트워크 외부 효과

표준의 가장 큰 효과는 호환성(compatibility)이 가져오는 네트워크 외부 효과라고 할 수 있다. 표준으로 인해 제품의 호환성이 이루어지면 제품에서 오는 효용은 그 제품이 속해 있는 다른 사용자의 수에 의해 비례하여 증가하게 된다는 것이다. 예를 들어 컴퓨터의 경우 기술 혁신에 의해 새로운 중앙 처리 장치나 소프트웨어가 개발되어 채용되면, 이와 관련된 제품·생산·기업 모두에게 긍정적이든 부정적이든 영향을 미치게 된다.

시장에서 먼저 표준이 정해지는 '사실상 표준'의 경우 마이크로소프트사의 Windows 7, 8 등의 발표가 국내 반도체 기업들의 매출 증대로 이어지는 현상도 호환성에 의한 네트워크 외부 효과로 설명할 수 있다.

## (5) 규모 경제 가능

표준은 또한 생산 공정의 혁신과 시장의 확대를 통한 '규모의 경제 (economy of scale)'를 가능하게 하고, 판매 경쟁을 가속화시키며, 신기술 개발을 촉진하고 매출을 증대시킨다.

## (6) 소비자에게 상품정보 제공

표준은 소비자가 원하는 제품이나 서비스, 생산 과정에 대한 정보를 통일된 방법으로 제공하여 거래 비용을 감소시키고, 소비자에게 정확하고 알기 쉬운 상품정보를 제공함으로써 소비자의 이익을 증진시킨다. 즉 정보 제공 기능은 시장의 상거래 행위에서 부수적으로 발생하는 탐색 비용(search cost)과 측정 비용(measurement cost)을 줄이는 역할을 하게 되는 것이다.

## (7) 기업의 기술 혁신 가속화

표준은 기업의 기술 혁신을 가속화시키는 기능을 한다. 제품이 시장에 출시되어 경쟁하기 전(pre-competitiveness) 단계에서 단체나 컨소시엄에 의해 표준으로 받아들여지는 경우, 관련 제품이나 기술을 보유한 기업은 보유 기술을 무형의 상품으로 거래하여 얻게 된다. 이러한 이유 때문에 많은 글로벌 기업들은 첨단 기술 분야에서 기술 개발뿐 아니라 국제표준을 획득하기 위한 노력을 강화하고 있는 것이다.

## (8) 삶의 질 향상

표준은 제품의 품질·건강·안전·환경 등의 생활의 모든 분야에서 편익을 증진시키고 삶을 윤택하게 하기 위한 지침서 라인을 제시하고 있다. 이는 표준의 공공재적인 성격에서 유래한다. 국민의 안전, 깨

끗한 환경, 건강한 삶 등과 같이 국가·사회 전체의 목표를 달성하는데 표준은 올바른 길과 방향을 제시해 준다.

## ⑼ 국가 간 교역 촉진

표준은 국가 간의 무역을 촉진하고 제품·서비스의 자유로운 이동, 즉 자유 무역을 가능하게 하여 세계 경제발전에도 기여하고 있다. 따라서 WTO, OECD 등의 다자간 협상이나 국가 간 FTA 등에서 표준이 비관세 무역 장벽의 제거를 위한 가장 중요한 수단으로 다루어지고 있는 것이다.

## 표준의 분류

'표준을 분류하는 데는 표준이 없다'는 말이 있다. 이는 표준이 그만큼 다양하고 형성의 역사가 오래되었음을 뜻하는 것이라고 할 수 있다. 표준을 분류하는 가장 포괄적인 체계는 표준을 인문 사회적 표준과 과학 기술계 표준으로 분류하는 것이다.

국가표준기본법 제3조 정의에서는 표준을 다음과 같이 8종류로 분류 하고 있다.

1. '국가표준'이란 국가 사회의 모든 분야에서 정확성, 합리성 및 국제성을 높이기 위하여 국가적으로 공인된 과학적·기술적 공공기준으로서 측정 표준·참조표준·성문표준·기술규정 등 이 법에서 규정하는 모든 표준 을 말한다.
2. '국제표준'이란 국가 간의 물질이나 서비스의 교환을 쉽게 하고 지적· 과학적·기술적·경제적 활동 분야에서 국제적 협력을 증진하기 위하 여 제정된 기준으로서 국제적으로 공인된 표준을 말한다.
3. '측정표준'이란 산업 및 과학기술 분야에서 물상상태(物象狀態)의 양의 측정 단위 또는 특정량의 값을 정의하고, 현시(顯示)하며, 보존 및 재현 하기 위한 기준으로 사용되는 물적 척도, 측정기기, 표준물질, 측정방 법 또는 측정체계를 말한다.
4. '국가측정표준'이란 관련된 양의 다른 표준들에 값을 부여하기 위한 기 준으로서 국가적으로 공인된 측정표준을 말한다.
5. '국제측정표준'이란 관련된 양의 다른 표준들에 값을 부여하기 위한 기 준으로서 국제적으로 공인된 측정표준을 말한다.

6. '참조표준'이란 측정데이터 및 정보의 정확도와 신뢰도를 과학적으로 분석·평가하여 공인된 것으로서, 국가 사회의 모든 분야에서 널리 지속적으로 사용되거나 반복 사용할 수 있도록 마련된 물리화학적 상수, 물성 값, 과학기술적 통계 등을 말한다.

7. '성문표준'이란 국가사회의 모든 분야에서 총체적인 이해성, 효율성 및 경제성 등을 높이기 위하여 자율적으로 적용하는 문서화된 과학기술적 기준, 규격 및 지침을 말한다.

8. '기술규정'이란 인체의 건강·안전, 환경보호와 소비자에 대한 기만행위 방지 등을 위하여 제품, 서비스, 공정(이하 '제품 등'이라 한다)에 대하여 강제적으로 적용하는 기준을 말한다.

## 한국산업표준의 정의와 종류

한국산업표준(KS : Korean Standards, 이하 'KS'라 한다)은 산업표준화법에서 정한 바에 따라 산업표준심의회의 심의를 거쳐 국가기술표준원장이 고시함으로써 확정되는 국가표준으로, 약칭하여 KS로 표시한다.

산업표준은 산업표준화법 제2조에서 다음과 같이 정의하고 있다.

**제2조(정의)** 이 법에서 사용하는 용어의 정의는 다음과 같다.

1. '산업표준'이란 산업표준화를 위한 기준을 말한다.
2. '산업표준화'란 다음 각 목의 사항을 통일하고 단순화하는 것을 말한다.

   가. 광공업품의 종류·형상·치수·구조·장비·품질·등급·성분·성능·기능·내구도·안전도
   
   나. 광공업품의 생산 방법, 설계 방법, 제도 방법, 사용 방법, 운용 방법, 원단위(原單位) 생산에 관한 작업 방법, 안전 조건
   
   다. 광공업품의 포장의 종류·형상·치수·구조·성능·등급·방법
   
   라. 광공업품 또는 광공업의 기술과 관련되는 시험·분석·감정·검사·검정, 통계적 기법, 측정 방법 및 용어·약어·기호·부호·표준수(標準數)·단위
   
   마. 구축물과 그 밖의 공작물의 설계, 시공 방법 또는 안전 조건
   
   바. 기업 활동과 관련되는 물품의 조달·설계·생산·운용·보수·폐기 등을 관리하는 정보 체계 및 전자 통신 매체에 의한 상업적 거래

사. 산업 활동과 관련된 서비스(전기통신 관련 서비스를 제외한다. 이하 '서비스'라 한다)의 제공절차·방법·체계·평가방법 등에 관한 사항

3. '품질경영'이란 기업·공공기관·단체 등(이하 '기업등'이라 한다.) 이 고객이 만족할 수 있는 품질목표를 설정하고 이를 달성하기 위하여 체계적으로 품질을 계획·관리·보증 개선하는 등의 경영 활동을 말한다.

산업표준은 그 대상에 따라 다음과 같이 분류할 수 있고, KS 인증 대상은 제품 표준이다.

① **제품 표준**

제품의 형상·치수·품질·안전성 등 특정 조건에서 정해진 성능을 수행하기 위해 만족시켜야 하는 제품 요구사항에 대하여 규정

② **방법 표준**

시험·분석·검사·검정 및 측정방법, 작업방법 등에 대하여 규정

③ **전달 표준**

용어·약어·부호·기호·기술·단위·수열·개념 등에 대하여 규정. 또한 산업표준의 분류는 전문 분야별로 기본 부문(A)부터 정보 부문(X)까지 21개 부문으로 분류하고 있다. 산업표준화법 시행규칙 제4조제4호에 따라 시행규칙 〈별표 1〉에 규정하고 있다. 여기에서 '부문 기호'란 산업표준화법 제12조에 따른 한국산업표준(KS)의 부문 기호를 말한다.

인증 업무의 범위(제4조제4호 관련)

| 인증 업무의 범위 | 인증 품목(인증 분야) |
|---|---|
| 기 본 | 부문 기호 A로 분류되는 지정 품목 |
| 기 계 | 부문 기호 B로 분류되는 지정 품목 |
| 전 기 전 자 | 부문 기호 C로 분류되는 지정 품목 |
| 금 속 | 부문 기호 D로 분류되는 지정 품목 |
| 광 산 | 부문 기호 E로 분류되는 지정 품목 |
| 건 설 | 부문 기호 F로 분류되는 지정 품목 |
| 일용품 | 부문 기호 G로 분류되는 지정 품목 |
| 식 품 | 부문 기호 H로 분류되는 지정 품목 |
| 환 경 | 부문 기호 I로 분류되는 지정 품목 |
| 생 물 | 부문 기호 J로 분류되는 지정 품목 |
| 섬 유 | 부문 기호 K로 분류되는 지정 품목 |
| 요 업 | 부문 기호 L로 분류되는 지정 품목 |
| 화 학 | 부문 기호 M로 분류되는 지정 품목 |
| 의 료 | 부문 기호 P로 분류되는 지정 품목 |
| 품 질 경 영 | 부문 기호 Q로 분류되는 지정 분야 |
| 수 송 기 계 | 부문 기호 R로 분류되는 지정 품목 |
| 서 비 스 | 부문 기호 S로 분류되는 지정 분야 |
| 물 류 | 부문 기호 T로 분류되는 지정 분야 |
| 조 선 | 부문 기호 V로 분류되는 지정 품목 |
| 항 공 우 주 | 부문 기호 W로 분류되는 지정 품목 |
| 정 보 | 부문 기호 X로 분류되는 지정 품목 |

※ 주: 이 표에서 '부분 기호'란 법 제12조에 따른 한국산업표준(KS)의 부분 기호를
말한다.

각 부문별 세부 분야는 다음과 같이 구성되어 있다.

① 기본 부문(A)

기본 일반/방사선(능) 관리/지침서/인간 공학/신인성 관리/문화/
사회 시스템/기타

② 기계 부문(B)

기계 일반/기계 요소/공구/공작 기계/측정 계산용 기계 기구, 물리
기계/일반 기계/산업 기계/농업 기계/열사용 기기, 가스 기기/계량·
측정/산업 자동화/기타

③ 전기전자 부문(C)

전기전자 일반/측정·시험용 기계 기구/전기·전자 재료/전선·케
이블·전로용품/전기 기계 기구/전기 응용 기계 기구/전기·전자·
통신 부품/전구·조명 기구/배선·전기 기기/반도체·디스플레이/
기타

④ 금속 부문(D)

금속 일반/원재료/강재/주강·주철/신동품/주물/신재/2차 제품/
가공 방법/분석/기타

⑤ 광산 부문(E)

광산 일반/채광/보안/광산물/운반/기타

⑥ 건설 부문(F)

건설 일반/시험·검사·측량/재료·부재/시공/기타

⑦ 일용품 부문(G)

일용품 일반/가구·실내 장식품/문구·사무용품/가정용품/레저·
스포츠용품/악기류/기타

⑧ 식품 부문(H)

식품 일반/농산물 가공품/축산물 가공품/수산물 가공품/기타

⑨ 환경 부문(I)

환경 일반/환경 평가/대기/수질/토양/폐기물/소음 진동/악취/해양 환경/기타

⑩ 생물 부문(J)

생물 일반/생물 공정/생물 화학, 생물 연료/산업 미생물/생물 검정·정보/기타

⑪ 섬유 부문(K)

섬유 일반/피복/실·편직물·직물/편·직물 제조기/산업용 섬유 제품/기타

⑫ 요업 부문(L)

요업 일반/유리/내화물/도자기·점토 제품/시멘트/연마재/기계 구조 요업/전기전자 요업/원소재/기타

⑬ 화학 부문(M)

화학 일반/산업 약품/고무·가죽/유지·광유/플라스틱·사진 재료/염료·폭약/안료·도료 잉크/종이·펄프/시약/화장품/기타

⑭ 의료 부문(P)

의료 일반/일반 의료 기기/의료용 설비·기기/의료용 재료/의료용기·위생용품/재활 보조 기구, 관련 기기, 고령 친화용품/전자 의료 기기/기타

⑮ 품질경영 부문(Q)

품질경영 일반/공장 관리/관능 검사/시스템 인증/적합성평가/
통계적 기법 응용/기타

⑯ 수송 기계 부문(R)

차체·안전/전기 전자 장치·계기/수리 기기/철도/이륜 자동차/기타

⑰ 서비스 부문(S)

서비스 일반/산업 서비스/소비자 서비스/기타

⑱ 물류 부문(T)

물류 일반/포장/보관·하역/운송/물류 정보/기타

⑲ 조선 부문(V)

조선 일반/선체/기관/전기 기기/항해용 기기·계기/기타

⑳ 항공 우주 부문(W)

항공 전자 장비/지상 지원 장비/기타

㉑ 정보 부문(X)

정보 일반/정보기술(IT) 응용/문자 세트, 부호화, 자동 인식/소프
트웨어, 컴퓨터 그래픽스/네트워킹, IT 상호 접속/정보 상호 기기,
데이터 저장 매체/전자 문서, 전자상거래/기타

## KS 제정 세부 절차 및 방법

### (1) 대상 품목의 선정

우리나라 산업 및 경제 활동을 효율적으로 추진하기 위해 KS 제정 등의 대상 품목 선정은 매우 중요하다. 우리나라 차세대 산업을 선도하고 신제품·신소재·신기술 개발에 적절히 대처할 수 있도록 신규 수요를 지속적이고 적극적으로 발굴하여, 적기에 KS를 제정하여 우리나라 산업 발전을 선도해 나가야 한다.

표준화는 전통적으로 기업의 능률·효율 향상의 수단으로써 제조업을 중심으로 추진되어 왔다. 그러나 오늘날은 인간의 삶의 질 향상, 정부 정책의 도구, 무역 규범, 기업 경영 전략 도구, 기술 혁신의 도구, 글로벌 패권 확보 수단, 경제적·사회적 통합, 사회적 책임, 지속가능발전 등의 기능으로 확대되고 있다. 이처럼 표준화 영역은 사회의 모든 분야로 확대되어 가고 있으므로, 대상 품목 선정 시 이러한 부분도 충분히 고려되어야 한다.

### (2) 대상 품목 선정 시 우선 고려해야 할 사항

- 국제적으로 영향을 미칠 수 있는 국제표준의 제정 및 개정
- 차세대 산업을 리드할 신기술, 신제품에 대한 표준
- 수출 지원을 위하여 필요한 품목
- 국민의 삶의 질 향상을 위하여 필요한 품목
- 서비스 등 비제조업 분야 확대
- 국내 이해관계인들의 요구 품목

## (3) 제정된 KS의 적부 확인 대상

이미 제정되어 있는 KS는 제정 또는 개정된 날로부터 5년마다 그 적부를 확인하고 개정·확인 또는 폐지하여야한다. 그러므로 기간이 도래된 표준이 대상이다.

## (4) 대상 품목 선정 절차

광범위하고 체계적이며 종합적인 수요 조사를 실시한다. 수요 조사 는 국제표준 및 외국 표준의 제정·개정 동향과 국내 업체 및 단체 등 사용자를 대상으로 상시적으로 실시한다. 대상 품목 중 우선순위 를 정하여 추진한다. 제정한 경우는 국내 파급 효과 및 관련 표준과 의 연계성 등을 감안하여 우선순위를 정하여 확보된 예산의 범위 내 에서 추진할 수 있는 품목을 확정한다.

## (5) KS(안) 작성

① KS(안) 작성 주체
- **국가**
  정부 정책 또는 국가 간 이해관계가 있거나 시급성이 요구되면 서, 민간 개발 기관이 수행하기 어려운 품목은 정부가 직접 안 을 작성한다.
- **표준개발 협력기관**
  정부가 전문 분야별로 지정한 표준개발 협력기관에 위탁하여 개발한다.
- **관계 전문가 또는 외부 전문기관**
  고도의 전문성이 요구되는 특정 분야로 당해 전문가 또는 전문 기관에 개발·의뢰한다.

- **정부 연구개발 사업 참여 기관**

  국제 또는 다른 국가에서 아직 표준이 제정되어 있지 않은 새로운 분야로 고도의 전문성을 요하는 분야는 정부 R&D 사업의 일환으로 국가표준을 개발하여 국가기술표준원장에게 제정 등을 요청한다.

- **이해관계인**

  이해관계인은 필요에 따라 KS의 제정 및 개정 신청을 할 수 있다. 이 경우 표준(안)을 직접 작성하여 사유서와 함께 국가기술표준원장에게 요청한다.

② KS(안) 작성 형식

　KS안을 작성하는 모든 주체는 KS A 0001(표준서의 서식 및 작성방법)에 따라 반드시 표준안을 작성하여야 한다.

> 국가기술표준원에서는 'KS A 0001:2015 표준서의 서식 및 작성방법'에 부합되는 표준서를 쉽게 작성할 수 있도록 『KS 작성 프로그램(KSDT)』을 제작하여 무료로 배포하고 있다.
> 『KS 작성 프로그램(KSDT)』은 국가 표준인증 통합정보시스템인 e나라표준인증(www.standard.go.kr)의 자료실에서 구할 수 있다.

## (6) 관계 행정기관과 상호 협의

① 국가기술표준원장은 KS 제정 등을 하려는 경우, 심의하기 전에 미리 관계 행정기관의 장과 협의를 거쳐야 한다.

② 건축 자재, 소방용품, 군수품, 교육용품, 의료용품, 정보통신 기기, 기상용품, 철도용품 등 그 사용과 관련이 있는 다른 행정기관과 연간 계획된 품목의 경우는 연초에 일괄하여 협의하고, 개별로 추진되는 품목은 심의 전에 협의를 하여야 한다.

③ 반대로 관계 행정기관의 장이 다음의 기준이나 표준을 정하려는 경우 산업표준과 부합화를 위하여 국가기술표준원장과 협의를 하여야 한다.

- 관련 분야에 대하여 KS를 사용할 수 있음에도 불구하고 기준이나 표준을 달리 제정하는 경우
- KS를 인용하고 있는 분야의 기준이나 표준을 달리 개정하는 경우
- 국가·지방자치단체가 물자 및 용역의 조달, 생산 관리, 시설 공사 등을 할 때 사용되는 기준이나 표준을 제정 또는 개정하는 경우
- 국가표준기본법 제20조제2항에 따라 세계무역기구(WTO)에 통보하여야 하는 기준이나 표준을 제정 또는 개정하는 경우

## (7) 이해관계인들의 의견 수렴

### ① KS 제정 등의 예고

국가기술표준원장은 KS 제정 등을 하고자 하는 경우 KS 번호 및 명칭, 주요 골자, 제출 기한 등을 관보 또는 인터넷에 공고하고 의견 제출 기간을 60일(경미한 경우 30일)을 주어 이해관계인들의 의견을 수렴하여야 한다.

### ② 공청회 등

국가기술표준원장은 그 파급 효과가 크다고 인정되는 KS 제정 등의 경우는 공청회를 개최하여 이해관계인들의 의견을 들을 수 있다. 이해관계인은 다음 내용을 기재하여 서면으로 공청회 개최를 요구할 수 있다. 이 경우, 국가기술표준원장은 검토 후 지체 없이 공청회를 개최하여야 한다.

- 신청인의 주소·성명 또는 명칭
- 공청회의 안건
- 신청 이유

## (8) 심의 및 확정

전문분야별 기술심의회, 표준회의 등에서 정해진 절차를 완료하고 표준안이 확정되면 국가기술표준원장 또는 소관 중앙행정기관의 장은 한국산업표준으로 제·개정 또는 폐지를 고시하고 관보에 게재함으로써 KS로 확정됨

※ 한국산업표준은 제정일로부터 5년마다 적정성을 검토하여 개정·확인·폐지 등의 조치를 하게 되며, 필요한 경우 5년 이내라도 개정 또는 폐지할 수 있다.

### ① 표준회의

- 소관 부처의 분야별 기술심의회를 거친 최종 표준안에 대해 부처 간 중복 여부, 국가표준의 형식부합화 등의 심의를 거쳐야 한다. 기술심의회의 검토가 필요하다고 인정되면 해당 기술심의회로 이송시켜 검토하게 할 수 있음

### ② 기술심의회

- 산업표준심의회의 전문 분야별로 구성되어 있는 해당 표준의 소관 기술심의회에 표준안을 상정하여 심의를 거쳐야 한다. 전문 기술분야 등 전문위원회의 검토가 필요하다고 인정되면 해당 전문위원회로 이송시켜 검토하게 할 수 있음

### ③ 전문위원회

- 전문 분야별로 구성된 전문위원회는 기술심의회로부터 이송된 표준안에 대하여 심의하고 심의 결과를 기술심의회에 통보함

## (9) 공포

### ① 고시

KS의 제정 등을 할 때에는 다음 내용을 통상 고시일을 기준으로 5일 전까지 관보 게재 의뢰 또는 인터넷 홈페이지에 고시하여야 한다.

- KS의 명칭 및 번호
- 제정·개정·폐지 구분
- 주요 내용
- 연월일

② 이 절차에 의하여 고시된 표준을 '한국산업표준(KS)'이라 하고, 다른 표준은 '한국산업표준'이라는 명칭을 사용할 수 없다.

## ⑩ 한국산업표준 제정 등의 원칙

### ① 시장 연계성

소비자들의 요구가 많고 공공의 이익을 실현하기 위하여 효과성이 큰 것부터 우선순위를 정하여 제정하여야 하며, KS의 보급·이행 확산을 위하여 노력하여야 한다.

### ② 적시성

신성장동력 산업 등 차세대 산업을 선도하고, 신제품 및 신기술 개발에 따라 적정한 시기에 신속하게 제정되어야 한다.

### ③ 합의성

KS의 제정 등을 할 때에는 반드시 이해관계인들의 합의를 거쳐야 하고, 관련 법 규정과 충돌되지 않아야 한다.

### ④ 개방성

표준의 적용에 있어서 모든 이해관계자들에게 차별을 두어서는 안 되며, 공평하게 적용되어야 한다.

### ⑤ 투명성

표준 제정은 절차상 하자가 없어야 하며, 주요 정보는 문서화되고 누구나 쉽게 접근할 수 있도록 투명하여야 한다.

⑥ 일관성

다른 표준과 중복·충돌을 피해야 하고, 유사 관련 표준과의 상호 연계성을 가져야 하며, 일정한 형식을 갖추어야 한다.

⑦ 적용 가능성

국내 산업 및 기술 수준을 충분히 조사하여 적용이 가능하도록 정해야 하며, 국제적·경제적인 수준을 유지해야 한다.

## ⑾ 열람 및 보급

KS의 제정 등은 국가기술표준원 또는 소관 중앙행정기관에서 직접 수행하고 있다. 이들의 보급 업무는 산업표준화법 제34조제1호에 따라 한국표준협회에서 수행하고 있다.

모든 KS에 대하여 국가표준·인증 통합정보 포털 'e나라표준인증 (www.standard.go.kr)'을 통하여 KS별 이력과 내용을 직접 열람할 수 있고, KS 제정 등의 예고 및 최근 공포된 고시 내용을 확인할 수 있다.

KS를 포함하여 ISO·IEC 등 국제표준 또는 세계 모든 나라의 국가 표준이나 단체표준 등이 필요한 경우에는 한국표준협회의 한국표준 정보망(KSSN: Korean Standards Service Network) 홈페이지 (www.kssn.net)를 통하여 구매할 수 있다. 또한 여기에서는 KS 인증 심사기준을 무료로 다운받을 수 있으며, KS 인증 업체에 대한 정보를 실시간으로 확인할 수 있다.

## ⑿ 일반인이 한국산업표준의 제정·개정이 필요할 경우

대부분의 한국산업표준은 기업 또는 일반 국민이 요청한 것이 아니고 정부의 필요에 따라 전문기관인 표준개발 협력기관 등을 통하여 KS를 제정·개정하는 것이 관례였다. 이러한 과정에서 해당 표준이 활용자의 의견을 반영하지 못하는 경우도 발생하게 되고, 실제 표준을 적용하는 과정에서 현실성이 결여되는 경우도 있다. 따라서 KS를 신규로 제정하거나 기존 표준을 개정할 필요가 있을 경우에는 이해 당사자가 직접 표준 제정(안) 또는 개정(안)을 국가기술표준원에 직접 제출하여 제정·개정을 요청할 수 있다. 이때 KS 안을 직접 작성할 수도 있지만 표준 제정·개정을 보다 용이하게 하기 위해서는 산업표준화법 제5조제4항에서 규정한 표준개발협력기관(COSD 기관)을 통하여 업무를 추진하는 것이 바람직하다고 할 수 있다.

〈연도별 한국산업표준(KS) 현황〉

(2017.8.31 기준)

| 해당 연도 | 연도별 고시 현황 | | | | 보유 표준 수 (연말 기준) |
|---|---|---|---|---|---|
| | 제 정 | 개 정 | 확 인 | 폐 지 | |
| 1962 | 300 | – | – | – | 300 |
| 1970 | 159 | 154 | 297 | 4 | 1,846 |
| 1980 | 327 | 632 | 1,722 | 50 | 7,029 |
| 1990 | 368 | 549 | 1,388 | 216 | 8,552 |
| 2000 | 290 | 427 | 1,456 | 41 | 10,845 |
| 2010 | 361 | 984 | 2,488 | 111 | 23,622 |
| 2011 | 411 | 1,050 | 3,441 | 110 | 23,923 |
| 2012 | 525 | 1,518 | 4,681 | 319 | 24,129 |
| 2013 | 180 | 847 | 3,669 | 3,827 | 20,482 |
| 2014 | 982 | 2,171 | 2,010 | 945 | 20,520 |
| 2015 | 170 | 1,510 | 1689 | 298 | 20,392 |
| 2016 | 311 | 1,482 | 1,963 | 554 | 20,149 |
| 2017 | 175 | 276 | 494 | 78 | 20,247 |

자료: 국가기술표준원 통계

## ⒀ 범부처 참여형 국가표준 운영

### ① 배경

우리나라는 산업표준과 방송통신표준의 중복, 산업표준과 기술기
준 간 상이 및 중복, 산업표준 운영의 비효율성 등의 문제를 해결
하고 국가표준 운영의 효율성과 국가표준 활용도를 강화하기 위
해 2014년 5월에 국가정책조정회의를 개최하여 〈범부처 참여형
국가표준 운영체제 도입 방안〉을 보고했다.

### ② 성과

범부처 참여형 국가표준 운영체계를 도입함에 따라 한국산업표준
(KS)-방송통신표준(KCS)으로 분리되었던 국가표준을 통합하기
위해 방송통신표준의 번호관리 체계를 기존의 한국산업표준으로
일원화하였다. 그리고 한국산업표준과 방송통신표준의 영문명칭
을 'Korean Standards(KS)'로 통일했다. 또한 산업통상자원부에
서 전담하던 환경, 의료 등 분야별 한국산업표준 개발·운영 업무
를 과기부, 환경부 등 관계 부처에서 담당할 수 있도록 위탁했다.
국가기술표준원은 범부처 참여형 국가표준 운영체계에 참여하는
관계 부처와의 협의를 통해 매년 3월 'KS' 업무의 위탁 범위를 조
정·공고하고 있다. 2018년 3월 기준 KS 3,722종(전체의 18.3%)
을 고용부 등 9개 부처에 위탁하여 운영하고 있다.

〈표준 업무의 관계 부처 위탁 현황〉

(2018년 3월 기준)

| 구분 | 고용부 | 농식품부 | 과기부 | 환경부 | 해수부 | 식약처 | 산림청 | 국토부 | 기상청 | 합계 |
|------|--------|----------|--------|--------|--------|--------|--------|--------|--------|------|
| KS(종) | 31 | 525 | 1,136 | 594 | 39 | 819 | 421 | 149 | 8 | 3,722 |

# 05 기술기준 현황

## 개요

기술기준(기술규정, Technical Regulation)은 정부가 안전, 환경, 보건 등 국민의 권리를 보호하기 위해 마련한 기술규범이다. 법률에 의하여 강제하고 있으며 우리나라는 각 부처가 소관 분야에 따라 개별 관리·운영하고 있다.

기술기준이란 '정부나 단체에 의해 채택되었거나 계약에 의해 채택되어 법적 구속력을 갖는 표준(KS A 0014)', 또는 '적용 가능한 행정규정을 포함하여 상품의 특성 또는 관련 공정 및 생산방법이 규정되어 있으며, 그 준수가 강제적인 문서로써 상품, 공정 및 생산방법에 적용되는 용어, 기호, 포장, 표시 또는 상품 부착요건을 포함하거나 다룰 수 있다'고 정의하고 있다(WTO/TBT).
'기술규정'이란 인체의 건강·안전, 환경보호와 소비자에 대한 기만행위 방지 등을 위하여 제품, 서비스, 공정(이하 '제품등'이라 한다)에 대하여 강제적으로 적용하는 기준을 말한다(국가표준기본법 제3조제8호).

## 기술규제

'기술규제'라 함은 정부가 국민안전, 환경보호, 보건, 소비자 보호 등의 행정목적을 실현하기 위하여 어떤 제품, 서비스, 시스템 등에 특정요건을 법령 등(고시, 공고, 훈령 포함)에 규정하여 법적 구속력을 갖는 것으로서 직·간접적으로 국민의 권리를 제한하거나 의무를 부과하는 기술기준(기술규정)이나 적합성평가(시험·검사·인증 등) 등을 말한다.

## 기술규제영향평가

'기술규제영향평가'는 각 부처의 기술규제 도입으로 인해 기업의 경영이 위축되지 않도록 규제의 비용, 편익, 파급효과, 규제의 적합성 등을 고려하여 최선의 규제 대안을 제시하기 위한 것이다. 또한 각 부처 기술기준(기술규정)이나 시험·검사·인증 등과 관련된 법령 등의 제·개정 시에 기존 유사 제도와의 중복성 여부 및 국가표준(KS), 국제 기준과의 조화 여부 등을 파악하여 규제의 타당성을 평가하는 것을 말한다.

## 기술규제영향평가 대상

기술규제영향평가는 기술기준과 적합성평가에 대해 실시하며 각 정의는 다음과 같다.

### (1) 기술기준

상품(공산품 및 농산품을 포함)의 특성·공정·생산·유통·폐기 및 서비스의 제공·절차 등에 관한 기준으로 그 준수가 법령·조례·규칙에 따라 강제되는 것

### (2) 적합성평가

제품, 시스템, 자격심사, 서비스 등에 대하여 규정된 요구사항이 충족되었는지 평가하는 활동을 말하며, 시험, 검사, 인증 등을 포함
* 적합성평가 분야는 시험, 검사 및 인증과 적합성평가 기관에 대한 인정이 포함
* 적합성평가 대상에는 적합성평가가 적용되는 특정 자재, 제품(서비스 포함), 설치, 프로세스, 시스템, 사람 또는 기관이 포함

〈부처별 기술기준 현황〉

(2018.07.17. 기준)

| 구분 | 부처 | 기술기준 수 |
|---|---|---|
| 1 | 고용노동부 | 57 |
| 2 | 공정거래위원회 | 2 |
| 3 | 과학기술정보통신부 | 104 |
| 4 | 관세청 | 3 |
| 5 | 교육부 | 2 |
| 6 | 국토교통부 | 224 |
| 7 | 기상청 | 19 |
| 8 | 기획재정부 | 2 |
| 9 | 농림축산식품부 | 231 |
| 10 | 농촌진흥청 | 24 |
| 11 | 문화재청 | 13 |
| 12 | 문화체육관광부 | 9 |
| 13 | 방송통신위원회 | 8 |
| 14 | 방위사업청 | 2 |
| 15 | 보건복지부 | 33 |
| 16 | 산림청 | 28 |
| 17 | 산업통상자원부 | 1,354 |
| 18 | 소방청 | 159 |
| 19 | 식품의약품안전처 | 134 |
| 20 | 여성가족부 | 2 |
| 21 | 원자력안전위원회 | 71 |
| 22 | 조달청 | 14 |
| 23 | 중소벤처기업부 | 1 |
| 24 | 특허청 | 1 |
| 25 | 해양경찰청 | 5 |
| 26 | 해양수산부 | 110 |
| 27 | 행정안전부 | 37 |
| 28 | 환경부 | 143 |
| | 계 | 2,792 |

자료: e나라표준인증 포털 통계

# 질의 및 유권해석(Q&A)

## KS 제정·개정 관련 민원인 질의 및 유권해석

### KS 제정·개정 요청 절차에 관한 질의

❑ KS에 대한 제정·개정 요청 절차에 대해 알고 싶습니다.

1) KS의 제정·개정·폐지를 요청하고자 할 경우에는 산업표준화법 시행규칙 별지 제3호 서식 KS 제정(개정·폐지) 신청서를 작성하여 우편으로 보내거나 e나라표준인증 홈페이지(www. standard.go.kr)에서 '표준 → 표준화활동 → 표준 제·개정 신청'을 차례로 클릭하면 웹상으로 신청이 가능합니다.
   ※ 신청 양식은 e나라표준인증 홈페이지에서 다운로드가 가능합니다.
2) KS의 제정·개정·폐지 요청 건은 국가기술표준원 담당 부서에서 검토 후 60일간의 입안 예고를 거쳐 각 부문별로 구성된 산업표준심의회(분야별 담당 기술심의회) 심의를 거쳐 전문적인 사항의 심의가 필요한 경우에는 해당 기술심의회에서 전문위원회 심의를 의뢰한 후 그 결과를 토대로 기술심의회에서 최종 심의합니다.

### KS의 내용의 무단 게재에 관한 질의

❑ 건설 관련 전문 서적을 발간하고 있습니다. 전문 서적에 KS 내용 중 일부가 게재되어도 무방한가요?

1) 한국산업표준 발간·보급업무는 산업표준화법 '제34조(협회의 업무)'에 한국산업표준(KS)의 발간·보급 전담기관이 한국표준협회로 명문화되어 있습니다.
2) 저작권법상에서 보호대상으로 명확히 명시되어 있지 아니하더라도 한국산업표준(KS)에 대한 출판 및 보급에 관련한 모든 권한은 한국표준협회가 가지고 있습니다.
3) 따라서 여타 출판기관은 한국표준협회의 동의 없이 한국산업표준(KS)에 대한 내용을 게재하거나 보급할 수 없습니다.

## KS의 유효 기간에 관한 질의

❏ KS의 국제표준 부합화 사업에 따라 종전 KS와 국제표준으로 부합화한 KS가
존재할 경우, 종전 KS는 언제까지 유효한가요?

1) KS는 제정 또는 개정 후 매 5년마다 적부를 확인하여 개정 또는 폐지하도록 되어 있습니다.
국제 표준의 제정·개정이나 산업 기술의 향상 등으로 KS의 개정 또는 폐지가 필요한 경우에
는 5년 이내에도 개정 또는 폐지할 수 있습니다.

2) 2종류의 KS가 존재하더라도 KS가 폐지되기 전까지는 종전 KS도 유효합니다.

Korean Standards Mark

PART 02

# 적합성평가 제도의 이해

# 적합성평가 제도 개요

## 적합성평가 제도의 의의

적합성평가는 제품과 서비스 또는 이들을 생산하는 기업의 경영시스템이 해당하는 기술적 요구사항인 표준 또는 기술기준에 합치하는지의 여부를 평가하는 과정을 총칭한다. 대표적인 적합성평가의 예로는 샘플링, 시험 및 검사, 평가, 검증, 공급자 선언, 인증, 등록, 인정, 승인 및 이들의 조합 등을 들 수 있다.

WTO 체제 이후 국제 기준에 부합하는 적합성평가의 실시가 생산의 효율성과 무역 자유화에 핵심적인 역할을 할 것이라는 인식 하에 WTO 회원국에 1)강제규정에 인용되는 표준은 국제표준을 사용할 것, 2)이에 의거한 적합성평가를 실시할 경우에는 국제표준화기관이 정한 적합성평가 가이드를 준용할 것을 의무화하고 있다.

국가표준 및 인증의 최상위법인 국가표준기본법, 국제기준(KS A ISO/IEC Guide 2: 표준화 및 관련 활동-일반어휘, KS Q ISO/IEC 17000: 적합성평가-용어 및 일반지침) 및 국제무역기구(WTO)에서는 적합성평가를 다음과 같이 각각 정의하여 사용하고 있다.

① '적합성평가'란 제품, 서비스, 공정, 체제 등이 국가표준, 국제표준 등을 충족하는지를 평가하는 교정, 인증, 시험, 검사 등을 말한다.(국가표준기본법)
② 관련 요구사항이 충족되었는지를 직접 또는 간접적으로 결정하는 것에 관한 모든 활동(KS A ISO/IEC Guide 2)
③ 제품, 프로세스, 시스템, 사람 또는 기관과 관련된 규정된 요구사항이 충족됨을 실증(KS Q ISO/IEC 17000)

④ 기술규정 또는 표준의 관련 요건이 충족되었는지를 결정하기 위하여 직·간접적으로 사용되는 모든 절차(WTO/TBT)
- 적합성평가 절차는 특히 표본추출, 시험검사, 평가, 검증 및 적합성 보증, 등록, 인정과 승인, 그리고 이들의 결합을 포함
- 기술규정(Technical Regulation) : 적용 가능한 행정 규정을 포함하여 상품의 특성 또는 관련 공정 및 생산방법이 규정되어 있으며, 그 준수가 강제적인 문서
- 표준(Standards) : 규칙, 지침 또는 상품의 특성 또는 관련 공정 및 생산방법을 공통적이고 반복적인 사용을 위하여 규정하는 문서로써, 인정된 기관에 의하여 승인되고 그 준수가 강제적이 아닌 문서

〈표준과 기술규정의 비교〉

| 구분 | 표준 | 기술규정 |
|---|---|---|
| 제정 목적 | - 표준화에 따른 생산, 유통의 효율성 제고 | - 공중위생, 안전, 환경보호, 소비자 보호, 국방 등 공공 이익의 추구 |
| 제정 방법 | - 표준화 기관, 생산자협회 또는 학술 전문협회 등 이해관계자의 합의를 통해 제정<br>- 시장에 의해 자발적(de facto)으로 생성 | - 정부 주도로 제정, 시행 |
| 준수 의무 | - 대부분 자발적 | - 강제적 |
| 행정 조항 | - 거의 포함치 않음 | - 광범위하게 포함 |

## 적합성평가와 관련된 환경 변화

### (1) 안전과 삶의 질에 대한 높아지는 기대

소비자들은 환경, 생활, 보건 등의 측면에서 보다 신뢰성이 있는 제품을 요구하고 있음.

## (2) 국제화 및 세계화 압력 고조

전 세계적으로 하나의 표준을 사용하고, 한 번의 시험결과를 세계 어디서나 통용될 수 있는 방안으로 실현하고자 함(one standards, one test, accepted everywhere).

## (3) 기술 발전에 따른 경영에서의 표준과 품질관리의 중요성 확대

기술 발전과 기술 주기의 단축으로 품질관리가 중요해지는 한편, 다양한 공급자 간 표준이 통일될 필요성이 높아짐.

## (4) 경쟁재로서의 표준과 적합성평가

강점을 갖는 표준이나 적합성평가 분야를 국제 기준으로 확정하여 자국의 기업들에게 유리한 경쟁 환경을 제공하고 산업화하려는 적극적인 시도가 모색되고 있음.

## (5) 민간주도의 경향

국제기구와 선진국의 적합성 관련 주도 기구는 대부분 민간기구로 산업의 변화와 활력을 활발하게 수용하고 있음.


# 적합성평가 분야

적합성평가는 시험(Testing), 검사(Inspecting), 인증(Certification), 인정(Accreditation) 등 4가지 유형으로 구분된다.

① **시험** : 원재료나 제품, 공정 혹은 서비스가 명시된 절차에 따라 이루어졌는가를 결정하는 것을 의미

② 검사 : 제품 설계, 제품, 공정이나 프로세스에 관한 조사, 그리고 특정한 요건이나 전문가의 판단에 따른 일반적 요건과 관련한 제품의 적합성을 결정하는 것을 의미

③ 인증 : 제품, 절차, 시스템이나 사람에 적용되며 규정된 요구사항의 충족 여부를 확인하고 공식적으로 증명하는 것으로 독립된 제3자의 활동에 한정되어 수행

④ 인정 : 적합성평가 기관과 관련하여 적격성과 전문적 적합성평가 과업을 수행할 수 있는 자체 역량에 대하여 공식적으로 입증된 사실을 표명한 제3자의 증명을 의미

## 적합성평가체제 구축

적합성평가 활동과 관련한 국제표준이 제정되어 각국에서는 이를 바탕으로 적합성평가 활동의 표준화를 위해 힘쓰고 있다. 우리나라는 국가표준기본법 제21조제1항에 의거하여, 적합성평가 사업을 국제가이드 및 표준과 일치시키기 위하여 노력하고 있다.

우리나라의 적합성평가 제도는 ISO와 IEC가 개발한 국제표준을 그대로 채택하고 있다. 또한 식품에 관해서는 Codex(국제식품규격위원회)가 국가표준이 되고 있다.

국가표준기본법 제21조제1항에 따르면 적합성평가체제 구축 사업에는 KS 인증(성문표준 및 기술규정의 제정 및 보급), KAS(한국제품인정제도), KOLAS(한국인정기구), ISO 9001(품질경영체제인증) 및 ISO 14001(환경경영체제인증), MRA(표준 및 적합성평가에 대한 국제상호인정), 단체표준, KC(국가통합인증마크) 등을 포함하고 있다. 또한 국가표준기본법 제18조에 의하면 성문표준의 제정 및 보급은 산업표준화법, 방송통신발전기본법 등에 따르도록 하고 있다.

적합성평가체제의 구축 내용 중 '인정'은 적합성평가 기관이 규정된 요구사항에 적합한지의 여부를 평가하는 의미로서 적합성평가 활동에 포함된다.

인정기관은 시험·검사기관 및 인증기관 등의 적합성평가 기관을 평가하여 그 자격을 부여하는 행위를 수행하는 기관으로써 상위기관의 의미를 가지고 있으므로 적합성평가 기관과는 차별을 두어 사용한다.

**제21조(적합성평가체제의 구축)** ① 정부는 적합성평가체제를 구축하고 적합성평가절차를 국제가이드 및 국제표준(이하 '국제기준'이라 한다)과 일치시키기 위하여 노력하여야 한다.

② 제1항에 따른 적합성평가체제의 구축을 위하여 추진하는 사업은 다음 각 호와 같다.

1. 성문표준 및 기술규정의 제정 및 보급
2. 제품인증체제 구축
3. 시험·검사기관 인정
4. 교정기관의 인정
5. 품질경영체제 및 환경경영체제 인증
6. 표준 및 적합성평가에 대한 국제상호인정
7. 민간단체의 규격 및 기준에 대한 승인
8. 제22조의4에 따른 국가통합인증마크의 운영
9. 그 밖에 적합성평가체제의 구축에 필요한 사항

**제18조(성문표준의 제정 및 보급)** ① 정부는 제품 등의 품질·생산효율·생산기술의 향상, 단순화·공정화(公正化) 및 소비의 합리화를 통하여 산업경쟁력을 높일 수 있도록 성문표준을 제정하고 이를 보급하여야 한다.

② 성문표준의 제정 및 보급 등에 관하여 필요한 사항은 「산업표준화법」, 「방송통신발전 기본법」 등 제품 등의 표준화에 관한 법률에서 규정한 바에 따른다.

적합성체계와 관련된 목록은 ISO/IEC 17007 부속서에 상세히 언급되어 있다. 대표적으로 인정기구에는 ISO/IEC 17011(적합성평가 – 인정기관에 대한 일반 요구사항)이 적용된다. 인증기관에 대한 요구사항으로는 ISO/IEC 17065(적합성평가 – 제품, 프로세스 및 서비스 인증기관에 대한 요구사항)가 적용된다. 시험기관에는 ISO/IEC 17025(시험기관 및 교정기관의 자격에 대한 일반요구사항)가 적용되고, 검사 기관에는 ISO/IEC 17020(검사기관 운영에 대한 일반기준)가 적용된다.

| 주제(항목) | 문서 | 제목 |
|---|---|---|
| 용어, 일반원칙 및 공통 요소 | ISO/IEC 17000 | 적합성평가 - 용어 및 일반원칙 |
| 모범관행 규약 | ISO/IEC Guide 60 | 적합성평가 - 모범 관행 규약 |
| 표준서의 작성 및 적합성평가체계에 적용 | ISO/IEC 17007 | 적합성평가 - Guidance for drafting normative documents suitable for use for conformity assessment |
| 시험/교정 | ISO/IEC 17025 | 시험기관 및 교정기관의 자격에 대한 일반요구사항 |
| | ISO/IEC 17043 | 적합성평가 - 숙련도 시험을 위한 일반요구사항 |
| 검사 | ISO/IEC 17020 | 검사기관 운영에 대한 일반기준 |
| 공급자의 자기적 합성 선언(SDoC) | ISO/IEC 17050-1 | 적합성평가 - 공급자 적합성 선언 제1부 : 일반요구사항 |
| | ISO/IEC 17050-2 | 적합성평가 - 공급자 적합성 선언 제2부 : 지원문서 |
| 제품인증 | ISO/IEC Guide 23 | 제3자 인증시스템을 위한 표준적합성 표시방법 |
| | ISO/IEC Guide 28 | 적합성평가 - 제3자 제품인증시스템에 대한 지침 |
| | ISO/IEC Guide 53 | 적합성평가 - 조직의 제품인증 품질경영시스템 활용지침 |
| | ISO/IEC 17065 | 적합성평가 - 제품, 프로세스 및 서비스 인증기관에 대한 요구사항 |
| | ISO/IEC Guide 67 | 적합성평가 - 제품 인증의 기본사항 |
| 품질경영시스템 인증 | ISO/IEC 17021 | 적합성평가 - 경영시스템심사 및 인증을 제공하는 기관에 대한 요구사항 |
| 개인에 대한 인증 | ISO/IEC 17024 | 적합성평가 - 자격 인증기관에 대한 일반 요구사항 |

| 주제(항목) | 문서 | 제목 |
|---|---|---|
| 적합성평가 마크 | ISO Guide 27 | 적합성마크의 오용 시, 인증기관이 취할 시정조치를 위한 지침 |
| | ISO/IEC 17030 | 적합성평가 - 제3자 적합성마크에 대한 일반 요구사항 |
| 인정 | ISO/IEC 17011 | 적합성평가 - 인정기관에 대한 일반 요구사항 |
| 다자간 협정 (MRAs) | ISO/IEC Guide 68 | 적합성평가 결과의 인정 및 수용에 대한 협정 |
| 동등성 평가 | ISO/IEC 17040 | 적합성평가 - 적합성평가기관 및 인정기관의 동등성 평가에 대한 일반 요구사항 |

## KS 인증의 적합성평가체제

우리나라는 국가표준기본법 제21조 제2항 제1호 및 제2호에 의해 KS 인증(성문표준 및 기술규정의 제정 및 보급)과 제품 인증체제 구축(KAS)을 구분하여 운영하고 있다. KS 인증은 산업표준화법에 따르도록 하고 있고, KAS(Korea Accreditation System) 인정은 제품인증기관 인정 및 사후관리 등에 관한 요령을 별도로 정하여 운영하고 있다.

ISO/IEC 17065에 따라 운영되는 KAS 제도와 산업표준화법에 따라 운영되고 있는 KS 인증제도는 인증의 절차 및 방법 등에 근본적인 차이가 있다. KS 인증제도는 국가표준기본법 제18조, 산업표준화법 제13조부터 제22조까지를 근거로 지정제로 운영하고 있다. 반면 KAS 제도는 국가표준기본법 제21조제2호 및 제품 인증기관 인정 및 사후관리에 관한 요령에 의해 인정제로 운영하고 있다.

'인정(Accreditation)'은 인정기관의 일반요건을 규정하는 ISO/IEC 17011에 따라 인증·시험·검사기관 등이 적합성평가를 수행할 수 있음을 승인하는 것으로, 국제적인 일반 원칙을 만족시키면 자격을 획득하는 개방적인 체제이다. 이에 비해, '지정(Designation)'은 인증·시험·검사기관 등의 실시할 기관을 정부가 지정하는 것으로, 지정된 기관이 배타적인 역할을 부여받게 되는 폐쇄적인 체제이다.

① **지정(Designation)** : 정부가 특정 적합성평가 기관에게 규정된 적합성 평가 활동을 수행하도록 내리는 권한(KS Q ISO/IEC 17000)
② **인정(Accreditation)** : 자격을 갖춘 기관이 적합성평가 업무를 수행하고자 하는 기관의 능력을 평가하여 공식적으로 그 자격을 부여하는 행위(KS Q ISO/IEC 17000)

'인증(Certification)'은 제품, 공정 및 서비스가 표준에 부합함을 확인하는 것이며 인증 주체에 따라 다음과 같이 구분된다.

| 유형 | 내용 |
|---|---|
| 제1자 인증 | 제조자 또는 공급자가 표준을 만족시키고 있음을 입증하는 것. 최근 CE인증에서 점차 공급자 선언으로 이루어지는 분야가 많아지는 추세 |
| 제2자 인증 | 구매자가 납품의 기준을 만족시키는지 심사하는 것 |
| 제3자 인증 | 객관적인 위치에 있고 전문성을 갖춘 제3자가 인증을 하는 것으로 가장 일반적인 인증의 개념 |

# 국내 적합성평가 체제 3대 인정기구

국내의 인정체계는 국가기술표준원 산하 3개의 인정제도(KOLAS, KAS, KAB)와 각 부처별 지정 방식을 통해 운용하고 있다. KS 인증을 포함한 타 부처의 인증은 3개 인정기구에 의한 제도가 아닌 개별법에 따라 지정을 받아 운영하는 제도이다.

## (1) 한국인정기구(KOLAS : Korea Laboratory Accreditation Scheme)

1993년에 설립, 시험·교정·검사기관 및 표준물질생산기관 인정 업무를 수행하고 있다. 시험 530개, 검사 62개, 교정 222개, 표준물질 13개 등 총 835개 공인기관을 인정·관리하고 있다.

## (2) 한국제품인정기구(KAS : Korea Accreditation System)

국내 제품인증체계의 선진화를 위해 2001년 설립되었다. 제품 형식시험, 제품 사후관리 등 인증기관의 인정 업무를 수행하고 있으며 한국전기안전공사, 한국가스안전공사 등 총 21개 기관을 제품인증기관으로 인정·관리하고 있다.

## (3) 한국인정지원센터(KAB : Korea Accreditation Board)

1995년 공업진흥청 산하 (사)한국품질환경인증협회로 설립되었으며 2001년 현재의 한국인정지원센터(KAB)으로 승격되어 인정기구로 지정받은 산업통상자원부 산하법인이다. 현재, KAB에 등록된 인증기관 수는 모두 51개이며 품질 및 환경 분야를 포함한 경영시스템인증과 자격인증 분야의 인정 업무를 수행하고 있다.

<국내 3대 인정기구>

| 구분 | 한국인정기구 (KOLAS) | 한국제품인정기구 (KAS) | 한국인정지원센터 (KAB) |
|---|---|---|---|
| 설립연도 | 1993년 | 2001년 | 1995년 |
| 분야 | 시험·검사·교정· 표준물질 | 제품 | 품질·환경시스템 |
| 수행주체 | 국가기술표준원 | 국가기술표준원 | (재)한국인정지원센터 |
| 국제기구 | ILAC/APLAC | IAF/PAC | IAF/PAC |
| 기관수 | 835개 | 21개 | 51개 |

## 우리나라의 국가표준 및 적합성평가의 구조

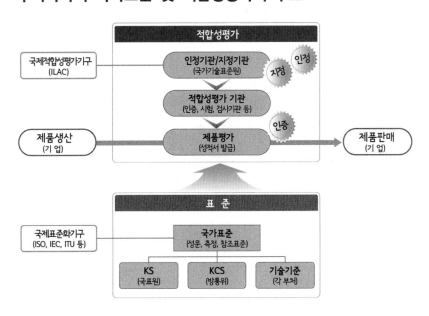

<한국인정기구(KOLAS) 인정 현황>

(2017.08.31.기준)

| 구분 | 2009 | 2010 | 2011 | 2012 | 2013 | 2014 | 2015 | 2016 | 2017 |
|---|---|---|---|---|---|---|---|---|---|
| 시험기관 | 359 | 370 | 403 | 416 | 460 | 468 | 487 | 496 | 523 |
| 검사기관 | 84 | 45 | 46 | 49 | 52 | 50 | 55 | 58 | 59 |
| 교정기관 | 199 | 181 | 193 | 189 | 192 | 201 | 209 | 212 | 224 |
| 표준물질기관 | 9 | 9 | 9 | 11 | 11 | 13 | 13 | 12 | 13 |
| 메디컬 | – | – | – | – | – | 2 | 5 | 6 | 7 |
| 숙련도 | – | – | – | – | 7 | 7 | 8 | 9 | 9 |
| 계 | 651 | 605 | 651 | 665 | 722 | 741 | 777 | 793 | 835 |

<한국제품인정기구(KAS) 인정 현황>

(2017.08.31.기준)

| 구분 | 2009 | 2010 | 2011 | 2012 | 2013 | 2014 | 2015 | 2016 | 2017 |
|---|---|---|---|---|---|---|---|---|---|
| 제품인증기관 | 11 | 13 | 15 | 16 | 17 | 20 | 20 | 20 | 21 |

<한국인정지원센터(KAB) 인정 현황>

(2017.08.31.기준)

| 구분 | 2009 | 2010 | 2011 | 2012 | 2013 | 2014 | 2015 | 2016 | 2017 |
|---|---|---|---|---|---|---|---|---|---|
| 품질경영체제 (QMS) | 33 | 33 | 33 | 37 | 42 | 43 | 49 | 51 | 51 |
| 환경경영체제 (EMS) | 29 | 29 | 29 | 33 | 37 | 39 | 43 | 44 | 46 |

자료: 국가기술표준원 통계

# 03 법정인증제도 현황

## 국내 인증제도 개요

법령에 의하여 인증을 받지 않은 제품을 생산, 판매를 할 수 없도록 규정하는 경우에는 반드시 인증을 받아야 한다. 법령에 의하여 강제되는 인증은 '의무인증'이라 하고 인증받기를 원하는 자만 받는 인증을 '임의인증'이라고 한다.

우리나라의 인증제도는 2007년 98개 법정인증(39개 법정의무인증, 59개 법정임의 인증)제도에서 2012년 109개 법정인증(38개 법정의무인증, 71개의 법정임의인증)제도로 확대되었다. 2018년 7월 기준, 172개의 법정인증(70개 법정의무인증, 102개의 법정임의인증)제도를 운영 중인 것으로 파악되고 있다.

\* 자료 출처: e나라표준인증포털(http://standard.go.kr)

| 구 분 | | 내 용 |
|---|---|---|
| 법정 인증 | 법정 의무 인증 | 국민안전 등을 확보하기 위해 개별법에 의해 의무적으로 받아야 하는 인증(전기용품안전인증 등 13개 부처 70개 인증)<br>\* 인증 취득 없이는 생산·유통이 불가능 |
| | 법정 임의 인증 | 환경보호, 에너지 절약 등 특정 정책목적 달성을 위해 법에 의해 시행하는 인증(KS 인증 등 24개 부처 102개 인증)<br>\* 우선구매, 금융지원 등 인센티브 제공으로 인증 미취득 시, 사실상 시장진입이 곤란(준의무인증) |

## 연도별 법정인증제도 증가 현황

2018년 7월 기준, 국내에서는 법정의무인증 70개, 법정임의인증 102개로 총 172개의 인증제도가 운영 중이며 대부분의 인증제도는 90년도 이후에 생겨난 것이다.

| 구분 | '60~<br>'69 | '70~<br>'79 | '80~<br>'89 | '90~<br>'99 | '00~<br>'06 | '07~<br>'12 | '03~<br>'14 | '15 | 총계 |
|---|---|---|---|---|---|---|---|---|---|
| 신설<br>인증수 | 6 | 9 | 10 | 42 | 46 | 65 | 21 | 1 | 200 |

## 법정의무인증 부처별 현황

법정의무인증은 2018년 7월 기준, 13개 부처에서 70개 분야의 인증을 시행하고 있으며 국토교통부가 17개로 가장 많은 인증을 운영하고 있고 산업통상자원부가 14개, 환경부 9개, 해양수산부 9개, 식품의약품안전처 4개, 행정안전부 3개, 문화체육관광부 3개 등 순으로 인증을 운영하고 있다.

## 법정임의인증 부처별 현황

법정임의인증은 24개 부처에서 102개 분야의 인증을 시행하고 있다. 해양수산부 15개, 농림축산식품부 15개, 국토교통부 13개, 산업통상자원부 9개, 과학기술정보통신부 8개, 산림청 7개, 보건복지부 6개 등 순으로 인증을 운영하고 있다.

| No | 담당부처명 | 등록인증수 | 유형 | |
|---|---|---|---|---|
| | | | 법정의무 | 법정임의 |
| 1 | 국토교통부 | 30 | 17 | 13 |
| 2 | 해양수산부 | 24 | 9 | 15 |
| 3 | 산업통상자원부 | 23 | 14 | 9 |
| 4 | 농림축산식품부 | 17 | 2 | 15 |
| 5 | 환경부 | 13 | 9 | 4 |
| 6 | 과학기술정보통신부 | 10 | 2 | 8 |
| 7 | 산림청 | 9 | 2 | 7 |
| 8 | 행정안전부 | 6 | 3 | 3 |
| 9 | 보건복지부 | 6 | 0 | 6 |
| 10 | 문화체육관광부 | 6 | 3 | 3 |
| 11 | 식품의약품안전처 | 5 | 4 | 1 |
| 12 | 소방청 | 4 | 2 | 2 |
| 13 | 고용노동부 | 4 | 2 | 2 |
| 14 | 여성가족부 | 2 | 0 | 2 |
| 15 | 방위사업청 | 2 | 0 | 2 |
| 16 | 기상청 | 2 | 1 | 1 |
| 17 | 공정거래위원회 | 2 | 0 | 2 |
| 18 | 해양경찰청 | 1 | 0 | 1 |
| 19 | 특허청 | 1 | 0 | 1 |
| 20 | 중소벤처기업부 | 1 | 0 | 1 |
| 21 | 방송통신위원회 | 1 | 0 | 1 |
| 22 | 문화재청 | 1 | 0 | 1 |
| 23 | 교육부 | 1 | 0 | 1 |
| 24 | 관세청 | 1 | 0 | 1 |
| | 합계 | 172 | 70 | 102 |

자료: e나라표준인증 포털 통계

# KS인증 현황

〈KS 인증심사기준 현황〉

(2017.08.31. 기준)

| 해당연도 | 연도별 공고현황 | | | 보유심사기준수 (연말기준) |
|---|---|---|---|---|
| | 제 정 | 개 정 | 폐 지 | |
| 1975 | 121 | − | − | 522 |
| 1980 | 81 | − | − | 907 |
| 1990 | 83 | 207 | 22 | 2,132 |
| 2000 | 22 | 243 | 2 | 1,783 |
| 2010 | 11 | 54 | 33 | 1,392 |
| 2015 | 3 | 800 | 30 | 779 |
| 2016 | 31 | 10 | 4 | 806 |
| 2017 | 6 | 0 | 7 | 805 |

〈연도별 KS 인증 현황〉

(2017.08.31. 기준)

| 해당연도 \ 구 분 | KS 인증 품목수 | KS 인증 공장수 (국내/국외) | KS 인증수 (국내/국외) |
|---|---|---|---|
| 1970 | 145 | 269 | 457 |
| 1980 | 395 | 665 | 1,851 |
| 1990 | 951 | 2951 | 7,888 |
| 2000 | 1,013 | 5498 | 12,687 |
| 2010 | 841 | 6,607 | 10,826 |
| 2015 | 779 | 6,914 | 11,216 |
| 2016 | 713 | 6,834 (6,392/316) | 11,092 (10,650/442) |
| 2017 | 701 | 6,954 (6,592/362) | 11,628 (11,129/499) |

<h3>〈기업규모별 KS 인증 공장수〉</h3>

(2017.08.31. 기준)

| 연도·구분 기업규모 | 2013 | | 2014 | | 2015 | | 2016 | | 2017 | |
|---|---|---|---|---|---|---|---|---|---|---|
| | 공장수 | 구성비 (%) | 공장수 | 구성비 (%) | 공장수 | 구성비 (%) | 공장수 | 구성비 (%) | 공장수 | 구성비 (%) |
| 300인 이상 (대 기 업) | 230 | 3.5 | 223 | 3.3 | 222 | 3.2 | 242 | 3.8 | 265 | 3.8 |
| 300인 미만 (중소기업) | 6,378 | 96.5 | 6,525 | 96.7 | 6,692 | 96.8 | 6,698 | 96.2 | 6,689 | 96.2 |
| 계 (개) | 6,608 | 100 | 6,748 | 100 | 6,914 | 100 | 6,940 | 100 | 6,954 | 100 |

<h3>〈KS 인증업체 사후관리 현황〉</h3>

(2017.08.31. 기준)

| 구분 연도 | 사후관리방법 | 인증업체 조사 건수 | 인증업체 행정처분 건수 (건) | | | | |
|---|---|---|---|---|---|---|---|
| | | | 인증취소 | 표시정지 판매정지 | 개선명령 | 처분중 | 계 |
| 2010 | 계 | 3,773 | 3 | 27 | 271 | – | 301 |
| | • 정기심사 | 1,560 | 1 | 14 | 176 | – | 191 |
| | • 1년 정기심사 | 2,183 | 2 | 9 | 87 | – | 98 |
| | • 시판품조사 | 30 | – | 4 | 8 | – | 12 |
| 2011 | 계 | 2,597 | 9 | 69 | 175 | – | 253 |
| | • 정기심사 | 1,746 | 5 | 24 | 163 | – | 192 |
| | • 1년 정기심사 | 718 | 2 | 10 | 2 | – | 14 |
| | • 시판품조사 | 127 | 2 | 35 | 10 | – | 47 |
| 2012 | 계 | 5,777 | 8 | 56 | 400 | – | 464 |
| | • 정기심사 | 3,777 | 4 | 29 | 278 | – | 311 |
| | • 1년 정기심사 | 1,890 | 3 | 20 | 96 | – | 119 |
| | • 시판품조사 | 110 | 1 | 7 | 26 | – | 34 |

| 연도 \ 구분 | 사후관리방법 | 인증업체 조사 건수 | 인증업체 행정처분 건수 (건) | | | | |
|---|---|---|---|---|---|---|---|
| | | | 인증취소 | 표시정지 판매정지 | 개선명령 | 처분중 | 계 |
| 2013 | 계 | 4,240 | 10 | 44 | 288 | – | 342 |
| | • 정기심사 | 2,948 | 2 | 26 | 262 | – | 290 |
| | • 1년 정기심사 | 1,103 | 3 | 15 | 23 | – | 41 |
| | • 시판품조사 | 189 | 5 | 3 | 3 | – | 11 |
| 2014 | 계 | 3,188 | 14 | 64 | 296 | – | 374 |
| | • 정기심사 | 2,412 | 2 | 23 | 231 | – | 256 |
| | • 1년 정기심사 | 644 | 4 | 17 | 43 | – | 64 |
| | • 시판품조사 | 132 | 8 | 24 | 22 | – | 54 |
| 2015 | 계 | 4,513 | 13 | 62 | 189 | – | 264 |
| | • 정기심사 | 2,542 | 2 | 13 | 136 | – | 151 |
| | • 1년 정기심사 | 1,654 | – | – | – | – | – |
| | • 시판품조사 | 317 | 11 | 49 | 53 | – | 113 |
| 2016 | 계 | 4,224 | 5 | 12 | 45 | 1 | 63 |
| | • 정기심사 | 2,517 | 2 | 2 | 6 | – | 10 |
| | • 1년 정기심사 | 1,236 | – | – | – | – | – |
| | • 시판품조사 | 471 | 3 | 10 | 39 | 2 | 53 |

# 국가통합인증(KC) 마크의 이해

KC(Korea Certification) 마크는 별도의 독립된 인증제도가 아닌 전기용품안전인증 등 법정의무 인증에 대한 인증마크를 일원화한 제도이다. 그런데 KC를 인증제도로 오인하는 경우가 있다.

현재, 우리나라에는 70여개의 법정의무인증제도가 있다. '제품 안전'이라는 동일한 목적이더라도, 부처마다 인증마크가 달라 소비자는 혼란스럽고, 인증에 대한 인지도와 신뢰도는 낮아졌다. 또한 인증 간의 중복시험으로 인해 기업의 경제적·시간적 부담은 증가했으며, 인증제도의 운영규정 등이 국제 기준과 일치하지 않아 국제적 신뢰도 저하와 수출 경쟁력 약화를 가져왔다.

국가통합인증(KC) 마크는 2009년 7월에 지식경제부와 노동부의 10개 인증마크를 통합하여 출범하였다. 2011년 1월 기준으로 5개 부처 13개 인증마크가 KC 마크로 통합되었다. 이후에도 각 부처들이 법정의무인증제도 신설 및 변경 시, KC마크를 도입함에 따라 2017년 9월 현재 8개 부처 23개 법정의무인증제도가 KC마크를 사용하고 있다.

<KC 마크를 사용 중인 법정의무인증제도>

| 순번 | 소관부처 | 인증제도명 | 근거법률 |
|---|---|---|---|
| 1 | 산업통상자원부 (국가기술표준원) | 계량기 형식승인·검정 | 계량에 관한 법률 |
| 2 | 산업통상자원부 (국가기술표준원) | 공산품(안전인증, 자율안전확인, 어린이보호포장, 안전품질표시) | 전기용품 및 생활용품 안전관리법 |
| 3 | 산업통상자원부 (국가기술표준원) | 어린이제품안전관리 | 어린이제품 안전 특별법 |
| 4 | 산업통상자원부 (국가기술표준원) | 전기용품(안전인증, 자율안전확인, 공급자적합확인) | 전기용품 및 생활용품 안전관리법 |
| 5 | 산업통상자원부 | 고압가스안전관리 | 고압가스안전관리법 |
| 6 | 산업통상자원부 | 가스용품검사 | 액화석유가스의 안전관리 및 사업법 |
| 7 | 산업통상자원부 | 에너지소비효율 등급표시 | 에너지이용합리화법 |
| 8 | 국토교통부 | 자동차 및 자동차 부품 자기인증 | 자동차관리법 |
| 9 | 국토교통부 | 내압용기의 장착검사 | 자동차관리법 |
| 10 | 국토교통부 | 수문조사 기기검정 | 하천법 |
| 11 | 국토교통부 | 내화구조 인정 | 내화구조의 인정 및 관리기준 |
| 12 | 국토교통부 | 벽체차음구조 인정 | 벽체의 차음구조 인정 및 관리기준 |
| 13 | 해양수산부 | 해양환경측정기기 형식승인 | 해양환경관리법 |
| 14 | 환경부 | 정수기품질검사 | 먹는물관리법 |
| 15 | 환경부 | 위생안전기준인증 | 수도법 |

| 순번 | 소관부처 | 인증제도명 | 근거법률 |
|---|---|---|---|
| 16 | 과학기술 정보통신부 | 방송통신기자재적합성 평가제도(적합인증, 적 합등록, 잠정인증) | 전파법 |
| 17 | 행정안전부 (소방청) | 소방용품형식승인 | 소방시설 설치·유지 및 안전관리에 관한 법률 |
| 18 | 행정안전부 (소방청) | 방염성능검사 | 소방시설 설치·유지 및 안전관리에 관한 법률 |
| 19 | 해양수산부 (해양경찰청) | 해양오염방제 자재·약 제의 성능인증 | 해양환경관리법 |
| 20 | 고용노동부 | 위험기계기구 안전인증 | 산업안전보건법 |
| 21 | 고용노동부 | 방호장치 및 보호구 안 전인증 | 해양환경관리법 |
| 22 | 국방부 (방위사업청) | 섬유피복류 군수품 KC 마크 적용 | 방위사업법 |
| 23 | 환경부(기상청) | 기상측기검정증인 | 기상관측 표준화법 |

국가표준 개발 및 국가표준 인증제도에 대한 정부와 민간의 역할 구분의 경우, 한국과 일본은 정부주도로 하는 데 비해, 주요국(영국, 독일, 프랑스, 미국)은 정부가 민간에 권한을 대폭 이양하고 권한의 포괄 위임을 받은 각국의 표준협회가 협의체를 통해 자율적으로 관리하고 있다.

## 한국 및 영국의 국가표준개발 및 국가표준 인증제도

〈한국의 국가표준 개발 및 국가표준 인증제도〉

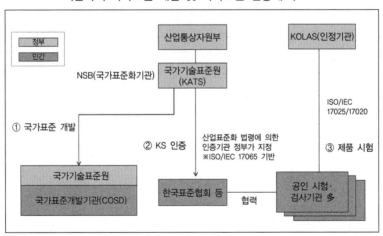

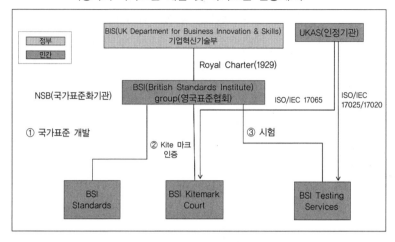

〈영국의 국가표준 개발 및 국가표준 인증제도〉

## 주요국 국가표준 개발 및 국가표준 인증제도 관련 민관 역할 구분

| 국가명 | 영국 | 독일 | 프랑스 | 한국 | 일본 | 미국 |
|---|---|---|---|---|---|---|
| 표준협회 | BSI | DIN | AFNOR | KSA | JSA | ANSI |
| 정부 | 기업혁신 기술부 | 연방 경제부 | 경제재무 산업성 | 산업통상 원부 (국가기술 표준원) | 경제 산업성 (제품평가 기술기반기구) | 상무성 |
| 표준개발 | 민간(BSI) | 민간(DIN) | 민간(AFNOR) | 정부 (국가기술 표준원) | 정부 (경제산업성) | 민간 (ANSI) |
| 인정/ 지정 | 민간(UKAS) | 민간 (DAkkS) | 민간 (COFRAC) | 정부 (국가기술 표준원) | 정부 (경제산업성) | 민간 (ANSI) |
| 인증 | 민간 (BSI Kitemark Court) | 민간 DIN CERTICO | 민간 (AFNOR Certification등) | 민간 (한국표준 협회 등) | 민간 (한국표준 협회 등) | 민간 (UL등) |
| 시험 | 민간 | 민간 | 민간 | 민간 | 민간 | 민간 |

KS 인증이 국가표준인 한국산업표준(KS)를 기반으로 하는 국가표준 인증인 것과 같이, 주요국은 각국의 국가표준을 기반으로 국가표준인증 제도를 운영하고 있다. 대표적으로 일본의 JIS 인증, 영국의 KITE 인증, 프랑스 NF 인증, 독일의 DIN 인증 등을 들 수 있다.

| 인증명 | 국가 | 내용 | 인증마크 |
|---|---|---|---|
| KS | 한국 | KS의 제품/서비스 표준을 대상으로 하는 법정임의인증제도 | |
| JIS | 일본 | 일본공업표준인 JIS의 제품을 대상으로 하는 법정임의인증제도<br>※ KS와 유사하나 공장심사 시 ISO 9000의 도입 등을 운영 | |
| UL | 영국 | 영국 BSI에서 영국표준(BS) 중 제품과 서비스를 대상으로 수행하는 대표적인 민간임의 인증제도<br>※ BSI는 British Standards Institute의 약어) | |
| UL | 미국 | 미국 보험자협회(UL)에서 UL표준을 대상으로 수행하는 민간임의 인증제도<br>※ UL은 Underwriters Laboratories Inc. 의 약어 | |
| NF | 프랑스 | 프랑스 AFNOR에서 프랑스 표준 중 제품과 서비스를 대상으로 수행하는 대표적인 민간임의인증제도<br>※ AFNOR은 Association Francaise de Normalisation, NF는 Norme Francaise | |
| DIN | 독일 | 독일의 DIN CERTICO에서 수행하는 민간임의인증<br>※ DIN은 Deutsches Institute fuer Normung, DIN CERTICO는 민간단체명 | |

PART 03

# KS 인증제도 해설

## (1) KS 인증제도 개선 주요 내용

### 〈KS 운용체계 개편〉

□ KS 개편 및 KS 인증기관 참여 확대

- 지능형로봇품질 인증, 신재생에너지설비 인증, 물류표준설비 인증 등 유사 인증을 KS 인증으로 통합
  (※ 인증 통합을 위한 관련 근거법령 정비)
- KS와 유사한 인증기준을 KS로 일원화
- 분야별 전문기관을 KS 인증기관으로 지정
- KS 인증기관 협의체(KS인증지원사무국)를 신설, 운영 효율화 도모

## ☐ KS 인증제도 주요 분야별 모듈화 도입

- 서비스, 신재생에너지설비 등 주요 분야별로 KS 인증 모듈화가 가능하도록 제도 개편

| 인증<br>지침 | ☐ KS인증 관련 절차규정을 위한 일반 요구사항 및 분야별 요구사항을 KS로 표준화·고시 | |
|---|---|---|
| | **KS 번호** | **KS인증 지침 명칭** |
| | KS Q 8001 | KS인증제도 - 제품인증에 대한 일반 요구사항 |
| | KS Q 8002 | KS인증제도 - 서비스인증에 대한 요구사항 |
| | KS Q 8003 | KS인증제도 - 신재생에너지설비인증에 대한 요구사항 |

- 인증분야별 모듈화는 허용하되, KS 인증 마크는 ⊛로 단일화

## ☐ KS 인증을 국제인증 수준으로 부합화

- KS 인증의 글로벌화를 위해 ISO/IEC 17065에 준하는 수준으로 개선
- 인증기관 업무 독립성: 인증기관이 독립적으로 인증업무 전반을 관리
- 인증기관 업무 협업: 인증기관이 심사협력기관과 업무협력 계약을 체결하도록 법적 근거 정비

| 구 분 | 현행 법적근거 및 요건 | 개선 법적근거 및 요건 |
|---|---|---|
| 법 적 근 거 | 산업표준화법령(운용요강) | 인증기관에 권한 위임 |
| 심사협력기관 | 국가기술표준원장이 지정 | 인증기관이 지정(민법상 계약) |
| 시험협력기관 | KOLAS에서<br>인정한 기관 | KOLAS에 준하는 기관 중 인증기관이 지정<br>(민법상 계약) |
| 인증절차 등 | 법령(운용요강) | 요구사항 |

## 〈사후관리 효율화〉

□ 공장심사 위주의 사후관리 실시

- 사후관리 제품심사는 폐지, 공장심사 위주로 현장 사후관리
- 사후관리 주기별(3년/1년) 정기 제품심사를 폐지하여, 기업의 인증 유지비용 부담 완화
- KS 인증 공장심사 방식을 항목별 적부 판정제로 전환하고 66개 평가항목을 33개 평가항목으로 조정

| 현 행 | | 개 선 | |
|---|---|---|---|
| 점수 합산제 | 80점 이상 합격 | 적부 판정제 | 부적합 사항 없을 시 합격 |
| 차등 점수제 | 3단계(만점, 1/2점, 0점) | 적합/부적합제 | 적합(YES), 부적합(NO) |
| 결 과 조 치 | 80점 이상 합격 시, 인증 유지 불합격 시 행정처분 (표시정지 등) | 결 과 조 치 | 모두 적합 시, 인증 유지 부적합 시 개선조치 (기업자율 개선) |

□ 시판품조사 강화 및 특별현장조사

- 제품 신뢰성 및 안전성 검증이 필요한 품목에 대해 정부가 직접 실시하는 시판품조사 확대(※ 제품심사 폐지에 따른 부작용 최소화를 위해 시판품조사 강화)
- 불량 KS제품 유통신고 접수 등 민원발생 시 인증기관이 특별 현장조사 실시 가능

| 개 선 | | 3년 정기심사 | 1년 정기심사 | 시판품조사 | 특별 현장조사 |
|---|---|---|---|---|---|
| 사 후 관 리 | 심 사 주 기 | 3년 | 1년 (특정 품목) | 불시 (전체의 5%) | 불시 |
| | 심 사 일 수 | 1M/D~3M/D | 1M/D | 1M/D~3M/D | 1M/D~3M/D |
| | 심 사 원 수 | 2명 | 2명 | 2~3명 (정부+인증기관) | 2~3명 (인증기관) |
| | 심 사 방 법 | 공장심사 | 공장심사 | 공장심사 or 제품심사 | 공장심사 or 제품심사 |

| 특별 현장조사 실 시 사 유 | 불량 KS제품 신고로 현장확인이 필요한 경우, ISO 9001 면제 기업의 인증서가 부실한 것으로 분석된 경우, 민원발생 및 소비자단체의 요구가 있는 경우, 개선조치 결과 확인·증빙 서류가 거짓으로 우려되는 경우 등 |
|---|---|

□ 기업자율 임의인증에 적합한 행정처분 체계 마련

- 신규 인증단계에서 사후관리 부적합 사항에 대한 기업자율 표시정지 및 개선조치, 인증취소 등을 인증 계약서에 명시
- 인증계약에 따라 기업자율 개선기간 동안 KS 인증 표시정지

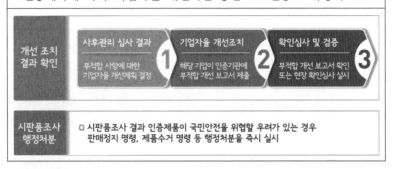

## (2) 산업표준화법령 개정 현황

| 법령 | 공포일 | 시행일 | 경과조치 |
|---|---|---|---|
| 산업표준화법 | 15. 1. 28 | 15. 7. 29 | |
| 산업표준화법 시행령 | 15. 1. 6 | 15. 7. 7 | |
| 산업표준화법 시행규칙 | 15. 1. 23 | 15. 1. 23 | 별표 8,9(인증심사 기준, 절차 및 방법) 〈15.7.7 시행〉 |
| 산업표준화법 시행규칙 운용요강 | 15. 2. 25 | 15. 7. 7 | |

## (3) KS 인증 절차 및 방법의 KS 표준 제정 현황

| 표준번호 | 표준명 | 제정일 |
|---|---|---|
| KS Q 8001 | KS 인증제도 - 제품 인증에 대한 일반 요구사항 | 15. 6. 3 |
| KS Q 8002 | KS 인증제도 - 서비스 인증에 대한 요구사항 | 15. 6. 3 |
| KS Q 8003 | KS 인증제도 - 신재생에너지설비 인증에 대한 요구사항 | 15. 6. 3 |

❑ **산업표준화법**(공포일: 2015. 1. 28/시행일: 2015. 7. 29)

| 조문 | 명칭 | 개정 내용 |
|------|------|-----------|
| 제3조 | 산업표준화 기본계획 | − 국가표준기본법의 국가표준기본계획으로 통합 |
| 제4조 | 산업표준심의회 | − 산업표준심의회의 하위위원회인 표준회의, 기술심의회, 특별심의회 등의 법적 근거를 마련 |
| 제5조의2 | 출연금 | − 산업표준 개발 협력기관에 출연금 지급을 위해 법적 근거 신설 |
| 제14조 | 인증기관의 지정 취소 | − 제20조제2항(서비스 KS 인증기업의 일부 사업장 현장조사)의 신설로 인한 관련 조항 수정 |
| 제16조 | 서비스의 인증 | − 동일한 종류(법인)의 서비스 기업은 한 번 인증으로 다수의 사업장에서 KS 서비스 인증표시 가능 |
| 제17조 | 인증심사 | − 제품의 인증: 제조설비, 검사설비, 검사방법, 품질관리방법 등 제품의 품질보증에 필요한 사항을 포함<br>− 서비스의 인증: 서비스 제공 절차·방법, 서비스 운영체계, 인력관리, 시설·장비 관리, 품질관리방법 등 서비스의 품질보증에 필요한 사항을 포함 |
| 제18조 | 인증심사원 | − 인증심사원이 인증심사, 정기심사 업무 이외에도 시판품조사, 현장조사 등의 업무 수행 근거 마련 |
| 제20조 | 시판품조사 등 | − 공무원이 수행했던 시판품조사에 인증심사원도 참여할 수 있도록 근거 마련<br>− 업체가 서비스의 종류별로 인증을 받은 경우, 일부 사업장에 대한 정부의 현장조사 근거 마련<br>− 정부의 현장조사 절차 및 방법을 규정 |

| 조문 | 명칭 | 개정 내용 |
|---|---|---|
| 제21조 | 표시제거 등의 명령 | - 행정처분 예시 중 시행령에만 규정되어 있는 개선명령, 제품수거규정을 법에 규정<br>- 서비스의 종류별로 인증을 받은 자에 대한 행정처분 기준 마련 |
| 제30조의 2 | 실태조사 | - KS 인증, 단체표준 관련한 산업표준화 실태조사를 실시할 수 있는 근거 마련 |
| 제41조 | 벌칙 적용에서의 공무원 의제 | - 시판품조사 및 현장조사 업무를 하는 인증심사원은 공무원으로 의제됨 |

❑ **시행령**(공포일: 2015. 1. 6/시행일: 2015. 7. 7)

| 조문 | 명칭 | 개정 내용 |
|---|---|---|
| 제24조 | 제품 인증 등 | ● 제품 인증심사 구성 항목을 시행규칙에서 시행령으로 이관<br>- 공장심사: 제품을 제조하는 공장의 기술적 생산 조건에 대한 적합성 심사<br>- 제품심사: 제품의 품질에 대한 적합성 심사 |
| 제25조 | 서비스 인증 등 | ● 서비스의 인증심사 구성 항목을 시행규칙에서 시행령으로 이관<br>- 사업장심사: 사업장의 서비스 품질관리시스템 등의 적합성 심사<br>- 서비스심사: 서비스를 직접 제공받는자 등을 대상으로 적합성 심사 |
| 제26조 별표1 | 인증심사원의 자격 기준 | ● 인증심사원의 자격 기준의 완화<br>- KS 인증심사원의 자격 기준을 유사 인증심사원의 자격 기준과 동등한 수준으로 조정<br>  * 석사 3년 → 1년, 학사 5년 → 2년,<br>    전문학사 6년 → 3년 등 |

| 조문 | 명칭 | 개정 내용 |
|------|------|-----------|
| 제26조의 2 | 정기심사의 종류 | • 정기심사의 종류 및 구성 변경<br>- 정기심사 시 제품 인증은 공장심사만 실시, 서비스인증은 종전대로 사업장 및 서비스 심사 실시 |
| 제28조 별표1의2 | 인증표시 제거 등의 처분 기준 | • 정기심사에 대한 행정 처분 대상 범위 간소화<br>- 정기심사 결과, 인증기관이 중대한 결함요인으로 판정하여 기업자율 개선조치 시행 이외에 별도의 행정처분을 요청하는 경우 |
| 제30조 제2항 별표2 | 산업표준화 교육 내용 등 | • 품질관리담당자 정기교육 시간 축소<br>- 3년 20시간 → 3년 16시간<br>• 산업표준화 및 품질경영 교육 실시기관의 일원화<br>- 법 제32조에 따른 한국표준협회 |

❏ **시행규칙**(공포 및 시행일: 2015. 1. 23/시행일: 2015. 7. 7)

| 조문 | 명칭 | 개정 내용 |
|------|------|-----------|
| 제4조 | 인증기관의 지정 기준 | - 인증기관 지정을 위한 기준 변경 |
| 제4조 별표1 | 인증업무의 범위 | - 인증기관 지정 시 인증업무 범위의 지정단위를 품목별로 세분화 |
| 제12조 | 제품인증표시 등 | - 인증 대상 제품의 구분 기준에 '모델' 추가 |
| 제12조 제2항 별표3 | 한국산업표준 표시 도표 | - KS 인증표시 도표의 단일화(유사 인증 통합에 따른 인증마크 통일) |
| 제13조 별표8 | 시행규칙[별표 8] 인증심사기준의 개정 | - 인증심사기준 간소화 및 인증심사 관리 주체를 인증기관으로 변경<br>- 합격/불합격의 점수 합산제에서 적합/부적합의 적부제로 변경함에 따라 인증심사 기준의 전면 재정비 |

| 조문 | 명칭 | 개정 내용 |
|------|------|-----------|
| | | ※ KS Q 8001 'KS 인증제도 − 제품 인증에 대한 일반요구사항'의 공장심사보고서, KS Q 8002 'KS 인증제도 − 서비스 인증에 대한 요구사항'의 서비스인증심사보고서와 연계됨 |
| 제14조 | 인증심사의 절차 · 방법 등 | • 인증심사의 구분을 시행령으로 이동<br>− 법률유보의 원칙에 따라 인증심사의 중요 사항인 인증심사의 구분을 시행령 제24조, 제25조에 근거를 마련 |
| 제14조 제5항 및 제17조 관련 별표9 | 시행규칙[별표9] 인증심사 절차 및 방법 | − 심사반 구성을 인증기관 자율로 결정하는 등 인증심사 절차 및 방법 변경<br>− 공인 시험·검사기관 범위의 확장 |
| 제16조 | 정기심사의 주기 · 절차·방법 등 | • 정기심사의 주기·절차·방법 변경<br>− 공장심사 위주 사후관리 실시(제품심사 폐지, 공장심사만 실시)<br>− 양도양수 시 정기심사 폐지, 인증서만 재교부<br>※ 공장(사업장)이전에 따른 정기심사는 실시<br>− 제품심사 폐지에 따라 제16조 3항의 면제 조항에 적용 시 제품 인증의 경우 3년, 1년 주기 정기심사 모두 면제<br>− 서비스 인증의 경우: 정기심사 중 서비스 심사 면제 |
| 제20조 | 단체표준 인증 업무 | • 단체표준 인증 업무 요건 추가<br>− 우수단체표준인증과 단체표준 인증 요건 의 일치화 |

❑ 운용요강(고시일: 2015. 2. 25/시행일: 2015. 7. 7)

| 조문 | 명칭 | 개정 내용 |
|---|---|---|
| 제2조,<br>제6조 | 산업표준심의회<br>구성의 변경 | – 운영간사의 지정조건 변경<br>  (협력기관의 직원을 지정) |
| 제10조 | 고시 | • KS 개정에 따른 인증기관에 보고의무 등<br> – KS Q 8001 KS 인증제도 – 제품 인증<br>   에 대한 일반요구사항으로 이동 |
| 제11조 | 인증업무 규정 | • 인증기관 신청 시 항목 추가<br> – 인증기관 지정 신청 시 인증심사 기준<br>   및 외부 심사기관과의 업무 협약에 관<br>   한 사항을 포함 |
| 제12조 | 인증기관의 지정심사 | • 인증기관의 지정심사 규정 변경 및 별표2<br>  (인증기관의 지정심사에 대한 사항) 신설 |
| 제13조 | 인증심사원 자격 심의<br>및 직무교육 | • 인증심사원 자격 교육시간(40시간)<br>  규정화 및 직무 교육 시간 변경<br>  (3년 20시간 → 1년 7시간 이상) |
| 제15조 | 인증심사기준 | • 인증심사기준 제정 주체의 변경<br> – 인증심사기준 제정 주체가 국가기술표<br>   준원에서 인증기관으로 변경<br> – KS인증지원사무국 홈페이지를 통해<br>   인증심사기준 공지<br>• 인증심사기준 개정에 따른 인증받는<br>  자의 인증기관 보고의무 등<br> – KS Q 8001 KS 인증제도 – 제품 인증<br>   에 대한 일반요구사항으로 이동 |
| 제16조 | 인증심사절차 | • 인증심사절차 및 방법 변경<br> – 인증심사절차 세부 내용 수정<br>※ 공장심사 보고서 등 필요 서식을 KS Q<br>  8001 KS 인증제도 – 제품 인증에 대한<br>  일반요구사항 부속서 등으로 이동 |

| 조문 | 명칭 | 개정 내용 |
|---|---|---|
| 제17조 | 인증계약 체결 | • 인증계약 체결에 대한 내용 신설<br>– 인증기관과 인증기업 간 계약에 의해 KS 인증이 유지·관리되도록 인증계약의 근거를 마련<br>– 인증계약 체결에 대한 세부사항을 KS Q 8001 KS 인증제도 – 제품 인증에 대한 일반요구사항 부속서 C에서 규정 |
| 제18조 | 공인 시험·검사기관 | • 공인 시험·검사기관 제한규정 삭제<br>– 공인 시험·검사기관에 대한 비영리법인 제한규정 삭제 |
| 제19조 | KS 인증 | • KS 인증에 대한 심사판정기준, 동일인 증서 일괄기재 등 삭제<br>※ KS Q 8001 KS 인증제도 – 제품 인증에 대한 일반요구사항으로 이동 |
| 제20조 | 인증신청 철회 | • 인증신청 철회 삭제<br>※ KS Q 8001 KS 인증제도 – 제품 인증에 대한 일반요구사항 부속서 C(KS 마크 등의 표시사용 동의에 관한 인증계약서 예시)로 이동 |
| 제21조 | 정기심사 | • 정기심사 내용 변경<br>– 부도나 폐업 등으로 정기심사가 불가능할 경우 현장 확인을 통해 인증을 취소할 수 있도록 명시<br>– 공장심사 위주 사후관리 실시(제품심사 폐지) |
| 제21조의 2 | 인증기관의 변경 | • 인증기관 변경에 따른 자료이관, 심사 등 규정 신설<br>– 인증기관 변경시 제품 인증은 공장심사와 제품심사(단, 제품심사는 인수인증기관이 필요하다고 판단시)를 실시하고 서비스 인증은 사업장심사와 서비스심사를 실시<br>– 인증기관 이동에 따른 문서 이관 규정 신설 |

| 조문 | 명칭 | 개정 내용 |
|------|------|-----------|
| 제22조 | 시판품조사 등 | - 시판품조사는 인증심사 절차를 준용 |
| 제23조 | 협의회의 구성 및 운영 | ● 협의회 및 사무국의 구성 및 운영 내용 신설<br>- 지정심사기관제도를 폐지하고 인증기관의 원활한 운영과 협력을 위해 KS 인증기관협의회 및 KS 인증지원사무국을 신설 |
| 제24조 | KS인증지원사무국의 업무 | ● KS인증지원사무국의 업무 내용을 신설<br>- 정부 업무 지원과 관련된, KS 인증 지원사무국의 업무를 규정 |
| 제25조 | 협력의무 | ● 협의회 및 사무국 협력의무 신설<br>- 협의회와 사무국의 원활한 운영을 위해 인증기관의 협력 의무 규정 |
| 제26조 | 분담금 납부 | ● 분담금 납부 규정 신설<br>- 협의회와 사무국의 원활한 운영을 위해 인증기관의 분담금 납부 의무와 사무국의 분담금 실적 보고 의무를 규정 |
| 제27조 | 지정심사기관의 준수 사항 등 조항 삭제 | - 지정심사기관제도의 폐지에 따라 관련 조항 삭제 |
| 제28조 | 품목별 품질관리 단체 지정 절차 등 | ● 품목별 품질관리단체 지정요건 변경<br>- 정기심사 시 제품심사 폐지로 '제품심사'를 '1년 주기 공장심사'로 변경<br>- 지정심사기관 폐지로 인해 불필요한 조항 삭제 |
| 제29조 | 품목별 품질관리 단체의 지정기준 | ● 품목별 품질관리 단체의 지정기준 변경<br>- '매년 제품심사'가 '1년 주기 공장심사'로 변경되어 업무규정의 명칭 변경 |

| 조문 | 명칭 | 개정 내용 |
|---|---|---|
| 제30조 | 시판품조사 등의 지원 | • 시판품조사 등 지원기관 변경<br>– 시판품조사 등의 지원기관에 지정심사기관을 폐지하고 사무국을 포함 |
| 제31조 | 1년 주기 공장심사의 지원 | • 제품심사 지원 내용 수정<br>– '매년 제품심사'가 '1년 주기 공장심사'로 변경되어 심사 절차 변경 |
| 제32조 | 품목별 품질관리 단체의 준수사항 등 | • 품목별 품질관리 단체의 준수사항 수정<br>– 제품심사업무 규정을 1년 주기 공장 심사 업무규정으로 변경 |
| 제35조 | 현장조사의 지원 | • 현장조사의 지원기관 변경<br>– 지정심사기관제도 폐지 및 사무국 신설로 인해 현장조사 지원기관을 지정심사기관에서 사무국으로 변경 |
| 제37조,<br>제38조 | 광공업 및 그 부품의 통일·단순화 명령 | – 사문화된 규정 삭제 |
| 제40조 | 단체표준우수인증 단체의 인정요건 | – 단체표준인증업무규정, 단체표준 인증심사, 단체표준인증표시 제품의 사후관리에 관한 규정을 단체 표준우수인증단체로 제한하는 규정을 삭제하여 단체표준인증단체 모두 적용 |
| 제41조 | 단체표준우수인증 단체 인정 절차 등 | – 공인 시험·검사기관의 범위 확대 |
| 제43조 | 단체표준인증심사 | • 단체표준인증심사 심사원 직무교육 시간 변경<br>– 제13조 KS 인증심사원 직무교육 시간 변경에 따른 내용 일치화<br>– 인증심사원 직무교육 시간 변경(3년 20시간 → 1년 7시간 이상) |
| 제47조 | 인증기관 등의 자체 점검 | – 자체 점검 수행 주체 중 지정심사 기관은 삭제하고 KS인증지원사무국 신설 |

## 02 2016년~2018년 KS 인증제도 개선 주요 내용

### (1) KS 인증제도 개선 주요 내용

❑ 검사 또는 형식승인 등의 면제 개정

전기용품안전관리법을 전기용품 및 생활용품안전관리법으로 변경

☞ 품질경영 및 공산품안전관리법 폐지

❑ 공장 이전 심사의 실시 시기 개정

이전 완료일부터 45일(종전 3개월) 이내에 공장 이전심사를 받아야 함

❑ 인증 받은 자의 지위승계 전환

인증이 취소된 자는 인증이 취소된 날로부터 1년 이내에는 인증이 취소된 제품·서비스와 동일한 제품·서비스에 대하여 인증 받은 자의 지위를 승계할 수 없음

❑ 인증 받은 자의 지위승계 제한 미준수 벌칙

인증이 취소되어 인증 받은 자의 지위를 승계할 수 없음에도 불구하고 인증표시를 하거나 이와 유사한 표시를 하는 경우 3년 이하의 징역 또는 3천만 원 이하의 벌금에 처하도록 함

❑ 1년 주기 공장심사에 한하여 다음 1회 심사 면제 명확화

인증을 받은 제품이 정기심사에서 적합한 것으로 심사된 경우에는 그 제품이 받아야 하는 정기심사의 종류(3년, 1년)에 관계없이 그 다음 1회의 정기심사를 면제하던 것을 3년마다 정기심사를 받아야 하는 제품의 경우에는 정기심사 면제 대상에서 제외하고 1년 주기 공장심사만 면제

□ 「품질경영 및 공산품안전관리법」이 폐지됨에 따라 관련 조문 정비

「품질경영 및 공산품안전관리법」 제7조에 따라 품질경영체제에 관한 인증(ISO 9001)을 받은 자가 인증신청을 하는 경우 품질경영 면제 규정 삭제

☞ 규정 삭제에도 불구하고 KS Q 8001 5.3.2에 따라 ISO 9001 인증 기업은 품질경영 면제 지속 실시

□ 주요 공정 외주 시 외주업체 현장 확인 필수 및 심사 일수 추가

KS에 따른 주요 공정이 외주가공으로 이루어지는 경우 해당 외주가공업체에 대한 ①현장확인을 해야 하고 ②필요한 심사일수 최대 3일까지 연장 가능함

□ 정기심사 개정사항: 정기심사 기한 규정 신설

(종전) 최초 인증을 받은 날로부터(3년이 되는 해의) 분기 내 신청 후 정기심사를 받음

(개정안) 인증을 받은 날로부터 3년 이내에 정기심사를 완료

☞ 정기심사를 완료하면 되고 부적합에 따른 개선 조치 기간은 별도임

□ 정기심사 개정사항: 3년/1년 정기심사 같은 연도 중복심사 면제

(종전) 3년 정기심사 신청일 기준으로 같은 연도 3년 정기심사와 1년 심사 중복 시 1년 면제

(개정안) 3년 정기심사일 기준으로 같은 연도 3년 정기심사와 1년 심사 중복 시 1년 심사면제

□ 정기심사 개정사항: 인증서에 정기심사 기한 명기 신설

(최초 인증) 최초 인증 후 인증서에 정기심사 기한 기재 후 인증서 발급

(정기심사) 다음 정기심사 기한을 직전 정기심사 기산 이후부터 제품인증은 3년, 서비스 인증은 2년 이내로 명시하여 인증서 재발급

☞ (경과조치) 이 고시 발령 당시 인증서에 정기심사 기간이 기재되어 있지 않은 경우에는, ①최초 인증일, ②인증기관 변경일,

③이전 심사일, ④3년 주기 정기 심사일 중 가장 최근의 날을 직전 정기심사 기한으로 본다.

☞ 1년 정기심사의 경우에는 매년 받아야 함으로 인증서를 재발급하지 않음

## (2) 산업표준화법령 개정 현황

□ 산업표준화법

| 조문 | 개정 내용 | 개정일 | 시행일 |
|---|---|---|---|
| 제23조(광공업품 및 그 부품 등의 통일화·단순화) | 제도 폐지에 따른 사문화된 규정 삭제 | 2016.1.1 | 2016.1.1 |
| 제26조(검사 또는 형식승인 등의 면제) | 품질경영 및 공산품안전관리법이 폐지되고 전기용품 및 생활용품 안전관리법으로 이관됨에 따라 조항 정리 | 2016.1.27 | 2016.1.28 |
| 제19조(정기심사 등) | 인증제품을 제조하는 공장 또는 사업장을 이전한 경우에는 이전심사를 받도록 규정 | 2016.12.2 | 2017.6.3 |
| 제22조(인증의 취소) | 이전심사를 받지 않은 경우를 인증 취소 사유에 포함 | 2016.12.2 | 2017.6.3 |
| 제35조(승계) | 인증이 취소된 자에 대해 1년 이내에는 인증이 취소된 제품 또는 서비스에 대하여 지위를 승계할 수 없도록 규정 | 2016.12.2 | 2017.6.3 |
| 제42조(벌칙) | 인증이 취소되어 인증받은 자의 지위를 승계할 수 없음에도 불구하고 인증표시를 하거나 이와 유사한 표시를 하는 경우 3년 이하의 징역 또는 3천만 원 이하의 벌금에 처하도록 규정 | 2016.12.2 | 2017.6.3 |

□ 시행령

| 조문 | 개정 내용 | 개정일 | 시행일 |
|---|---|---|---|
| 제32조(권한의 위임·위탁) | 기상청장을 산업부장관의 권한을 위탁할수 있는 부처에 포함 | 2017.1.26 | 2017.1.28 |
| 제26조의2(정기심사 및 이전심사의 종류) | 산업표준화법」이 개정(2017. 6. 3. 시행)됨에 따라, 정기심사와 동일하게 이전심사를 포함 | 2017.6.2 | 2017.6.3 |

□ 시행규칙

| 조문 | 개정 내용 | 개정일 | 시행일 |
|---|---|---|---|
| 제3조(산업표준 제정 등의 신청), 제5조(인증기관의 지정절차), 제8조(인증대상 품목 등의 지정) | 산업표준 제정·개정 신청서, 인증기관 지정 신청서 등 국가기술표준원장 권한을 소관 부처의 장으로 이관 | 2016.9.6 | 2016.9.6 |
| 별표 14 제2호가목 | 공장심사비 산정 시 기준이 되는 노임단가를 특급기술자에서 고급기술자로 변경 | 2016.9.6 | 2016.9.6 |
| 별표 9 제2호나목 단서 | 공인시험·검사기관으로부터 발급받은 시험성적서를 제출할 경우 해당 항목의 품질시험을 생략할 수 있는데 이때 인정되는 공인시험성적서의 기간을 1년에서 2년으로 연장 | 2016.9.6 | 2016.9.6 |
| 제16조(정기심사의 주기·절차·방법 등) | 정기심사에서 적합한 것으로 심사된 경우에는 그 제품이 받아야 하는 정기심사의 주기와 관계없이 그 다음 1회의 정기심사를 면제하던 것을 3년마다 정기심사를 받아야 하는 제품의 경우에는 정기심사 면제 대상에서 제외하고 1년주기 공장심사만 면제토록 규정 | 2017.1.26 | 2017.1.28 |

| 조문 | 개정 내용 | 개정일 | 시행일 |
|---|---|---|---|
| 별표 9 제1호 마목 삭제 | 「품질경영 및 공산품안전관리법」이 폐지됨에 따라 관련 조문을 정비 | 2017. 1.26 | 2017. 1.28 |
| 제16조(정기심사 및 이전심사의 주기·절차·방법 등) | 공장 이전심사 완료일을 이전 완료 일로부터 45일(종전 3개월) 이내에 공장 이전심사 완료토록 개정 | 2017. 6.2 | 2017. 6.3 |

□ 운영요령

　　○ 종전 산업표준화법 시행규칙 운용요강을 폐지하고 한국산업표준(KS) 인증업무 운영요령을 제정

　　○ 중복된 행정규칙\*을 통합하여 「한국산업표준(KS) 인증업무 운용요령」으로 제명을 변경하여 체계를 정비

　　\* 「산업표준화법 시행규칙 운용요강 및 KS인증기관 지정 및 인증심사원 자격관리에 관한 요령」

| 조문 | 개정 내용 | 개정일 | 시행일 |
|---|---|---|---|
| 제25조(인증심사 절차) | 외주가공 업체에 대한 현장 확인을 하도록 규정하고 외주가공 공정에 대한 확인심사를 위한 심사일을 최대 3일까지 확보 | 2018. 2.27 | 2018. 2.27 |
| 제26조(인증서 발급)<br>제38조(정기심사) | 3년 주기 공장심사 적합 시 인증서 재발행토록 개선 | 2018. 2.27 | 2018. 2.27 |
| 제27조(인증기관의 변경) | 인증기관 변경제도 보완<br>※ 인증기관변경 신청서 서식마련, 지정심의위원회를 통한 분쟁 조정 절차 등 마련 | 2018. 2.27 | 2018. 2.27 |

| 조문 | 개정 내용 | 개정일 | 시행일 |
|---|---|---|---|
| 제5장 인증심사원 자격 관리 (제30조부터 제37조) | 공고로 운영되던 인증심사원 자격관리 규정 및 교육기관 지정 등 조항을 이동하여 신설 | 2018. 2.27 | 2018. 2.27 |
| 제38조(정기심사) | 정기심사를 3년 이내 완료하도록 개선하여 시행규칙과의 정합성 제고 | 2018. 2.27 | 2018. 2.27 |
| 제42조(품질관리단체의 지정절차) 제45조(품질관리단체의 준수사항 등) | 품목별 품질관리단체의 지정·지정 취소 시 지정심의위원회의 심의를 거치도록 개선 | 2018. 2.27 | 2018. 2.27 |
| 제40조(시판품조사 및 현장 조사에 따른 처리 절차) | 시판품조사 및 현장조사 관련 행정 처분운영위원회의 심의 절차 신설 | 2018. 2.27 | 2018. 2.27 |

## (3) 제품시험 관련 주요 내용

□ 신규 인증 시 제품시험 일부 생략(산업표준화법 시행규칙 별표9)

○ 다른 법령에서 규정한 인증(안전인증, 고효율인증 등)을 받은 시험 항목 중 KS 수준 이상의 공인시험성적서 제출 시(최근 2년 이내)

○ 3개월 이상 시험기간이 소요되는 시험항목의 공인시험성적서 제출 시(최근 2년 이내)

□ KS 인증 취득 시 인증 및 검사 면제

○ 전기용품 및 생활용품 안전관리법 등 18개 인증 및 검사 면제(산업표준화법 제26조)

○ KC 인증 없이 KS 인증 취득 가능(인증 취득 및 개발용으로만 생산하여 심사 가능)

□ 정기 심사 및 공장이전 심사 시 제품시험 생략)

  ○ 3년/1년/공장이전 심사 시 현장입회시험만 진행(중결함 이상 항목 중 선택)

□ 시험설비 미보유 시 시험성적서 관련

  ○ KS 인증심사 기준의 시험설비를 보유하고 제품시험을 하여야 하나 아래 조건일 경우 적합 인정

   1. 해당 항목의 시험설비 보유 업체와 설비 사용계약을 맺고, 시험을 실시한 결과를 보유하고 있는 경우

   2. 해당 항목의 공인시험성적서를 보유하고 있는 경우

□ KS 심사 시험성적서 사본 제공

  ○ KS 심사 시 발급된 시험성적서 사본 요청 시 제공(최근 3년 이내 심사서류 보존기간 연한)

# 03 KS 인증제도

## (1) 개요

국가가 정해 놓은 KS 수준 이상의 제품 및 서비스를 안정적·지속적으로 생산(서비스 인증은 제공)할 수 있는 능력을 갖춘 기업에 대하여 엄격한 심사를 거쳐 KS 인증을 하고, 인증받은 자는 제품·포장·용기·납품서·보증서 또는 홍보물 등에 KS 인증 마크(⑤)를 표시하여 사용자 또는 소비자들에게 홍보하는 것이다. 이는 생산자에게는 과학적·합리적인 공장 관리를 통하여 경쟁력을 제고시키고, 양질의 제품을 보급하여 공공의 안전성을 확보하고, 소비자를 보호하기 위하여 국가가 운영하는 국가 인증으로 생산 및 유통의 단순화·공정화를 기하고 소비의 합리화를 통한 산업 경쟁력 향상과 국가 경제를 발전시키기 위한 것이다.

국가가 산업표준화법령을 토대로 KS 인증제도를 운영하면서 KS 인증 기준이 되는 KS 표준을 제정·관리하고 인증기관, 품목별 품질관리 단체 및 공인 시험·검사 기관 등을 지정·관리하면서 KS 인증제도를 총괄 운영하고 있다.

KS 인증제도는 법정 임의 인증으로 신청자의 신청에 의하여 이루어지고 있다. 그러나 인증제품에 대하여는 건설기술진흥법 시행령 제91조제2항에 따라 품질 시험 및 검사를 면제하거나, 정부·공공기관 등이 인증제품·인증서비스를 우선적으로 구매하는 등 강력한 보급·확산 노력에 근거하여 사실상 사용의 준강제 형태로 유지되는 경우가 많다.

## (2) 인증 대상

KS가 제정되어 있다고 모두가 KS 인증을 받을 수 있는 것은 아니다. 다음의 사유에 해당되어 산업표준을 촉진·보급시키기 위하여 필요하다고 인정되는 제품 및 서비스에 대하여 국가기술표준원장이 산업표준심의회를 거쳐 지정한 품목(이하 '인증 대상 지정 품목'이라 한다)만 KS 인증을 신청할 수 있으며, 인증 대상 지정과 함께 KS별(품목별)로 인증 심사기준을 제정·공고하게 된다.

〈제품〉

① 품질을 식별하기가 쉽지 않아, 소비자 보호를 위하여 KS에 맞는 것임을 표시할 필요가 있는 경우
② 원자재에 해당되는 것으로서 다른 산업에 미치는 영향이 큰 경우
③ 독과점이나 가격 변동 등으로 품질이 크게 떨어질 것이 우려되는 경우

〈서비스〉

① 소비자 보호 및 피해 방지를 위하여 KS에 맞는 것임을 표시할 필요가 있는 경우
② 제조업의 지원 서비스에 해당하는 것으로 다른 산업에 미치는 영향이 큰 경우
③ 국가 정책적 목적이나 공공 목적을 위하여 서비스의 품질 향상이 필요한 경우

## (3) 인증의 효과

① 인증 기업의 경쟁력 제고

사내표준화 및 품질경영을 근간으로 조직 구성원 모두가 참여하는 과학적·합리적·시스템적인 관리를 통하여 품질 고급화, 생산성

향상, 불량률 감소, 원가절감 등을 실현하여 인증 업체의 경쟁력을
제고시키고 있다.

② 공공의 안전성 확보 및 소비자 보호

국가표준에 적합한 제품을 생산하여 검사를 실시한 후, 합격된 제
품만 유통시킴으로써 공공의 안전성을 확보하고 소비자를 보호하
며, 제품 불량으로 인한 사고 등을 사전에 예방하여 국민의 삶의
질을 향상시키고 있다.

③ 물품 등의 구매 기준으로 활용

국가, 지방자치단체, 공공기관, 공공단체 및 대형 건설 공사 현장
등에서 물품을 구매하고자 할 때 별도의 품질 확인 절차를 생략하
고 KS 인증제품 또는 서비스를 구매함으로써, 생산자 및 소비자
모두에게 시간과 비용을 절약할 수 있도록 하여 우리나라 산업 경
쟁력을 제고시키고 있다. 이는 KS 인증제도를 운영하는 가장 큰
이유라고 할 수 있다. 만약, 국가 등이 물품을 구매할 때마다 품질
확인(각 기관마다 시험 장비 및 인력을 확보하여 품질 확인을 하
거나 납품 시마다 시험성적서를 요구하는 등)을 거친다면 천문학
적인 시간과 비용이 소요되어 국가적으로 많은 손실과 낭비가 예
상된다.

④ 유통 및 시공 등의 단순화·투명화

KS에 따라 표준화된 제품을 생산·보급함으로 형상·치수·호칭·
등급 등이 표준화된 제품이 유통되어 거래가 명확·투명화되고 설
계·시공 등이 편리해지고 있다.

## (4) 인증제품의 지원

### ① 국가, 지방자치단체, 공공기관 및 공공단체의 KS 준수

국가, 지방자치단체, 공공기관 및 공공단체가 물자 및 용역의 조달, 생산관리 및 시설공사 등을 함에 있어서 KS를 준수하도록 하여, 모든 산업분야에서 KS와 배치된 기준을 따로 정함으로써 발생할 수 있는 이중 관리 등의 부담 증가와 혼란을 예방하고자 하는 것이다.

> **산업표준화법 제24조(한국산업표준의 준수)** 국가·지방자치단체·공공기관 및 공공단체는 물자 및 용역의 조달·생산관리·시설공사 등을 함에 있어서 이 법에 따른 한국산업표준을 준수하여야 한다.

### ② 인증제품 우선 구매

국가, 지방자치단체, 공공기관 및 공공단체가 물품을 구매하거나 용역을 조달할 때에는 KS 인증제품 및 서비스를 구매하도록 의무화하여, 별도의 품질 확인 절차를 생략하고 KS 인증제품을 우선적으로 구매하도록 하고 있다.

> **산업표준화법 제25조(인증제품 등의 우선구매)** 국가기관·지방자치단체·공공기관 및 공공단체는 물품을 구매하거나 용역을 조달하려는 때에는 인증제품·인증서비스 또는 제27조제2항에 따른 단체표준인증을 받은 제품으로서 산업통상자원부령으로 정하는 기준에 해당하는 우수한 단체표준제품을 우선적으로 구매하여야 한다.

③ 입찰 계약의 특례

국가를 당사자로 하는 계약에 관한 법률 시행령 제23조(지명 경쟁 입찰에 의한 계약)의 규정에서 경쟁 입찰의 예외를 인정하여 KS 인증제품은 지명 경쟁 입찰에 의하여 구매할 수 있도록 정하고 있다.

> **국가를 당사자로 하는 계약에 관한 법률 제23조(지명경쟁입찰에 의한 계약)**
> ① 법 제7조 단서의 규정에 의하여 지명경쟁입찰에 부칠 수 있는 경우는 다음 각 호와 같다.
> 6. 「산업표준화법」제15조에 따른 인증을 받은 제품

④ 검사·형식 승인 등 면제

KS 인증제품(KS 인증을 획득하고 규정에 적합하도록 KS 마크 등을 표시한 제품)에 대하여는 국가를 당사자로 하는 계약에 관한 법률 시행령 제56조의 2에 따른 검사 면제, 건설기술진흥법 시행령 제91조제2항에 따라 품질 시험 및 검사 면제, 전기용품 및 생활용품 안전관리법에 의한 안전 인증(KC) 등 15개 법령에서 정하고 있는 각종 인증·검사·형식 승인 등을 면제하여 이중 인증 유지로 인한 기업의 부담을 덜어주고 있다.

> **국가를 당사자로 하는 계약에 관한 법률 제56조의2(검사를 면제할 수 있는 물품)** 법 제14조제3항에 따라 검사를 하지 아니할 수 있는 물품은 다음 각 호와 같다. 다만, 해당 물품이 국민의 생명 보호, 안전, 보건위생 등을 위하여 검사가 필요하다고 인정하거나, 불량 자재의 사용, 다수의 하자 발생 등으로 품질의 확인이 필요한 것으로 인정되어 계약의 내용에 검사를 실시한다는 사항이 포함되도록 한 경우에는 그러하지 아니하다. 1. 「산업표준화법」제15조에 따라 인증을 받은 제품

**건설기술진흥법 제91조(품질시험 및 검사)** ① 법 제55조제2항에 따른 품질시험 및 검사(이하 '품질검사'라 한다)는 한국산업표준, 건설기준 또는 국토교통부장관이 정하여 고시하는 건설공사 품질검사기준에 따라 실시하여야 한다.

② 제1항에도 불구하고 건설업자와 주택건설등록업자는 다음 각 호의 재료에 대해서는 품질검사를 하지 아니할 수 있다. 다만, 시간경과 또는 장소 이동 등으로 재료의 품질 변화가 우려되어 발주자가 품질검사가 필요하다고 인정하는 경우에는 그러하지 아니하다.

2. 한국산업표준 인증제품

---

**산업표준화법 제26조(검사 또는 형식승인 등의 면제)** 산업통상자원부장관 또는 관계 행정기관의 장은 인증제품에 대하여 관계 법령에 따른 다음 각 호의 검사·검정·시험·인증·증명·신고 및 형식승인 등의 전부 또는 일부를 면제할 수 있다. 〈개정 2007.7.27., 2007.12.21., 2008.2.29., 2009.3.25., 2010.7.23., 2011.8.4., 2012.12.18., 2013.3.23., 2014.5.28., 2015.1.28., 2016.1.27., 2016.3.29.〉

1. 「전기용품 및 생활용품 안전관리법」 제5조에 따른 안전인증, 같은 법 제8조에 따른 안전검사, 같은 법 제15조에 따른 안전확인신고, 같은 법 제17조에 따른 안전검사, 같은 법 제23조제1항에 따른 공급자적합성확인 및 같은 조 제2항에 따른 공급자적합성확인신고

2. 삭제 〈2016.1.27.〉

3. 「산업안전보건법」 제35조의 규정에 의한 "보호구의 검정"을 「산업안전보건법」 제34조제2항에 따른 "의무안전인증대상기계·기구등 중 보호구에 대한 안전인증" 또는 제35조제1항에 따른 "자율안전확인대상기계·기구등 중 보호구"에 대한 자율안전확인의 신고

4. 「전파법」 제58조의2에 따른 적합성평가

5. 삭제 〈2010.7.23.〉

6. 「고압가스 안전관리법」 제17조에 따른 용기 등의 검사

7. 「소방시설 설치·유지 및 안전관리에 관한 법률」 제36조에 따른 소방용품의 형식승인

8. 「환경분야 시험·검사 등에 관한 법률」 제9조에 따른 측정기기의 형식승인

9. 「건설기계관리법」 제18조에 따른 건설기계형식의 승인

10. 삭제 〈2009.1.30.〉

11. 「계량에 관한 법률」 제14조에 따른 계량기 형식승인

12. 「액화석유가스의 안전관리 및 사업법」 제39조에 따른 검사

13. 「철도안전법」 제27조에 따른 철도용품의 형식승인

14. 「의료기기법」 제6조제2항에 따른 의료기기에 대한 제조허가 및 제조신고

15. 「석유 및 석유대체연료 사업법」 제25조에 따른 품질검사

16. 「선박안전법」 제18조에 따른 형식승인

17. 「수상레저안전법」 제47조에 따른 형식승인

18. 「항공안전법」 제28조에 따른 부품등제작자증명

또한 전기용품 및 생활용품 안전관리법 등 다른 법령에 따른 제품인증 시 실시한 제품시험 결과로서 국가표준기본법 제23조제2항에 따라 인정을 받거나 같은 수준의 기준 및 절차에 따라 국제인정기구로부터 인정을 받은 공인 시험·검사 기관에서 2년 이내에 발급 받은 시험성적서를 제출할 경우, KS의 요구 수준 이상이면 해당 시험항목의 품질시험을 생략할 수 있도록 하여 기업의 시험비용 절감에 기여하였다.

**산업표준화법 시행규칙 별표9** 인증심사의 절차 및 방법(제14조제5항 및 제17조 관련)

　나. 인증심사원은 가목에 따라 제품의 시료를 채취하는 경우에는 별표 8 Ⅰ제2호의 한국산업표준(KS)에 따른 품목별 심사기준의 '제품시험을 위한 샘플링방식'에 따라 제품의 인증 구분(종류·등급·호칭 또는 모델)별로 채취한다. 다만, 다음 어느 하나에 해당하는 경우 인증대상 공장에서 생산한 시료로 공인시험·검사기관으로부터 2년 이내에 발급받은 제조업체명이 기재된 시험성적서를 제출할 경우 해당 항목의 품질시험을 생략할 수 있다.

　1) 시험기간이 3개월 이상 소요되는 시험항목의 경우

　2) 인증심사 시 다른 법령에서 규정하는 인증을 받은 시험항목으로서 한국산업표준(KS) 요구수준 이상의 경우

　※ '국가표준기본법 제23조제2항에 따라 인정을 받은 공인 시험·검사 기관'을 '국가표준기본법 제23조제2항에 따라 인정을 받거나 같은 수준의 기준 및 절차에 따라 국제 인정기구로부터 인정을 받은 공인시험·검사기관'으로 산업표준화법 시행규칙(2015. 7. 7 시행)을 개정하였다.

# KS 인증 획득을 위한 준비

## 공통사항

### (1) KS 확인

KS는 제품이나 서비스별로 제정되고 일정한 형식을 유지하고 있으며, 표준마다 그 표준의 적용 범위를 구체적으로 정하고 있다. 따라서 KS 인증을 받고자 하는 제품이나 서비스에 대한 KS가 제정되어 있는지 여부를 우선 확인하고 다음 내용을 중심으로 검토한다. 여기서 주의할 점은 인증대상 표준뿐 아니라 관련 KS 표준을 모두 검토할 필요가 있다는 것이다. KS 인증에 필요한 모든 표준을 파악하는 방법은 여러 가지가 있을 수 있으나, 가장 쉬운 방법은 인증을 받고자 하는 해당 표준에 있는 인용표준을 활용하면 좋다.

① 해당되는 KS 번호(표준번호) 및 명칭(표준명)
② 해당 제품 등이 적용 범위에 포함되는지 여부
③ 치수·재료·호칭·구조 등에 적합성
④ 특성 및 성능 등은 KS 수준 이상인지 확인

> KS는 국가 표준인증 통합정보시스템인 e나라표준인증(www.standard.go.kr)에서 열람할 수 있다. 원본은 한국표준정보망(www.kssn.net)을 통해서 구입이 가능하다.

### (2) 인증 대상 지정 여부 확인

KS 인증은 KS가 제정되어 있다고 해서 모두 받을 수 있는 것은 아니다. 국가표준의 확산·보급을 위하여 필요하다고 인정하여 국가기술표준원장이 인증 대상으로 지정한 품목만 KS 인증을 받을 수 있다. KS 인증제품 또는 서비스의 보급 확산을 통하여 공공의 안전성을 확보하고, 소비자를 보호하기 위하여 필요한 품목을 선정하고, 인증기관이 제정한 품목별 인증심사기준을 함께 지정·공고하고 있다. 지정된 품목의 KS는 인증심사기준을 다운로드 받을 수 있도록 되어 있다. 인증심사기준이 없는 경우는 KS 표시가 지정되어 있지 않아 인증을 받을 수 없다. 만약, 인증을 신청하고자 하는 업체의 제품 및 서비스가 KS는 존재하나 KS 표시 지정이 되어 있지 않을 경우, 국가기술표준원 해당과에 표시 지정 요청을 할 수 있다.

> 인증 대상 품목 지정 여부 및 인증심사기준은 국가 표준인증 통합정보시스템인 e나라표준인증(www.standard.go.kr)과 한국표준정보망(www.kssn.net)에서 지정이력과 함께 확인할 수 있다. 그리고 한국표준협회에서 정기적으로 발행하는 'KS 총람'의 표준 번호 앞에 Ⓚ 마크가 표시된 품목 또는 서비스는 인증 대상으로 지정되어 있음을 나타내고 있다.

## (3) 인증심사기준 이해 및 확인

### ① 품목별 인증심사기준 내용 이해

KS 인증을 신청하면 KS 수준 이상의 제품을 지속적·안정적으로 생산할 수 있는 능력(서비스인증은 서비스를 지속적, 안정적으로 제공할 수 있는 능력)에 대하여 품목별로 인증기관이 정해 놓은 인증기준을 적용하여 인증기관이 인증심사를 실시하게 된다. 이때 적용하는 기준이 '인증심사기준'이다. 따라서 KS 인증 신청을 준비하는 과정에서 당해 인증심사기준을 면밀히 검토·이해한 후 인증심사기준에서 심사사항별로 요구하고 있는 수준 이상으로 유지될 수 있도록 준비해야 한다. 인증심사기준 외 인증심사원이 심사 시 실제 활용하는 KS Q 8001 부속서 B의 공장심사보고서(서비스 인증은 KS Q 8002 부속서 A 서비스인증심사보고서)의 심사사항 및 평가항목도 미리 검토하여 준비해야 한다.

인증을 준비하는 업체에서는 인증심사기준의 심사사항별 요구사항이 자사의 제품생산(서비스인증은 서비스의 제공) 시스템과 차이가 없는지의 여부를 먼저 확인할 필요가 있다. 만약 현재의 인증심사기준 상 심사사항과 자사의 생산(서비스인증은 제공시스템) 시스템과 차이가 있다면, 해당 인증심사기준의 개정을 인증기관의 장에게 요청할 수도 있다.

> 한국표준협회가 운영하는 한국정보망(www.kssn.net)에서는 종전의 인증심사기준 이력 및 세부사항의 확인이 가능하여, 인증기업이 쉽게 최신본과 비교해 볼 수 있다.

② KS 및 인증심사기준의 유효성 확인

KS 및 인증심사기준은 국제표준의 제정·개정 또는 이해관계인들의 요청이나 국내·외 환경변화 등으로 정기 또는 수시로 개정하고 있다. 새로 개정된 KS나 인증심사기준의 효력이 발생되면 종전의 KS나 인증심사기준은 자동으로 효력을 상실하게 된다.

KS 인증 신청에 따른 공장심사 및 제품심사(서비스인증은 사업장심사 및 서비스심사)는 당일 유효한 KS나 인증심사기준을 적용한다. 그러므로 KS 인증을 준비하는 과정에서 적용하고 있는 표준 등이 가장 최근에 개정되어 유효한 것인지를 반드시 확인하고 보유하여야 한다. 왜냐하면 개정된 사실을 알지 못하고 종전의 KS 및 인증심사기준에 따라 관리를 할 경우 공장심사(서비스인증은 사업장심사 및 서비스심사)에서 부적합 판정을 받을 수 있기 때문이다. 따라서 관련 정보는 수시로 확인할 필요가 있다.

## ⑷ 사내표준화 추진 및 품질경영기법 도입

KS 인증을 준비하는 과정에서 선행해야 할 일이 회사의 모든 분야에 대하여 회사 규모나 실정에 적합한 사내표준화를 추진해야 한다. 또한 회사 구성원은 책임과 권한을 가지고 맡은 업무에 대한 사내표준에 따라 시스템적으로 업무를 수행해야 한다.

사내표준화 및 품질경영의 추진은 적소에 배치한 전문인력이 조직적으로 활동하여야 원하는 성과를 기대할 수 있다. 따라서 부문별로 해당 전문인력을 배치하여 업무를 추진하는 것이 좋다.

사내표준화는 원·부자재, 작업표준, 생산 공정, 제품, 설비 등 생산과 직접적인 분야(서비스인증은 서비스 운영체계, 서비스 운영, 인적자원관리, 시설·장비, 환경 및 안전관리와 관련된 분야)는 물론이고 인사, 회계, 영업, 노무 등 회사의 모든 분야에 대하여 추진해야 한다. 사내표준화는 통상 회사표준 형태로 존재하고 회사 경영과 관련하여 발생되는 대내·외적 모든 업무 처리의 준칙으로서 기능을 하게 된다. 품질경영은 고객이 요구하는 품질의 제품 및 서비스를 경제적으로 적기에 생산·제공하기 위한 조직적인 수단이다. 그리고 그 기본이 되는 것이 사내표준화이다. KS 인증받은 자의 기본적인 책무가 사내표준을 결정하고 각종 품질경영 기법을 도입하여 관리·유지함으로써 최종제품 및 서비스가 KS에서 요구하고 있는 품질 수준 이상을 지속적으로 유지하는 것이다.

따라서 KS 인증을 준비하는 기업들은 회사표준이 정하는 바에 따라 과학적·합리적인 품질경영을 추진할 수 있는 체제를 구축하여 실시하여야 한다. 일반적으로 인증심사는 사내표준화 및 품질경영의 추진 실적을 근거로 실시하고 현장심사를 거쳐 서류를 확인하는 심사로 진행되고 있다. 그러므로 각종 데이터 및 통계적인 분석 결과 등의 자료가 신청업체의 품질 및 공정 등이 안정되어 있음을 증명할 수 있어야 한다.

① 사내표준화 추진

해당 KS의 인증심사기준과 KS Q 8001 KS 인증제도-제품 인증에 대한 일반요구사항 부속서 B 공장심사보고서(서비스의 경우 KS Q 8002 KS 인증제도-서비스 인증에 대한 요구사항 부속서 A 서비스인증보고서)에서 심사사항 및 평가항목별로 문서화를 요구하는 사항에 대해서 해당 KS 수준 이상으로 사내표준화를 추진한다. 심사사항별로 요구되는 제품 인증에 대한 사내표준과 서비스 인증에 대한 사내표준 예시는 아래와 같다.

〈제품 인증에 필요한 심사사항별로 요구되는 사내표준 예시〉

| 심사사항 | 문서화 요구사항 |
|---|---|
| 1. 품질경영 관리 | • 표준화 및 품질경영추진 계획(경영책임자 방침 및 연도별·부서별 사업계획, 조직 및 업무 분장 규정, 사내표준 관리 규정, 소집단 활동 규정, 제안제도 운영 규정, 내부품질심사 규정, 경영검토 규정 등) |
| 2. 자재관리 | • 자재관리 규정<br>• 인수검사 규정 |
| 3. 공정·제조설비 관리 | • 공정관리 규정(외주 공정관리가 있는 경우 포함)<br>• 중간검사 규정<br>• 작업 규정<br>• 제조설비의 관리 규정<br>• 설비윤활관리 규정 |
| 4. 제품관리 | • 제품 규정<br>• 제품검사 규정(항목별 시험방법 표준 포함) |
| 5. 시험·검사설비 관리 | • 시험·검사관리 규정<br>• 교정관리 규정 |
| 6. 소비자보호 및 환경·자원관리 | • 소비자 불만처리 규정<br>• 작업환경·안전·복지관리 규정<br>• 교육훈련 관련 규정 |

〈서비스 인증에 필요한 심사사항별로 요구되는 사내표준 예시〉

| 심사사항 | 문서화 요구사항 |
|---|---|
| 1. 서비스 품질경영 관리 | • 표준화 및 품질경영 추진계획(경영책임자 방침 및 연도별·부서별 사업계획, 조직 및 업무 분장 규정, 사내표준 관리 규정, 소집단 활동 규정, 제안제도 운영 규정, 내부품질심사 규정, 경영검토 규정 등) |
| 2. 서비스 운영체계 | • 서비스 운영체계 관리 규정 |
| 3. 서비스 운영 | • 서비스 운영관리 규정<br>• 서비스 품질관리 규정 |
| 4. 서비스 인적자원관리 | • 서비스 인적자원 규정<br>• 교육훈련 관련 규정 |
| 5. 시설·장비, 환경 및 안전관리 | • 시설·장비관리 규정<br>• 환경·안전관리 규정 |

② 품질경영 기법 도입

KS 인증의 수준을 해당 KS 수준 이상으로 유지 및 관리하기 위해서는 품질경영 기법 도입이 필수적이다. 따라서 인증을 받으려는 공장(서비스인증은 사업장)은 해당 KS의 인증심사기준과 KS Q 8001 KS 인증제도-제품 인증에 대한 일반요구사항 부속서 B 공장심사보고서(서비스는 KS Q 8002 KS 인증제도-서비스인증에 대한 요구사항 부속서 A 서비스인증심사보고서)에서 요구하는 각종 개선기법(QC7가지 도구, 신QC7가지 도구, 6시그마 등), 관리도, 통계(평균, 표준편차, 불량률 등), 샘플링검사 기법 등의 습득이 필수적이다.

## (5) 교육훈련

KS 인증제도는 인증을 받아 KS 인증제품을 생산(서비스의 제공)하는 기업이 산업표준화법령에서 정하고 있는 모든 규정, 인증 절차 및 방법을 규정한 KS 표준(KS Q 8001 및 KS Q 8002 등)을 준수하고 해당 KS 및 인증심사기준, 인증기관이 정한 인증업무규정에서 정하는 바에 따라 인증기관과 인증계약을 통해 자율적인 관리를 지향하고 있다. 즉, KS 인증을 받은 업체가 소비자들로부터 이의신청을 받지 않거나 사회적인 물의를 일으키지 않는 경우 또는 인증업체 의무사항을 정상적으로 이행하는 한 일반 품목의 경우 인증기관은 3년(서비스인증은 2년)마다 정기심사만 실시하고 있다.

KS 인증을 받은 업체가 KS 인증 요건을 유지하려면 그에 따른 비용이 발생하게 된다. 그런데 이 비용보다는 지속적인 개선활동을 통해 얻어지는 가치가 더 커야 인증을 유지할 필요성이 있고, 지속적인 개선활동의 주체는 조직의 구성원들이다. 따라서 관련 법 규정의 개정이나 표준화 및 품질경영의 환경변화에 적절히 대응하고 새로운 관리기법 등의 적용을 위하여 조직 구성원들의 직위와 직책에 따라 업무와 관련된 전문교육을 이수하도록 하고 모든 종업원을 대상으로 체계적인 교육훈련을 실시하도록 하고 있다.

KS 인증을 받으려는 자 및 KS 인증을 받은 자는 KS 인증 유지에 필요한 제반지식을 습득하도록 하기 위하여 경영간부, 품질관리담당자, 종업원에 대한 연간 사내외 교육·훈련계획을 수립하여 주기적으로 교육·훈련을 실시하도록 하고 있다.

품질관리담당자는 3년마다 정기교육을 받아야 하고 경영간부의 30%(다만, 미 이수 경영간부에 전파교육을 완료하여야 한다) 이상은 3년마다 경영간부 교육을 받아야 한다. 여기서 경영간부란 품질 및 생산부서 팀장급 이상을 의미한다. 교육은 산업표준화 및 품질경영 전문 교육기관인 한국표준협회에서 받아야 한다.

종업원에 대한 교육·훈련은 전 종업원에 대하여 계층별·분야별로 연간 교육·훈련계획을 회사규모나 실정에 적합하도록 수립하고 계획에 따라 실시해야 하고 실시결과(최근 3년간 실적 확인)에 대한 성과를 측정·관리하고 있어야 한다.

특히 교육·훈련계획은 소속 조직원들의 업무 수행에 필요한 교육내용이어야 하며, 회사 경영방침과 연계되어 교육성과가 나오도록 해야 하고 교육·훈련에 따른 충분한 예산이 확보되어 있어야 한다.

## (6) 품질관리담당자 확보

인증심사기준에 품질경영을 효과적으로 추진할 수 있도록 자격이 있는 품질관리담당자를 확보하도록 규정하고 있다. 기업은 품질관리담당자 자격을 갖추고 3년 주기로 담당자 정기교육을 이수한 자를 품질관리담당자로 지정하여야 한다. 또한 품질관리담당자는 독립적인 품질관리부서(임직원이 20인 이하 기업은 품질관리담당자가 있으면 독립적인 품질관리부서를 운영하지 않아도 된다)에서 최소 3개월(전임자의 근무경력을 포함 시, 업무공백이 1개월을 초과하지 않은 경우만 인정) 이상 근무를 하고 있어야 하며, 독립적이고 적정하게 표준화와 품질관련 업무를 수행할 수 있는 직무수행능력을 갖추고 있어야 한다.

〈품질관리담당자 자격기준〉

① 국가기술자격법에 의한 품질관리기술사, 품질경영기사, 품질경영산업기사 자격 취득자
② 한국표준협회에서 실시하는 품질관리담당자 또는 서비스품질관리담당자 교육과정을 이수하고 소정의 시험에 합격한 자

〈제품인증 분야 품질관리담당자의 직무〉

① 사내표준화와 품질경영에 대한 계획의 입안 및 추진
② 사내표준의 제정·개정 등에 대한 총괄
③ 제품 및 가공품의 품질수준 평가
④ 각 공정별 사내표준화 및 품질관리의 실시에 관한 지도·조언 및 부문 간의 조정

⑤ 공정에서 발생하는 문제점 해결과 조치, 개선대책에 관한 지도 및 조언
⑥ 종업원에 대한 사내표준화 및 품질경영에 관한 교육훈련 추진
⑦ 부품을 제조하는 다른 업체에 대한 관리에 관한 지도 및 조언
⑧ 불합격품 또는 부적합 사항에 대한 조치
⑨ 해당 제품의 품질검사 업무 관장

〈서비스인증 분야 품질관리담당자의 직무〉

① 사내표준화와 품질경영에 대한 계획의 입안 및 추진
② 사내표준의 제정·개정 등에 대한 총괄
③ 서비스 품질 수준의 평가
④ 각 서비스 절차별 사내표준화 및 품질관리의 실시에 관한 지도·조언 및 부문 간의 조정
⑤ 서비스 및 서비스 과정에서 발생하는 문제점 해결과 조치, 개선 대책에 관한 지도 및 조언
⑥ 서비스 종사자에 대한 서비스 사내표준화 및 품질경영에 관한 교육훈련 추진
⑦ 고객(소비자)의 불만에 대한 관리 및 조치
⑧ 협력업체에 대한 관리 및 지도

## (7) 제조설비 확보(제품 인증의 경우에 해당)

인증심사기준에서는 해당 제품을 생산하기에 적합한 제조설비를 사내표준에 규정하여 보유하고 설비의 성능을 유지하기 위한 점검, 보수, 윤활관리 등의 관리규정을 구체적으로 정하여 이에 따라 실시하도록 명시하고 있다. 또한 지정된 설비관리자가 설비관리 규정에 따라 관리할 수 있도록 하고 있다. 여기서 해당 제품 생산에 적합한 제조설비라 함은 보유 설비의 성능·용량·표준 등을 확인하여 해당 제품을 생산하는데 지장이 없고 정상적으로 원활하게 작동이 되는 설비를 말한다. 보유의 의미는 자사의 직접적인 소유 또는 임대차 계약

에 의한 배타적인 사용이 가능한 제조설비를 말한다. 다만, 공정관리에서 외주가공이 허용된 경우에는 제조설비를 보유하지 않아도 된다.

## (8) 시험·검사설비 확보(제품 인증의 경우에 해당)

인증심사기준에서는 해당 제품의 품질특성과 자재 및 제품을 시험·검사하기 위한 설비를 구체적으로 정하고 있으며 해당 인증업체에서 보유하도록 명시하고 있다.

다만, 제품이 한국산업표준(KS) 수준 이상으로 관리될 수 있도록 일정한 주기를 정하여 외부설비를 사용하거나 외부공인시험기관의 시험성적서로 품질관리를 대신하는 경우는 그 시험항목에 대한 시험·검사설비를 갖추지 않아도 된다. 인증기관은 기업이 공인시험기관을 제외한 외부설비를 사용한 경우, 공장심사 시 외부설비 업체에 대한 현장 확인을 실시할 수 있다.

시험·검사설비를 보유하지 않아, 외부설비를 사용한 경우에는 제품이 한국산업표준(KS) 수준 이상으로 관리될 수 있도록 관리규정을 정하고 사용계약을 체결하여 체계적으로 관리해야 한다. 한국산업표준(KS)에 규정되어 있는 제품의 품질 특성, 자재 및 제품을 시험·검사하기 위한 설비라 함은 보유 설비의 정밀도 및 정확도 등이 해당 제품의 자재 및 제품시험·검사를 실시하는데 지장이 없는 설비를 뜻하며 정상적으로 원활하게 작동되는 설비를 말한다. 해당 시험·검사설비를 보유하고 있더라도 용량 및 정밀도 등이 부족하여 제품 생산 및 검사에 직접 사용되지 않거나 작동되지 않는 경우는 설비를 보유하고 있지 않는 것으로 간주한다.

## ⑼ 제품심사를 위한 시료 확보(제품 인증의 경우에 해당)

인증심사기준에서는 제품시험을 위한 샘플링 방식을 정한다. 인증심사 시, 심사당일 재고(또는 생산중인 제품) 량을 파악하고 모집단으로 하여, 그동안 생산된 제품을 대표할 수 있는 시료를 채취하고 공인된 시험·검사기관에 시험을 의뢰하여 KS 적합여부를 판단하고 있다. 여기서 대표성을 갖는 시료채취 방법은 품목별로 매우 상이하고 복잡하므로 해당 인증심사기준의 내용을 정확하게 이해하고 시료채취에 충분한 종류별 시료를 확보하고 있어야 한다.

만약 해당하는 종류가 없거나 시료수가 부족하여 인증심사기준이 정한 바에 따라 시료채취를 할 수 없을 경우, 제품심사를 할 수 없으므로 인증심사는 중단되고 인증불가 통보를 하게 된다. 심사원이 현장에서 제품심사를 위하여 시료를 해당 인증심사기준에 따라 채취하게 되므로 충분한 시료를 준비해야 한다.

## ⑽ 시설·장비 확보(서비스인증의 경우에 해당)

해당 서비스 인증심사기준에서는 당해 서비스 제공에 적합한 최소한의 시설·장비를 명시하고 있으며, 이를 자사에서 보유하고 관리하도록 규정하고 있다. 여기서 해당 서비스 제공에 적합한 시설·장비라 함은 보유 시설·장비의 성능, 용량 및 표준 등을 확인하여 당해 서비스를 제공하는데 지장이 없고 정상적으로 작동되는 시설·장비를 말한다.

해당 시설·장비를 보유하고 있더라도 서비스 제공에 필요한 성능 유지 관리가 되지 않거나 작동이 되지 않는 경우에는 시설·장비를 보유하지 않은 것으로 평가한다. 그러므로 성능 유지관리에 만전을 기해야 한다. 여기서 보유의 의미는 자사의 직접적인 소유 또는 임대차 계약에 의한 배타적인 사용이 가능한 시설·장비를 말한다.

## (11) 3개월 이상의 관리 실적

KS 인증을 위한 공장심사(서비스인증은 사업장심사)는 최근 3개월간의 공장(서비스인증은 사업장) 운영에 관한 관리실적 및 기록에 대한 해당 KS 인증심사기준에 의하여 실시하게 된다. 따라서 인증을 받고자 하는 자는 심사일 기준으로 최소 3개월 이전까지는 모든 인력 및 설비를 갖추고 정상적으로 3개월 이상 제품을 생산(서비스인증은 서비스를 제공)하여야 하며, 그 관리 실적을 정리하여 심사원에게 제시하여야 한다. 해당 KS 및 인증심사기준에서 요구하는 시스템을 갖추고 3개월간의 실적을 확보한 후에 KS 인증을 신청할 수 있다.

인증심사원은 3개월 이상 관리 실적이 부족하다고 판단되면 기준요건에 미달되므로 심사를 중단하고 종료하게 된다.

## 인증 절차도

### 제품인증 절차도

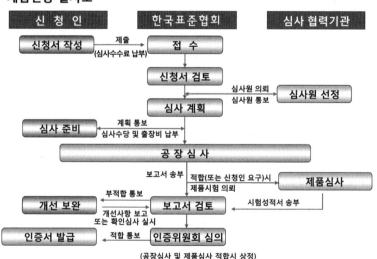

(공장심사 및 제품심사 적합시 상정)

**서비스인증 절차도**

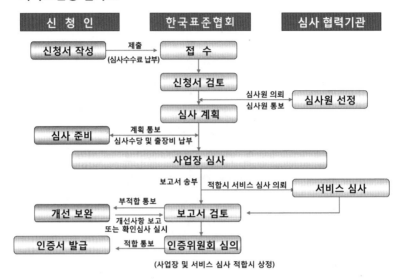

한국표준협회는 KS 인증과 관련하여 신청에서 인증서 발급까지 일체의 인증업무를 KS인증지원시스템(www.ksmark.or.kr)에서 처리하고 있다.

> 산업표준화법 시행규칙 [별표 9] 6. 인증기관은 인증의 모든 과정을 온라인으로 처리하고 인증 기업별 정보를 데이터베이스화하여 인증과정을 투명하고 신속하게 처리하도록 노력해야 한다.

## KS 인증 신청

KS 인증을 받고자 하는 자는 산업표준화법 시행규칙 [별지 제7호 서식] 제품인증신청서 또는 [별지 제8호 서식] 서비스인증신청서를 작성하고 관련 서류를 첨부하여 한국표준협회의 KS인증지원시스템(www.ksmark.or.kr)에 신청한다.

인증신청서는 신청서 양식에 의하여 작성하되, 회사 전반의 수준을 파악하는 자료로 활용되므로 회사 전반에 대한 사항을 함축성 있게 근거에 의하여 정확하게 작성하여야 한다.

〈제출 관련 서류 예시〉

| 제품인증 첨부서류 | 서비스인증 첨부서류 |
|---|---|
| ① 사업자 등록증<br>② 입금증 사본(신청비)<br>③ 공장등록증(해당하는 경우)<br>④ KS Q ISO 9001 인증서 사본, 내부심사 결과, 경영검토 결과, 부적합 시정조치 결과 등 주요 문서화된 정보(해당하는 경우)<br>⑤ 주요 자재관리(부품, 모듈, 재료 등) 목록<br>⑥ 제조설비 및 시험·검사설비 목록(공정을 외주가공 처리한 경우에는 외주가공 업체 현황, 외부 시험·검사설비를 사용한 경우에는 외부 설비업체 현황 포함)<br>⑦ 외국 KS공장 조사표(대한민국 이외의 지역에 소재한 기업의 경우) | ① 사업자 등록증<br>② 입금증 사본(신청비)<br>③ KS Q ISO 9001 인증서 사본, 내부심사 결과, 경영검토 결과, 부적합 시정조치 결과 등 주요 문서화된 정보(해당하는 경우)<br>④ 주요 시설·설비·장비 보유 현황(해당 표준에서 요구하는 경우) |

## (1) 제품 인증신청서 작성방법

① 회사현황
- 회사명, 대표자 성명, 사업자등록번호, 소재지(본사 및 공장), 전화번호, 팩스번호, 전자우편, 설립연월일, 공장규모를 순서대로 기입한다.
- 인허가 상황란에는 신청 공장에서 획득한 각종 인·허가 사항을 상세하게 기록하고 그 인증서 사본을 첨부한다. 이는 신청 공장

의 품질수준을 간접적으로 판단하는 자료로 활용되고 직접적으로는 심사계획 수립 시, 심사일수 및 심사항목 일부 면제 등의 혜택을 주고 있으므로 누락되지 않도록 유의한다.

- 자본금 및 매출액을 기입한다.
- 경상이익 : 매출액에서 판매원가를 뺀 금액을 기입한다.
- 1인당 매출액 : 총매출액을 종업원 수로 나눈 금액을 기입한다.
- 1인당 부가가치액 : 경상이익을 종업원 수로 나눈 금액을 기입한다.
- 1인당 교육훈련 투자비 : 교육훈련비를 종업원 수로 나눈 금액을 기입한다.
- 연구개발투자율(%) : 연구개발비를 매출액으로 나누고 100을 곱하여 나온 숫자를 기입한다.
- 공정자동화율(%) : 공장 내 자동화된 공정수를 전체 공정수로 나누고 100을 곱하여 나온 숫자를 기입한다.
- 설비 자동화율(%) : 공장 내 자동화된 설비수를 전체 설비수로 나누고 100을 곱하여 나온 숫자를 기입한다.

② 품목
- 표준명 및 표준번호는 해당 KS를 확인하여 해당 표준에 기재되어 있는 명칭을 기재한다.
- 종류·등급·호칭(해당하는 경우 모델) 란은 KS 인증 신청의 실질적인 범위를 나타낸다. 그러므로 해당 표준 및 인증 심사기준을 반드시 확인하여 정확하게 기입하여야 한다. 또한 종류·등급·호칭(해당하는 경우 모델)은 제품시험을 위한 시료채취의 기준이 되며 시험수수료와도 관계가 있다.

③ 이미 인증을 받은 품목
이미 인증을 받은 품목을 정확하게 종류·등급·호칭(해당하는 경우 모델)까지 기재하여야 한다. 이는 신규 공장, 신규 품목, 종류·

등급·호칭(해당하는 경우 모델) 추가의 경우 심사일수 및 심사항목 일부 면제 등의 혜택을 받을 수 있다. 특히 종류·등급·호칭(해당하는 경우 모델) 추가의 경우는 기존에 인증을 받은 인증서 원본을 첨부하여야 하고 기존에 인증받은 품목이 많은 경우 그 현황을 첨부하여도 된다.

④ 품질관리담당자

성명, 생년월일, 자격구분, 자격증번호, 전자우편을 기입한다.

⑤ 설비

자사에서 보유하고 있는 제조설비 및 시험·검사설비의 리스트를 별도의 서식에 의해 작성하여 제품인증신청서에 첨부한다.

⑥ 수수료

심사수수료, 출장비 등은 산업표준화법시행규칙 제23조 제2항 및 [별표 14] 수수료에 의해 심사 실시 전까지 인증기관에 납부하여야 한다(신청비는 심사신청 시까지 납부하여야 한다).

## (2) 서비스 인증신청서 작성방법

① 신청업체 현황

 - 업체명, 대표자, 소재지, 사업자번호, 담당자, 전화번호, 팩스번호, 전자우편을 기입한다.

② 서비스 사업장 일반현황

 - 사업장명, 사업자번호, 소재지, 전화번호, 팩스번호, 전자우편, 대표자, 담당자, 사업장규모, 설립연월일을 순서대로 기입한다.
 - 신청 인증분야의 표준명과 표준번호, 인증구분을 기입한다.
   예 표준명 : 시설관리, 표준번호 : KS S 1004-2, 인증구분: 인증심사
 - 자본금 및 매출액을 기입한다.

- 1인당 매출액 : 총매출액을 종업원 수로 나눈 금액을 기입한다.
- 1인당 부가가치액 : 경상이익을 종업원 수로 나눈 금액을 기입한다.
- 경상이익 : 매출액에서 판매원가를 뺀 금액을 기입한다.
- 1인당 교육훈련 투자비 : 교육훈련비를 종업원 수로 나눈 금액을 기입한다.
- 종사자 : 경영간부, 일반직, 기술직, 기타 인원수를 기입한다.
- 품질관리담당자 : 성명, 생년월일, 자격구분, 자격증번호, 전자우편을 기입한다.
- 기 인증현황 란에는 신청 사업장에서 획득한 각종 인·허가 사항을 상세하게 기록하고 각각의 인증서 사본을 첨부한다. 이는 신청 사업장의 서비스 품질 수준을 간접적으로 판단하는 자료로 활용되고, 직접적으로는 심사계획 수립 시 심사일수 및 심사항목 면제 등의 혜택을 주고 있다. 그러므로 기록을 누락하거나 잘못 기재하면 불이익을 받을 수 있다.

③ 수수료

심사수수료, 출장비 등은 산업표준화법 시행규칙 제23조 제2항 및 [별표 14] 수수료에 의해 심사 실시 전까지 인증기관에 납부하여야 한다(신청비는 심사 신청 시까지 납부하여야 한다).

## 심사계획 수립 및 통보

### (1) 신청서 검토

신청서를 접수한 인증기관은 신청내용의 적정성을 검토하고 심사계획 수립을 위해, 다음 내용을 확인하여 인증심사 계획을 확정하고 해당업체에 통보한다.

① 신청품목(서비스인증은 신청분야)의 표시지정 여부 확인
② 신규 공장(서비스인증은 신규사업장), 품목(서비스인증은 분야) 추가, 종류·등급·호칭(해당되는 경우 모델) 추가인지를 확인
③ 공장심사(서비스인증은 사업장심사 또는 서비스심사) 일부 면제 사유에 해당되는지 여부
④ 인증신청을 위하여 기술 지도를 받았는지 여부

## (2) 심사기관 및 심사원 결정

심사는 인증기관인 한국표준협회 심사원 2인으로(심사협력기관 1인을 포함할 수 있다) 합동심사반을 편성한다. 신청품목(서비스인증은 신청 분야)에 대하여 전문성, 경험 등을 감안하여 적임 심사원을 배정한다.

## (3) 심사소요일 및 심사기간 결정

### ① 제품 인증심사 소요일수

제품인증 공장 심사일수는 1개 품목은 1일, 2개 또는 3개 품목은 2일 이하, 4품목 이상은 3일 이하로 한다. 다만, 1개 품목에 대한 신규 인증심사의 경우와 신청 공장이 외국에 소재한 경우에는 1개 품목을 2일 이하로 할 수 있다. 또한 KS에 따른 주요공정이 외주가공으로 이루어지는 경우에는 해당 외주가공 업체에 대한 현장 확인을 하여야 하며, 이를 위하여 필요한 심사일수를 최대 3일 까지 연장하여 심사할 수 있다.

### ② 서비스 인증심사 소요일수

서비스인증의 경우 심사일수는 서비스별 사업장마다 신규 인증심사는 사업장심사 2일, 서비스심사 1일 이하로 하고, 정기심사는 사업장심사 1일, 서비스심사 1일 이하로 한다. 다만, 기존 서비스

인증기업의 사업장을 추가로 인증심사하는 경우에는 사업장심사 1일, 서비스심사 1일 이하로 할 수 있다.

③ 제공하는 서비스의 종류별(법인) 신청 시, 심사방법(서비스인증의 경우에 해당)

제공하는 서비스의 종류별(법인) 신청은 사업장 전체에 대해 신청 하여야 한다. 인증심사는 인증신청자가 선정한 주된 사업장 1곳은 사업장심사를, 그 외 사업장은 아래 표에 따라 서비스심사를 실시 한다. 인증기관은 최초 인증심사 대상 사업장 선정은 신청한 모든 사업장을 검토하여 사업장의 분포 지역과 사업장 인원수 및 규모 를 감안하여 선정한다.

최초 인증심사 시, 등록한 사업장에 대해 변동이 생겼을 경우 변 동 사업장에 대해서는 최초 도래하는 정기심사 시 반드시 이를 확 인하고 포함하여 심사한다.

〈제공하는 서비스의 종류별(법인) 사업장 수에 따른 심사기준표〉

| 사업장 수 | 사업장심사 대상 | 서비스심사 대상 |
|---|---|---|
| 2 | 주된 사업장 1곳 | 1곳 |
| 3~8 | | 2곳 |
| 9~15 | | 3곳 |
| 16~25 | | 4곳 |
| 26~50 | | 6곳 |
| 51~90 | | 8곳 |
| 91~100 이상 | | 10곳 |

④ 심사일 결정

인증기관은 인증심사원과 심사소요일이 결정되면 심사실시기간 을 정한다. 인증기관은 심사소요일 및 심사기간 결정시에는 공장심사(서비스인증은 사업장심사 또는 서비스심사)의 면제 및 심사 일수 연장 사유가 있는지를 확인한다.

제품인증의 경우 제품인증신청서를 접수하면 인증기관은 다음의 사유가 있는 경우 공장심사의 심사항목 중 일부를 면제한다.

가. 인증받은 자가 이미 인증받은 품목 내에서 그 종류·등급·호칭·모델이 다른 제품에 대하여 인증신청을 한 경우에는 심사항목 중 품질경영관리, 자재관리, 공정·제조설비관리에 대한 공장심사를 면제한다.

나. 인증신청에 따른 공장심사에는 적합하였으나 제품심사에는 적합하지 아니하여 인증불가 통보를 받은 후, 해당 제품에 대하여 1년 이내에 다시 인증신청을 하는 경우에는 심사항목 중 품질경영관리, 자재관리, 공정·제조설비관리에 대한 공장심사를 면제한다.

다. ISO 9001 인증을 받은 자가 인증신청을 하는 경우에는 품질경영관리를 면제한다. 다만, 면제를 받으려는 인증기업은 품질경영체제(ISO) 인증서 및 내부심사보고서, 경영검토보고서, 부적합개선보고서 등 인증품질을 지속적으로 유지하기 위해 품질경영체제(ISO) 인증기업이 갖춰야 할 핵심품질문서를 인증기관에 제출해야 한다.

서비스인증의 경우에는 업체로부터 서비스인증신청서를 접수하면 인증기관은 다음의 사유가 있는 경우 사업장심사를 면제한다.

가. 사업장심사에 합격하고 서비스심사에 불합격한 경우에는 서비스심사 불합격 판정 후 6개월 이내에 서비스인증 재신청 시 사업장심사를 면제할 수 있다.

나. 제공하는 서비스 종류별(법인)로 인증을 신청한때는 주된 사업장 1곳은 사업장심사를 하고 나머지 사업장에 대해서는 서비스심사만 실시한다.

다. ISO 9001 인증기업은 제품인증과 동일하게 서비스 품질경영 관리를 면제한다.

## (4) 심사비용 산출

심사원, 심사소요일수, 심시기간이 결정되면 산업표준화법 시행규칙 별표14에 의해 심사 비용을 산출한다.

제품인증 심사의 인증수수료(심사 비용)는 다음과 같다.
① 신청비 : 기본 1품목 : 50만원(매 1품목 추가 시 25만원)(VAT 별도)
② 심사수수료(인증심사원 수당)
　심사일수×공장심사비(인증심사원 1인당 26만원/1일)(VAT 별도)
③ 인증심사원 출장비 : 공무원 여비 규정(5급 공무원 기준)
④ 제품시험수수료 : 해당 품목 공인 시험·검사기관에서 정한 금액

서비스인증 심사의 인증수수료(심사 비용)는 다음과 같다.
① 신청비 : 기본 1분야 : 50만원(매 1분야 추가 시 25만원)(VAT 별도)
② 심사수수료(인증심사원 수당)
　심사일수×사업장심사비(인증심사원 1인당 26만원/1일)(VAT 별도)
③ 인증심사원 출장비 : 공무원 여비 규정(5급 공무원 기준)

## (5) 심사계획 통보

인증기관의 장은 인증심사계획을 확정하고 그 내용을 신청업체에 통보하게 되며, 통보를 받은 신청업체는 심사 1일 전까지 인증수수료(심사수수료+인증심사원출장비)를 인증기관에 납부하여야 한다.

신규 인증심사, 품목 추가, 3년 정기심사, 1년 주기 공장심사 등 KS 인증 관련 신청 및 처리의 모든 것은 KS인증지원시스템(www.ksmark.or.kr) 의 웹 문서로 신청하도록 되어 있다. 웹 문서상의 절차는 다음과 같다.

〈업무 프로세스(심사 준비 및 신청)〉

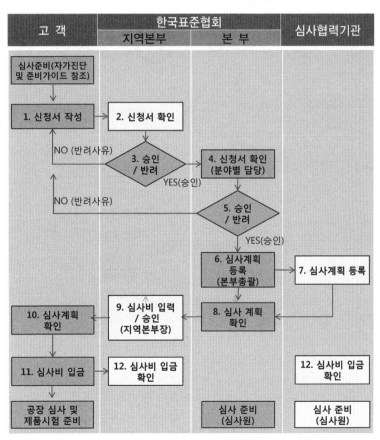

# (1) 인증심사 안내

(공통) KS심사신청 ≫ 인증심사 안내

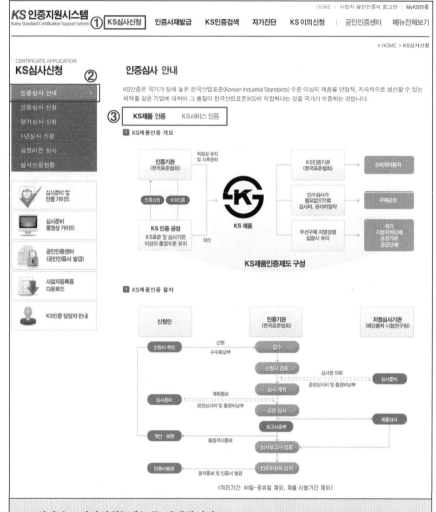

1. 상단 [KS심사신청] 메뉴를 선택합니다.
2. 좌측 [인증심사 안내] 메뉴를 선택합니다.
3. 제품인증과 서비스인증에 대해 확인하실 수 있습니다.

## (2) 인증심사 신청

(공통) KS심사신청 ≫ 인증심사 신청

1. 상단 [KS심사신청] 메뉴를 선택합니다.
2. 좌측 [인증심사 신청] 메뉴를 선택합니다.
3. 각 메뉴 선택으로 '신규인증심사/품목 추가/종류 추가/1년 이내 재심사' 신청을 할 수 있습니다.

# (3) 신규 인증심사 신청(Ⅰ)

(공통) KS심사신청 ≫ 인증심사 신청 ≫ 신규 인증심사 신청(기본 정보 확인)

1. 인증구분에서 [제품] 또는 [서비스]를 선택합니다.

2. '검색' 버튼을 누르면, 표준을 선택할 수 있는 팝업창(다음 페이지)이 나옵니다.

3. 잘못 등록한 표준과 종류·등급 및 호칭에 대해서는 '삭제' 버튼을 클릭하여 삭제가
   가능합니다.

# (4) 신규 인증심사 신청(II)

(제품) KS심사신청 ≫ 인증심사 신청 ≫ 신규 인증심사 신청(표준 검색)

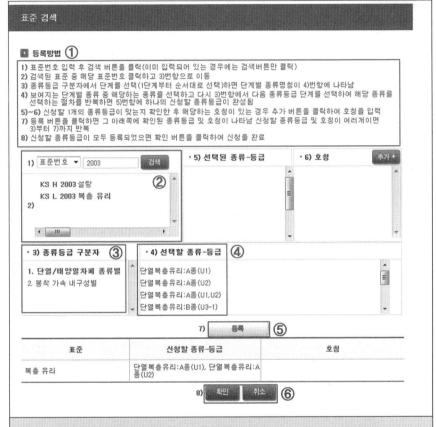

**표준 검색**

▶ **등록방법** ①

1) 표준번호 입력 후 검색 버튼을 클릭(이미 입력되어 있는 경우에는 검색버튼만 클릭)
2) 검색된 표준 중 해당 표준번호 클릭하고 3)번항으로 이동
3) 종류등급 구분자에서 단계를 선택(1단계부터 순서대로 선택)하면 단계별 종류명칭이 4)번항에 나타남
4) 보여지는 단계별 종류 중 해당하는 종류를 선택하고 다시 3)번항에서 다음 종류등급 단계를 선택하여 해당 종류를
   선택하는 절차를 반복하면 5)번항에 하나의 신청할 종류등급이 완성됨
5)~6) 신청할 1개의 종류등급이 맞는지 확인한 후 해당하는 호칭이 있는 경우 추가 버튼을 클릭하여 호칭을 입력
7) 등록 버튼을 클릭하면 그 아래쪽에 확인된 종류등급 및 호칭이 나타남 신청할 종류등급 및 호칭이 여러개이면
   3)부터 7)까지 반복
8) 신청할 종류등급이 모두 등록되었으면 확인 버튼을 클릭하여 신청을 완료

1. 등록방법을 잘 읽어본 후, '표준, 종류·등급, 호칭' 등록 작업을 시작합니다.
2. 표준번호를 입력하고 '검색' 버튼을 클릭합니다. 신청할 '표준'을 검색한 후
   선택합니다.
3. 선택할 표준의 [종류·등급 구분자]를 선택합니다.
4. 표준과 심사기준에 있는 분류 순서대로 '종류·등급'을 선택하면,
   [선택할 종류·등급]에 순서대로 표시됩니다.
5. '등록' 버튼을 클릭하면 아래 표에 선택한 [종류·등급 및 호칭]이 표시됩니다.
6. '확인' 버튼을 클릭하면 하나의 표준에 대한 등록 작업을 완료할 수 있습니다.

# (5) 신규 인증심사 신청(Ⅲ)

(서비스) KS심사신청 ≫ 인증심사 신청 ≫ 신규 인증심사 신청(표준 검색)

1. 등록방법을 잘 읽어본 후, '표준, 종류·등급, 호칭' 등록 작업을 시작합니다.
2. 표준번호를 입력하고 '검색' 버튼을 클릭한 후, 신청할 '표준'을 선택합니다.
3. '등록' 버튼을 클릭하면 아래 표에 선택한 표준이 표시됩니다.
4. '확인' 버튼을 클릭하면 하나의 표준에 대한 등록 작업을 완료할 수 있습니다.

# (6) 신규 인증심사 신청(Ⅳ)

(공통) KS심사신청 ≫ 인증심사 신청 ≫ 신규 인증심사 신청(정보 입력)

▶ 기본 선택 사항

| 업체구분 | 국내업체 |
|---|---|
| 인증구분 | 제품 ⦿        서비스 ○ |

▶ 심사신청을 위한 표준 및 종류-등급-호칭 정보 등록 ①

1. 먼저 검색버튼을 클릭하시면 표준검색 창이 팝업으로 나타납니다.
2. 표준검색 창에서 하나의 표준으로만 검색하여 원하는 종류-등급-호칭를 만들고 확인을 클릭합니다.
3. 클릭한 검색버튼이 있는 줄에 만드신 표준 및 종류-등급-호칭 정보가 나타납니다.

| 구분 | 표준번호 | 표준명 | 종류 등급 | 호칭 |
|---|---|---|---|---|
| 삭제 | KS C 7603 | 형광등기구 | 자기식안정기 | |
| 검색 | | | | |

▶ 작성자 ②

| 작성자 | | 직위 | |
|---|---|---|---|
| e-Mail | @ | 직접입력 ▼ | |
| 전화번호 | 02 ▼ − − | 핸드폰 | 010 ▼ − − |

③ [취소] [다음]

1. '표준 및 종류·등급·호칭' 정보 등록 화면입니다.
2. [작성자](신청자)의 정보를 입력합니다.
3. '다음' 버튼을 눌러 다음 단계로 넘어갑니다. 입력하신 정보는 임시저장 됩니다.

# (7) 신규 인증심사 신청(Ⅴ)

(제품) KS심사신청 ≫ 인증심사 신청 ≫ 신규 인증심사 신청(정보 입력)

### ▶ 인허가 현황 ①

| 형식승인 취득일 | ☐ | ISO/KSA 9001인증일 | ☐ |
| 외국인증 종류 | | 외국인증 취득일 | ☐ |
| 기타 | | | |

### ▶ 추가 회사현황　*표시는 필수입력 사항입니다 ②

| *자본금 | 0.0 | (백만원) | *매출액(A) | 0.0 | (백만원) | *경상이익(B) | 0.0 | (백만원) |
|---|---|---|---|---|---|---|---|---|
| *경영간부 | | 명 (외국인　　명 포함) | *생산직 | | 명 (외국인　　명 포함) | | | |
| *기술적 | | 명 (외국인　　명 포함) | *사무직 | | 명 (외국인　　명 포함) | | | |
| *기 타 | | 명 (외국인　　명 포함) | *종업원수(C) 계 | | 명 (외국인　　명 포함) | | | |

### ▶ 설비 ③

* 제출양식 다운로드　　제조가공설비 ☐　　시험검사설비 ☐

| * 제조, 가공설비 | | 찾아보기 |
| * 시험, 검사설비 | | 찾아보기 |

### ▶ 첨부서류　*표시는 필수입력 사항입니다 ④

| * 사업자등록증 사본 | | 찾아보기 |
| 공장등록증(제조장허가종) | | 찾아보기 |
| 입금증 사본 | | 찾아보기 |

이전　　☐ 임시저장　　다음

1. '인허가 현황'을 입력합니다.
2. '추가 회사현황'을 입력합니다.
3. '설비'를 입력합니다.
4. '첨부서류'를 첨부합니다.

# (8) 신규 인증심사 신청(Ⅵ)

(서비스) KS심사신청 ≫ 인증심사 신청 ≫ 신규 인증심사 신청(정보 입력)

▶ **서비스 사업장 정보** ①

| 사업장명 | | 사업자번호 | ☐ - ☐ - ☐ |
|---|---|---|---|
| 대표자명 | | 담당자명 | 설립년월일 |

▶ **추가 회사현황**   ＊표시는 필수입력 사항입니다 ②

| ＊자본금 | 0.0 | (백만원) | ＊매출액(A) | 0.0 | (백만원) | ＊경상이익(B) | 0.0 | (백만원) |
|---|---|---|---|---|---|---|---|---|
| ＊종업원수(C) 계 | 0 | | ＊1인당 교육훈련 투자비 | | | (원) | | |
| ＊경영간부 | | | | | | | | |
| ＊기술직 | | | | | | | | |
| ＊사무직 | | | | | | | | |
| ＊기타 | | | | | | | | |

▶ **첨부서류**   ＊표시는 필수입력 사항입니다 ③

| ＊ 사업자등록증 사본-본사 | | 찾아보기 |
|---|---|---|
| 사업자등록증 사본-사업장 | | 찾아보기 |
| 입금증 사본 | | 찾아보기 |

이전   □ 임시저장   다음

1. '서비스 사업장 정보'를 입력합니다.
2. '추가 회사현황'을 입력합니다.
3. '첨부서류'를 첨부합니다.

# (9) 신규 인증심사 신청(Ⅶ)

(공통) KS심사신청 ≫ 인증심사 신청 ≫ 신규 인증심사 신청(신청비 결제)

1. '심사수수료 안내, 지역본부안내, 입금계좌안내'를 선택하여 해당 정보를
   확인할 수 있습니다.
2. 신청하신 '신청분야'를 확인합니다.
   - 제품: 표준번호, 표준명, 종류 등급호칭 확인
   - 서비스: 표준번호, 표준명 확인
3. '신청' 버튼 클릭 시, 심사신청서 '전자서명' 모듈로 연결됩니다.

# (10) 신규 인증심사 신청서 미리보기

(공통) KS심사신청 ≫ 인증심사 신청 ≫ 신규 인증심사 신청(신청서 미리보기)

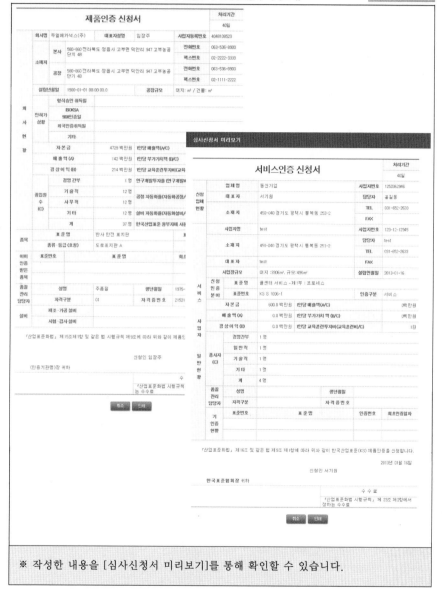

※ 작성한 내용을 [심사신청서 미리보기]를 통해 확인할 수 있습니다.

# (11) 신규 인증심사 신청 완료

(공통) KS심사신청 ≫ 인증심사 신청 ≫ 신규심사신청(완료)

## 신규심사 신청

감사합니다.
정상적으로 처리되었습니다. 추후 진행사항은
심사신청현황 메뉴에서 확인하세요.

한국표준협회 KS인증서비스를 방문해 주셔서 감사합니다.
즐거운 하루 보내시기 바랍니다.

확인

1. 신규심사 신청을 완료하셨습니다.
2. '심사신청현황'에서 심사처리현황을 확인할 수 있습니다.

# (12) 품목 추가(Ⅰ)

(공통) KS심사신청 ≫ 인증심사 신청 ≫ 품목 추가(신청)

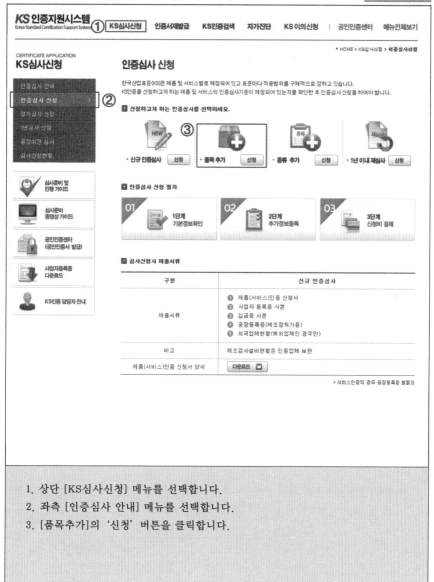

1. 상단 [KS심사신청] 메뉴를 선택합니다.
2. 좌측 [인증심사 안내] 메뉴를 선택합니다.
3. [품목추가]의 '신청' 버튼을 클릭합니다.

# (13) 품목 추가(II)

(공통) KS심사신청 ≫ 인증심사 신청 ≫ 품목 추가(기존 인증 현황)

## 인증심사 신청 _ 품목추가

한국산업표준(KS) 인증을 받은 기업이 다른 품목의 한국산업표준(KS)을 인증 받고자 할 경우 신청을 합니다.

**▶ 기인증현황** ①

| 표준번호 | 표준명 | 인증번호 | 인증일자 |
|---|---|---|---|
| KS A 3505 | 반사 안전 표지판 | 96-03-034 | 1996-03-26 |
| KS A 3505 | 반사 안전 표지판 | 01-2204 | 2001-08-31 |
| KS A 3505 | 반사 안전 표지판 | 97-07-031 | 1997-09-09 |
| KS A 3505 | 반사 안전 표지판 | 02-2653 | 2002-04-25 |
| KS C 3313 | 옥외용 비닐 절연 전선(OW) | 11-0087 | 2011-02-09 |
| KS C 3315 | 인입용 비닐 절연 전선(DV) | 11-0088 | 2011-02-09 |
| KS C 3341 | 저독성 난연 폴리올레핀전력 케이블 및 절연 전선 | 11-0089 | 2011-02-09 |

②

1. 기존 인증 품목을 확인합니다.
2. '다음' 버튼을 클릭하여 [품목추가] 신청을 진행합니다.

# (14) 품목 추가(Ⅲ)

(공통) KS심사신청 ≫ 인증심사 신청 ≫ 품목 추가(표준 검색)

1. '검색' 버튼을 클릭하여 [표준 검색]을 수행합니다.
2. 잘못 등록한 표준과 종류등급 및 호칭에 대해서는 '삭제' 버튼을 클릭하여 삭제가 가능합니다.
※ 이 후 프로세스는 '신규인증심사 신청'과 동일합니다.

# (15) 종류 추가(ㅣ)

(제품) KS심사신청 》 인증심사 신청 》 종류 추가(품목 선택)

1. [인증심사 신청]에서 세 번째 메뉴 [종류 추가] '신청' 버튼을 클릭합니다.
2. '심사대상확인'을 확인하시고 종류를 추가하고자 하는 품목을 선택합니다.
3. '다음' 버튼을 눌러 다음 단계로 진행합니다.

# (16) 종류 추가(Ⅱ)

(제품) KS심사신청 ≫ 인증심사 신청 ≫ 종류 추가(정보 입력)

**▶ 기본 선택 사항**

| 업체구분 | 국내업체 |
|---|---|
| 인증구분 | 제품◉      서비스○ |

**▶ 인증 정보 ①**

| 인증번호 | 4149 | 표준번호 | KS D 3576 |
|---|---|---|---|
| 표준명 | 배관용 스테인리스 강관 | | |

| 종류 등급 호칭 정보 | |
|---|---|
| 번호 | 종류 등급 호칭 |
| 1 | STS304L TP 15A~300A, STS316L TP 15A~300A |
| 2 | STS304TP 10A~300A, STS316TP 10A~300A |

**▶ 심사신청을 위한 표준 및 종류-등급-호칭 정보 등록**

1. 먼저 검색버튼을 클릭하시면 표준검색 창이 팝업으로 나타납니다.
2. 표준검색 창에서 하나의 표준으로만 검색하여 원하는 종류-등급-호칭을 만들고 확인을 클릭합니다.
3. 클릭한 검색버튼이 있는 줄에 만드신 표준 및 종류-등급-호칭 정보가 나타납니다.

| 구분 | 표준번호 | 표준명 | 종류 등급 | 호칭 |
|---|---|---|---|---|
| 검색 ② | | | | |

**▶ 작성자 ③**

| 작성자 | | 직위 | |
|---|---|---|---|
| e-Mail | | @ | 직접입력 ▼ |
| 전화번호 | 02 ▼ - - | 핸드폰 | 010 ▼ - - |

④ **취소** **다음**

1. 이전 단계에서 선택한 품목의 '종류·등급·호칭'을 확인합니다.
2. '검색' 버튼을 눌러 추가할 '종류·등급·호칭'을 입력합니다.
3. [작성자](신청자)의 정보를 입력합니다.
4. '다음' 버튼을 눌러 다음 단계로 넘어갑니다. 입력하신 정보는 임시저장 됩니다.
※ 이 후 프로세스는 '신규인증심사 신청'과 동일합니다.

# (17) 1년 이내 재심사

(공통) KS심사신청 ≫ 인증심사 신청 ≫ 1년 이내 재심사

1. [KS심사신청] ≫ [인증심사 신청] 메뉴를 선택합니다.

2. 세 번째 [1년 이내 재심사] '신청' 버튼을 클릭합니다.

※ 다음화면에서 '1년 이내 심사'를 받았던 인증 심사기록을 보여 줍니다. 해당사항을
   선택하여 심사신청 프로세스를 진행합니다. 이 후 프로세스는 '신규인증심사 신청'과
   동일합니다.

# (18) 정기심사 신청(Ⅰ)

(공통) KS심사신청 ≫ 정기심사 신청(심사 대상 확인)

1. [KS심사신청] ≫ [정기심사 신청] 메뉴를 선택합니다.
2. 목록에 나타난 '심사대상확인'의 인증정보와 신청기한 등의 정보를 확인하여
   신청할 품목을 선택합니다.
3. '다음' 버튼을 클릭하여 진행합니다.

**▶ 인증 정보 ①**

| 표준번호 | KS D 3576 | 인증번호 | 4149 |
|---|---|---|---|
| 표준명 | 배관용 스테인리스 강관 | | |

**종류 및 등급(호칭)정보**

| 번호 | 종류/등급 명 | 호칭 |
|---|---|---|
| 1 | STS304L TP 15A~300A, STS316L TP 15A~300A | |
| 2 | STS304TP 10A~300A, STS316TP 10A~300A | |

**➕ 심사신청을 위한 표준 및 종류-등급-호칭 정보 등록**

1. 먼저 검색버튼을 클릭하시면 표준검색 창이 팝업으로 나타납니다.
2. 표준검색 창에서 하나의 표준으로만 검색하여 원하는 종류-등급-호칭를 만들고 확인을 클릭합니다.
3. 클릭한 검색버튼이 있는 줄에 만드신 표준 및 종류-등급-호칭 정보가 나타납니다.

②

| 구분 | 표준번호 | 표준명 | 종류 등급 | 호칭 |
|---|---|---|---|---|
| 검색 | | | | |

**▶ 작성자 ③**

| 작성자 | | 직위 | |
|---|---|---|---|
| e-Mail | @ | 직접입력 ▼ | |
| 전화번호 | 02 ▼ - - | 핸드폰 | 010 ▼ - - |

④ 취소 다음

1. 이전단계에서 선택하신 '정기심사 대상품목'을 확인합니다.
2. '검색' 버튼을 눌러 추가할 '종류·등급·호칭'을 입력합니다.
3. [작성자](신청자)의 정보를 입력합니다.
4. '다음' 버튼을 눌러 다음 단계로 넘어갑니다. 입력하신 정보는 임시저장 됩니다.
※ 이 후 프로세스는 '신규인증심사 신청'과 동일합니다.

# (20) 1년 제품심사 신청

(공통) KS심사신청 ≫ 1년 제품심사 신청

1. [KS심사신청] ≫ [1년 심사신청] 메뉴를 선택합니다.
2. 목록에 나타난 '심사대상확인'의 인증정보를 확인하여 신청할 품목을
   선택합니다.
3. '다음' 버튼을 클릭하여 진행합니다.
※ 이 후 프로세스는 '신규인증심사 신청'과 동일합니다.

# (21) 심사 신청 현황

(공통) KS심사신청 ≫ 심사 신청 현황

1. [KS심사신청] ≫ [심사신청현황] 메뉴를 선택합니다.

2. 목록에 나온 현황에서 '심사종류, 인증정보, 신청상태' 등을
   확인할 수 있습니다.

※ '임시저장' 또는 '반려' 상태의 신청 상태에서는 정보를 불러와
   재신청할 수 있습니다.

# 06 KS 인증심사 실시

## 공장심사(제품인증의 경우) 또는 사업장심사·서비스심사(서비스인증의 경우)

### (1) 심사 개시 회의

심사원이 짧은 심사 기간 동안에 공장(서비스인증은 이하 '사업장')의 관리 실태를 스스로 파악하기는 어려울 것이다. 심사 개시 회의를 통해 경영방침에 따른 각 부서의 업무 추진 상황이나 최근의 주요 개선사항 등을 중심으로 경영간부들과 의견을 교환함으로써 공장(사업장)에 대한 정보를 얻을 수 있는 기회로 활용하고 있다. 심사 개시 회의는 심사원이 공장(사업장) 전체 수준을 파악할 수 있는 중요한 회의이므로, 경영책임자를 포함하여 전 부서의 책임자가 참석하여야 하며 통상 다음의 순서로 진행된다.

### (2) 상호 소개

① 먼저 심사반장이 인증심사원증을 제시하고 참석자들에게 자기소개를 한 후, 동료 심사원을 소개하고 간단한 인사와 명함을 교환한다.
② 경영책임자가 자기소개를 하고 참석 임직원들 소개와 함께, 담당 업무에 대하여 간략하게 설명한다. 이때 심사원은 부서장(경영간부)의 주요 업무 및 추진 실적 등에 대하여 질문을 하여 회사 경영 방침에 의거하여 전사적이고 체계적으로 추진되고 있는지의 여부를 개략적으로 판단하게 된다.

### (3) 현황 설명

품질을 책임지고 있는 부서장 또는 품질관리담당자(서비스인증은 서비스품질관리담당자)가 미리 작성된 현황 설명서에 의해 공장(사업장)을 소개한다. 심사원은 필요한 내용을 참석한 경영책임자 및 부서장(경영간부)에게 구체적으로 질문을 하여 공장(사업장)에 대한 일반현황 등을 파악한다.

통상 회사소개 자료에는 품질 수준, 기술력, 신제품 개발, 중요 개선 사례 등을 포함시켜 실질적으로 심사에 도움이 되도록 하는 것이 바람직하다. 이때 경영책임자의 열의 및 지식수준 정도와 회사 방침에 따라 전 부서가 참여하여 전사적·시스템적으로 사내표준화 및 품질경영이 추진되고 있는지 여부 등에 대하여는 직접 평가하게 된다.

### (4) 심사 진행 방법에 대한 설명

공장(사업장)에 대한 현황 설명이 끝나면 심사반장은 심사원 간의 심사범위, 진행절차, 심사방법 및 주의사항 등 심사진행 사항에 대하여 설명을 하고 협조를 당부하게 된다. 또한, 심사반장은 참석자에게 심사와 관련된 질문의 기회를 주고 질문에 답변한다.

심사반장은 심사기간 동안 심사진행과 관련하여 공장(사업장)의 의사소통 채널을 확인한다. 대부분 품질관리담당자(서비스인증은 서비스품질관리담당자)가 의사소통의 채널이 된다. 품질관리담당자는 심사반장의 요청에 따라 다음의 역할을 수행한다.

- 면담을 위한 연락 및 시간 확정
- 공장 및 사업장의 특정장소 또는 조직의 특정부문 방문 준비
- 현장안전 및 보안절차와 관련된 규칙을 심사원에게 알리고 준수하도록 보장
- 피심사자를 대신한 심사 입회
- 정보 수집 시 설명 또는 협조

## (5) 심사 업무에 대한 상호 협조

심사 업무는 심사원들이 해당 KS 및 인증심사기준에서 정하고 있는 전 항목에 대하여 주어진 기간 내에 정확하고, 공정하게 심사를 하여 현장에서 적합/부적합 여부를 판정해야 하는 현장 밀착형 업무이다. 따라서 업체에서는 불공정한 심사가 이루어지지 않도록 협조해야 하며, 심사원은 업무와 관련한 기밀을 엄수하겠다는 등의 약속을 한다.

## (6) 심사 대상 업체 준비 서류

한국표준협회에서 제시한 사전 준비 사항에 대하여 심사 대상 업체는 다음 예시에 따라 작성하여 심사 당일 심사원에게 배포하고 세부 사항을 설명하여야 한다.

〈제품인증 공장심사 시 공장의 준비자료 예시〉

- 회사 현황 설명서(심사원용 각 2부)
  - 회사개요·회사연혁·사내표준 목록·QC공정도·사업자등록증 및 공장등록증 사본
  - QM 추진 현황(QM 행사, 분임조, 제안, 교육실시 현황, 불만처리, 5S, 안전관리 등)
- 공장 일반 현황, 제품재고 현황, 생산 및 판매현황, 주요 자재관리 목록(부품, 모듈, 재료 등), 제조설비/시험·검사설비 현황(공정을 외주가공 처리한 경우 외주가공 업체 현황, 외부 시험·검사설비를 사용한 경우 외부 설비업체 현황 포함)
- 회사 표준/해당 KS 및 인증 심사기준(최신 개정판 확인)
- 품질관리담당자 자격증 원본 및 근무 증빙서류

〈서비스인증 사업장심사 시 사업장의 준비자료 예시〉

- 사업장 현황 설명서(2부) : 연혁, 개요, 조직도, 사업장등록증 등 사업장 일반 현황 등
- 해당 KS 및 인증 심사기준
- 사내표준(규정, 절차서, 지침서, 작업표준 등)
- 서비스품질관리담당자 자격증 원본 및 근무 증빙서류

## (7) 현장심사

현장을 순회하면서 실시하는 현장심사야말로 실질적인 심사라 할 수 있다. 해당 KS 및 인증 심사기준에 의한 서류심사는 이를 확인하는 심사라고 할 수 있다. 인증심사를 서류로만 확인하는 심사로 잘못 알고 서류만 완벽하게 갖추어 놓는 경우가 있다. 그런데 서류심사뿐 아니라 현장 작업자 및 관리자의 담당 업무에 대한 숙지 정도 및 실제 수행하고 있는 업무에 대하여 필요한 질의 및 응답 등의 현장심사를 통해 공장(사업장) 전체의 분위기와 품질 수준을 파악하게 된다.

현장심사 실시요령은 심사반이 미리 통보한 심사계획에 따라 심사에 대응하는 인원을 제외한 전 직원이 정상적인 업무 및 작업을 하면서 실시한다. 주로 문제점을 발굴하여 개선된 사례가 현장에 적절히 적용되어 성과를 거두고 있는지와 해당 인증심사기준에 의한 관리 및 검사의 실시 정도를 확인하게 된다.

현장심사 결과는 계속되는 서류심사 및 종합 판정에 결정적인 영향을 미치게 되므로 중요하다고 하겠다.

## (8) 서류심사 시작 회의

현장심사가 완료되면 서류심사 장소에 와서 피 심사원 일행을 잠시 퇴장시키고 회사소개 및 현장심사 결과에 대하여 심사원 간에 상호

의견을 교환하고 공장(사업장) 전체의 수준에 대하여 잠정적인 결론과 향후 심사계획에 대하여 의견을 교환하는 시간을 갖는다. 이 결론에 따라 심사 방향이 좌우되므로 회사소개 및 현장심사는 판정에 결정적인 역할을 한다고 볼 수 있다. 그리고 심사원 간 서류심사 범위를 정하고 서류심사를 실시하게 된다.

심사원은 심사 중에 심사기준에 관련된 정보를 적절한 샘플링 방법을 이용하여 수집하고 검증한다. 정보수집 방법은 일반적으로 종업원 및 그 외의 인원과의 면담, 활동, 주위 작업환경 및 조건의 관찰과 경영방침, 목표, 계획서, 사내표준, 지침서 및 작업표준 등의 문서 검토 등으로 이루어진다.

## ⑼ 서류심사

해당 개별 인증 심사기준 및 공장심사보고서(서비스인증은 서비스인증심사보고서) 따라 심사사항 및 평가항목에 대하여 사내표준 및 근거서류를 확인하여 심사하고 평가항목별로 적합 여부를 판정하게 된다. 평가항목 모두 '예'로 적합 시, 종합판정에 '적합'으로 표기하고 평가항목 중 1개라도 '아니오'로 부적합 시, 종합판정에 '부적합'으로 표기한다. 심사 시, '아니오'로 판정된 평가항목에 대해서는 부적합보고서에 평가자 의견을 작성하고 '예'로 판정된 평가항목에 대해서도 공장심사 보고서에 평가자의 의견을 반영한다.

2명의 심사원이 각각 심사한 내용에 대하여 상호 의견을 교환하여 조율하고 확정한 후, 공장심사보고서(서비스인증은 사업장심사보고서와 서비스심사보고서로 구성되는 서비스인증심사보고서)를 작성함으로써 서류 심사가 마무리된다.

## ⑽ 종결 회의(강평)

인증심사원은 심사 결과를 평가항목별로 잘된 점과 미흡한 점으로 구분하여 피드백 리포트를 작성하여 종결 회의를 준비한다. 종결 회의 시 심사결과를 발표하고 특히 부적합한 평가항목에 대하여는 부적합 보고서에 구체적으로 근거를 제시하고 설명해 준다.

종결 회의는 전문가가 공장(사업장) 전반을 종합적으로 점검하고 그 결과에 대하여 종합평을 하는 것이다. 그러므로 개시 회의에 참석했던 경영책임자 및 각 부서장(경영간부)이 모두 참석할 필요가 있다. 또한 경영책임자는 미비 사항에 대하여 해당 부서장에게 현장에서 개선 지시를 하고 심사 결과에 대한 이의가 있을 시, 의견을 제시하여 합의를 볼 필요가 있다.

## ⑾ 심사보고서 등의 제출

인증기관은 공장심사(서비스인증은 사업장심사 및 서비스심사) 결과 부적합한 평가항목에 대해 인증신청자에게 부적합 보고서를 발행하고 부적합 개선조치보고서를 제출하도록 한다.

인증심사원은 공장심사보고서(서비스인증은 서비스인증심사보고서)를 작성하여 인증기관에 제출하여야 한다.

## ⑿ 심사 결과에 따른 조치

인증기관은 다음과 같이 조치한다.

### ① 공장심사(사업장심사 및 서비스심사)에 모두 적합한 경우

인증기관은 공장 심사(서비스인증은 사업장 심사 및 서비스 심사)에 모두 적합한 경우 인증위원회 심의 후 신청 업체와 인증계약체결과 동시에 합격되었음을 서면으로 통보한다.

### ② 공장심사(서비스인증은 사업장심사 및 서비스심사)에 부적합한 경우

인증기관은 인증받은자가 공장심사(서비스인증은 사업장심사 및 서비스심사)에 부적합한 경우 다음 2가지로 구분하여 처리한다.

첫째, 인증기관은 부적합 보고서의 일반 품질 평가항목에 대한 부적합 사항은 인증신청자가 서류로 제출한 부적합 개선조치 보고서를 확인하여 개선 여부를 확인한다. 이때 개선조치가 완료된 것으로 판단되면 공장심사보고서(서비스인증은 서비스인증심사보고서)와 함께 인증위원회에 제출한다. 다만, 일반품질 평가항목의 경우라 하더라도 부적합 개선조치 보고서에 따른 개선조치가 충분하지 않다고 판단되는 경우에는 추가적으로 현장 확인심사를 실시할 수 있다.

둘째, 핵심품질 평가항목에 대한 부적합 사항은 개선조치 결과를 현장에서 확인심사하여야 한다. 개선조치가 완료된 것으로 판단되면 부적합 개선조치 보고서를 공장심사보고서(서비스인증은 서비스인증심사보고서)와 함께 인증위원회에 제출하고, 완료되지 않은 것으로 판단될 경우에는 부적합 평가항목에 대한 개선이 완료될 때까지 인증받은자에게 추가적인 확인심사를 요청할 수 있다.

〈심사결과 판정기준 및 재신청〉

① 인증기관은 공장심사(서비스인증은 사업장심사 및 서비스심사) 결과 부적합으로 판정되면 부적합 보고서를 작성하고, 인증신청자가 부적합 평가항목에 대한 개선을 완료할 때까지 인증위원회에 상정하지 않는다.
② 부적합 평가항목이 개선될 경우, 공장심사(서비스인증은 사업장심사 및 서비스심사) 결과를 적합으로 판정하고 인증위원회에 상정한다.
③ 인증신청자가 부적합 평가항목을 공장심사일로부터 1년 이내에 개선하지 않을 경우에 인증기관은 해당 인증신청을 철회한 것으로 간주하고 인증신청자는 인증을 다시 신청(재신청)하여야 한다.

# 회사 현황

20  .  .

## 한국표준협회

# ◈ 차 례 ◈

## 1. 회사 현황

## 2. 공장의 일반 현황

# 1. 회사 현황

## 1) 회사 개요

| 공 장(회사)명 | 한국표준협회 | 대 표 자 | ○ ○ ○ |
|---|---|---|---|
| 소 재 지 | 서울 강남구 테헤란로 305 | 전 화 | (02)6009-4114 |
| 품 목 | KS A 9001(품질경영시스템) | 종류 및 등급 | - |
| 사업자등록번호 | 000-00-00000 | 법인등록번호 | - |

## 2) 회사 연혁

1962 한국표준규격협회 설립
1966 한국규격협회로 개칭
1971 품질관리기사 양성기관 (상공부 지정)
1975 품질관리추진본부사무국 (공업진흥청 지정)
1978 사단법인 한국공업표준협회로 개칭
1991 한국공업표준협회로 개칭
1992 품질경영민간중앙추진본부 (공업진흥청 지정)
1993 한국표준협회로 명칭 변경
1994 품질보증체제 연수기관 국내 1호 (공업진흥청 지정)
1996 환경경영체제 연수기관 국내 1호 (국립기술품질원 지정)
1998 KS 인증기관 (국립기술품질원 지정)
2000 품질보증체제 인증기관 (한국인정원 지정)
2000 환경경영체제 인증기관 (한국인정원 지정)
　　　QS-9000 인증기관 (한국인정원 지정)
　　　북한표준연구소 개소
2001 JIS마크 인증기관 지정(일본경제산업성 지정)
2001 중국(북경)사무소 개소
2002 품질경영중앙추진본부 (산업자원부 지정)
2002 K-OHSMS 18001 인증기관 지정

2006 LOHAS 인증 기관

2007 온실가스 감축사업 검증기관 지정

2008 CDM 운영기구 지정

2009 ISO 26000 간사기관 기정

2010 녹색교육기관 지정

2011 온실가스목표관리제 검증기관 지정

2011 실내공기질 인증기관

3) 회사 조직도

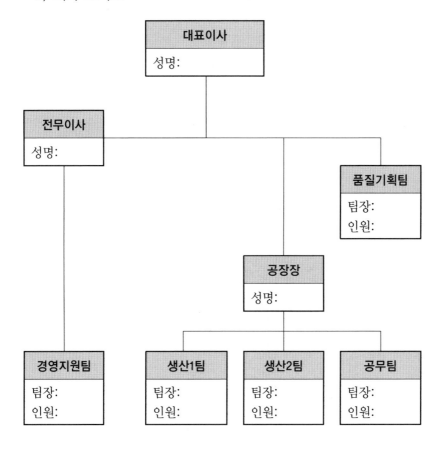

## 4) 회사 사규 목록

| 대분류 | | 중분류 | | 소분류 | | 비 고 |
|---|---|---|---|---|---|---|
| 기호 | 분류명 | 번호 | 분류명 | 번호 | 분류명 | |
| A | 기본 및 일반 | 100 | 방 침 | 101 | 최고 경영 방침 | |
| | | | | 102 | 품질 경영 계획 작성 규정 | |
| | | 200 | 조 직 | 201 | 조직 및 직무 분장 규정 | |
| | | | | 202 | 품질 경영 위원회 규정 | |
| | | 300 | 회사 표준 | 301 | 회사 규격 제정, 개정, 폐지 규정 | |
| | | | | 302 | 회사 규격 서식 및 번호 부여 규정 | |
| | | 400 | 문 서 | 401 | 문서 관리 규정 | |
| | | | | 402 | 양식 관리 규정 | |
| | | 500 | 인 사 | 501 | 취업 규정 | |
| | | | | 502 | 인사 관리 규정 | |
| | | 600 | 경 리 | 601 | 회계 관리 규정 | |
| | | 700 | 구 매 | 701 | 구매 업무 규정 | |
| | | | | 702 | 구매 시방서 작성 규정 | |
| | | 800 | 판 매 | 801 | 판매 업무 규정 | |
| | | 900 | 품질보증 | 901 | 불만 처리 규정 | |
| | | | | 902 | 소비자 구매 및 사용 설명서 제공 규정 | |
| | | 1000 | 품질경영 | 1001 | 품질 경영 규정 | |
| | | | | 1002 | 내부 심사 규정 | |
| | | | | 1003 | 품질 분임조 운영 규정 | |
| | | | | 1004 | 제안 제도 운영 규정 | |
| B | 생산 관리 | 100 | 제 조 | 101 | 제조 업무 규정 | |
| | | 200 | 공정관리 | 201 | 공정 관리 규정 | |
| | | | | 202 | 로트 번호 부여 규정 | |
| | | 300 | 설비관리 | 301 | 제조 설비 관리 규정 | |
| | | | | 302 | 검사 설비 관리 규정 | |
| | | | | 303 | 윤활 관리 규정 | |
| | | 400 | 자재관리 | 401 | 창고 관리 규정 | |
| | | | | 402 | 부적합품 관리 규정 | |
| | | 500 | 안전관리 | 501 | 안전 관리 규정 | |
| | | | | 502 | 친환경 관리 규정 | |

| 대분류 | | 중분류 | | 소 분 류 | | 비 고 |
|---|---|---|---|---|---|---|
| 기호 | 분류명 | 번호 | 분류명 | 번호 | 분 류 명 | |
| C | 제품 표준 | 100 | 제품 표준 | 101 | | |
| | | | | 102 | | |
| | | | | 103 | | |
| D | 재료 표준 | 100 | 재료 표준 | 101 | | |
| | | | | 102 | | |
| | | | | 103 | | |
| | | | | 104 | | |
| | | | | 105 | | |
| E | 검사 규정 | 100 | 검사 일반 | 101 | | |
| | | 200 | 인수 검사 | 201 | | |
| | | | | 202 | | |
| | | | | 203 | | |
| | | | | 204 | | |
| | | | | 205 | | |
| | | 300 | 중간 검사 | 301 | | |
| | | | | 302 | | |
| | | | | 303 | | |
| | | 400 | 제품 검사 | 401 | | |
| | | | | 402 | | |
| | | | | 403 | | |
| F | 작업 표준 | 100 | 작업 표준 | 101 | | |
| | | | | 102 | | |
| | | | | 103 | | |
| G | 시험 표준 | 100 | 시험 표준 | 101 | | |
| | | | | 102 | | |
| | | | | 108 | | |
| H | 보관 및 적재 운반 | 100 | 보관 및 적재 운반 규정 | 101 | | |

## 5) QC 공정도

| 공정도시 | 공정명 | 설비명 | 관리 항목 및 기준 | | | 검사 항목 및 기준 | | | 관리기록 |
|---|---|---|---|---|---|---|---|---|---|
| | | | 항목 | 기준 | 주기 | 항목 | 기준 | 주기 | |
| ○ | 인수검사 대기 | | | | | | | | |
| ▽ | 저장 | | | | | | | | 수불대장 |
| ◇ | 인수검사 | -버니어캘리퍼스 -마이크로미터 | | | | 겉모양 | | | 인수검사 성적서 |
| | | | | | | 치수 A | | | |
| | | | | | | 치수 B | | | |
| | | | | | | 두께 | | | |
| ○ | 가공 | -가공기 | 회전수 | (1500±50)rpm | 1회/ 4시간 | | | | 작업일지 또는 공정관리 일지 |
| | | | 압력 | (75±5)Pa | 1회/ 4시간 | | | | |
| ◇ | 중간검사 | - | | | | 가공후 치수 | | | 중간검사 성적서 |
| | | | | | | 각도 | | | |
| ○ | 대기 | | | | | | | | |
| ◇ | 제품검사 | 검 사 설 비 | | | | 겉모양 | | | 제품검사 성적서 |
| | | | | | | 치수 | | | |
| | | | | | | 화학성분 | | | |
| | | | | | | 인장강도 | | | |
| | | | | | | 표시사항 | | | |
| ▽ | 저장 | | | | | | | | 제품관리 대장 |
| ○ | 출고 | | | | | 수량 | | | 납품서 |

## 6) 한국산업표준 보유 현황(예)

| 표준 번호 | 표준명 | 용 도 |
|---|---|---|
| KS A 0001 | 규격서의 서식 및 작성 방법 | 회사 표준 제정·개정 |
| KS A 1608 | 유닛 로드 치수 | 물류 표준 제정 |
| KS A 1609 | 물류 모듈의 체계 | 물류 표준 제정 |
| KS A 1638 | 유닛 로드 시스템 통칙 | 물류 표준 제정 |
| KS A 3001-4:2006 | 품질 관리 용어 | 품질 경영 규정 및 종업원 교육 |
| KS A 3002:89 | 공정 도시 기호 | 공정 관리 규정 |
| KS A 3104 | 수송 포장 계열 치수 | 물류 표준 제정 |
| KS A 3151 | 랜덤 샘플링 방법 | 물류 표준 제정 |
| KS A 3201 | 슈하트 관리도 | 공정 관리 규정 |
| KS A IEC 82045-1 | 문서 관리 제1부 - 원칙 및 방법 | 공정 관리 규정 |
| KS A ISO 10002 | 품질 경영 - 고객 만족 - 조직의 불만 처리에 대한 지침 | 불만 처리 규정 |
| KS A ISO 2859-1 | 계수값 검사에 대한 샘플링 검사 순서 - 제1부 : 로트마다의 검사에 대한 AQL 지표형 샘플링 검사 방식 | 인수, 제품 검사 규정 |
| KS A ISO 3864-2 | 안전색 및 안전 표지 - 제2부 : 제품 안전 라벨의 디자인 원칙 | 안전 관리 규정 |
| KS A ISO 7870 | 관리도 - 일반 지침 | 공정 관리 규정 |
| KS A ISO 9001 | 품질 경영 시스템 - 요구 사항 | 품질 경영 규정 |
| KS L 2008 | 열선 흡수 판유리 | 원재료 및 인수 검사 규정 |
| KS L 2012 | 플로트 판유리 및 마판 유리 | 원재료 및 인수 검사 규정 |
| KS L 2014 | 열선 반사 유리 | 원재료 및 인수 검사 규정 |

| 표준 번호 | 표준명 | 용 도 |
|---|---|---|
| KS L 2015 | 배강도 유리 | 원재료 및 인수 검사 규정 |
| KS L 2016 | 창 유리용 필름 | 원재료 및 인수 검사 규정 |
| KS L 2405 | 거울면 광택도 측정 방법 | 제품 시험 표준 |
| KS L 2406 | 거울 | 제품 표준 |
| KS L 2514 | 판유리의 가시 광선 투과율, 반사율, 태양열 취득률 시험 방법 | 신제품 개발 |
| KS L 2525 | 판유리류의 열 저항 및 건축 관련 열 관류율의 계산 방법 | 신제품 개발 |
| KS L ISO 9869 | 단열 - 건물 요소 - 열 저항과 열 투과율의 현장 측정 | 신제품 개발 |
| KS L ISO 9972 | 단열 - 건물 기밀성 측정 - 팬 가압법 | 신제품 개발 |
| KS L ISO 10051 | 단열 - 수분이 열전달에 미치는 영향 - 함수 물질의 열 투과도 측정 | 신제품 개발 |
| KS L ISO 12569 | 건물 열 성능 건물 내 환기 측정 추적 가스 희석법 | 신제품 개발 |
| KS L ISO 8301 | 단열 - 정상 상태 열 저항 및 관련 특성 측정 - 열류계 시험 장치 | 신제품 개발 |
| KS L ISO 8302 | 단열 - 정상 상태 열 저항 및 관련 특성 측정 - 보호 열판 시험 장치 | 신제품 개발 |
| KS L ISO 8497 | 단열 - 원통형 단열재의 정상 상태 열전달 특성 측정 | 신제품 개발 |

## 7) 교육 현황

## ※ 사외 교육 실시 현황

| 구 분 | 대상자 | 과 정 명 | 교육<br>기간 | 교육<br>시간 | 교육 기관 | 수료증<br>No. | 비고 |
|---|---|---|---|---|---|---|---|
| 대표이사 | | 품질 경영 최고 경영자 | | | 한국표준협회 | | |
| 공장장 | | 부과장 TQM 기초 | | | 한국표준협회 | | |
| | | 핵심 사원 의식 고도화 | | | | | |
| | | 부(팀)장 리더십(LODC)<br>향상 | | | | | |
| 차 장 | | KS 인증 및 사후 관리<br>를 위한 추진 실무 | | | 한국표준협회 | | |
| | | 품질 경영 부과장 | | | | | |
| 차 장 | | 품질 관리 담당자 정기<br>교육 | | | 한국표준협회 | | |
| | | 품질 경영 부과장 | | | 한국표준협회 | | |
| 차 장 | | 부과장 TQM 기초 | | | 한국표준협회 | | |
| | | 설비 효율화를 위한<br>개별 개선 실무 | | | | | |
| | | 부과장을 위한 공장<br>혁신 | | | | | |
| 과 장 | | 신인사 노무 관리 | | | 한국표준협회 | | |
| | | 부과장 TQM 기초 | | | | | |
| | | 원가 계산 종합 실무 | | | | | |
| | | 품질 경영 부과장 | | | | | |
| 대 리 | | 품질 관리 기술 교육 | | | 한국표준협회 | | |
| | | 실력 중견 영업 사원 | | | | | |
| | | 영업 사원 기술 교육 | | | | | |
| | | 품질 관리 기술 교육 | | | | | |
| 주 임 | | 설비 윤활 기술 | | | 한국표준협회 | | |
| 사 원 | | 제229회 품질 관리<br>담당자 | | | 한국표준협회 | | |

## ※ 사내 교육 실시 현황

| No. | 교육 과목 | 교육 기간 및 강사 | 교육 일자 | 교육 대상 | 참석 인원 | 교육 시간 | 총 시간 | 비고 |
|---|---|---|---|---|---|---|---|---|
| 1 | 방침 설명회 | 대표이사 | | 전 사원 | 10 | 1 | | |
| 2 | 설비 관리 및 윤활 관리 | 생산팀장 | | 전 사원 | 8 | 1 | | |
| 3 | QC 기초 수법의 이용 | QC 담당 | | 전 사원 | 9 | 1 | | |
| 4 | 기초 이론 | 품질기획팀장 | | 전 사원 | 12 | 1 | | |
| 5 | 안전 관리 교육 | 생산팀장 | | 전 사원 | 10 | 1 | | |
| 6 | 제품의 종류 및 특성 | 품질기획팀장 | | 전 사원 | 11 | 1 | | |
| 7 | 제품의 종류 및 특성 | 품질기획팀장 | | 전 사원 | 12 | 1 | | |
| 8 | 정신 교육 | 상무이사 | | 전 사원 | 10 | 1 | | |
| 9 | 전달 교육(품질경영 부과장) | 품질기획팀장 | | 전 사원 | 11 | 1 | | |
| 10 | 분임조 활동 방법 | QC 담당 | | 전 사원 | 10 | 1 | | |
| 11 | 품질경영 일반 | QC 담당 | | 전 사원 | 12 | 1 | | |
| 12 | 전달 교육(부과장 경영 혁신) | 품질기획팀장 | | 전 사원 | 11 | 1 | | |
| 13 | 전달 교육(설비 윤활 기술) | 공무 담당 | | 전 사원 | 12 | 1 | | |
| 14 | QC 기초 수법의 이용 | 품질기획팀장 | | 전 사원 | 10 | 1 | | |
| 15 | 5S 활동 | 품질기획팀장 | | 전 사원 | 10 | 1 | | |
| 16 | 전달 교육 (품질 관리 기술 교육) | 품질기획팀장 | | 전 사원 | 8 | 4 | | |
| 17 | 설비 관리 | 윤활 담당자 | | 전 사원 | 10 | 3 | | |
| 18 | 회사 규격 | 공장장 | | 전 사원 | 12 | 1 | | |
| 19 | 제안 제도 활성화 | 대표이사 | | 전 사원 | 12 | 1 | | |
| 20 | 제품의 특성 | 공장장 | | 전 사원 | 12 | 1 | | |
| 21 | 시험 방법 | 품질기획팀장 | | 전 사원 | 13 | 2 | | |
| 22 | 품질경영 교육(리더십 향상) | 공장장 | | 전 사원 | 13 | 1:30 | | |
| 23 | 전달 교육(공장 혁신 활동) | 생산팀장 | | 전 사원 | 13 | 2 | | |
| 24 | 정신 교육 및 원가 절감 | 대표이사 | | 전 사원 | 16 | 2 | | |
| 25 | 분임조 활동 방법 | 품질기획팀장 | | 전 사원 | 12 | 1 | | |
| 총 계 | | | | | 279 | 33 | | |

## 8) 품질관리담당자 현황

| 성명 | 직위 | 자격 구분 | 주민등록번호 | 보수교육 이 수 | 교육 기관 | 재직 경력 |
|------|------|-----------|--------------|----------------|-----------|-----------|
| 홍길동 | 책임 | 품질관리담당자 | – | – | 한국표준 협 회 | 1992.11.1 ~ 현재 |

## 9) 소비자 불만 처리 현황

## 10) 소비자 구매 정보 등 제공 현황

## 11) 청정 활동, 안전 관리, 환경 관리 현황

## 2. 공장의 일반 현황

• 종업원(C) 현황

| NO | 총인원(합계) | 사무직 | 기술직 | 생산직 |
|---|---|---|---|---|
| 1 | (외국인　명 포함) | (외국인　명 포함) | (외국인　명 포함) | (외국인　명 포함) |

• 공통 생산 현황

| 총자본금 | 백만 원 | 공장 판매 실적(A)(연) | 백만 원 | |
|---|---|---|---|---|
| 경상 이익(B)(연) | 백만 원 | 1인당 매출액(A/C) | 백만 원 | |
| 1인당 부가가치액(B/C) | 백만 원 | 연구 개발 투자비<br>(연구 개발비/A) | % | |
| 한국산업표준 보유 수 | | 기타 인증 수 | 의무 (　)개 | |
| | | | 임의 (　)개 | |
| 기타 생산품 | | 원자재의 제품<br>원가 비율 | % | |
| 원자재 공급 업체의<br>독과점 상태 | 상 (　), 중 (　), 하 (　)　(해당란에 ○표 하시오) | | | |
| 회사 연혁 | | | | |
| 특기 사항 | | | | |

• 품목별 생산 현황

| 표준 번호 | KS | KS | KS |
|---|---|---|---|
| 생산 능력(연) | (단위) | (단위) | (단위) |
| 생산 실적(연) | (단위) | (단위) | (단위) |
| 판매 실적(연) | 백만 원 | 백만 원 | 백만 원 |
| 수출 실적(연) | 백만 원 | 백만 원 | 백만 원 |
| KS 제품 생산 계획(연) | (단위) | (단위) | (단위) |
| 소요 원자재 | | | |
| 한국으로의 수출 실적<br>(해외 기업에 한함) | (단위)<br>US$ | (단위)<br>US$ | (단위)<br>US$ |

※ 품목이 4개 이상인 경우 '품목별 생산 현황' 표를 복사하여 다음 페이지에 추가 작
성 요망

# 제품 생산 및 판매 현황

(단위 :　　)

| 표준 번호 | | 표준명 | | |
|---|---|---|---|---|
| 구분<br>월별 | | (종류 등급 또는 호칭 기입란) | | (종류 등급 또는 호칭 기입란) | |
| | | 생 산 | 판 매 | 생 산 | 판 매 |
| 월 | | | | | |
| 월 | | | | | |
| 월 | | | | | |
| 월 | | | | | |
| 월 | | | | | |
| 월 | | | | | |
| 월 | | | | | |
| 월 | | | | | |
| 월 | | | | | |
| 월 | | | | | |
| 월 | | | | | |
| 월 | | | | | |
| 합 계 | | | | | |

상기와 같이 최근 1년간(3개월간) 생산 및 판매 실적을 확인합니다.

20 년　　월　　일

확 인 자　　　　　　　　　　입 회 자

한 국 표 준 협 회 :　　　(인)　대　　표　　자 :　　　(인)

심 사 협 력 기 관 명 :　　　(인)　품질관리담당자 :　　　(인)

# 제품 재고 현황

(단위 :　　)

| 표준번호 | 표 준 명 | 종류 및 등급<br>(호칭) | 재 고 량 | 비 고<br>(시료수) |
|---|---|---|---|---|
|  |  |  |  |  |

　　상기와 같이 제품 재고가 틀림없음을 확인합니다.


20　년　　월　　일


확 인 자　　　　　　　　　　　　　입 회 자

한 국 표 준 협 회 :　　　　(인)　　대　표　　자 :　　　　(인)

심사협력기관명 :　　　　(인)　　품질관리담당자 :　　　　(인)

# 주요 자재관리 목록(부품, 모듈, 재료 등) 현황

| 번호 | 자재명 | 용도 | 주요 사양(Spec.) | 공급업체 | 변경사항 |
|---|---|---|---|---|---|
|  |  |  |  |  |  |
|  |  |  |  |  |  |
|  |  |  |  |  |  |
|  |  |  |  |  |  |
|  |  |  |  |  |  |
|  |  |  |  |  |  |
|  |  |  |  |  |  |
|  |  |  |  |  |  |
|  |  |  |  |  |  |
|  |  |  |  |  |  |

위와 같이 주요 자재 관리 목록(부품, 모듈, 재료 등) 현황이 틀림없음을 확인합니다.


20 년    월    일


확 인 자                       입 회 자

한국표준협회 :        (인)     대  표  자 :           (인)

심사협력기관명 :      (인)     품질관리담당자 :       (인)

# 제조(가공) 설비(KS A 0000) 보유 현황

(※ 공정을 외주 가공 처리한 경우 외주가공 업체 현황 포함)

| NO | 법정<br>설비명 | 보유<br>설비명 | 보유<br>대수 | 용량/<br>공칭 능력 | 제작사 | 설치<br>연월 | 교정<br>일자<br>교정<br>기관 | 비고 |
|----|------|------|------|------|------|------|------|------|
| 1 | | | | | | | | |
| 2 | | | | | | | | |
| 3 | | | | | | | | |
| 4 | | | | | | | | |
| 5 | | | | | | | | |
| 6 | | | | | | | | |
| 7 | | | | | | | | |

위와 같이 제조(가공) 설비의 보유 현황이 틀림없음을 확인합니다.


20 년    월    일



확 인 자                       입 회 자

한국표준협회 :          (인)   대  표  자 :          (인)

심사협력기관명 :         (인)   품질관리담당자 :        (인)

# 시험(검사) 설비(KS F 0000) 보유 현황

(※ 외부 시험·검사설비를 사용한 경우 외부 설비업체 현황 포함)

| NO | 법정 설비명 | 보유 설비명 | 보유 대수 | 용량/ 공칭 능력 | 제작사 | 구입 연월 | 교정 일자 / 교정 기관 | 비고 |
|----|----|----|----|----|----|----|----|----|
| 1 | | | | | | | | |
| 2 | | | | | | | | |
| 3 | | | | | | | | |
| 4 | | | | | | | | |
| 5 | | | | | | | | |
| 6 | | | | | | | | |
| 7 | | | | | | | | |

위와 같이 시험(검사) 설비의 보유 현황이 틀림없음을 확인합니다.


20 년    월    일



확 인 자                          입 회 자

한 국 표 준 협 회 :        (인)    대     표     자 :              (인)

심사협력기관명 :        (인)    품질관리담당자 :              (인)

# 최근 3개월간 월별 평균 데이터 현황

품 목 : KS A 0000(가나다)

기 간 : 2015.00.00. ~ 2015.00.00.

| 구 분 | 빈도 수 | 평균값 | KS 기준값 | 현장 시험값 | 오차 | 오차율(%) |
|---|---|---|---|---|---|---|
| 2015년    월 | | | | | | |
| 월 | | | | | | |
| 월 | | | | | | |
| 평균 | | | | | | |

상기와 같이 이상 없음을 확인함.


20    년    월    일


확 인 자                          입 회 자

한국표준협회 :            (인)    대  표  자 :            (인)

심사협력기관명 :          (인)    품질관리담당자 :          (인)

# 〈예시2. KS 인증심사 시 서비스인증 심사 대상업체 작성 자료〉

1. **회사 소개**
2. **사업장 소개**
   - 조직도
   - 종사자현황
   - 사업장 규모
   - 사업장 장비(설비현황)
3. **사업장의 서비스 품질경영 활동**
   - 해당 표준 보유(최신판)
   - 서비스 경영방침 수립, 실시
   - 서비스 품질경영 활동
     - 학습조직(CoP) 활동
     - 개선활동 및 프로세스 개선에 반영(피드백)
     - 목표(KPI)관리 : 1회/년(전사적)
   - 종사자에 대한 교육훈련 : 연간교육계획 수립, 실시
     - 계층·분야별 : 직무, 서비스교육
     - 위탁교육 : 경영간부를 위한 서비스품질경영
   - 자격을 갖춘 서비스품질관리담당자 보유
     - 업무수행능력 : 3개월 이상
     - 자격자 정기교육 : 3년 16H
4. **사규(매뉴얼)**
   - 서비스운영(자체 또는 제3자 위탁) 매뉴얼 수립, 실시
   - 고객응대(MOT) 매뉴얼 수립, 실시
   - 불만처리(VOC,민원) 매뉴얼 수립, 실시
   - 문제예방(시정)조치 매뉴얼 수립, 실시
   - 안전관리 매뉴얼 수립, 실시
   - 환경(위생, 보건) 관리 매뉴얼 수립, 실시
5. **서비스 인적자원(자체 또는 제3자 위탁) 확보 및 유지**
6. **시설 및 장비 관리 목록 : 파일(해당 분야)**
7. **고객서비스 지침서**
   - 고객 제공(사전)서비스 지침서
   - 고객 정보·보안 관리(정보·회원·예약) 지침서
   - 고객관계(CRM)관리 지침서
   - 고객만족(CS)조사 및 평가
   - 피해보상(사후)서비스

# 제품심사(제품인증의 경우)

인증기관은 공장심사 결과, 판정기준에 적합하지 아니한 때에는 제품심사를 실시하지 아니한다. 다만, 인증신청자의 요청에 따라 평가항목을 개선하여 적합으로 심사결과를 판정할 경우에 실시될 제품심사를 위하여 시료를 채취할 수 있다.

## (1) 공인 시험·검사기관에 의뢰 원칙

제품 품질시험은 공인시험·검사기관에 의뢰하여 실시하되, 다음과 같은 특별한 사유의 경우는 인증신청자의 제품 제조현장에서 제품의 품질을 시험할 수 있다.

① 시료가 무거운 물건이거나 성질상 운반이 곤란한 경우
② 공장이 외국에 있는 경우, 현지에 공인 시험·검사기관이 없는 경우
③ 국내에 그 시료에 대한 시험·검사 장비를 갖춘 공인 시험·검사기관이 없는 경우

〈공인 시험·검사기관〉

2015년 1월 23일 산업표준화법 시행규칙 개정을 통해 국가표준기본법 제23조 제2항에 따라 인정을 받은 공인 시험·검사 기관을 「국가표준기본법」 제23조 제2항에 따라 인정을 받거나 같은 수준의 기준 및 절차에 따라 국제 인정기구로부터 인정을 받은 공인시험·검사기관으로 확대하여 인증기업이 시험 검사기관 선택의 폭을 확대하였다. 이는 종전에는 KS 인증제품 시험을 의뢰하는 공인시험·검사기관이 KOLAS(한국인정기구)로부터 인정받은 기관으로 제한되어 있었으나 앞으로는 국제기준(ISO/IEC 17020, ISO/IEC 17025)에 따른 인정기구로부터 인정을 받은 시험·검사기관도 공인기관으로 인정해주겠다는 의미이다.

## (2) 시료채취

인증심사원은 제품의 재고량을 파악하고 해당 품목의 KS 인증심사 기준에 의해 인증 구분별로 랜덤 샘플링 이론을 적용하여 적정 시료를 채취한다. 제품심사를 위하여 모집단 중 대표성을 가질 수 있는 시료를 공정하게 채취하는 것은 매우 중요하다. 시료채취의 공정성 확보를 위하여 시료채취 시, 공장의 책임자가 입회를 하여야 하며 동의를 얻은 후 인증심사원은 운반이 용이하도록 포장·봉인하고 서명함으로써 시료채취는 완료된다.

## (3) 시험 의뢰

### ① 시험 의뢰 기관

인증심사원은 공인시험·검사기관 중 해당 제품의 시험 능력 및 편리성 등을 감안하여, 시험 의뢰 기관을 결정하고 현장에서 '품질 시험 의뢰서'를 작성하게 된다. 특별한 사유가 없는 한, 공장심사에 참여한 심사 협력기관에 제품 시험을 의뢰하고 있다.

### ② 시료의 운반

인증심사원은 신청 업체에 품질시험의뢰서와 봉인된 시료를 맡기고 해당 시험기관에 시험 의뢰하도록 협조를 요청한다. 이때 시료의 보관 및 운반 과정에서 변질되거나 파손되는 일이 없도록 보관 및 운반에 세심한 주의가 필요하다.

### ③ 시험 수수료 납부

제품 시험 수수료는 공인시험·검사기관에서 정한 수수료를 당해 시험기관에 납부하여야 한다.

④ 시험 결과 통보

공인 시험·검사기관은 품질시험 의뢰를 받은 경우 해당 KS 및 품목별 인증심사기준에서 정하는 시험 방법 및 자체 시험 업무 규정에 따라 시험을 실시하고 자체 규정에 따른 '시험성적서'를 발급하여 인증기관인 한국표준협회에 송부하여야 한다.

〈심사결과 판정기준 및 재신청〉

인증기관은 제품심사 결과, 한국산업표준(KS) 및 해당 인증심사기준에서 정한 기준에 부적합한 경우, 인증 결정을 하지 아니하고 인증신청자는 인증을 다시 신청(재신청)하여야 한다.

## KS 인증위원회 심의

인증기관은 인증심사원이 제출한 공장심사보고서(서비스인증은 서비스인증심사보고서)를 검토하고 적부 판정을 한 후 그 결과를 인증심의위원회에 상정하여 심의·의결한다.

공장심사 및 제품심사(서비스 인증은 사업장심사 및 서비스심사)에서 모두 적합한 경우 통상 2주에 1회 소집되는 인증위원회에 상정하여 심의를 하게 된다.

## 인증서 발급

공장심사 및 제품심사(서비스 인증은 사업장심사 및 서비스심사)에 적합하고 인증위원회의 심의를 통과하면 인증기관은 인증을 결정한다. 그리고 제품인증의 경우에는 산업표준화법 시행규칙 별지 제9호서식의 제품인증서를 발급하고 서비스인증의 경우에는 산업표준화법 시행규칙 별지 제10호서식의 서비스인증서를 발급한다.

〈한국표준협회 KS인증서〉

*Certificate*

인증번호 : 제        호

# 제 품 인 증 서

1.  제조업체명   :
2.  대표자성명   :
3.  공장소재지   :
4.  인 증 제 품
    가. 표 준 명   :
    나. 표 준 번 호   :
    다. 종류·등급·호칭 또는 모델 :

「산업표준화법」 제17조 제1항에 따른 인증심사를 실시한 결과 한국 산업표준(KS)과 인증심사기준에 적합하므로, 「산업표준화법」 제15조 및 같은 법 시행규칙 제10조 제1항에 따라 위와 같이 한국산업표준(KS)에 적합함을 인증합니다.

년    월    일

# 한국표준협회장

| | |
|---|---|
| 1. 최초 인증일 | : 1997-12-10 |
| 2. 차기심사 완료기한 | : 2019-05-03 |
| 3. 최종 변경일 | : 2018-05-21 |

## 인증 계약의 체결

인증기관은 인증위원회 심의를 통해 인증을 결정한 경우 인증신청자와 KS Q 8001, KS 인증제도-제품인증에 대한 일반요구사항 부속서 C의 'KS 마크 등의 표시사용 동의에 관한 인증계약서 예시'를 활용하여 계약을 체결하고 일반인이 해당 인증 내용을 열람이 가능하도록 인터넷에 공표하여야 한다.

## 07 질의 및 유권해석(Q&A)

## KS 인증제도 민원인 질의 및 유권해석

### KS 인증 신청 시 3개월 관리 실적과 공장 등록증에 관한 질의

❑ **KS 인증 신청 시 3개월간의 관리 실적과 공장 등록증이 반드시 필요한가요?**

> 1) KS 인증심사 시 적용하는 3개월간의 관리 실적은 품목의 특성 등에 따라 인증심사원이 제반 사항을 파악하여 심사 기산일을 산정합니다. 일반적으로 해당 KS 및 인증심사기준에 따라 품질경영관리, 자재관리, 공정·제조설비관리, 제품관리, 시험·검사설비관리, 소비자보호 및 환경·자원관리를 적정하게 실시하는 시점을 기산일로 산정합니다. 해당 KS 및 KS 인증심사 기준에 의하여 정상적으로 제품을 제조·관리한 시점부터 3개월간의 실적을 말합니다.

> 2) 공장등록증은 KS 인증심사 시, 업종과 공장 규모에 따라 관계 법률(예를 들면 소음 진동, 비산 먼지, 대기 배출, 폐수 처리 관련 법규 및 조례, 산업 집적 활성화 및 공장 설립에 관한 법률 등)에 특별히 저촉되지 않고 KS 인증 요건 유지에 지장이 없다면 필수 사항이 아니며, 3개월 관리실적 시점 기산일에 참고자료로만 활용합니다.

### 해외에서의 KS 인증 신청 절차에 관한 질의

**1. 중국 등 외국에 소재하고 있는 업체가 KS 인증을 받을 수 있나요?**

> KS 인증은 산업표준화법령에서 규정된 절차에 의하여 인증을 취득하게 되며, 중국 등 외국에 소재하고 있는 외국 공장도 KS 인증을 받을 수 있습니다. 해외 인증 절차도 국내에서 진행하는 인증 절차와 동일합니다.

**2. 중국 현지 공장에서 생산 및 판매 실적이 없어, 제품 실적 관리가 어려운 경우 어떻게 해야 하나요?**

> KS 인증심사는 산업표준화법 시행규칙 〈별표 9〉 인증심사의 방법·절차에서 3개월 이상의 관리 실적을 요구하고 있으므로, 계속 생산이 어려우면 최소한 5~6회 정도는 생산하면서 각종 자재 배합 및 공정 등 제품 관리 실적이 있어야만 인증심사가 가능합니다.

3. 품질관리담당자가 현지 거류증을 받지 못한 경우엔 어떻게 해야 하나요?

품질관리담당자가 중국 현지 거류증을 받지 못하였다면 현장에서 근무하고 있다는 각종 문서의 서명 등 사실 증명 서류가 필요합니다.

## 법정의무인증을 취득하지 않고 KS 인증 취득 가능 여부에 관한 질의

❑ 법정의무인증인 전기용품 안전인증 등 KC 인증을 취득하지 않고 KS 인증을 먼저 취득할 수 있는지요?

안전인증 대상 제품의 경우 해당 제품의 출고 또는 통관 전에 안전인증을 받아야 합니다. 그러나 산업표준화법에 따른 KS 인증을 받은 제품은 전기용품 안전인증의 면제됩니다.

KS 인증은 임의인증으로, 신청자격을 제한하고 있지 않습니다. 그러나 신규 인증을 취득하고자 하는 경우 신청인의 제조공장에서 최근 3개월간의 공장 운영에 관한 기록을 갖춘 후에 신청하도록 하고 있습니다.

따라서 의무적으로 안전인증을 받아야 하는 제품의 제조업체에서 KS 인증을 통해 KC 인증(정확히는 전기용품안전인증 등 KC 인증 마크를 사용하는 법정의무인증)을 면제 받고자 하는 경우, 판매 목적이 아니라 KS 인증 취득 또는 제품개발용으로만 제품을 제조하여 해당 제품을 출고하기 전에 KS 인증을 완료하면 됩니다.

## 일부 임대 공장의 KS 인증 신청 가능 여부에 관한 질의

❑ KS 인증을 준비하고 있는 제조업체로서, 본 공장과 떨어져 있는 건물을 임대하여 일부 제조 공정을 거친 후 본 공장에서 제품을 생산할 경우에도 KS 인증이 가능한가요?

1) 산업표준화법 제15조에 의하면 KS 인증 대상 지정 품목을 제조하는 자는 공장 또는 사업장마다 품목별로 KS 인증을 받을 수 있습니다. 따라서 회사의 사내표준에서 정한 제조 설비를 동일한 공장 또는 사업장마다 갖추어야 합니다.

2) 다만, 회사의 사내표준에서 외주가 가능한 공정에 대하여는 다른 공장 또는 사업장에 외주를 줄 수 있습니다. 이 경우 외주 관리 규정을 정하고 이에 따라 납품 검사 등을 실시하여야 합니다. 따라서 해당 제조 공정이 사내표준에서 외주가 허용되는 경우에는 임대한 공장에서 일부 제조 공정을 거쳐 본 공장에서 제품을 생산할 수 있으며, KS 인증도 받을 수 있습니다. 다만, 외주공정의 경우 인증기관은 현장실사를 통해 이를 확인해야 합니다.

## KS 개정 중에 KS 인증 신청 가능 여부에 관한 질의

**1. KS의 개정 중에도 KS 인증 신청이 가능한가요?**

KS 개정 예고 중에도 KS 인증 신청이 가능합니다.

**2. KS의 개정 중에 KS 개정 이전의 관리 실적이 있는 경우, KS 개정 후 3개월 전에라도 KS 인증 신청이 가능한가요?**

개정 이전 KS 포함 3개월간의 관리 실적이 있으면 개정 후 3개월이 경과되지 않아도 인증 신청 및 공장심사가 가능합니다. 다만, 이 경우에는 인증기관에서 해당 KS 또는 인증심사기준의 변경된 내용을 신청인에게 통지하여 개정된 KS 및 인증심사기준에 적합하게 보완하도록 하여 공장 심사를 실시하고 있습니다.

**3. KS 개정(안)을 입수하여 실적을 유지하는 경우, KS 개정 후 3개월 이전에도 KS 인증 신청이 가능한가요?**

KS 개정(안)은 정식 KS가 아니므로 관리 실적은 인정되지 않으나, KS 개정 이후 3개월 이전에 도 인증 신청 및 공장 심사가 가능합니다.

※ 종전에는 산업표준화법 시행규칙 운용요강의 규정에 의해서 KS 또는 인증심사기준 변경 시 인증받은 자는 인증기관에 관련사항을 보고하도록 하였으나 현행은 KS 인증 절차 및 방법에 대한 KS 표준(KS Q 8001 KS 인증제도-제품에 대한 일반 요구사항)에 의해서 보고토록 하고 있음

## 용도 변경 및 종류 추가

❑ 당사는 현재 KS B 1543에 해당하는 표시 규격을 2007년 인증 받고 정기 심사를 받아왔습니다. 2009년 표준 개정으로 인해 KS B 1543 항목에 공업용과 수도용으로 분류하게 되어 현재 공업용으로 인증되어 있는 상태입니다. 이번에 새로 종류 추가를 계획하고 있습니다. 종류 추가 심사를 진행하면서 용도 변경(공업용 → 수도용)으로 전환할 계획을 가지고 있는데 신청 절차 및 심사 과정을 알고 싶습니다.

배관용 강판제 맞대기 용접식 관 이음쇠(KS B 1543) 품목의 인증 구분은 해당 품목 인증심사기준에 따라 1. 모양에 따른 종류별, 2. 용도별, 3. 지름의 호칭별(최소~최대)로 구분하도록 되어 있습니다. 공업용, 수도용은 사용 용도에 따른 종류로서 각각 구분하여 인증을 받아야 합니다.

현재 공업용에만 해당하는 종류 또는 등급을 인증받은 경우, 수도용까지 인증 범위를 확대하고자 하면 종류 추가 인증심사를 받아야 합니다.

종류 추가 심사는 신규 인증심사의 일종이나, 공장심사 시 심사사항 6개 항목 중 품질경영 관리, 자재관리, 공정·제조설비 관리의 심사를 면제합니다.

종류·등급의 용도 변경이란 필요로 하는 종류·등급을 추가하여 인증을 받고 불필요한 종류·등급을 반납하는 절차로 진행해야 합니다(별도의 종류·등급을 변경하는 제도는 없음).

## KS 인증 관련 질의

❏ 자사는 현재 본사와 공장이 등록되어 있으며 본사에 사업자 등록이 되어 있고 공장에 공장 등록이 되어 있습니다. 하지만 독립된 공장 사업자 등록이 되어 있지 않습니다. 이러한 상황이 KS 심사에 영향을 미치는지 궁금해서 질의 남깁니다.

본사 사업자 등록에 공장의 과세 단위가 표기되어 있으면 문제가 없습니다. 그렇지 않을 경우, 공장 사업자 등록을 하셔야 신청이 가능합니다.

## KS 사전 테스트 문의

❏ KS C 7653의 인증(종류 추가)을 준비 중입니다. KS 심사 시 광속 유지율 시험을 면제받기 위해 KS 사전 테스트를 진행하였습니다. 그런데 사전 테스트 이후에 컨버터를 변경하려고(KS 인증품으로 변경) 합니다. 이렇게 컨버터를 변경해도 이전에 사전 테스트한 시험 결과가 인정되어, 광속 유지율 시험이 면제되는지 알려 주시기 바랍니다.

KS 심사를 위해 품질관리 측면에서 시험기관에 제출하였던 제품에서 변경이 되면 KS 심사 시 내구성 면제 적용이 안됩니다. 동일한 컨버터를 사용하면서 제품 변경이 없어야 합니다.

## KS 인증 문의

❏ KS 인증을 받으려고 합니다. 사업장 주소 100번지에 1개의 공장이 KS 인증을 받았습니다. 100-2번지에 사업장을 가진 회사가 100번지에 임대차 계약을 하고 100번지에 설비를 갖추고 KS 받은 품목에 대하여 KS를 신청하게 되면 인증을 받을 수 있는지 여부를 알고 싶습니다. 그리고 만약 KS 인증이 안 되면 무슨 규정에 의거하여 안 되는지도 알고 싶습니다.

임대한 번지에서 공장등록증이 발행된 별개의 공장으로 판명되면 KS 신청이 가능합니다. 산업표준화법 제15조(제품의 인증)에는 공장 또는 사업장마다 KS 인증을 받을 수 있다고 규정하고 있습니다.

## 정기심사 및 신규 심사 관련 건

❏ 당사는 4품목(KS M 3402, 3404, 3410 및 KS C 8431)에 대한 KS 정기심사를 11월에 받을 예정입니다. 4품목 중 최초 인증 월(7월/11월)이 서로 달라 신청 시 한꺼번에 신청 가능한지 궁금합니다. 그리고 1) KS M 3410의 품목(명칭 45도 Y, 약호 Y)을 추가하고 2) 신규로 수도용 경질 폴리염화비닐관(KS M 3401)을 인증하고자 합니다. 이때 KS 정기심사 시에 1), 2)항을 동시에 심사가 가능한지 궁금합니다. 가능하다면 심사 소요 기간은 어떻게 되는지 알고 싶습니다.

최초 인증 월이 다른 품목을 보유하고 있더라도 동시에 신청이 가능합니다.
정기심사 시 1), 2)항 동시에 심사 가능합니다. 종류 추가 1일, 품목 추가 2일 더하여 총 3일이 추가 소요됩니다.

Korean Standards Mark

PART **04**

# KS 공장심사 해설

# 01 품질경영 관리

※ ISO 9001 인증기업은 품질경영 관리 평가항목(1.1~1.5) 모두 적합(예)으로 평가

> **1.1 경영책임자가 표준화 및 품질경영에 대한 중요성을 인식하고 회사 전체 차원의 활동을 위하여 조직의 책임과 권한을 명확히 하고 있는가?**
>
> [비고]
> 경영책임자: 인사권, 예산집행권, 자원의 폐기결정권을 갖고 있는 공장(회사)의 최고위자

□ 심사항목 설정 배경

- KS 인증제품의 생산과 유지 관리를 위해 경영책임자가 표준화와 품질경영에 대하여 이해하고 그 중요성을 인식하고 있어야 함
- 사무실 내의 업무, 생산현장의 작업 방법 등을 표준화하여 사내표준을 규정하고 실천하여야 함
- 품질경영(Quality Management)은 품질기획(QP), 품질관리(QC), 품질보증(QA), 품질개선(QI)의 의미를 포함하며 회사 경영, 생산현장의 작업, 시험·검사, 지속적인 개선활동, 소비자 만족 등의 회사 전 분야에 적용하여 실천하는 것임
- 회사 전체 자원에서 표준화와 품질경영활동이 실천되도록 업무분장을 명확히 하고 활동 결과에 대하여 확인하고 있어야 함
- 경영책임자에 대하여 「인사권, 예산집행권, 자원의 폐기 결정권을 갖고 있는 공장(회사)의 최고위자」로 정의함

□ 심사 점검 포인트

- 경영자 면담 과정에서 표준화(사내표준), 품질경영에 대한 이해 및 중요성 인식 여부 확인
- 표준화 및 품질경영 활동을 위한 업무분장 구축 여부
- 표준화 및 품질경영 활동의 회사 전체 전개 및 결과의 점검 여부

---

**1.2 [★ 핵심 품질] KS 최신본을 토대로 사내표준 및 관리규정을 제·개정 관리하고 관련 업무를 사내표준에 따라 추진하고 있는가?**

[비고]

사내표준 구축 및 품질경영, 제품·중간·인수검사 표준, 시험표준, 설비관리, 작업장 환경, 소비자보호 등과 관련된 KS

---

□ 심사항목 설정 배경

- 사내표준을 규정하여 이에 따라 업무를 수행하는 이유는 사내 업무 전반에 대해 업무의 효율성을 기하고 업무 추진 과정에서 발생하는 제반 문제를 즉시 해결하는 수단 등으로 활용할 수 있기 때문임
- 특히 KS 인증심사는 KS 수준 이상의 제품을 지속적으로 생산할 수 있도록 업무 전반에 대하여 사내표준을 규정하고, 실제 업무를 수행하는 데 있어 사내표준에 따라 이행하고 있는지의 여부를 평가하는 것이 기본적인 것이라고 할 수 있음
- 사내표준화를 시행하는 목적은 한국산업표준과 인증심사기준 요건 사항을 포함한 고객 요구사항과의 적합성 및 품질 개선 달성, 종업원 교육 훈련 자료 활용, 업무 반복성과 추적성 보장, KS 인증제품 생산능력에 대한 객관적 증거 제공, 품질경영시스템의 효과성 및 지속적 이행을 위한 것임

- 사내표준 내용에는 다양한 분야가 있을 수 있으나 기본적으로 KS 및 인증심사 기준의 요구사항을 포함하여야 함
- 사내표준 구축 및 이행의 핵심적 사항은 여러 가지 내용을 많이 수록하고 보관하여 심사원 등 외부에 전시하는 목적보다는 사내표준을 해당 업무에 적용하여 실시하는 것이 핵심임
- 따라서 사내표준은 회사 규모와 경영활동과 관련이 있어야 하고, 실제 활용하고 있어야 하며, 사내표준 간의 연계성 및 일관성이 있어야 함
- 또한 KS 인증제도 시행의 주요 목적 중의 하나는 국가가 많은 인력과 예산을 동원하여 제정한 한국산업표준을 보급 및 활용하도록 하여 산업 활동 관련 품질·생산 효율, 생산 기술을 향상시켜 제조업체의 경쟁력을 제고하는 것임
- 따라서 이러한 산업 표준을 기업 경영활동에 효율적으로 활용할 수 있는 계기를 마련하기 위해 한국산업표준을 활용하도록 함
- 본 항목은 부적합 판정을 받은 경우, 부적합 개선 조치 보고와 함께 확인심사를 받아야 하는 핵심 품질 항목임

❑ 심사 점검 포인트
- 심사 업체가 보유한 사내표준 목록을 확인하여 KS 심사 요건을 충족할 수 있는 기본적 사내표준을 보유하고 있는지의 여부를 확인
  - 품질경영 계획 수립 또는 경영방침 작성 지침, 사내표준 제정·개정 및 폐지, 소비자 불만 처리, 구매정보(제품의 사용 또는 시공 설명서 등), 내부 품질 심사, 개선 제안 활동(소집단 활동 포함), 청정 관리 규정, 제품의 설계 및 개발 절차, 검사 업무 일반, 인수(원재료 표준 포함), 중간·제품 검사(제품 표준 포함), 작업표준, 공정관리 규정, 제조 업무 규정, 안전 관리 규정, 제조 설비 관리 규정(필요한 경우, 윤활 관리 규정), 검사 설비 관리 규정, 원료·제품의 취급, 보관, 운반 규정 등

※ 사내표준 목록 명칭과 연관되지 않더라도, 해당 업무를 규정하는 내용이 수록되어 있을 경우는 적합한 것으로 평가
- 심사 대상 업체에서 작성한 한국산업표준 보유 및 활용 현황표를 검토하여 품질경영과 품질보증에 필요한 한국산업표준 보유 유무 확인
  - 필요에 따라 한국산업표준에서 표준을 제정하지 않았으나 품질관리와 품질보증을 위해 필수적으로 활용해야 할 상황일 경우에는 ISO, EN, JIS 등 국제표준 및 타국의 국가표준을 보유 및 활용할 수도 있음
  - 외국 소재 공장인 경우, 보유·활용하고 있는 자국의 국가표준과 대응하는 한국산업표준 또는 ISO 표준과 각 표준별 활용 목록표를 보유
- 일반 관리, 품질경영 분야, 기본 분야, 원자재 및 인수검사, 제품 및 제품검사 분야, 안전 관련 분야, 신제품 개발 및 연구 분야별로 구분하여 보유한 한국산업표준별로 활용 현황표 작성 여부 확인
- 구매, 생산, 검사, 제품 출하, 보관, 영업, 소비자 불만 처리 등 회사 내 주요 업무내용과 사내표준과의 일치성 여부
  - 사내표준 규정 내용에 한국산업표준에서 규정한 내용 누락 및 불일치 유무
- 구매 업무와 인수검사, 영업 업무와 소비자 불만 처리 등 서로 연계성이 있는 업무가 일관성을 유지하고 있는지의 여부를 확인

---

**1.3 품질경영에 대한 계획을 수립·실행하고 매년 자체점검을 실시하여 그 결과를 표준화 및 품질경영 관리에 반영하고 있는가?**

[비고]
- 자체점검 주기(내부심사 등, 연 1회 이상)
- 품질경영 계획은 품질방침 및 측정 가능한 품질목표 등을 포함

❑ 심사항목 설정 배경

- 일상적 경영활동을 품질과 연계하여 체계적이고 효율적인 계획을 수립하고, KS 인증 활동과 일상적 품질경영활동과의 연관성을 부여하여, 단순히 KS 인증을 위하여 별도의 문서를 작성하는 것을 배제하는 대신에, 체계적인 경영활동을 수립하여 이를 실천함으로써 경영의 효율성과 품질 신뢰성을 확보하기 위함
- 품질경영 계획수립 시 주요 과제
  - 품질 신뢰성 확보, 원가절감, 생산성 향상, 수율 및 불량률 감소, 임직원의 업무 능력 향상, 사내표준 정비 및 이행, 고객 신뢰성 확보 등이 될 수 있다. 각 과제별로 사업 목표, 세부 추진 내용, 추진 일정 및 담당 부서, 소요 예산, 사업 평가항목 및 평가방법, 기대 효과 등을 수록
  - 각종 품질경영 추진 과제를 핵심성과지표(KPI : Key Performance Index)로 계량화하여 추진하는 것이 바람직함
    ※ (예) 소비자 불만 건수 전년 대비 20% 감소
  - 품질경영 계획에는 반드시 세부 실천 항목별로 목표치에 대해서는 계량화한 수치를 제시하여야 하고 각 항목별로 사업 간의 연계와 일관성이 있어야 함
  - 품질경영 계획은 회사 규모와 실정에 맞도록 작성하여야 하고 조직 내부에서 합의하고 수립한 품질경영 계획은 실천하여야 함
- 당초 설정한 품질경영 계획에서 규정한 목표치의 달성 여부와 목표를 미달한 사유 등에 대한 점검을 실시하여 향후 계획수립에 참고 자료로 활용하여 궁극적으로는 품질경영을 지속적으로 발전시켜야 함
- 자체점검의 대표적인 활동은 내부 심사로, 예를 들면 다음 사항을 확인하기 위해 행해지는 적합성의 확인임
  - 주어진 임무의 수행 만족도
  - 사내표준에서 규정한 절차의 준수 여부

- 품질 개선의 기회
- KS 인증 요건의 유지
- 심사 팀의 구성, 인원수 등은 기업 규모에 따라 다를 수 있다. 소규모 기업의 경우 심사를 외부에 위탁하거나 내부 심사원 자격을 보유한 심사 대상 업무와 관련이 없는 내부 직원이 심사를 수행할 수 있음
  - 인증기관 소속 직원이 아닌 KS 인증심사원 등의 자격을 구비한 외부 전문가를 통해 내부 심사를 수행할 수 있음
- 품질관리 담당자는 심사팀이 KS 인증 요건 및 경영 시스템의 요구사항과 기술사항을 평가할 수 있는 것을 보증할 책임이 있다. 내부 심사원은 적어도 KS 인증제도와 요건에 대해 이해하고 있어야 함
- KS 심사의 평가 또는 그 밖의 외부(제2자 또는 제3자) 평가를 내부 심사로 대신해서는 안 되며, 심사 프로그램 각각의 구체적인 내용은 KS Q ISO 19011을 참고하여야 함
- 심사의 주기는 상황에 따라 조절할 수 있지만 원칙을 결정하는 것이 중요하다. 경영 시스템 각각의 관점에서 통상 1년에 1회 이상 심사를 실시하되, 심사의 주기는 규정하는 것이 필요함
  - 품질관리담당자는 모든 심사 기록을 보존하고 시정 조치가 이행되고 있는 것을 보증할 책임이 있다. 이러한 결과는 경영진과 해당 부서에 통보하여야 함

① 품질경영에 대한 계획을 수립·실행하고 있는가?

❏ 심사 점검 포인트
- 당해 연도 수립한 품질경영 계획에 대한 문서의 존재 여부 확인
- 수립한 품질경영 계획대로 각종 사업을 실천하고 있는지의 여부
- 당해 연도 품질경영 계획 수립 시, 전년도 점검 결과 반영 여부(신규 인증의 경우 생략 가능)
- 세부 사업 항목별 목표 달성 미달 시 원인 분석과 대책 수립 여부

> ② 매년 자체 점검을 실시하여 그 결과를 표준화 및 품질경영 관리에 반영하고 있는가?

❑ 심사 점검 포인트
- 내부 심사 절차와 방법을 사내표준에 규정하고 있는지의 여부
- 내부 심사 절차와 방법에 다음 내용이 수록되어 있는지의 여부
  - 내부 심사의 목적, 내부 심사 대상과 범위, 내부 심사 프로그램 수행 책임, 자원 및 절차, 심사원의 자격과 구성, 심사 수행 방법, 심사 결과의 기록, 심사 보고서 작성, 승인 배포, 부적합 사항 이행 확인 방법과 절차
- 사내표준에 규정된 주기에 따라 내부 심사를 수행하고 있는지의 여부
- 내부 심사 결과 지적한 주요 부적합을 시정하여 표준화 및 품질경영관리업무에 반영하고 있는지의 여부

---

1.4 품질경영 부서(또는 품질관리담당자)의 업무 내용과 책임·권한을 구체적으로 규정하고 있으며, 그 부서(또는 품질관리담당자)가 전문성을 가지고 독립적으로 운영되고 있는가?

[비고]
종업원 20인 이하 소기업의 경우, 품질관리담당자를 독립적으로 운영 시 적합(예)으로 평가

---

❑ 심사항목 설정 배경
- 품질관리 부서의 주요 업무의 대부분은 생산 및 영업 부서 등 타 부서와 업무 추진 과정에서 갈등이 있을 수 있음
- 특히, 제품 검사 등의 검사 업무 또는 소비자 불만 제기 등의 업무는 사안에 따라 해당 부서의 책임 등을 부과할 수 있는 업무임

- 따라서 품질관리 관련 부서의 업무는 최고경영자(또는 경영책임자) 직속으로 편성하는 것이 좋고, 검사 결과 등 관련 업무의 결재도 타부서의 협조(또는 협의) 절차를 생략하고 바로 최고경영자(또는 경영책임자)에게 보고를 하여야 함
- 품질관리 또는 품질경영 부서의 주요 업무는 회사의 규모와 실정에 따라 다를 수는 있지만, 대체적으로 산업표준화법 시행규칙의 품질관리담당자 직무와 동일한 수준으로 판단하여도 무방함
  - 사내표준화와 품질경영에 대한 계획의 입안 및 추진
  - 사내표준의 제정·개정 등에 대한 총괄
  - 제품 및 가공품의 품질수준 평가
  - 각 공정별 사내표준화 및 품질관리에 관한 지도·조언 및 부문 간의 조정
  - 공정에서 발생하는 문제점 해결과 조치, 개선대책에 관한 지도 및 조언
  - 종업원에 대한 사내표준화 및 품질경영에 관한 교육훈련 추진
  - 부품을 제조하는 다른 업체의 관리에 관한 지도 및 조언
  - 불합격품 또는 부적합 사항에 대한 조치
  - 해당 제품의 품질검사 업무 관장
- 종업원 20인 이하 소기업의 경우 부서 또는 팀 등의 조직을 구성하지 않고, 품질관리담당자의 업무를 적합하게 수행하고 있는 경우 적합으로 판정
  ※ 부서의 명칭을 품질관리부 또는 품질경영부 이외에 적절한 부서 명칭을 사용할 수 있다. 그러나 조직 및 직무 분장 규정에 해당 업무의 수행 내용을 기술하여야 함

## 품질관리 부서의 독립성 관련 질의

❑ KS 공장심사 내용 중 품질경영에서 '……그 부서(또는 품질관리담당자)가 전문성을 가지고 독립적으로 운영되고 있는가'라는 표현이 있습니다.
품질경영 부서를 조직 구성에서 사장 직속으로 운영해야 하는 것인지요? 아니면, 조직 구성에서 품질관리 부서를 독립적으로만(사장 직속이 아님) 운영하면 되는 것인지요?

산업표준화법 시행규칙 별표 8에 따라 KS Q 8001의 공장심사보고서에서 품질경영 부서를 독립적으로 운영하고 있는가에 대해 평가하도록 규정하고 있습니다. 이는 영업, 총무, 인사 등 관련성이 적은 팀과 별개로 구성하도록 하기 위함입니다. 종업원의 수가 20인 이하인 경우, 별도의 부서를 구성하고 있지 않더라도 적합으로 평가받을 수 있습니다.
또한, 사장(경영책임자) 직속으로 해야 한다는 규정은 없음을 알려드립니다.

---

① 품질경영 부서(또는 품질관리담당자)의 업무내용과 책임·권한을 구체적으로 규정하고 있는가?

---

❑ 심사 점검 포인트
- 품질경영 부서의 업무 분장 내용이 산업표준화법 시행규칙에서 규정한 업무를 포함하고 있는지의 여부
- 업무분장 규정 내용 확인

---

② 그 부서(또는 품질관리담당자)가 전문성을 가지고 독립적으로 운영되고 있는가?

---

❑ 심사 점검 포인트
- 조직도에 품질경영 부서(또는 품질관리담당자)의 독립성 여부
  * 예 : 제품 검사 결과에 대해 경영자 결재 전에 생산 부서장에게 통보 등
- 품질관리 관련 부서가 실질적으로 수행하고 있는 업무가 독립적으로 수행되고 있는지의 여부

- 종업원 20인 이하 소기업의 경우, 품질관리부 등의 조직을 구성하지 않고 품질관리담당자의 업무를 적합하게 수행하고 있는 경우에 적합으로 판정

> **1.5 제안 활동 또는 소집단 활동 등을 통해 지속적인 품질 개선활동을 실시하고 있는가?**
>
> [비고]
> 소집단 활동(학습조직, TFT, 분임조 등)

❑ 심사항목 설정 배경
- 조직의 발전을 위해 미래를 향한 개선활동을 하는 것이 필요함. 이러한 개선활동은 개인의 창의적인 활동과 함께 집단적 시스템에 따라 운영하는 것이 효율적임
- 지속적 개선활동은 다양한 방법이 있지만 대체적으로 제안활동, 분임조(소집단) 활동, 학습 조직 등이 있으며, 기업의 규모와 사정에 따라 제한하지는 않음
  - 다만, 개선활동의 종류와 추진방법을 사내표준에 규정하고 이에 따라 지속적인 활동을 추진하여야 함

❑ 심사 점검 포인트
- 임직원의 업무에 대한 지속적 개선활동(제안, 학습 조직, TFT, 분임조 등에 대한 평가, 포상) 제도 운영을 사내표준에 규정하고 있는지의 여부
- 사내표준에 따라 각종 개선활동을 수행하고 있는지의 여부
  * 모든 개선활동을 추진해야 하는 것이 아니고 사내 실정에 따라 적절한 방법을 선택하여 추진

# 02 자재 관리

2.1 [★ 핵심 품질] 주요자재관리(부품, 모듈 및 재료 등) 목록을 사내
표준에 규정하고 있고 심사 전에 인증기관에 제출하여 적정성을 확인
받았으며, 변경사항이 있을 경우 인증기관에 지속적으로 승인을 받고
그 기록을 보관하고 있는가?

❑ 심사항목 설정 배경
   • KS 인증을 받고자 하는 대상물, 즉 제품은 여러 가지의 원·부자
재를 조립, 혼합 등을 거쳐 완성됨
   • 사용하고 있는 자재 중 주요자재의 목록을 작성하여 관리하고 있
고 심사신청 시에 제출하여 인증기관으로부터 그 자재의 적정성
을 확인받아야 함
   • 확인받은 이후에 사용 자재가 변경될 경우, 인증기관에 변경된 주요
자재의 목록을 제출하여 승인받아야 하고 승인받은 내역을 별도
양식에 기록하고 보관하여야 함
   • 본 항목은 부적합 판정을 받은 경우, 부적합 개선 조치 보고와 함
께 확인심사를 받아야 하는 핵심 품질항목임
   • 적정성을 확인받지 않은 자재를 사용하거나 승인받지 않은 자재
를 사용하는 경우에 KS 인증이 취소될 수 있음

① 주요자재관리(부품, 모듈 및 재료 등) 목록을 사내표준에 규정하고 있
는가?

❑ 심사 점검 포인트
- 제품생산에 사용되는 자재 중 주요자재의 목록을 사내표준에 규정하고 있는지의 여부
- 주요자재는 부품, 모듈, 재료 등을 포함하며, 해당하는 것만 관리하고 있으면 됨

> ② 주요자재 관리목록을 심사 전에 인증기관에 제출하여 적정성을 확인받았으며, 변경사항이 있을 경우 인증기관에 지속적으로 승인을 받고 그 기록을 보관하고 있는가?

❑ 심사 점검 포인트
- 위에서 작성한 주요자재의 목록은 KS 심사 전 인증기관에 제출하여 적정성을 확인받아야 함
- 이후 적정성을 확인받은 자재 이외의 자재를 사용하게 되어 주요자재 관리목록이 변경되는 경우, 변경될 때(변경한 날부터 10일 이내)마다 주요자재 관리목록을 인증기관에 제출하여 승인을 받아야 한다. 또한 승인받은 내역을 별도 양식에 기록·보관하고 있어야 함

> 2.2 자재에 대한 품질항목과 품질기준을 제품 특성에 맞게 KS를 활용하여 KS 인증제품 생산에 적합하도록 사내표준에 규정하고 있는가?

❑ 심사항목 설정 배경
- 표준에 맞는 제품을 생산하기 위해서는 품질이 좋은 원·부자재를 사용하여야 하며, 한국산업표준을 활용하여 사내표준에 자재에 대한 품질항목과 기준을 정하여야 함
- 예를 들면, 레디믹스트 콘크리트(KS F 4009)는 주요자재로 시멘트, 골재(인공 경량 골재/잔 골재/굵은 골재/콘크리트용 부순 골

재 : 부순 잔 골재, 부순 굵은 골재/콘크리트용 고로 슬래그 골재
: 고로 슬래그 잔 골재, 콘크리트용 고로 슬래그 굵은 골재, 콘크
리트용 동슬래그 골재, 콘크리트용 연슬래그 골재/콘크리트용 순
환 골재 : 콘크리트용 순환 잔 골재, 콘크리트용 순환 굵은 골재)/
혼화 재료(혼화재, 환화제)/물 등이 있음

- 이 경우 자재의 품질항목과 품질기준이 해당 자재의 KS를 따르
  는 것이 좋으며, KS에서 정한대로 품질항목과 품질기준을 사
  내표준에 규정하면 됨

- 개정된 인증심사기준에서는 주요자재에 대하여 기업 자체적으로
  정하도록 하고 있기 때문에 자재의 선정 및 선정된 자재의 품질기
  준을 어느 정도로 정하느냐 하는 것이 관건임

  - 해당 원자재에 대한 한국산업표준이 있는 경우는 한국산업표준
    에서 규정한 품질기준 이상으로 설정하여야 함. 그 외 한국산
    업표준에서 규정하지 않은 자재는 ISO 표준, JIS 등 다른 나라
    의 국가표준, ASTM 등 사실상의 국제표준 등을 참조하여 품질
    기준을 설정하여야 함
    * 예를 들면 플라스틱 가공제품인 경우, 원료 플라스틱의 원자
      재 표준 제정 시 폴리에틸렌 수지인 경우에는 KS M ISO
      1872-1, 폴리프로필렌 수지는 KS M ISO 1873-1, 폴리염화
      비닐 수지는 KS M ISO 1060-1 등의 표준을 활용
  - 한국산업표준 등 공적 표준에서 규정하지 않은 경우에는 원자
    재 품질기준이 완제품의 KS를 충족할 수 있도록 자체적으로 품
    질기준을 정하여야 하며, 이 경우 원자재의 품질기준 설정의
    근거 등을 별도로 작성하여 심사 시에 입증하여야 함

❑ 심사 점검 포인트
- 사용하고 있는 원·부자재의 사내표준 규정 여부
- 원·부자재 사내표준의 규정 내용에 품질항목·기준 설정 여부

> ## 2.3 사내표준에서 규정한 자재에 대한 인수검사 규정 내용이 제품의 품질 보증을 할 수 있도록 합리적으로 되어 있는가?
>
> [비고]
> - 자재의 품질보증을 위해 자재별로 로트의 크기, 시료채취방법, 샘플링 검사방식 및 조건, 시료 및 자재의 합격 및 불합격 판정기준, 불합격 로트의 처리방법, 품질항목별 시험 방법 등을 사내표준에 규정
> - 공인시험·검사기관에 시험의뢰를 할 경우 시험의뢰 주기, 시험의뢰 내용 (시험항목) 등을 규정
> - 자재공급업체의 시험성적서 활용 시 입고되는 자재와 시험성적서에 기재된 자재와의 로트 일치성 확인

□ 심사항목 설정 배경

- 인수검사 실시 목적은 입고한 원·부자재의 품질수준이 자재 표준에서 규정한 품질기준 충족 여부와 각 원·부자재의 품질시험 결과를 제품 설계, 생산 및 공정관리 요건 설정 등에 반영하기 위한 것임
- 통계적인 사고 방법과 샘플링
  - 원료, 반제품, 제품의 일부에서 시료를 채취하여 시험을 하는 것은 예를 들면, 1개 로트에 대한 품질 등을 알기 위하여 시험이나 측정을 하는 것임
  - 공정관리의 경우 공정을 거치고 있는 제품의 일부 또는 전부를 측정하는 것은 공정 상태를 알고 혹은 공정을 예측·추정하여 이것에 대한 행동을 취하기 위해 데이터를 얻고자 하는 것임
  - 이와 같이 로트 혹은 공정 상태를 목적으로 하므로 이 목적이 되는 집단을 모집단이라 하며, 모집단에 대하여 품질 특성 등을 목적으로 시료를 채취하고 측정하여 데이터를 수집하는 것임
- 시료채취(샘플링)
  - 시료(sample)라 함은 '모집단으로부터 어느 목적을 가지고 수집한 것'을 말함

- 공장에서 원재료나 제품을 샘플링하는 목적은 대상 모집단에 대한 특성치를 추정하여 모집단, 즉 로트에 대해 조치하기 위한 것임
- 합리적 시료채취 방법은 목적에 적합하여야 하고, 실행과 관리가 쉬워야 하며, 경제성을 고려함과 동시에 시료채취를 하는 사람에 따라 차이가 없어야 함
  - 따라서 시료채취 방법을 문서화하여 누구나 이해할 수 있으며, 시료채취 방법이 적절한지 아닌지를 체크할 수 있어야 함
- 샘플링 검사
  - 샘플링 검사의 정의
    ‣ 샘플링 검사란 로트로부터 시료를 샘플링해서 조사하고, 그 결과를 로트의 판정 기준과 비교하여, 그 로트의 합격·불합격을 판정하는 검사를 말함
    ‣ 로트와 시료의 크기와의 관계, 시료의 샘플링 방법 및 판정 기준 등은 경제적인 요구를 기초로 하고 통계적 방법에 의하여 정함
  - 샘플링 검사로 개개의 제품 품질을 보증할 수는 없으나, 어떤 확률로써 로트별 품질을 보증할 수 있음
  - 샘플링 검사가 필요한 경우
    ‣ 재료의 인장강도 시험, 수명 시험 등 파괴 검사 실시
    ‣ 석탄, 전선, 가솔린, 볼트·너트, 면사 등 연속 제품
  - 샘플링 검사가 전수검사보다 유리한 경우
    ‣ 어느 정도 부적합품이 섞여도 괜찮은 경우
    ‣ 기술적으로 보아 개별검사가 무의미한 경우로 프레스 부품, 구조품, 성형품 등
    ‣ 불완전한 전수검사에 비해 신뢰성이 높은 결과를 얻을 수 있는 경우로, 검사 수량과 검사 항목이 많을 경우에 일반적으로 샘플링 검사가 신뢰성이 높음

‣ 검사비용을 적게 하는 편이 이익이 되는 경우로, 단위당 검사 비용과 부적합품으로 인한 손실비용의 합이 전수검사 비용보다 적을 때 유리

‣ 생산자나 납품업자에게 품질 향상의 자극을 주고 싶을 경우로, 전수검사 때에는 부적합품에 대해서만 조치가 취해지지만 샘플링 검사 때에는 로트 단위로 합격·불합격이 판정되므로 그 영향이 커짐

- 샘플링 검사의 실시 조건

  ‣ 검사 대상 물품이 로트로서 처리될 수 있어야 함

  ‣ 샘플링 검사는 로트의 처리를 결정하는 행동이고, 로트 내 개개의 제품을 개별적으로 처리하는 것은 아니기 때문임

  ‣ 합격된 로트 속에도 어느 정도의 부적합품이 섞여 들어가는 것을 허용

  ‣ 로트로부터 시료를 랜덤하게 샘플링할 수 있어야 함

  ‣ 품질 기준이 명확할 것이 전제되어야 하고, 객관적이고 명확한 판정 기준이 제시되어야 함

  ‣ 계량 샘플링 검사에서는 로트의 품질 특성치의 분포가 대략 정규분포로 볼 수 있어야 함

• 인수검사 등 각종 검사 규정 제정 시 유의 사항

  - 검사 로트 크기의 설정은 품질항목별 합리적인 수준에서 결정
    * 예를 들면 시험 기간이 장기간 소요되는 시험 항목을 1일 입하량 등으로 설정하는 것은 부적합

  - 시료채취 방법은 원칙적으로 해당 자재의 한국산업표준에서 시료채취 방법을 구체적으로 규정한 경우에는 한국산업표준에서 규정한 방법을 적용

  - 해당 원·부자재의 KS 시료채취 방법을 구체적으로 규정하지 않은 경우에는 시료채취 대상 품목이 개별 제품(예 : 시멘트 1포대 등)일 경우에는 'KS Q 1003 랜덤 샘플링 방법'을 적용

- 다만 벌크 자재와 같이 대상이 되는 제품이 이산형 품목인 경우에는 해당 표준을 우선 적용한다. 또한 해당 표준에 시료채취 방법이 규정하지 않은 경우에는 'KS Q ISO 11648 집합체 샘플링의 통계적 측면'을 적용
- 품질항목 특징에 따라 계수 또는 계량 샘플링 검사 방법을 적용하여야 함
- 시료 및 원·부자재의 합격 또는 불합격 판정 기준, 불합격 로트의 처리 방법, 품질항목별 시험 방법 등을 규정하여야 함
- 외부 공인시험기관에 시험을 의뢰할 경우 시험 의뢰 주기, 시험 의뢰 내용, 시험기관을 규정하여야 함
- 원료 공급업체의 시험성적서 활용 시 입고되는 원·부자재와 시험성적서에 기재된 원·부자재와의 로트 일치성 파악 방법을 규정하여야 함
- 입고한 원·부자재에 대하여 제조 회사, 입고 일자, 로트 번호, 인수검사 일자 및 결과 등에 대하여 인식 표시를 하여 자재별로 식별할 수 있어야 함
- 각 자재별 품질항목에 대한 시험 방법을 해당 한국산업표준을 활용하여 규정하여야 함
  * 외부 공인시험기관 및 원료 공급업체 시험성적서를 활용할 경우에도 규정
- 자체에서 직접 원·부자재 인수검사를 수행할 경우 인수검사 담당자가 검사 규정대로 시료채취, 로트 판정, 자체에서 시험하는 품질항목에 대해 시험을 수행할 수 있는 능력을 보유하여야 하고, 사내표준에 인수검사 담당자의 업무 수행 자격을 구체적으로 규정하여야 함

## 〈레미콘 및 콘크리트 가공 제품 인수검사 표준 예〉

| 재료 | 관리항목 | 품질특성 | 시험방법 | 검사횟수 | 비고 |
|---|---|---|---|---|---|
| 시멘트 | 신선도 | | 육안 검사, 강열감량 | 입하 때마다 전 차량 | 이물, 고형분의 유무, 아울러 시멘트 온도도 확인한다. |
| | 품질 | KS에 규정하는 품질 | KS L 5110 | 1회/월 | 제조 공정의 시험성적 표로 확인 |
| 골재 | 외관, 이물 | | 육안 검사 | 입하 때마다 전 차량 | 석질, 입형 등 목편, 호박돌의 혼입 |
| | 입도 | 입도 | | 건축용 | |
| | | 조립률 | KS F 2502 KS F 2534 KS F 2527 | 1회/월 이상 | 산지, 종류, 품명별 |
| | 입자모양 판정 | 실적률 | KS F 2505 KS F 2534 | 1회/월 이상 | 경량 골재는 입하 때마다, 건축의 경우는 절대 건조 밀도 |
| | 밀도 | 밀도 | KS F 2504 KS F 2503 KS F 2529 KS F 2533 KS F 2544 | 1회/월 이상 | 부순돌의 경우 |
| | 흡수율 | 흡수율 | KS F 2504 KS F 2503 KS F 2529 KS F 2533 KS F 2525 | 1회/월 이상 | |
| | 유해물 | 유기 불순물 | | 1회/월 이상 | 경량 골재는 KS F 2534 에 따름 |
| | | 점토 함유량 | KS F 2512 | 1회/월 이상 | |
| | | 씻기 시험으로 상실되는 것 | KS F 2534 | 1회/월 이상 단, 산 모래는 주 1회 | |
| | | 무른 돌 조각 | KS F 2516 | 산지가 바뀔 때마다 | 외부에 의뢰해도 좋다. |
| | | 비중 0의 액체에 뜨는 것 | 부속서 | 보통 강재는 산지가 바뀔 때마다 | 외부에 의뢰해도 좋다. |

| | 단위용적<br>질량 | 단위용적<br>질량 | KS F 2505 | 1회/월 이상 | |
|---|---|---|---|---|---|
| 골재 | 잔 골재<br>염분 | NaCl<br>환산 함유량 | KS F 2534 | 1회/주 이상 | 바다 모래를 사용하는<br>경우 |
| | 마모 감량 | 마모 감량 | KS F 2508 | 1회/2개월<br>(부순돌) 이상 | 외부에 의뢰해도 좋다. |
| | | | | 보통 강재는 산<br>지가 바뀔 때마<br>다 또는 품질이<br>바뀔 때마다 | |
| | 부립률 | 부립률 | | 1회/월 이상 | 인공 경량골재의 경우 |
| 물 | 수질 | 콘크리트 및<br>강재에 영향을<br>미치는 물질의<br>유해량은<br>포함되지<br>않는다. | pH, 염화물<br>함량,<br>KMnO$_4$<br>소비량 등 | 1회/1년 | 외부에 의뢰해도 좋다.<br>상수도 물은 제외 |
| | | | 총경도 | 1회/6개월 | |
| 혼화<br>재료 | 플라이<br>애시 | KS L 5405에<br>적합한 품질 | 강열감량 | 매 입고 시 | KS 인증품은 제조 공장<br>의 시험 성적표로 체크 |
| | 슬래그<br>미분말 | KS F 2563에<br>적합한 품질 | 비표면적<br>(분말도) | 매 입고 시 | KS 인증품은 제조 공장<br>의 시험 성적표로 체크 |

- 인수검사 결과의 기록·보관 및 인수검사 결과의 분석과 활용
  - 인수검사 결과를 기록·보관·분석하는 목적은 각종 원·부자재
    의 인수검사 결과를 과학적으로 분석하여 제품의 품질수준 유지
    여부와 가격 대비 양질의 원자재 수급의 근거를 마련하는 것임
  - 인수검사 결과 분석은 제품 또는 자재의 종류에 따라 다를 수
    있다. 그렇지만 대체적으로 인수검사 결과 데이터 수집 기간,
    자재의 공급업체, 자체적으로 수행하는 인수검사 결과, 자재
    품질항목별 평균 품질, 표준편차 등을 분석
    ‣ 항목별 품질 미달 자재의 완제품 품질 유지에 미치는 영향,
      가격 대비 품질수준, 공정 및 작업 방법 변경사항, 원자재 공급
      업체 변경 여부 등

❑ 심사 점검 포인트
  • 사내표준에서 규정한 자재에 대한 검사 항목과 품질기준·검사내
    용이 한국산업표준 이상인지의 여부
    – 원·부자재가 한국산업표준 등 공적 표준에서 규정하지 않은 경
      우는 품질기준 설정 근거 입증 여부
  • 인수검사 규정 내용이 로트의 품질보증을 할 수 있도록 규정하고
    있는지의 여부

---

2.4 인수검사를 자체에서 수행할 경우 검사능력을 보유한 검사자가 인수
    검사를 실시하여 그 결과에 따라 합격, 불합격 로트를 구분하여 적합
    한 장소에 보관·관리하고 있는가?

[비고]
  • 인수검사를 자체에서 수행하지 않은 경우 그 자재를 적합한 장소에 보관
    한 경우에 적합(예)으로 평가
  • 검사능력: 검사표준 준수여부(시료채취, 시험절차, 판정), 시험·검사 설비
    조작, 시험숙련도, 관련 계산식 활용, 응급처치 능력 등

---

❑ 심사항목 설정 배경
  • 기업 내에서 자재의 인수검사를 실시하는 경우 검사자의 실제 시
    험·검사능력을 확인함
  • 인수검사가 끝난 자재에 대하여 합격·불합격 로트를 구분하여 불
    합격품이 공정에 투입되지 않도록 각각 적합한 장소에 보관하여
    야 함

❑ 심사 점검 포인트
  • 인수검사 담당자가 사내표준에서 규정한 내용대로 인수검사를 수
    행할 능력이 있는지의 여부
  • 검사자의 시험·검사 능력 확인

- 검사능력이란 검사표준 준수여부(시료채취, 시험절차, 판정), 시험·검사 설비조작, 시험숙련도, 관련 계산식 활용, 응급처치 능력 등을 말함
- 원·부자재가 인수검사 결과 여부를 식별할 수 있도록 보관되고 있는지, 원료가 인수검사 결과를 구분하여 보관되고 있는지의 여부

---

**2.5 자재 인수검사 규정에 따라 실시한 결과(공인시험·검사기관 시험성적서, 공급업체의 시험성적서 포함)를 기록·보관하고 있는가?**

---

❑ 심사항목 설정 배경
- 인수검사 결과의 기록 보관의 목적은 소비자 불만 제기 시 원인 분석과 로트 추적, 기준 미달 완제품에 대한 원인 분석 자료로 활용
- 이와 함께 일정 품질 수준 이상의 양질의 자재를 사용하고 있다는 것을 KS 심사 등 외부 평가 시 입증 자료로 활용

❑ 심사 점검 포인트
- 인수검사에 규정한 인수검사 성적서를 기록, 보관하고 있는지의 여부
- 인수검사 성적서(자체 성적서, 공인시험·검사기관 성적서, 공급업체성적서)

---

**2.6 인수검사 결과를 분석, 활용하고 있는가?**

[비고]

일정 주기를 정하여 합격률, 사용 중 자재 부적합(품)률, 제품 품질과 직접 관련 품질 특성치 등을 분석하고 그 결과를 토대로 자재 공급업체의 변경 또는 제조 공정, 제품 설계, 작업 방법 변경 등에 대한 후속 조치의 실행 등

---

❑ 심사항목 설정 배경

• 원부 재료의 인수검사 시 시험 결과값은 제품의 품질 설계, 작업
  및 공정 조건 설정에 중요한 자료로 활용할 수 있음
  – 예를 들면 시멘트의 인수검사 시 강열감량이 3%일 경우 강열감
    량은 불순물 함량이므로 콘크리트 배합 설계 시 실제 시멘트양의

    결정은 $\dfrac{1}{(1-강열감량의양)}$ ×시멘트 이론 소요량으로 활용

  – PE 수지의 용융 지수 : 압출 온도, 압출 시간 등 공정관리 조건
    설정에 활용

〈인수검사 결과 분석 활용 예〉

| 자재명 | 항 목 | 품질 기준 | 품질수준 | | | 결과 분석의 활용 |
| --- | --- | --- | --- | --- | --- | --- |
| | | | 평균 | 표준편차 | $Cp_k$ | |
| 시멘트 | 강열 감량 | 3% | 2.6 | 0.1 | 1.33 | 매우 안정 | 시멘트 실 소요량 계산에 활용, 배 합 설계 시 강도 실행 |
| | 압축 강도 | 40MPa | 60MPa | 5 | 1.33 | | |

❑ 심사 점검 포인트

• 인수검사 결과(외부 시험성적서 포함)를 일정한 주기를 정하여 분
  석하고 있는지의 여부
• 인수검사 분석 결과(외부 시험성적서 포함)를 자재 공급업체, 제조
  공정, 제품 설계 작업 방법 등의 변경에 활용하고 있는지의 여부

공정·제조설비 관리

※ 외주공정이 있는 경우 공장심사 시 외주가공업체에 대한 현장 확인을 실시함

> 3.1 공정별 관리항목과 항목별 관리 사항들을 사내표준에 규정·이행하고
> 그 결과를 기록하여 보관하고 있으며, 주요 제조설비명을 사내표준에
> 구체적으로 규정하고 있는가?
>
> **[비고]**
> • 관리 방법, 관리 주기, 관리 기준, 관리 결과의 해석, 관리 데이터의 활용
> 방법 등 각 공정별 관리규정을 KS에서 정하거나 제품에 필요하다고 판단되
> 는 항목을 사내표준에 규정
> • 공정을 외주하여 보유하지 않은 제조설비가 있는 경우 외주공정·업체 선
> 정기준, 관리 방법을 규정한 사내표준의 보유 및 준수 여부(보유: 소유 또
> 는 배타적 사용이 보장된 임차)

❑ 심사항목 설정 배경
  • 공정관리는 해당 제품의 생산을 위해 제조 공정별로 관리 사항,
    중간검사, 제조 작업표준에 대하여 평가하는 항목
  • 관리 항목이란 표준에서 규정한 제품을 생산하기 위해 온도, 압력,
    시간 등 물리적 제반 조건을 설정하고 일정 주기별로 이러한 조건
    을 충족하고 있는지의 여부를 관리하는 것을 말함
    – 이러한 공정관리는 기준을 설정하고 기준 충족 여부는 체크 시트,
      작업일보, 관리도 등 다양한 방법으로 활용
  • 공장의 실정에 따라 관리 항목과 검사 항목을 설정할 수 있음
  • 공정을 외주하는 경우 외주 공정관리 기준을 사내표준에 규정하
    여야 함

- 외주 공정관리 기준에는 해당 공정을 외주 처리할 수 있는 공정 선정 기준, 외주품의 품질 기준과 검사 방법 등을 반드시 포함하여야 함
- 공정관리 기준에는 공정별로 관리 방법, 관리 주기, 관리 기준, 관리 결과의 해석, 관리 데이터의 활용 방법 등을 규정하여야 함
  - 공정관리 결과가 계량값으로 표시하는 경우에는 KS A 3201 슈하트 관리도 5항 계량값 관리도를 인용하는 것이 바람직함
- 설비란 제품 생산에 필요한 기계, 장비, 시설 등을 총칭한 것을 말한다. 각 기업별 상황에 맞는 설비를 구비하고 사내표준에 설비명, 관리 방법 등을 구체적으로 규정하고 있어야 한다.
  - 예를 들면 플라스틱 압출 제품의 경우 배합설비, 압출설비, 냉각설비 등이 필요할 수 있다. 현장에서는 세부적으로 배합설비를 호퍼, 계량 장치 등으로 구분하여 사용하는 경우도 있음
- 이러한 경우에는 인증심사원이 설비 공식 명칭과 현장 명칭의 차이를 잘 이해하고 있으면서 공정별 용도 및 생산능력이 적합한지 여부를 평가하여야 함

> ① 공정별 관리 항목과 항목별 관리 사항들을 사내표준에 규정하고 있는가?

❏ 심사 점검 포인트
- 사내표준에 규정한 공정별 관리규정 내용의 적절성
- 실제 공정별 관리 방법과 내용의 사내표준 규정 내용과의 일치 정도
- 공정관리규정 내용에 관리 방법, 관리 주기, 관리 기준, 관리 결과의 해석, 관리 데이터의 활용 방법 등 규정하여야 할 사항의 누락

> ② 사내표준에 규정한 관리항목별 관리 사항들을 이행하고 그 결과를 기록·보관하고 있는가?

❑ 심사 점검 포인트

- 관리 사항의 이행 여부
- 공정관리 기록의 보관 상태
- 외주 공정 포함

---

③ 주요 제조설비명을 사내표준에 구체적으로 규정하고 있는가?

---

❑ 심사 점검 포인트

- 설비란 제품 생산에 필요한 기계, 장비, 시설 등을 총칭한 것을 말한다. 심사위원은 사내표준에서 규정한 설비 명칭과 업체에서 보유한 설비와 공정별 용도가 같은지의 여부를 평가하여야 함
- 공정을 외주하는 경우에는 해당 제조설비를 보유하지 않아도 됨
  - 이때 보유의 개념은 제조회사가 해당 설비를 직접 소유한 경우만으로 한정하는 것은 아니고 임차도 가능하며(배타적 사용권 확보 필수), 제조회사의 책임으로 직접 생산에 사용·관리하고 있음을 의미하는 것임

🔖 참고  **외주와 외주관리**★

(1) 외주의 사전적 의미

① 외주(外注)

[명사] 〈경제〉 자기 회사에서 만들 수 없는 제품이나 부품 따위를 다른 회사에 맡겨 만들게 함. 또는 그런 일.

  - 품목이나 공정(수선)을 요구하는 기업을 발주기업(위탁기업)이라 하고 발주기업의 요구에 근거하여 품목(수선)이나 공정

---

★ [출처]
  - 네이버 어학 사전
  - 외주관리 길라잡이(이철근, 갑진출판사)
  - 하도급거래 공정화에 관한 법률(2014. 11. 29 시행)

의 일부 또는 전부를 만드는 일(수행)을 실시하는 기업을 외주기업(수탁기업)이라 한다.

## (2) 외주(제조위탁)의 유형

### ① 유형1

사업자가 물품의 판매를 반복하여 계속 실시하고 있는 경우, 그 물품(반제품·부품·부속품·원재료를 포함한다)의 제조를 다른 사업자에게 위탁하는 경우

- 재료가공·중간재의 생산·판금·프레스·도장 등의 외주가공을 뜻함
- 또 판매하는 물품의 일부를 구성하는 것, 즉 약품 등의 용기·라벨·설명서 등의 제조위탁도 부속품의 제조위탁으로서 이 유형에 포함된다.

### ② 유형2

사업자가 물품의 제조, 가공을 청부받는 일을 반복 계속하고 있는 경우, 그 물품(반제품·부품·부속품·원재료를 포함한다)의 제조를 다른 사업자에게 위탁하는 경우

- 선박·발전기 등 대형의 특수한 기계의 주문을 받아 생산하고 있는 사업자가 그 생산의 전부 또는 일부에 대해 다른 사업자에게 위탁하는 경우

### ③ 유형3

물품의 수리를 반복 계속하고 있는 사업자(주로 수선업자)가 그 물품의 수선에 필요한 부품 또는 원재료의 제조를 다른 업자에게 위탁하는 경우

- 발주 측이 제조업자가 아니라 수선업자인 경우

### ④ 유형4

자가 사용 또는 소비하는 물품을 반복하거나 계속하여 자가 제조하고 있는 경우, 그 물품(반제품·부품·부속품·원재료)의 제조를 위탁하는 경우

- 외주 대상이 판매에 필요로 하는 것이 아니라 자체의 소비를 위한 경우

(3) 외주와 구매의 차이점
① 외주
- 일반 작업(물품의 완성)의 결정권은 발주 측이 보유하고 있고 외주기업은 작성된(제시된) 도면이나 작업서에만 충실하게 만들어 납품
② 구매
- 자체의 발주계획 등에 따라 완성된 물품 등을 갖고 있는 기업(생산자)에 그 물품 등에 대하여 주문하고 구입(소비자)

(4) 외주의 관리
① 외주할 품목(공정, 용역)을 결정
- 발주기업의 생산능력 부족 해소(구인, 투자, 물적자원 조달 문제 등)
- 수요변동에 따른 조업도 안정화 도모
- 외주기업의 독점적 기술력과 가격의 비교우위(자체 생산 대비)
- 외주기업의 특수설비 및 차별적 기술 활용
② 외주기업의 평가 및 선정
- 평가 체크리스트 규정(자체 리스트 또는 KS공장심사보고서 활용)
- 선정의 단계(일반적으로 사전평가 → 심의회 → 본심사 → 최종 선정)
③ 발주품(공정, 용역)의 요구 조건(설계도, 사양 등) 제시
④ 원자재의 지급여부 결정
⑤ 외주기업의 검사 수준 및 검사 결과의 활용, 관리
- 자재의 인수검사 및 결과의 활용
- 공정관리 또는 중간검사 및 결과의 활용
- 완제품(요구 사항의 최종 대상물) 검사 및 결과의 활용

⑥ 불량품관리

⑦ 납기관리

⑧ 원가관리

⑨ 외주기업에 대한 사후관리(지도, 지원, 육성, 협력화 활동, 사후평가 등)

(5) 외주기업의 평가

- 평가항목(예시)

① 경영방침 및 경영관리

② 사규 및 조직

③ 생산(공정)관리

④ 품질관리

⑤ 노무관리

⑥ 재무관리

⑦ 원가관리

⑧ 기술개발

(6) 외주기업에 주문(발주)

- 주문서에 포함하여야 할 항목(예시)

① 발주 연월일

② 목적물의 명칭(품명)

③ 모양, 사양 등

④ 수량

⑤ 납품일시

⑥ 납품장소

⑦ 검사일시

⑧ 인수조건

⑨ 가격(단가, 총액)

⑩ 지불기일

⑪ 지불방법

⑫ 지급자재가 있는 경우

- 지급자재의 품명과 수량
- 인도 일시, 장소
- 기타 인도 조건
- 대금의 액수
- 결제일과 결제방법

---

**3.2 공정별 중간검사에 대한 검사 항목과 항목별 검사 방법을 사내표준에 규정·이행하고 그 결과를 기록·보관하고 있는가?**

❏ **심사항목 설정 배경**
- 중간검사는 사내표준에서 공정별로 검사 항목으로 지정된 것에 대해 검사를 실시하는 것을 말함
- 중간검사를 실시하는 목적은 기준 이하의 제품이 다음 공정으로 이관되는 것을 방지하여 궁극적으로 최종 제품의 품질 유지를 위해 필요한 조치임
- 따라서 중간검사 규정에는 로트의 구성, 시료채취 방법, 샘플링 검사일 경우 샘플링 검사 방법, 검사 조건, 시험 방법, 로트 및 시료의 합부 판정 기준, 불합격 로트의 처리 방법, 검사 결과의 기록 및 보관 등을 규정하여야 함
  ※ 샘플링 검사에 대한 사항은 인수검사 내용 참조

---

① 공정별 중간검사에 대한 검사 항목과 항목별 검사 방법을 사내표준에 규정하고 있는가?

---

❏ **심사 점검 포인트**
- 사내표준에서 규정한 중간검사 항목에 대한 사내표준 내용의 적절성

- 실제 공정별 중간검사 방법과 내용의 사내표준 규정 내용과의 일
  치 정도

---

② 사내표준에 규정한 중간검사를 이행하고 그 결과를 기록·보관하고 있
   는가?

---

❑ 심사 점검 포인트
- 중간검사의 이행 및 기록 여부
- 중간검사 기록의 보관 상태

---

3.3 주요 공정관리(자체공정 및 외주공정 포함) 항목에 대하여 공정능력
   지수를 파악하고 공정 및 제품품질 관리에 활용하고 있는가?

[비고]
주요 공정관리 항목에 대한 공정능력지수를 파악할 수 없는 공정은 적합
(예)으로 평가

---

참고 **공정능력지수(Process Capability Index: Cp)**

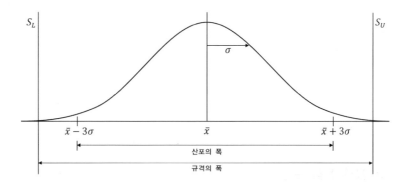

- 공정이 수행하는 능력이 어느 정도인지를 수치적으로 나타낸 것

$$\cdot \; Cp = \frac{규격의 \; 폭}{산포의 \; 폭} = \frac{규격 \; 한계}{관리 \; 한계(\pm\sigma 한계)} = \frac{S_U - S_L}{6\sigma}$$

- 규격 한계: 제품의 양, 불량을 가리는 선
- 관리 한계: 공정 수준의 유지 및 향상을 위한 선

### 참고 공정능력지수의 산출

- 양쪽 규격인 경우
  - 치우침이 없는 경우 $C_p = \dfrac{S_U - S_L}{6\sigma}$
  - 치우침이 있는 경우 $Cp_k = (1 - k) \cdot C_P$

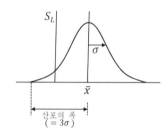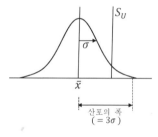

$$k = \frac{\left| \dfrac{S_U + S_L}{2} - \overline{x} \right|}{\dfrac{S_U - S_L}{2}} \qquad (단, \; 0 \le k \le 1)$$

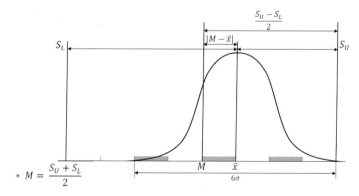

$$\ast \; M = \frac{S_U + S_L}{2}$$

- 공정능력 유무의 판단 및 조처

| 등급 | $C_p$ (또는 $C_{p_k}$)값 | 분포와 규격의 한계 | 공정능력 유무의 판단 | 조 처 |
|---|---|---|---|---|
| 1 | $C_p \geqq 1.67$ | $S_L$ $s$ $S_U$ $\bar{x}$ | 공정능력이 남아돈다. | 제품의 산포가 약간 커져도 걱정 없다. 관리의 간소화나 비용 절감의 방법 등을 생각한다. |
| 2 | $1.67 > C_p \geqq 1.33$ | $S_L$ $s$ $S_U$ $\bar{x}$ | 공정능력은 충분하다. | 이상적인 상태이므로 유지한다. |
| 3 | $1.33 > C_p \geqq 1.00$ | $S_L$ $s$ $S_U$ $\bar{x}$ | 공정능력이 충분하다고 할 수는 없지만 근사하다. | 공정관리를 야무지게 하여 관리 상태를 지킨다. $C_p$가 1에 가까워지면 불량품이 발생할 우려가 있으므로 필요할 때는 조처를 취한다. |
| 4 | $1.00 > C_p \geqq 0.67$ | $S_L$ $s$ $S_U$ $\bar{x}$ | 공정능력이 부족하다. | 불량품이 발생하고 있다. 전수 선별 공정의 관리 개선을 필요로 한다. |
| 5 | $0.67 > C_p$ | $S_L$ $s$ $S_U$ $\bar{x}$ | 공정능력이 대단히 부족하다. | 품질을 만족시킬 수 있는 상태가 아니다. 품질의 개선을 추구하여 긴급 대책을 취해야 한다. 또 규격을 재검토한다. |

**참고** 공정능력지수와 추정 불량률

- 공정능력과 추정 불량률
  - 공정 평균이 중심에 일치했을 경우

| 규격 한계 (σ수준) | $Cp$ | 추정 양품률(%) | 추정 불량률(ppm) |
|---|---|---|---|
| ±σ | 0.33 | 68.27 | 317300 |
| ±2σ | 0.67 | 95.45 | 45500 |
| ±3σ | 1.00 | 99.73 | 2700 |
| ±4σ | 1.33 | 99.9937 | 63 |
| ±5σ | 1.67 | 99.999943 | 0.57 |
| ±6σ | 2.00 | 99.9999998 | 0.002 |

  - 1.5σ의 변동 고려의 경우

| 규격 한계 (σ수준) | $Cp_k$ | 추정 양품률(%) | 추정 불량률(ppm) |
|---|---|---|---|
| ±σ | −0.17 | 30.23 | 697700 |
| ±2σ | 0.17 | 69.13 | 308700 |
| ±3σ | 0.50 | 93.32 | 66810 |
| ±4σ | 0.83 | 99.3790 | 6210 |
| ±5σ | 1.17 | 99.97670 | 233 |
| ±6σ | 1.50 | 99.99966 | 3.4 |

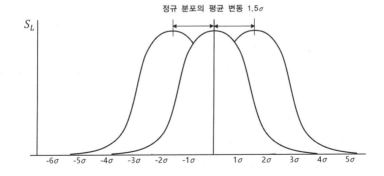

- 공정능력지수로 품질을 분석한 결과로 과잉 품질의 여부, 기준값의 적정성 여부 등을 판단할 수 있음
- 제조업체에서는 이러한 공정능력지수를 토대로 자사 제품의 품질 성능을 다음과 같이 표현하여 제품의 성능 등에 대해 소비자 또는 구매자에게 홍보하는 수단으로 활용할 수 있음

| 품 질 항 목 | 품질 기준 | | 품질 수준 | | | 기준 미달 제품이 소비자 또는 완제품에 주는 영향 |
|---|---|---|---|---|---|---|
| | KS | 당사 기준 | 평균값 | 표준 편차 | $Cp_k$ | |

---

3.4 [★ 핵심 품질] 공정별 작업표준을 사내표준에 규정하고 있고 현장 작업자가 작업표준을 이해하며 표준대로 작업을 실시하고 있는가?

[비고]
- 작업표준에는 작업 내용, 작업 방법, 이상발생 시 조치사항, 작업교대 시 인수인계 사항 등을 규정하고 실제작업 내용과 일치 여부 확인
- 외국인 노동자가 작업을 할 경우 작업표준을 이해할 수 있도록 사진, 그림 등 활용

---

❑ 심사항목 설정 배경
- 작업표준은 현장 작업자가 최종 제품을 제조하기 위한 일련의 작업 방법을 규정화한 것임
- 작업표준의 목적은 신규 작업자 등 작업 요원이 변경되더라도 항상 균일한 품질의 제품 생산에 있음
  - 품목에 따라 일관 작업을 실시할 경우 작업표준 대신에 설비 운전 표준을 작업표준으로 대체할 수 있음(예: 레디믹스트 콘크리트 인증 등)
- 작업표준은 사내표준에서 규정한 공정별로 사용 설비, 작업 방법, 작업 조건, 작업상 유의 사항, 이상 발생 시 조치사항, 작업 교대 시 인수인계 사항 등을 규정하여야 함

- 작업표준은 현장 작업자가 활용하는 규정이므로 현장 작업자가 알기 쉽고 작업 내용을 충분히 이해할 수 있도록 작성되어야 함
  - 특히 외국인 노동자가 있는 경우, 내용을 쉽게 이해할 수 있도록 그림, 사진 등을 활용하여 작성하면 좋음
- 부적합품(불량품)을 작업자가 쉽게 식별하기 위해 필요한 경우, 유형별 부적합 견본(한도 견본)을 작업 현장에 비치하고 작업자가 이를 활용할 수 있도록 하여야 함
  - 부적합 견본은 반드시 실물일 필요는 없으며, 궁극적으로 작업자가 식별 관리를 할 수 있도록 사진이나 그림 등을 활용할 수도 있음
- 본 항목은 부적합 판정을 받은 경우, 부적합 개선 조치 보고와 함께 확인심사를 받아야 하는 핵심 품질항목임

### 🔖 참고 서술식 작업표준의 작성 요령

- 적용 범위: 해당 작업표준을 적용하는 작업 범위에 대해 간단명료하게 기술
- 작업 목표 품질: 치수, 구조 등 작업이 요구하는 작업 목표의 품질을 규정
- 사용 재료: 작업하는 제품이 어떠한 자재, 부품 등을 사용하여 만드는 것인가에 대해 규정
- 작업 설비 및 계측기: 필요한 작업 설비와 품질을 조사·측정하기 위한 계측기에 대하여 규정
- 작업 순서 및 방법: 숙련된 작업자의 기술과 경험을 토대로 작성
- 공정관리 방법 또는 중간검사 방법 규정
- 작업 시 주의 사항
- 작업자의 책임 한계 및 인수인계 사항

> ① 공정별 작업표준을 사내표준에 규정하고 있는가?

❏ 심사 점검 포인트
- 공정에 대해 작업표준(또는 운전표준)의 사내표준 내용의 적절성 (작업 내용, 작업 방법 이상 발생 시 조치사항, 작업 교대 시 인수인계 사항 등)
- 실제 공정별 작업표준 방법과 내용의 사내표준 규정 내용과의 일치 정도

> ② 현장 작업자가 작업표준을 이해하고 표준대로 작업을 실시하고 있는가?

❏ 심사 점검 포인트
- 실제 작업 내용과 작업표준 내용 일치 여부
- 현장 작업자의 작업표준 내용 이해 여부
- 외국인 노동자가 근무하는 경우, 작업표준을 이해할 수 있도록 사진, 그림 포함 여부

> 3.5 부적합품은 적정한 식별관리를 하고 있으며, 공정 부적합에 대한 원인분석과 재발방지 조치를 구체적으로 취하고 있는가?
>
> [비고]
> 유형별 부적합 견본 보유 및 관리가 필요한 제품의 경우 이를 확인

> ① 부적합품은 적정한 식별관리를 하고 있는가?

❏ 심사 점검 포인트
- 부적합품 견본이 필요한 공정에 대해 부적합품 견본 비치 여부
- 부적합품에 대한 식별 방법(식별표시 등)

② 공정 부적합에 대한 원인분석과 재발방지 조치를 구체적으로 취하고 있는가?

- 원인분석 실시 여부
- 재발방지 조치 여부

3.6 사내표준에 규정되어 있는 제조설비를 보유하고 있으며, 제조 공정별로 설비배치 상태가 합리적인가?

[비고]
- 제조설비: 제품생산이 가능한 성능과 제원 및 용량 구비
- 공정관리 사내표준에서 외주가공에 대하여 적합하게 규정·관리하고 있는 제조설비는 보유하지 않아도 좋다.

❑ 심사항목 설정 배경
- 공정을 외주하는 경우 해당 제조설비를 보유하지 않아도 되지만 외주관리규정을 정하고 실질적으로 관리하고 있어야 함
  - 이때 보유의 개념은 제조회사가 해당 설비를 직접 소유한 경우만으로 한정하는 것은 아니며, 임차도 가능하며(배타적 사용권 확보 필수), 제조회사의 책임으로 직접 생산에 사용하고 설비의 변형, 수리 등에 있어 자유롭게 관리하고 있어야 함을 의미
- 동시에 제품의 생산을 용이하게 할 수 있도록 공정 순서별로 설비를 배치하여야 하고 설비의 용량이 해당 제품의 생산에 지장이 없도록 확보하여야 함

① 사내표준에 규정되어 있는 제조설비를 보유하고 있는가?

❑ 심사 점검 포인트
- 사내표준에서 규정한 제조설비의 보유 여부

② 제조 공정별로 적합한 설비 배치가 합리적인가?

❑ 심사 점검 포인트
- 설비의 배치가 공정 순서대로 이루어지고 있는지의 여부
- 보유한 설비의 해당 제품 생산에 지장이 없는 적절한 용량 확보 여부

3.7 설비의 운전과 관리에 대한 기준을 사내표준에 규정하고 설비별 운전
  표준에 따라 설비를 적정하게 운전하고 있으며, 설비의 이력·제원,
  수리 및 부품 교환 내역 등을 기록한 설비관리대장(또는 이력카드)을
  관리하고 있는가?

[비고]
정밀도 유지가 필요한 측정설비는 적정하게 교정하여야 한다.

❑ 심사항목 설정 배경
- 설비관리란 설비의 기능을 최대한 발휘하도록 하여 실시하는 조사, 계획, 도입, 활용, 유지보전 활동을 총칭한 것
- KS 인증심사기준에 설비관리 항목을 규정한 목적은 설비의 유용한 활용을 통한 기업의 이익과 생산성 향상을 추구하고자 함
- 설비관리는 품질의 향상, 공정의 안정, 생산성 향상, 원가절감을 목표로 설비 사용 부서, 보전 부서 등 전 부문이 참여하여 추진하는 활동이 필요함
- 따라서 설비운전과 관리에 대한 표준을 규정하고 규정된 설비 운전 표준에 따라 설비를 작동하여야 함
- 동시에 설비의 구입 단계에서 해당 설비의 지속적 보존을 위해 해당 설비별로 설비관리 대장, 설비의 일상 점검표, 취급설명서, 부품 목록 등을 문서화하여야 함

- 설비 이력 대장에는 설비의 일반 개요(설치 연월일, 제작자, 취득 금액, 수리 연락처, 설비관리 책임자), 부속품 목록, 수리 내역, 부품 교환 내역, 윤활관리 방법 등을 기재
- 예방 보전을 위한 점검은 일상점검과 정기점검을 구분하여 다음 사항에 대한 관리 방법을 표준화

〈설비관리 기준 작성 예〉

| 점검 개소 | 점검 항목 | 점검 기준 | 주기 | 점검 방법 | 점검자 | 이상 시 조치사항 | 점검 기록 |
|---|---|---|---|---|---|---|---|
|  |  |  |  |  |  |  |  |

- 점검 개소: 모터, 감속기 베어링 벨트 등 설비의 부분 명칭을 기재
- 점검 항목: 모터의 작동 상태, 감속기의 소음 등 해당 개소의 점검 내용 기입
- 점검 기준: 누수, 마모가 없을 것 등의 양호한 상태를 기록
- 주기: 월, 주, 일 등 점검 주기 기록
- 점검 방법: 육안, 소리, 게이지 등 점검 도구를 기록
- 이상 시 조치사항: 수리 의뢰, 부품 교환 등의 설비 이상 시 조치 내용을 기록
- 점검 기록: 설비 점검 기록부, 작업 일지, 윤활 일지 등의 점검 기록 양식명을 기록

---

① 설비의 운전과 관리에 대한 기준을 사내표준에 규정하고 있는가?

---

❑ 심사 점검 포인트
- 운전 표준 보유 및 내용의 적절성 여부

> ② 설비별 운전 표준에 따라 설비를 적정하게 운전하고 있는가?

❑ 심사 점검 포인트
  • 실제 설비 운전 시 설비 운전 표준과의 차이 여부

> ③ 설비의 이력·제원, 수리 및 부품 교환 내역 등을 기록한 설비관리대장
>   (또는 이력카드)을 관리하고 있는가?

❑ 심사 점검 포인트
  • 설비 이력 카드, 관리 대장 보유 및 기록 내용의 적절성 여부

> 3.8 설비의 예방보전을 위해 설비윤활관리에 대하여 규정하고 설비관리
>     능력 및 전문지식을 보유한 담당자를 지정하여 윤활관리를 실시하고
>     있으며, 주기적으로 점검·기록·관리하고 있는가?
>
> [비고]
> • 설비의 원활한 운전을 위하여 각 설비별, 부위별로 적정 윤활유의 선택
>   기준, 윤활유의 양, 윤활주기, 폐윤활유 처리방법 등을 사내표준에 규정
>   하여 실시(설비관리규정에 포함 관리 가능)
> • 설비윤활관리가 필요하지 않은 경우는 적합(예)으로 평가

❑ 심사항목 설정 배경
  • 산업의 발달과 함께 기계와 설비의 고정밀화, 고능률화, 에너지
    절약 등이 진행되고 그 결과로써 기계의 마찰 부분에는 더욱더 가
    혹한 조건이 되고 있음
    - 이 요구에 의해 윤활의 중요성은 매우 높아지고 기계의 성능은
      윤활 상태가 좋고 나쁨에 따라 결정되며, 또한 대량 생산체계
      를 통한 생산 원가절감 방식이 일반화되면서 기계설비나 장치
      의 대형화가 이루어졌음

- 그 결과 기계의 유지, 관리 및 보수, 즉 에너지 절약 측면에서 윤활관리의 중요성이 크게 높아지고 있다. 윤활관리는 넓은 의미에서 상대 접촉 운동면, 윤활장치 및 윤활제를 효과적으로 관리함으로써 기대할 수 있는 설비의 생산성 향상, 휴지 손실 방지, 제경비 절감 등을 얻게 될 수 있음
- 윤활관리의 목적
  - 윤활관리의 목적은 기계설비나 장치의 윤활 상태가 불량하기 때문에 발생될 수 있는 성능의 저하나 고장을 미연에 방지하고 기계의 성능 및 정밀도를 유지하여 생산성 향상을 하기 위함
  - 설비 가동률의 증대, 유지비의 절감, 설비 수명의 연장, 윤활비(윤활제비+급유비)의 절감, 동력비의 절감 등을 통하여 생산량의 증대(IP: Improved Production) 및 제조원가절감(RMC: Reduced Manufacturing Cost)
- 윤활관리의 핵심은 기계가 필요로 하는 적정 윤활제 선정, 적정 윤활량 결정, 적합한 공급방법 선정, 적정한 간격으로 윤활유 급유, 외부로부터 이물질 및 수분이 윤활 부분이나 윤활제에 혼입되지 않도록 하는 관리가 중요
- 윤활관리 효과
  - 설계와 재질 등의 개선에 따른 부품의 수명 연장과 교환 비용 감소에 의한 보수비 절약
  - 고장률 감소에 의한 휴지 손실의 방지
  - 설비의 감소에 의한 투자금액의 절약
  - 마찰 감소에 의한 에너지 소비량의 절감
  - 가동률, 기계 효율 향상에 따른 설비 투자액 절감 등

〈윤활관리 점검표 작성 예〉

| | | | | | | | 작성자 | 과장 | 부장 |
|---|---|---|---|---|---|---|---|---|---|
| | | | | | | | | | |

| 소속 | | | 설비명 | | | 설비 NO | | | |
|---|---|---|---|---|---|---|---|---|---|
| 제작처 | | | 제작일 | | | | | | |

| NO | 윤활<br>개소 | 급유<br>방법 | 사용<br>조건 | 윤활유 선정 | | | 용량<br>(L) | 급유자 | 점 검 | | | | | | 교환<br>주기 |
|---|---|---|---|---|---|---|---|---|---|---|---|---|---|---|---|
| | | | | 현사용 | 제작처 | 적정 | | | 월 | 일 | 주 | 월 | 분기 | 연 | |
| | | | | | | | | | | | | | | | |

\* 라인별, 설비별로 사용 중인 윤활유의 종류, 급유 부위, 급유 방법, 사용 조건, 1회 급유량, 점검 주기 등을 윤활 점검표와 같이 사용하면 효율적임

- 소규모 설비 업체의 윤활관리는 생산 관리의 주요 지표가 될 수 없다. 그렇지만 기계의 종류, 용량 등의 규모가 큰 업체일 경우에는 전문가의 윤활관리가 필요함
  - 윤활관리는 해당 기계의 금속 재질, 가공 속도, 사용기간 등에 따라 사용하는 윤활유에 대한 종류, 급유량, 사용기간 등의 전문적인 지식이 있어야 함
  - 전문적인 지식에 대한 판단은 윤활 관련 국가 기술 자격 보유 여부, 윤활 관련 전문 교육 이수 등으로 판단

## 윤활관리 관련 민원인 질의 및 유권해석

### 윤활관리 교육에 관한 질의

❑ 공장심사보고서 3.8항에 '...설비관리 능력 및 전문지식을 보유한 담당자...'라고 되어 있는데, 여기서 설비관리 능력 및 전문지식은 어떤 의미인가요?

1) 설비 기사, 설비 기능사 등의 기계 및 설비관리 관련 자격증을 보유하고 있는 경우를 의미합니다.
2) 설비관리 관련 자격증이 없는 경우에는 체계적인 교육을 받는 것으로 갈음할 수 있겠으며, 정부에서 별도로 정한 교육기관은 없으므로 한국표준협회 등 전문 교육기관에서 교육을 이수하고 이수한 근거자료를 비치하고 있으면 됩니다.

3) 해외 소재 공장의 경우도 해당 국가의 설비 관련 자격을 보유하지 않은 경우 전문교육기관 등에서 교육을 이수한 근거자료를 비치하고 있으면 됩니다.

## 담당자 변경 시 설비윤활 교육 관련 질의

❑ 설비윤활 담당자의 퇴사로 그 후임인 다른 사람을 설비윤활기술 교육에 참석 시키려고 합니다. 설비윤활기술이 법정교육은 아닌 것으로 알고 있는데, 전 담당자 퇴사 후 몇 개월 이내에 후임을 선임해야 하는지 규정에 있는지 궁금 합니다.

교육 이수에 대한 이력은 개인의 사항이므로 담당자 변경 시, 전문교육을 이수하셔서 현행 업무를 원활하게 하셔야 합니다. 또한 설비담당은 별도 규정의 문제가 아니라 설비가 원활하게 운영되도록 관리자가 바로 선임되어야 한다고 사료됩니다.

## 설비윤활 교육 관련 질의

❑ 현재 당사는 공장 내에서 컴프레서, 스프레이 방청제, 기타 그리스를 연 1회 정도 사용하고 있습니다. 컴프레서는 외부에 의뢰하여 오일 교환이 이루어지고 있고 스프레이형 방청제 및 그리스는 필요 시 구입하여 사용하지만, 많아야 연 2회 정도의 소규모입니다. 설비에 주유하는 것은 설비 점검란에 포함하여 관리하고 있습니다. KS 공장의 설비윤활기술 교육의 이수는 어느 규모까지 이루어져야 하는지 궁금합니다.

설비윤활기술 교육에 대하여 따로 정하고 있지는 않습니다. 그러나 설비의 원활한 관리를 위해 일정주기를 정하여 수료하는 것이 좋고, 업체의 규모와 무관하게 담당자를 정하여 운용하여야 한다고 판단됩니다.

① 설비의 예방보전을 위해 설비윤활관리에 대하여 규정하고 있는가?

　* 설비의 원활한 운전을 위하여 각 설비별, 부위별로 적정 윤활유의
　　선택기준, 윤활유의 양, 윤활주기, 폐윤활유 처리방법 등을 규정
　　하여 실시(설비관리 규정에 포함하여 관리 가능)

❏ 심사 점검 포인트

- 윤활관리 표준 보유 및 내용의 적절성 여부
- 사내표준에서 규정한 윤활관리 표준 내용과 동일하게 윤활관리
  실시 여부
- 설비의 윤활관리가 필요 없는 품목은 적합(예)으로 평가

② 설비관리 능력 및 전문지식을 보유한 담당자를 지정하여 윤활관리를
　실시하고 있는가?

❏ 심사 점검 포인트

- 윤활관리 전문가가 윤활관리를 실시하고 있는지의 여부
- 설비관리 능력 및 전문지식을 보유한 담당자의 지정 여부
- 교육 관련 이수 또는 자격증 보유 여부 확인
- 설비의 윤활관리가 필요 없는 품목은 적합(예)으로 평가

③ (설비윤활 내역을) 주기적으로 점검·기록·관리하고 있는가?

❏ 심사 점검 포인트

- 사내표준에 설비윤활주기 설정 및 점검 여부
- 설비윤활 점검내역의 기록 여부(설비관리대장 또는 윤활관리대장 등)

4.1 제품의 설계 및 개발절차, 해당 제품의 품질항목과 기준을 KS에 적합한 수준으로 사내표준에 규정하고 있는가?

비고

제품의 설계 및 개발절차에 관한 사항은 해당 프로세스가 있는 경우에만 해당하고 그 외의 제품은 해당제품의 품질항목과 기준을 KS에 적합한 수준으로 사내표준에 규정하고 있는 경우 적합(예)으로 평가

❑ 심사항목 설정 배경

- 시장 및 소비자의 요구사항을 충족하는 제품을 생산하기 위한 제품의 설계 및 개발 절차에 대하여 사내표준에 규정·관리하고 있어야 함
- KS 인증심사의 최종 목적은 해당 제품이 KS 수준 이상이어야 함. 이러한 목적 달성을 위해 사내표준에서 규정한 제품 품질 기준(KS에서 규정한 표시 방법 포함)이 항목별로 KS 수준 이상이어야 함
- 품질항목과 기준이 KS에 적합한 수준이라는 의미는 KS 수준 이상이어야 한다는 의미임
  - 시장에서 요구하는 품질이 KS 수준을 상회하는 경우도 있으므로 이러한 사항을 사내표준에 반영하는 것이 바람직함
- 이와 함께 사내표준에 규정한 항목별 품질 기준(KS에서 규정한 품질항목 포함)에 대해 설정 근거, 기준 미달 제품이 사용자 또는 부품인 경우, 완제품 품질에 미치는 영향 등을 별도로 설정하여야 함

– 건조용 시멘트 모르타르의 예

| 항 목 | | 품질 기준 | | 품질 수준 | | | 기준 미달 제품이 시공에 주는 영향 |
|---|---|---|---|---|---|---|---|
| | | KS | 당사 기준 | 평균 값 | 표준 편차 | $Cp_k$ | |
| 압축 강도 | 일반 미장용 | 10 이상 | 10.0 이상 | 19.01 | 0.99 | 0.88 | 표면 긁힘과 포장 등 1차 작업 불량 유도됨 |
| | 바닥용 | 21 이상 | 21.0 이상 | 25.01 | 0.60 | 0.71 | 표면 강도 약화로 2차 마감재 안정성 저하 |
| | 조적용 | 11 이상 | 11.0 이상 | 17.00 | 1.32 | 0.76 | 벽돌 조적 시 쌓기 상태 불량 발생 |
| | 뿜칠 미장용 | 9 이상 | 9.0 이상 | 13.38 | 0.56 | 0.62 | 시공 장비에 의한 부착 성능 하락 |

① 제품의 설계 및 개발절차를 KS에 적합한 수준으로 사내표준에 규정하고 있는가?

❑ 심사 점검 포인트
- 한국산업표준(KS) 또는 제품에 해당 프로세스가 있는 경우만 적용
- 제품의 설계 및 개발절차의 사내표준 규정 여부
- 한국산업표준(KS)에 적합 여부

② 해당 제품의 품질항목과 기준을 KS에 적합한 수준으로 사내표준에 정하고 있는가?

❑ 심사 점검 포인트
- 품질항목과 기준의 사내표준 규정 여부
- 한국산업표준(KS)에 적합 여부
- 사내표준에서 규정한 품질항목과 기준을 KS에 규정한 수준과 비교

❑ 심사항목 설정 배경

• 제품 인증제도의 궁극적인 목표는 해당 제품의 품질이 KS에 적합하다는 것을 입증하는 것임

• 이러한 입증은 특정의 개별 시료가 KS에 적합하다는 의미는 아니며, 다량으로 생산한 모든 제품이 KS에 적합하다는 것을 보증하는 것임

• 이를 위해서 전수검사를 실시할 수 없는 현실적인 상황을 고려할 때 로트의 품질보증을 할 수 있도록 샘플링 검사를 설계하는 것이 매우 중요한 사항임

• 제품검사 등 각종 검사에 활용하고 있는 주요 용어의 해설

  - 적합성평가(conformity assessment): 제품, 프로세스, 사람 또는 기관이 관련 규정에서 요구한 사항을 충족함을 입증하는 것으로 시험, 검사, 인증, 인정을 포함

  - 시험(testing): 규정된 방식에 따라 적합성평가 대상 제품의 특성을 결정하는 것

  - 검사(inspection): 제품 설계, 제품, 프로세스 또는 설치에 대한 조사(examination)를 실시하고 특정 요구사항에 대한 적합성을 결정하거나 전문적 판단에 근거하여 일반 요구사항에 대한 적합성을 결정하는 것

- 로트: 검사 대상이 되는 특정 상품의 집단
- 시료: 로트에서 시험을 하기 위한 특정 제품
- 공시체: 제품 또는 원료의 시험을 수행하기 위해 특별히 가공한 것

〈제품검사 표준 제정 원칙〉
- 로트의 구성
  - 레디믹스트 콘크리트 등의 해당 KS에서 검사 로트의 크기를 규정하는 경우에는 KS에서 규정한 로트의 크기를 준수
  - 검사 항목의 특성에 따라 로트의 구성은 다양하게 정할 수 있음
  - 품질항목의 자체 시험 여부, 시험기간에 따라 로트 구성 방법을 다르게 적용하여야 함
    ‣ 24시간 이내에 시험을 완료할 수 있는 항목은 종류별 1일 생산량을 1검사 로트로 적용하여도 무방하다. 그러나 시험기간이 장기간 소요되거나 외부 공인 시험기관에 시험을 의뢰하여 검사를 할 경우에는 시험기간과 의뢰주기를 감안하여 로트의 크기를 정하여야 함
- 시료채취 방법
  - 해당 KS에서 시료채취 방법을 규정한 경우에는 KS를 준수
  - KS에서 시료채취 방법을 규정하지 않은 경우에는 다음 사항에 따라 시료채취 방법을 규정
    ‣ 개개 제품을 식별할 수 있는 이산형 제품일 경우에는 KS Q 1003(랜덤 샘플링 방법)을 적용
    ‣ 시멘트, 기름, 석탄, 모래 등 벌크 상태 제품은 'KS Q ISO 11648 집합체 샘플링의 통계적 측면'을 적용
- 샘플링 검사 방식 및 조건
  - 사내에서 직접 수행하는 검사 항목 중 신뢰성 시험 등 시험기관이 장기간 소요되거나 외부 공인시험기관에 시험 의뢰를 하는 시험 항목을 제외하고는 KS에서 규정한 샘플링 검사 방법을 적용

- 결점수, 겉모양 등에 대한 샘플링 검사 방식은 계수 샘플링 검사 방법을 적용하되, 검사 조건에는 특별 검사 수준, 합격 품질 수준(AQL) 등을 결정하여 시료수(n), 불합격 판정 개수(c)를 항목별로 결정(KS Q ISO 2859 시리즈 참조)
- 시험 결과값을 수치로 표현하는 경우에는 계량 샘플링 검사 방식 적용(KS Q ISO 3951 시리즈 활용)
  ※ 샘플링 검사 관련 KS 목록
- KS A ISO 3951-5(계량형 샘플링 검사 절차)-제5부: 계량형 샘플링 검사(표준편차 기지)에 대한 합격 품질 한계(AQL) 지표형 축차 샘플링 검사 방식
- KS Q ISO 3951-3 계량치 샘플링 검사 절차-제3부: 로트별 검사를 위한 합격품질한계(AQL) 지표형 2회 샘플링 검사 방안
  ※ ISO 3951 시리즈는 계량형 샘플링 검사 방식임
- KS Q ISO 10725 집합체의 합격 샘플링 검사 방식 및 절차
- KS Q ISO 13448-1 우선순위 원칙 할당(APP)에 의한 합격 판정 샘플링 검사 절차-제1부: APP 접근방법의 가이드라인
- KS Q ISO 13448-2 우선순위 원칙 할당(APP)에 의한 합격 판정 샘플링 검사 절차-제2부: 계수치 합격 판정 조정된 1회 샘플링 검사 방식
- KS Q ISO 21247 제품 합격 판정용 합격 판정 개수 0 샘플링 검사 시스템과 프로세스 관리의 통합된 절차
- KS Q ISO 2859-1 계수형 샘플링 검사 절차-제1부: 로트별 합격품질한계(AQL) 지표형 샘플링 검사 방식
- KS Q ISO 2859-2 계수형 샘플링 검사 절차-제2부: 고립 로트 한계품질(LQ) 지표형 샘플링 검사 방식
- KS Q ISO 2859-3 계수형 샘플링 검사 절차-제3부: 스킵 로트 샘플링 검사 절차

- KS Q ISO 2859-4 계수형 샘플링 검사 절차-제4부: 선언품질 수준의 평가 절차
- KS Q ISO 2859-5 계수형 샘플링 검사 절차-제5부: 로트별 합격품질한계(AQL) 지표형 축차 샘플링 검사 방식의 시스템
- KS Q ISO 8422 계수치 축차 샘플링 검사 방식
- KS Q ISO 8423 계량치 축차 샘플링 검사 방식(부적합률, 표준편차 기지)
- KS Q ISO 8550-3 로트의 이산형 아이템 검사를 위한 합격 샘플링 검사 시스템의 선정 및 사용 지침-제3부: 계량치 샘플링 검사
- KS Q ISO TR 8550-1 로트의 이산형 품목 검사를 위한 합격 판정 샘플링 시스템의 선정 및 사용에 관한 지침-제1부: 합격 판정 샘플링 검사
- 불합격 로트의 처리 방법
  - 제품과 품질항목의 특성에 따라 다양한 방법을 적용하여야 한다. 예를 들면 레디믹스트 콘크리트의 28일 압축강도가 불합격으로 판정되었을 경우, 이미 이 제품을 반품받거나 파기할 수가 없으므로 다른 방법을 강구하여야 함
  - 플라스틱의 인장강도의 경우에는 폐기 처리하는 것보다 재사용하는 것이 원가절감 측면에서 바람직할 수 있음
- 외부 공인시험기관에 시험을 의뢰하여 검사를 실시할 경우
  - 시험 의뢰 주기를 설정하여야 함
  - 시료채취 방법, 시료채취 절차, 공시체 제작방법을 구체적으로 규정
  - 시험 의뢰 시 요구 내용(시험 방법, 불확도 표현 여부, 시험 완료 시료의 처리 방법) 등을 규정
  - 시험성적서를 토대로 로트의 합격여부 판정방법을 규정(가급적 시험 결과값의 불확도를 감안하여 합격·불합격 판정을 결정)

① 로트 품질을 보증할 수 있도록 제품검사 내용을 사내표준에 규정하고 있는가?

❑ 심사 점검 포인트
- 사내표준에서 정하고 있는 제품검사 표준이, 위에서 언급한 '제품 검사 표준 제정 원칙'을 준수하여 로트 품질을 보증할 수 있는지 의 여부
- 외부 공인시험기관에 시험을 의뢰할 경우 시험 의뢰 주기, 시험 의뢰 내용 및 시험기관의 종류를 규정하여야 함

4.3 제품시험은 제품 품질항목별로 KS와 사내표준에 규정한 기준과 절 차, 방법에 따라 실시하고 있고 검사 후 합격·불합격 로트를 구분하 여 적절한 장소에 보관하고 있으며, 품질미달 제품이 사용자에게 미 치는 영향을 파악하고 있는가?

[비고]
공인 시험·검사기관 의뢰 항목의 성적서는 검사방법에서 정한 주기(횟수) 에 일치되는 수만큼 보유해야 한다.

❑ 심사항목 설정 배경
- 본 항의 심사는 로트의 품질보증을 확보한 제품검사 표준에 따라 시료를 채취하여 시험을 실시하고 그 결과에 따라 로트의 합격여 부를 판정한 다음, 합격·불합격 로트를 구분하여 제품보관 등의 검사 과정을 실제로 이행하고 있는지를 평가하는 항목임
- 따라서 그동안 검사 관련 문서의 기록보관과 자체에서 수행하는 제품검사일 경우, 검사요원이 시료채취부터 시험, 시험 결과를 토 대로 한 로트의 판정방법 등에 대해 실제적으로 할 수 있는 능력 을 평가하는 것임

- 또한 검사결과, 불합격한 로트에 대한 적절한 후속 조치가 이루어 지고 있는지를 확인함
- 이와 함께 품질 미달 제품이 사용자에게 미치는 영향(부품인 경우 완제품 품질에 미치는 영향)을 별도로 파악하여 사내표준에 명시 하고 관리하여야 함

---

① 제품시험은 제품품질 항목별로 KS와 사내표준에 규정한 기준과 절차, 방법에 따라 실시하고 있는가?

---

❑ 심사 점검 포인트
- 시료채취 방법과 시험 방법의 KS 및 사내표준 준수 여부

---

② 검사 후 합격·불합격 로트를 구분하여 적절한 장소에 보관하고 있는가?

---

❑ 심사 점검 포인트
- 검사를 완료한 제품에 대해 합격·불합격 표시를 하여 각각의 장소에 구분하여 보관하고 있는지의 여부

---

③ 품질미달 제품이 사용자에게 미치는 영향을 파악하고 있는가?

---

❑ 심사 점검 포인트
- 한국산업표준(KS)에서 규정한 품질기준에 미달한 제품이 사용자 (또는 부품인 경우 완제품 품질)에게 미치는 영향 파악, 관리 여부

4.4 [★ 핵심 품질] 제품검사 담당자가 자체에서 실시하는 제품시험을 수행할 수 있는 능력을 보유하고 있는가?

[비고]
• 검사능력: 검사표준 준수 여부(시료채취, 시험절차, 판정), 시험·검사 설비조작, 시험숙련도, 관련 계산식 활용, 응급처치 능력 등

❑ 심사항목 설정 배경

• 자체에서 수행하는 제품검사일 경우, 검사요원이 사내표준에 정한대로 시료채취부터 시험, 이후 시험 결과를 토대로 한 로트의 판정방법 등에 대해 실제적으로 할 수 있는 능력을 평가하는 것임
• 본 항목은 부적합 판정을 받은 경우, 부적합 개선 조치 보고와 함께 확인심사를 받아야 하는 핵심 품질항목임

❑ 심사 점검 포인트

• 자체에서 직접 수행하고 있는 검사 항목에 대해 시료채취, 공시체 제작, 시험(자체에서 수행하는 경우에만 해당), 검사 업무의 수행 능력이 있는지의 여부
• 검사능력: 검사 표준 준수여부(시료채취, 시험절차, 판정), 시험·검사 설비조작, 시험숙련도, 관련 계산식 활용, 응급처치 능력 등

4.5 [★ 핵심 품질] 중요 품질항목에 대한 현장 입회시험을 실시하여 그 결과가 KS에 적합하고 과거 자체적으로 시행한 품질검사결과의 평균값과 비교하여 사내표준에서 정한 허용값 한계 내에 있는가?

[비고]
• 품질검사 결과 과거 적용기간: 인증심사 3개월, 정기심사 12개월, 공장 또는 사업장 이전심사 3개월
• 주요 품질항목에 대한 현장 입회시험 항목의 결정은 한국산업표준별 인증심사기준의 '제품시험 결과에 따른 결함 구분' 중에서 중결함 이상의 검사항목 중 1개로 한다.
• 현장 입회시험이 어려운 중요 품질항목은 시료채취 후 제품심사를 실시할 수 있다.

❑ 심사항목 설정 배경
• 본 항목은 업체의 시험실 등에서 중요 품질항목에 대하여 업체의 시험담당자가 심사원 입회 하에 실시한 중요 품질항목에 대한 시험 결과값이 KS의 기준을 충족하고 사내표준에서 정한 허용값 내에 있는지의 여부를 확인하는 것임
• 본 항목은 부적합 판정을 받은 경우, 부적합 개선 조치 보고와 함께 확인심사를 받아야 하는 핵심 품질항목임

❑ 심사 점검 포인트
• 중요 품질시험 항목의 현장 시험 결과값이 사내표준에서 정한 허용값 내에 있는지의 여부를 확인
  ※ 중요 품질항목
    한국산업표준별 인증심사기준의 '제품시험 결과에 따른 결함 구분' 중에서 중결함 이상의 검사항목 중 1개
  ※ 비고의 품질검사 결과, 과거 적용기간 내용 중 공장 또는 사업장 이전심사 3개월은 시행규칙 제16조가 개정·시행(2017.6.3.)됨에 따라 45일로 개정되어야할 사항이다. 또한 개정 전이라도 상위법 우선 원칙에 따라 45일로 수정하여 적용한다.

> 4.6 제품검사 결과 데이터를 분석하여 제품품질 및 품질 시스템 개선에 반영 및 활용하고 있는가?
>
> [비고]
> 데이터 분석(일정주기를 정하여 평균값, 표준편차, 불량률 등의 분석 여부)

❑ 심사항목 설정 배경

- 제품검사의 실시 목적은 생산한 제품이 표준의 요구 조건을 충족하고 있는지의 여부를 판단하여 그 결과에 따라 각종 조치를 취하는 것도 중요하지만 과거의 검사 기록을 분석하여 향후 제품설계, 원가절감, 공정개선의 기술 자료로 활용하는 것도 매우 중요함
- 따라서 평균값, 표준편차, 불량률 등을 통계적으로 분석하여 전체 로트의 품질보증을 어느 정도 할 수 있는지를 나타내는 것도 매우 중요함

❑ 심사 점검 포인트

- 제품검사 결과의 통계적 분석 실시 여부
  ※ 자체 실시하는 검사에 한정하고 외부 공인 시험검사 결과는 불확도를 표현한 성적서일 경우 통계적 분석을 실시한 것으로 간주하여도 무방함

※ 외부설비를 사용한 경우 공장심사 시 외부설비 업체에 대한 현장 확인을 실시할 수 있음

> **5.1 [★ 핵심 품질]** KS에서 정하고 있는 제품 품질항목에 대한 시험·검사가 가능한 설비를 인증심사기준에 따라 사내표준에 구체적으로 규정하고 보유하고 있는가?
>
> [비고] 시험·검사 설비를 외주로 하는 경우에는 아래 사항 적용
> - 외부기관(업체 포함)과의 사용 계약 또는 공인 시험·검사기관 시험성적서를 활용하는 설비에 대하여 시험검사 의뢰 내용, 시험검사 주기 등 외부설비 이용에 대하여 구체적으로 규정하여 실시
> - 시험검사 의뢰는 해당설비로 실시하는 인수검사, 공정검사, 제품검사에 대하여 각각 구분하여 실시
> - 시험검사 의뢰 주기는 설비를 자체에서 보유한 업체가 실시하는 수준과 동일한 횟수로 시험검사를 의뢰하여 성적서를 보유
> - 시험검사 주기를 KS 또는 인증심사기준에 명시한 경우에는 그 주기를 따름

❑ 심사항목 설정 배경

- 시험·검사 설비의 보유에 대한 심사는 다음과 같이 구분하여 심사하여야 함
  - 심사기준에서 규정한 시험·검사 설비를 모두 보유하고 있고 그 설비가 KS에서 정하고 있는 품질항목에 대해 시험·검사가 가능한 경우 적합 처리
  - 일부 또는 전체 설비를 보유하지 않은 경우, 외부 업체를 포함하여 외부 공인시험기관과 사용 계약 또는 시험성적서 제공 시 적합 처리

- 외부기관과 사용 계약 체결 시 다음 조건을 충족하여야만 적합 처리함
  - 계약 당사자 주체
  - 사용 설비에 대한 시험 대상 품목, 항목, 시험 방법
  - 시험 설비의 사용자
  - 시험 설비의 이용 주기와 설비 사용 요금 등 설비 사용 조건
  - 시험 대상 품목의 시료채취 공시체 제작자
  - 시험성적서 작성 책임자
  - 시험·검사 설비관리 및 정밀도 유지 주체
  - 시험·검사 결과의 기록 보관과 결과의 통계적 분석 주체
- 외부 공인시험기관 성적서 활용 시, 다음 조건을 사내표준에 규정하여 실시하여야 적합 처리함
  - 시험 의뢰 기관의 자격 조건
  - 시험 의뢰 대상 제품의 로트 구성 방법과 시료채취 방법
  - 통상적인 시험인 경우 최소 1주일마다 시험하되, 해당 KS에서 시험주기를 정한 경우에는 해당 시험주기를 적용
- 해당 KS에서 시험주기를 규정하지 않은 경우에는 해당 시험에 소요되는 기간 및 성적서 발행기간 등을 감안하여 시험주기 설정
  - 시료채취자, 시료채취 보고서, 공시체 제작 보고서 작성 방법
  - 시험 의뢰 시 시험 방법, 불확도 표현 여부 등 시험 의뢰 내용
  - 시험 결과의 분석과 활용 방법
- 본 항목은 부적합 판정을 받은 경우, 부적합 개선 조치 보고와 함께 확인심사를 받아야 하는 핵심 품질항목임

❑ 심사 점검 포인트
- 개별 인증심사기준에서 규정한 설비 보유 여부
- 외부기관과 사용 계약 체결 또는 공인시험기관 의뢰 시 조건 충족 여부

- 시험에 중요한 설비에 대한 기록 유지 사항을 사내표준에 규정했는지의 여부

---

5.2 시험·검사 설비의 설치장소 및 환경이 적정하고 성능유지를 위해 각 설비의 관리항목을 규정하여 주기적으로 점검하고 그 결과를 기록·보관하여 설비관리에 활용하고 있는가?

[비고]
- 환경(온도, 습도, 조명, 전기, 수도시설 등) 시험을 할 수 있는 적절한 공간의 확보 여부
- 설비관리항목(점검항목, 점검주기, 점검방법 등)

---

❑ 심사항목 설정 배경
- KS A 0006(시험장소의 표준상태)을 참조
- 시험·검사 설비의 설치 장소 및 환경이 정밀하고 정확한 측정을 유지하기 위한 조건
  - 온도, 습도, 진동 등의 해당 표준에서 규정한 시험·측정 조건 준수
  - 전기, 수도 등 시험·검사 설비 작동에 필요한 자원 제공
- 시험·검사 설비관리란 시험 설비의 정밀·정확도를 유지하여 정확한 시험 결과를 산출하기 위한 것이 목적임
- 이 항목의 평가는 시험·검사 설비를 자체에서 보유하고 있는 업체에만 적용하는 항목이다. 따라서 외부기관과의 계약 또는 공인시험기관에 전 항목을 시험 의뢰하는 경우에는 적용하지 않는다. 다만, 1항(시험·검사 설비의 보유)에서 규정한 외부기관과 사용계약체결 또는 공인시험기관 의뢰 시 조건을 충족하여야만 적합으로 처리하며 조건을 충족하지 않을 시에는 부적합 처리함
- 시험에 중요한 각 설비에 대한 기록 유지에 대한 사항을 사내표준에 규정하고 기록에는 다음의 사항들을 포함

- 설비 명칭, 규격, 용량
- 제조자의 이름, 형식, 일련 번호 또는 기타 고유 식별 표시
- 설비가 시험 방법 표준에서 요구하는 조건 충족에 대한 점검 결과
- 현재 위치(해당되는 경우)
- 제조자의 사용 설명서 또는 그 위치에 대한 안내
- 교정 일자, 결과 및 성적서와 증명서 사본, 차기 교정 예정 일자
- 유지보수 계획 및 지금까지 수행된 유지보수 내역(해당되는 경우)
- 설비의 손상, 오작동, 변경(modification) 또는 수리 방법 등

---

① 시험·검사 설비의 설치장소 및 환경이 적정한가?

❑ 심사 점검 포인트
- 시험·검사 설비의 설치 장소 및 환경의 적절성 여부
- 시험·검사 설비의 설치 장소 및 환경이 시험 결과값에 영향을 주거나 표준에서 규정한 내용 준수 여부
- 전기, 수도 등 시험·측정을 적정하게 지원하고 있는가의 여부

---

② 시험·검사 설비의 성능유지를 위해 각 설비의 관리항목을 규정, 주기적으로 점검하고 그 결과를 기록·보관하여 설비관리에 활용하고 있는가?

❑ 심사 점검 포인트
- 사내표준에 설비의 관리항목을 규정하고 있는지의 여부
- 사내표준에 규정한 내용에 따라 설비를 점검하고 기록을 보관하고 있는지의 여부

5.3 시험·검사설비의 측정표준 소급성(정밀·정확도 유지) 체계를 구체적으로 규정(대상설비, 주기 등)하고 교정주기에 따라 외부 공인기관의 교정 후 교정성적서를 관리하고 있으며 교정결과를 측정에 반영하여 활용하고 있는가?

[비고]
• 정밀도·정확도 유지를 위해 교정주기를 정하고 교정성적서 또는 표준물질인증서를 체계적으로 관리
• 교정 또는 표준물질인증서의 성적 내용(불확도 또는 보정값)을 측정에 반영하여 활용하고 있는지 확인
• 화학분석 장비의 경우 인증표준물질과 인증서를 보유하여야 함

❑ 심사항목 설정 배경
• 용어의 해설
  – '소급성(遡及性)'이란 연구 개발, 산업 생산, 시험·검사현장 등에서 측정한 결과가 명시된 불확정 정도의 범위 내에서 국가 측정 표준 또는 국제 측정 표준과 일치되도록 연속적으로 비교하고 교정하는 체계를 말함
  – '표준 물질'이란 장치의 교정, 측정 방법의 평가 또는 물질의 물성값을 부여하기 위하여 사용되는 특성치가 충분히 균질하게 설정된 재료 또는 물질을 말함
  – '교정'이란 특정 조건에서 측정기기, 표준물질, 척도 또는 측정 체계 등에 의하여 결정된 값을 표준에 의하여 결정된 값 사이의 관계로 확정하는 일련의 작업을 말함
  – '측정 불확도'란 측정 결과에 관련하여 측정량을 합리적으로 추정한 값의 분산(dispersion) 특성을 나타내는 파라미터로 정의함
  – 시험·검사의 경우는 시험 분야 측정 불확도 추정에 관한 지침(KOLAS-G-005)에 따르는 것을 권장함. 불확도 성분 개개에 대한 엄밀한 추정이 이루어지지 않았다고 하더라도 전체적으로

성분들을 확인하고 불확도의 크기가 과장되게 작은 것으로 표현되지 않도록 보장하는 수준에서 일반적으로 수용되고 있음

- 소급성 유지(교정) 대상 설비는 심사기준에서 규정한 모든 설비를 적용하는 것이 아니고 제품 시험 결과에 직접적인 영향을 주는 설비에 한하여야 함
  - 시험 환경 조건 측정에 사용하는 온도계, 습도계, 레미콘의 수조 온도계 등 전체적인 불확도 요인에 영향을 주는 정도가 적은 장비는 적용하지 않는다는 의미임
- 교정 주기는 해당 설비의 사용 빈도·중요도 등에 따라 기업이 자율적으로 결정하되, 한국인정기구(KOLAS)의 교정주기를 참조하여 정할 수 있음

---

① 시험·검사설비의 측정표준 소급성(정밀·정확도 유지) 체계를 구체적으로 규정(대상설비, 주기 등)하고 있는가?

---

❑ 심사 점검 포인트
- 교정 대상 시험·검사 설비를 규정하고 적정 교정주기를 정하고 있는지의 여부
- 교정 대상 시험·검사 설비에 대해 자격 있는 기관(KOLAS 인증기관)으로부터 주기 내에 교정 실시 및 표준물질 인증서 확보 여부
- 검정 대상 측정기의 경우 검정 증명서 부착으로 확인
- 최소 눈금 또는 분해능(측정 장비가 최소로 표현할 수 있는 단위)이 최소 측정단위보다 한 단계 높은 정밀도일 경우에는 측정 불확도를 산정하지 아니하여도 무방

---

② 교정주기에 따라 외부 공인기관의 교정 후 교정성적서를 관리하고 있으며 교정결과를 측정에 반영하여 활용하고 있는가?

---

□ 심사 점검 포인트
- 교정 대상설비(제조설비 및 시험·검사 설비)의 교정 실시 여부
- 필요한 경우 교정 결과값 및 표준물질 인증서의 불확도값을 시험 결과값 산출에 반영 여부
- 설비 주변에 교정성적서 또는 교정 후 보정값을 표로 작성하여 비치하고 측정값에 반영하고 있는지의 여부
- 한국인정기구(KOLAS)의 '교정대상 및 주기설정을 위한 지침'을 참조

# 06 소비자 보호 및 환경·자원 관리

6.1 [★ 핵심 품질] 소비자 불만 처리 및 피해보상 등을 사내표준에 규정하고 불만 제품 로트를 추적하여 원인을 파악하고 개선 및 재발방지 조치를 하고 있는가?

비고

- KS Q ISO 10002(고객만족 – 조직의 불만처리에 대한 지침) 등을 토대로 사내표준에 규정
- 해외 인증업체는 한국 내 판매업체가 소비자 불만 처리 업무를 수행
- 원자재의 입고 일자 및 인수검사 결과, 제조 일시 및 사용설비, 공정관리 및 중간검사, 제품검사, 출고일시, 판매장소 등 확인

❑ 심사항목 설정 배경

- 불만 처리 절차를 통해 얻은 정보는 제품 및 프로세스의 개선을 이끌 수 있다. 불만 처리가 적절하게 된 경우에는 기업의 규모, 지역, 산업 분야에 관계없이 기업의 명성을 높일 수 있음
- 절차를 통해 이루어지는 고객불만 처리는 고객만족을 증진시킬 수 있다. 또한 고객 불만족으로 인해 발생하는 불만에 대해 고객에게 피드백을 하게 되면 고객 충성도 및 고객 승인을 유지하거나 증진할 수 있는 기회를 가질 수 있다. 나아가 기업은 국내 및 국제 경쟁력을 향상시킬 수 있음
- 특히 KS 인증제품을 사용하는 소비자들에게 신뢰성을 제고하기 위해 KS 인증공장은 소비자 불만 처리 절차와 방법을 사내표준에 규정하고 이를 이행할 경우 다음과 같은 이점이 발생함

- 공개적이며 신속히 대응하는 불만 처리 절차를 불만 제기자에게 제공
- 일관성 있고 체계적이며 신속히 대응하는 방식으로 불만을 해결하여 불만 제기자 및 제조 기업이 만족할 수 있도록 하는 능력을 증진
- 동향 파악, 불만의 원인 제거 및 조직의 운영 개선에 대한 능력을 증진
- 불만 해결을 위한 고객 중심 접근 방법을 조직이 수립하도록 하고 고객 업무에 대한 관련 직원의 숙련도 향상
- 불만 처리 절차의 지속적인 검토 및 분석, 불만 해결과 함께 프로세스 개선에 대한 근거 제공
- 불만 처리 규정에 수록하여야 할 주요 내용
  - 적용 범위, 책임과 권한, 불만 처리의 기본 원칙, 불만 처리에 대한 경영자 방침, 불만 처리 기준, 불만 처리 절차, 원인 분석 및 대책 수립, 불만 제기 제품의 로트 추적 방법
- 해외에 소재하는 KS 인증업체의 경우 한국 내 판매업체 등에서 소비자 불만 처리 업무를 수행하도록 정하고 문서화해야 함
- 본 항목은 부적합 판정을 받은 경우 부적합 개선 조치 보고와 함께 확인심사를 받아야 하는 핵심 품질항목임

---

① 소비자 불만 처리 및 피해 보상 등을 사내표준에 규정하고 있는가?

---

❑ 심사 점검 포인트
- 소비자 불만 처리 및 피해 보상에 대한 사내표준 규정 여부
- 소비자 불만 처리 및 피해 보상 규정 내용의 적절성
  - 소비자 불만 처리 및 피해 보상 규정에 한국산업표준(KS)에서 규정한 내용 반영

- KS Q ISO 10002에서 규정한 사항 중 인용해야 할 부분은 소비자 불만 해소를 위해 의사소통, 불만 접수, 불만 처리 과정의 확인, 불만에 대한 최초 평가, 불만 조사, 불만에 대한 대응, 원인 분석 등임

 ※ 한국산업표준을 충족한 소비자 불만 처리 서식 참조
- 소비자가 제기한 불만 내용에 대해 사내표준에 규정한 내용대로 처리되고 있는지의 여부

---

② 불만 제품 로트를 추적, 원인을 파악하고 개선 및 재발방지 조치를 하고 있는가?

---

❑ 심사 점검 포인트
- 주요 불만에 대하여 사내표준에 규정한 대로 원인 분석을 실시하여 이를 개선하고 있는지의 여부
- 불만 제기 제품 또는 특정 상품을 랜덤하게 선택하여 원자재의 입고 일자 및 인수검사 결과, 제조 일시 및 사용 설비, 공정관리 및 중간검사, 제품검사, 출고 일시, 판매 장소 파악
- 수립된 개선대책이 재발의 원인을 제거할 수 있는지의 여부

# 소비자 불만 조사 보고서

년 월 일

| 결재 | 작 성 | 검 토 | 검 토 | 승 인 |
|------|-------|-------|-------|-------|
|      |       |       |       |       |

| 접 수 번 호 |  | 불만 제기자 | 현장 또는 판매장소 |  |
|---|---|---|---|---|
| 발 생 일 자 |  |  | 제기자 |  |
| 품        명 |  |  | 전화번호 |  |
| 규 격 및 종 류 |  | 제조 로트 NO. |  |
| 납 품 수 량 |  | 불만 수량 |  |

| 불만 내용 | 작성자:　　　　　　인 |
|---|---|

| 불만 최초 평가 | 불만의 실제적 및 잠재적 영향에 대한 범위와 심각성 평가 | | |
|---|---|---|---|
|  | 심 각 성 |  |  |
|  | 복 잡 성 |  |  |
|  | 영    향 |  |  |
|  | 즉각적인 조치의 필요성 | 예 □　　아니오 □ |  |
|  | 즉각적인 조치의 실행 가능성 | 예 □　　아니오 □ |  |
|  | 보상 가능성 | 예 □　　아니오 □ |  |

| 발생 원인 | 작성자:　　　　　　인 |
|---|---|

| 취해진 조치 | □ 교환　□ 반품　□ 수리/재작업 후 인도　□ 보상　□ 사과　□ 기타 조치 |
|---|---|

| 재발 방지 대책 | 작성자:　　　　　　인 |
|---|---|

| 처리 결과 | 작성자:　　　　　　인 |
|---|---|

| 불만 처리 과정 | 취해진 조치 | 일    자 | 성      명 | 비    용 |
|---|---|---|---|---|
|  | 불만/피해 제기자에게 접수 통보 |  |  |  |
|  | 불만/피해 최초 평가 |  |  |  |
|  | 발생원인 조사 |  |  |  |
|  | 불만/피해 해결(조치) |  |  |  |
|  | 재발 방지 대책 수립 |  |  |  |
|  | 불만/피해 종료 |  |  |  |
| 계 |  |  |  | 원 |

> 6.2 소비자에게 제공하는 제품 구매정보(규격, 사용법, 시공방법, 설명서 등) 및 인증심사기준의 제품인증 표시방법을 사내표준에 규정하고 적정하게 제공·표시하고 있는가?
>
> 비고
> - KS A ISO/IEC Guide 14(소비자를 위한 상품 및 서비스의 구매정보에 대한 지침) 및 KS A ISO/IEC Guide 37(소비자 제품의 사용설명서에 대한 지침) 등을 토대로 사내표준에 규정
> - 제품사용 설명서 또는 시공방법 설명서의 제공이 필요하지 않은 제품은 KS별 인증심사기준의 표시사항을 제품 및 포장에 표시

❑ 심사항목 설정 배경

- 소비자를 위한 정보는 모든 제품 또는 서비스에서 중요한 부분이다. 정보의 질을 개선함으로써 구매 시점에서 소비자가 합리적인 선택을 할 수 있는 능력을 증대할 수 있음
- 소비자에게 정확하게 전달한 상품 정보(규격, 사용법 등)는 부적절한 구매 또는 계약에 대한 위험을 감소하는 데 도움을 준다. 또한 제품의 품질에 대한 소비자의 우려는 감소하고 소비자의 만족은 증대할 것임
- 소비자에게 높은 수준의 정보를 제공하는 업체는 상업적 명성을 높일 수 있고, 문의 및 불만이 감소됨으로써 시간과 비용을 절감할 수 있음
- KS A ISO/IEC GUIDE 14(소비자를 위한 상품 및 서비스의 구매정보에 대한 지침)에서 규정한 내용
  - 제품 또는 서비스의 식별
  - 제품의 제조 또는 조립된 국가
  - 제조자 또는 공급자의 주소 및 성명
  - 사용조건 및 사용제한 사항
  - 필수적인 성능 특성
  - 내용물, 성능, 원료 및 크기와 같은 제품의 특성

- 유지 보전 및 청소에 관한 정보
- 예비 또는 대체 부품에 대한 정보 및 이들 부품의 입수 방법
- 예를 들면 방호 장치와 같이 특정 환경에서 이용할 수 있는 추가 부품에 대한 정보
- 알려진 위험 및 위험성을 포함한 안전 관련 사항
- 보증 및 보증서
- 불만·불평 처리 절차
- 잔여 위험성
- 특수(전문) 설치에 대한 필요성
- 주기적인 수수료, 서비스 비용, 예약금, 관련 비용, 세금과 같은 추가 비용을 포함한 제품의 총 가격, 자원 소비(예를 들면 사용에 필요한 에너지)
- 환경적 이슈(IEC GUIDE 109 및 ISO GUIDE 64 참조)
• 사용 설명서는 제품 인도에서 필수적인 부분이다. 제품에 손상을 줄 수 있는 위험 및 이로 인한 작동 불능과 비능률적인 작동을 감소시켜야 할 것임
• 사용 설명서는 제품을 올바르게 사용하도록 하고 이러한 사용을 권장해야 하며, 위험을 초래할 수 있는 오용을 피하는 데 직접적으로 도움을 주어야 함
• 사용 설명서는 다음 내용을 토대로 제정
- 명확하게 제품을 식별
- 사용자의 유형 및 능력을 고려
- 필요한 경우 의도된 제품 용도를 정의
- 올바르고 안전한 제품 사용(서비스 및 유지 보전)에 필요한 모든 정보를 포함
• 사용 설명서에는 예견되는 제품의 오용을 다루어야 하며, 적정한 경고가 제공되어야 함(KS A ISO/IEC GUIDE 51 : 2003, 6.4.4 참조)

- 사용 설명서는 관련이 있는 한 개별적으로 또는 조합하여 다음 사항에 대한 정보를 포함하여야 함
  - 기능 및 작동, 운반, 조립, 설치, 청소, 유지 보전, 고장 진단, 수리, 안전과 환경의 고려가 필요한 제품 또는 파기물의 파기·처분(세부 내용은 해당 KS를 참조)

❑ 심사 점검 포인트
- 소비자에게 제공해야 할 구매정보 및 제공 내용, 제공 방법의 사내표준 규정 여부
  ※ 일부 KS는 그 내용 중에 규정한 경우가 있으며, 이때는 해당 한국산업표준에 규정한 사항을 사내표준에 규정
  ※ 한국산업표준에서 규정한 모든 항목을 사내표준에서 규정하는 것은 아니며, 해당 제품의 특성에 따라 인용할 수 있는 항목만 규정하는 것임
- 사내표준에서 규정한 소비자 구매정보 제공 및 사용설명서 규정 내용이 한국산업표준에서 규정한 내용과의 충족 여부
  - 소비자 구매정보 제공 주요 내용
    ‣ 필수적인 성능 특성
    ‣ 내용물, 성능, 원료 또는 크기와 같은 제품 특성
    ‣ 유지 보전 및 청소에 관한 정보
    ‣ 예비 또는 대체 부품에 대한 정보 및 이들 부품 입수 방법
    ‣ 알려진 위험 및 위험성을 포함한 안전 관련 사항
    ‣ 보증 또는 보증서
    ‣ 물, 전기 등 자원 사용량
    ‣ 환경적 이슈
  - 사용 설명서 주요 내용
    ‣ 기능 및 작동, 운반, 조립, 설치, 청소, 유지 보전, 고장 진단, 수리, 안전과 환경의 고려가 필요한 제품 또는 파기물의 파기·처분 등

- KS 인증을 받기 전에는 KS의 「표시」를 준수하여야 하며, KS 인증을 받은 이후에는 KS의 「표시」 및 해당 인증심사기준의 「표시」를 준수하여야 KS 인증품으로 인정받을 수 있음
- 소비자에게 제공해야 할 구매정보(규격, 사용법, 시공방법, 설명서 등)에 대해 사내표준에서 규정한 대로 카탈로그, 송장 등 다양한 방법을 통하여 소비자 또는 고객에게 전달하는지의 여부
- 인증심사기준의 제품인증 표시방법대로 표시하고 있는지의 여부 (KS 인증 취득 전에는 KS 마크, 인증기관명, 인증번호 제외)
- 계약 완료 또는 계약물품의 인도 시에 구매정보를 제공한 기록의 관리

---

6.3 제품 요구사항에 대한 적합성을 달성하기 위해 필요한 작업환경 및 종업원 안전, 보건, 복지를 고려한 청정 작업환경에 대하여 규정하고 지속적으로 관리하고 있는가?

[비고]
- 안전·보건: 전기·기계 안전요건, 종업원의 안전장비 보급, 안전관리 교육 등을 사내표준에 규정
- 작업장 환경관리(대상, 범위, 기준, 주기, 평가방법) 등을 사내표준에 규정

---

❑ 심사항목 설정 배경
- 제품 요구사항에 대한 적합성을 달성하기 위해 필요한 작업환경에 대하여 해당 KS에 정하는 경우가 있음
  - 작업환경 조건으로는 작업장의 온도, 습도, 기류 등의 작업장 기후와 건물의 설비 상태, 작업장에 발생하는 분진, 유해화학물질, 가스, 증기 및 소음 등이 있으며 이들은 각각 단독 또는 상호 관련하여 근로자의 건강과 작업 능률을 좌우함
  - 작업장의 기후 조건, 특히 온도, 습도는 생산기술상의 요청에 입각해서 조절되는 경우 이것이 보건학적 요청과 일치되지 않는 경우가 있음

- 예를 들면 방적업 등의 직포 작업에서는 온도, 습도를 올리면 섬유의 장력이 증가해 생산량은 증가하지만 이것은 작업자의 신체 기능에 현저한 영향을 미침
- 종업원 안전관리란 산업재해를 방지하기 위해 사업주가 실시하는 조직적인 일련의 조치를 말함
- 사업장에서 산업재해를 방지하기 위해서는 기계설비 등의 불안전한 상태와 작업자의 불안전한 상태를 제거하는 것이 필요
  - 이들의 조치를 계속적으로 유지하기 위해서는 경영진이 작업장의 안전에 대해서 리더십을 가지고 조직적으로 실천하는 체제를 만드는 것이 필요
    ※ 산업안전보건법에는 사업장의 규모 등에 따라서 사업장의 안전보건을 확보하기 위한 업무를 총괄적으로 관리하는 안전보건 관리 책임자, 사업장의 안전 확보를 위한 기술적 사항을 관리하는 안전관리자, 특정한 작업에 종사하는 근로자의 지휘 등을 하는 안전 담당자 등의 지정이 의무화되어 있음
- 또한 각 사업장은 업종, 사용하는 기계설비, 생산공정 등의 실태에 대응해서 산업재해 방지를 추진하기 위해 각 사업장에서 구체적인 시책을 정한 안전관리 규정을 제정
  - 이 규정에는 법적으로 안전관리의 목적, 안전관리 체제, 안전관리자 등의 선임, 안전보건관리위원회의 개최, 안전 작업순서 등의 설정, 안전 교육, 안전 점검 훈련, 기계설비 등의 위험 방지, 작업 수행에 따르는 위험의 방지, 재해 등에 대한 조치, 재해 조사, 안전 자료의 작성 등을 규정
- 청정 활동이란 정리(seiri), 정돈(seidon), 청소(seiso), 청결(seiketsu), 습관화(shitsuke)를 의미하는 것으로, 이들 5개 요소의 일본식 발음의 머리글자를 따서 5S라고도 함

- 청정 활동을 생산현장에서 추진하는 목적은 다섯 가지 활동을 통해 공장에 잠재된 낭비, 이상, 문제를 표면에 노출시켜 해소하려는 것으로, 근로자의 안전·보건 확보와 쾌적한 작업환경을 유지하여 궁극적으로는 효율이 높은 작업장을 추구함에 있음
- 5가지 청정 활동의 정의
  - 정리: 필요한 것과 불필요한 것을 구분하여 불필요한 것을 과감히 버리는 것
  - 정돈: 필요한 것을 쉽게 찾아 사용할 수 있도록 각종 물품의 보관 수량과 보관 장소를 정해 놓고 표시해 두는 것
  - 청소: 작업장의 바닥, 벽, 설비, 비품 등 모든 것의 구석구석을 닦아 먼지, 이물 등을 제거하여 더러움이 없는 환경을 조성하는 것
  - 청결: 청소된 상태를 유지하는 것
  - 습관화: 위의 네 가지 활동을 몸에 배게 하는 것을 의미함

① 제품 요구사항에 대한 적합성을 달성하기 위해 필요한 작업환경에 대하여 규정하고 지속적으로 관리하고 있는가?

☐ 심사 점검 포인트
- 제품 생산에 적합하고 쾌적한 작업환경인지의 여부
  - 해당 KS의 요구사항 유무 확인
  - 해당 KS의 특별한 요구사항이 없는 경우 적합으로 판정

② 종업원 안전, 보건, 복지를 고려한 청정 작업환경에 대하여 규정하고 지속적으로 관리하고 있는가?

❑ 심사 점검 포인트
- 종업원 안전관리 규정 내용이 산업안전보건법에서 규정하고 있는 내용을 사내표준에 규정하고 있는지의 여부
- 안전관리 규정 내용대로 종업원 안전관리를 실시하고 있는지의 여부
- 유해 인자로부터 근로자의 건강을 보호하고 쾌적한 작업환경을 조성하기 위하여 인체에 해로운 작업을 하는 작업장인 경우, 작업환경 측정을 산업안전보건법에 따라 실시하고 있는지의 여부 (해당하지 않는 경우에는 평가 제외)
- 청정 활동 내용, 주기 방법 등을 사내표준에 규정하고 있는지의 여부
- 청정 활동 규정 내용대로 청정 활동을 실시하고 있는지의 여부
- 청정 활동의 점검 결과에 대한 평가, 관리의 여부

---

**6.4** 사내표준에 따라 임직원의 사내·외 연간 교육훈련계획을 수립하여 적정하게 실시하고 있으며, 생산·품질경영 부서의 팀장급 이상 경영간부가 산업표준화 및 품질경영교육을 최근 3년 이내에 이수하였는가?

[비고]
- KS Q 10015를 토대로 규정
- 계획: 연간 계층별·분야별(자재·공정·제품품질·설비관리·제품생산기술 등), 실시: 최근 3년간 실적 확인
- 산업표준화 및 품질경영교육(산업표준화법 시행령 별표2)
- 경영간부의 30% 이상 교육이수 및 미이수 경영간부에 전파교육 완료시 적합(예)으로 평가

---

❑ 심사항목 설정 배경
- 시장에서 요구하는 제품을 적합하게 공급하기 위한 경영 의지의 충족을 위해서는 체계적이고 효율적인 교육 활동이 필요
- 양질의 인원을 적기에 충원하기 어려운 중소기업의 인력 해소를 타개할 수 있음

- 국제표준화기구에서도 교육·훈련의 중요성과 필요성을 인식하여 교육·훈련 지침에 대한 국제표준을 제정하고 있음. 따라서 KS 인증 업체에서도 국제표준에 규정한 교육·훈련 지침을 토대로 교육·훈련 계획을 수립하여 실시할 경우 많은 효과를 볼 수 있을 것으로 예상
- KS Q 10015('품질경영-교육·훈련 지침'의 주요 내용)
  - 적용 범위, 인용 표준, 정의, 교육·훈련을 위한 지침, 교육·훈련 프로세스 모니터링
- 4항 교육·훈련 지침의 주요 내용
  - 교육·훈련의 필요성, 교육·훈련 설계 및 기획, 교육·훈련의 제공, 교육·훈련의 결과 평가
- 교육·훈련 설계 및 기획 시 검토 사항
  - 조직의 필요성, 적격성 요구 사항 및 분석, 적격성 검토, 적격성 차이의 규정, 적격성 차이의 해소 방법 파악, 제약 사항의 규정, 교육·훈련 방법 및 선정 기준, 교육·훈련 제공자의 선정 등
- 산업표준화법에서 규정한 교육 대상 경영간부는 생산·품질 부서의 팀장급 이상 간부를 말한다. 팀장급 이상 간부란 직위, 직책, 호칭 등과 상관없이 해당 부서의 지휘권을 보유한 간부를 뜻함
  - 교육 대상 간부 설정은 회사 조직도 상에 규정한 팀장 이상의 간부를 대상으로 함
- 표준화, 품질경영, 생산기술 교육은 생산제품의 KS 품질수준 유지, 전사적 품질경영의 추진을 위해 모든 임직원이 적절한 방법으로 교육·훈련을 실시하여야 함
  - 예: 레미콘 운반 차량 기사를 대상으로 하는 기술교육 등

> ① 사내표준에 따라 임직원의 사내·외 연간 교육훈련계획을 수립하여 적정하게 실시하고 있는가?

□ 심사 점검 포인트

- 교육·훈련 계획 수립과 이행에 대한 사항을 사내표준에 규정하고 있는지의 여부
- KS Q 10015에서 규정한 사내표준에 규정한 내용이 교육·훈련 지침, 교육·훈련 설계 및 기획 시 검토사항 등 주요 내용 포함 여부

> ② 생산·품질경영 부서의 팀장급 이상 경영간부가 산업표준화 및 품질경영교육을 최근 3년 이내에 이수하였는가?

□ 심사 점검 포인트

- 생산·품질경영 부서의 팀장급 이상 경영간부의 30% 이상이 최근 3년 이내에 교육을 이수하고 교육을 이수하지 않은 경영간부에게 전파(전달)교육을 실시한 경우에 적합

# KS 교육 관련 민원인 질의 및 유권해석

## KS 교육 신청 관련 질의

□ 3개 부서의 부서장 3명, 임원은 사장 포함 4명입니다. 그런데 한 부서에 부과장 교육을 받은 사람이 있고(부서장은 아님) 교육을 받지 않은 부서장이 있는데, 이런 경우에는 부서장이 부과장 교육을 받아야 하는 건가요? 두 사람의 직책은 같은 과장입니다.

경영간부 교육은 생산·품질 관련 부서의 책임자 중에서 30% 이상 교육을 이수해야 합니다. 교육 이수 당시의 조직과 현재의 조직이 다르다 하더라도 3년 내에 기(旣) 교육 수료자는 인정됩니다.

## 소속 변경된 직원의 KS 교육 관련 질의

❑ 당사는 회사 사정상 과장급 이하 직원들 일부를 신규로 설립한 자회사로 소속만 변경하고 업무는 종전과 같은 자리에서 같은 업무를 하고 있습니다. 신규법인과 기존 법인의 대표이사도 같습니다. 이런 경우, 법인이 서로 다름에 따른 부과장 등의 KS 사외 교육 대상 범위는 어떻게 되는지요?

표준화 및 품질경영에 관한 교육은 인증을 준비하고 있는 업체의 소속 직원이 교육 대상자이며, 교육 대상은 생산 및 품질 관련 모든 부서의 경영간부를 대상으로 보시면 됩니다.


## 회사 상호 변경 관련 교육 질의

1. 2015년 1월자로 사명이 A사에서 B사로 변경이 되었습니다(대표자도 변경). 재발급 신청 시, 제출서류 중에서 이사회 회의록을 반드시 제출해야 하는지요? 다른 것은 전부 준비가 되는데, 이게 정확히 어떤 것인지 모르겠습니다(작은 기업이라 따로 이사회라고 할 만한 것이 없어서요).

업체명, 대표자 변경 등 KS 인증사항의 변동이 있을 때는 산업표준화법 시행규칙 제11조 및 제22조에 따라 1개월 이내에 신고하여야 합니다. 신고 시, 변동 사유에 따라 신고내용과 인증서 재발급을 위한 절차가 다양합니다. 많은 분들이 양도·양수, 합병, 증여, 상속에 따른 변동을 숨기고 단순 변경으로 신고하는 경우가 있습니다. 하지만 신고내용을 철저히 확인 후 재발급하오니, 사실대로 신고해 주셔야 합니다. 따라서 단순 변경에 따른 재발급인 경우, 이사회 또는 주주총회에서 의결한 내용에 대한 회의록이 있을 수 있습니다. 신고절차 및 구비서류는 한국표준협회 홈페이지(www.ksa.or.kr)→KS 인증→KS 인증 재발급 메뉴에 상세하게 안내되어 있습니다.

2. KS 관련하여 임원급 직원 30% 이상이 관계기관에서 교육을 받아야 하는데, 회사 구조조정 개편으로 부임한 임원 중 2명(대표이사, 부문장)은 다른 회사에서 교육을 받았습니다. 이것이 지금 저희 회사에서도 적용할 수 있는지, 아니면 다시 교육을 받아야 하나요?

경영간부 교육에 관한 질의로 보입니다. 교육은 개인의 이력이므로 전 회사에서 받은 교육도 심사 시 인정해 드립니다.

3. KS 관련 경영간부가 받아야 하는 교육은 무엇인가요? 이와 관련하여 한국표준협회에서 실시하는 교육은 어떤 것이 있나요?

경영간부 교육과정 산업표준화법 시행령 제30조제2항 관련 〈별표 2〉에 1. 교육내용 및 교육시간/ 2. 교육주기/3. 교육 실시기관이 규정되어 있습니다.

- 교육과정 안내는 한국표준협회 교육훈련 홈페이지(www.oksa.or.kr)에 경영간부과정, 품질관리담당자과정으로 구분하여 교육일정, 장소, 교육내용 및 교육비용이 상세하게 안내되어 있습니다.

## KS 교육 관련 질의

1. 교육·훈련은 KS 교육, 일반 교육 모두 정기교육을 3년마다 받아야 하나요?

경영간부의 30% 이상, 자격을 갖춘 품질관리담당자가 이에 해당됩니다.

2. 일반교육에서 4~5년 전에 교육 이수를 했는데 인증심사 시에 가산점이 있나요?

1항에 의한 교육과 일반교육은 회사 실정에 맞게 운영하시면 됩니다. 예를 들면, 안전교육, 소방교육 등은 매년 받도록 타 법에서 권장하고 있으며, 기술교육, 품질교육 등은 회사 실정에 맞게 운영하시면 됩니다. 단, 교육은 직원의 직무능력 향상 등을 위해 매년 계획을 세워 체계적으로 실행하고 개인별로 이력관리를 하여 개인의 능력 향상에 도움이 되도록 하는 게 중요합니다.

## KS 인증공장의 경영간부 범위에 관한 질의

1. 법인의 비상근 이사 및 감사가 실질적인 경영간부에 해당되나요?

법인의 비상근 이사 및 감사는 실질적인 경영간부에 해당되지 않습니다.

2. 공장심사 시 경영간부의 30% 이상이 표준화 교육을 이수하여야 한다고 규정하고 있는데, 경영간부의 범위에 공장 이외(본사, 전국 영업 부서)에 근무하는 경영간부도 포함되나요?

KS 인증은 공장별로 심사를 하고 공장별로 인증서를 발급합니다. 따라서 본사와 공장이 구분되어 있는 경우, 공장에 소속된 경영간부와 공장과 직접 관련이 있는 본사(또는 지사) 일부의 경영간부만이 교육 대상자에 해당합니다. 또한 동일 공장 내 다수의 사업장이 명확히 구분되어 있고 제반 관리가 독립적으로 이루어지고 있는 경우에는 인증심사 대상 사업장에 종사하는 경영간부(경우에 따라서는 인증심사 대상 사업장과 직·간접적으로 관련되는 타 부문의 사업장 일부 경영간부)에 한한다고 할 수 있습니다.

3. 경영간부의 범위는 어디까지인가요?

2013년 개정된 법령에 따르면 경영간부는 생산·품질경영 부서의 팀장급 이상의 간부를 말하며, 교육 대상의 대상 범위는 다음과 같습니다.

* '생산부서'는 단순히 부서의 명칭이 '생산'이 포함되는 것으로 판단하는 것이 아니라 업무분장상 자재관리 또는 공정관리를 수행하는 부서를 지칭

    ◎ 생산부, 생산팀, 생산관리부, 생산기술부, 구매외주팀, 자재관리과 등 다양할 수 있음

* '품질 부서'는 단순히 부서의 명칭이 '품질'이 포함되는 것으로 판단하는 것이 아니라 업무분장상의 제품 품질관리 또는 제조·검사 설비의 관리를 수행하는 부서를 지칭

    ◎ 품질부, 품질관리팀, 제품관리부, 관리팀 등으로 다양할 수 있음

* '팀장급 이상 간부'란 직위의 명칭이 반드시 '팀장'이라는 것이 아니라 조직의 최소 단위의 생산·품질 부서장 및 그와 관련된 상위의 간부를 뜻함

    ◎ 팀장, 부장, 과장, 소장, 센터장, 파트장 등으로 다양할 수 있음


## 경영간부가 품질관리담당자를 겸임하고 있는 경우 교육에 관한 질의

❏ 경영간부가 품질관리담당자로 지정된 경우에 이수해야 하는 교육은 무엇인가요?

경영간부로서의 교육과 품질관리담당자로서의 교육 2가지를 받아야 합니다.


## 국내 표준화 전문 교육기관에 관한 질의

❏ KS 인증 관련 교육을 받기 위한 교육기관이 따로 정해져 있나요?

산업표준화법 시행령 〈별표 2〉에서 교육실시기관을 한국표준협회로 지정·운영하고 있습니다. 교육과정은 경영간부, 품질관리담당자 과정으로 나뉘어져 있습니다.

## 부과장 교육 관련 질의

❏ 경영간부의 30% 이상이 3년 이내에 교육·훈련을 받도록 규정하고 있는데, 저희 회사는 경영간부가 업무과장, 생산과장, 품질관리과장 3명으로 구성되어 있습니다. 이번에 품질관리과장이 정기교육을 이수했는데, 그러면 업무과장과 생산과장 중 교육·훈련을 1명만 더 받으면 되는 게 맞는지요?

업무과장은 생산 및 품질 담당 간부가 아니므로 교육 대상이 될 수 없습니다. 따라서 생산과장이 교육을 이수하여야 합니다. 아울러 직접 교육을 이수하지 않은 대상자에게 전파(전달)교육을 실시하여야 합니다.

## KS 정기심사 관련 질의

❏ KS 인증심사 요구 조건 중 경영간부의 30% 이상이 산업표준화법에서 정하고 있는 교육을 받았는지 확인하는 것이 나오는데, 여기서 경영간부의 30% 이상이라는 기준이 정확히 어떤 것인지 알고 싶습니다. 예를 들면 부서가 5개이면 부서 수의 30% 이상인 2명 이상이 교육을 받아야 하는지, 부서 5개의 전체 경영간부 수의 30% 이상이 받아야 하는지 알고 싶습니다.

경영간부라 함은 경영책임자를 제외한 생산부서 및 품질부서의 팀장급 이상의 간부를 말함
* '생산부서'는 단순히 부서의 명칭이 '생산'이 포함되는 것으로 판단하는 것이 아니라 업무분장 상 자재의 관리 또는 공정관리를 수행하는 부서를 지칭
  ◎ 생산부, 생산팀, 생산관리부, 생산기술부, 구매외주팀, 자재관리과 등 다양할 수 있음
* '품질부서'는 단순히 부서의 명칭이 '품질'이 포함되는 것으로 판단하는 것이 아니라 업무 분장 상 제품의 품질관리 또는 제조·검사 설비의 관리를 수행하는 부서를 지칭
  ◎ 품질부, 품질관리팀, 제품관리부, 관리팀 등으로 다양할 수 있음
* '팀장급 이상 간부'란 직위의 명칭이 반드시 '팀장'이라는 것이 아니라 조직의 최소단위의 생산·품질 부서장 및 그와 관련된 상위의 간부를 뜻함
  ◎ 팀장, 부장, 과장, 소장, 센터장, 파트장 등으로 다양할 수 있음

> 6.5 자격을 갖춘 품질관리담당자가 3개월 이상 품질관리 업무를 수행하고
> 있고 직무에 필요한 지식의 보유 및 업무수행능력을 갖추고 있는가?
>
> [비고]
> • 전임자의 근무경력을 포함하되, 업무 공백이 1개월을 초과하지 않은 경
>   우만 인정
> • 품질관리담당자 자격 및 직무에 필요한 지식(산업표준화법 시행령 〈별표2〉
>   및 시행규칙 〈별표8〉)

❑ 심사항목 설정 배경

- KS 인증 취득, 유지관리를 위해서는 해당 표준의 이해, 각종 품
  질관리를 위한 통계적 지식, 시험·검사 업무의 수행 등 전문적인
  지식을 소유한 자가 업무 수행을 하는 것이 필수적임
- KS 인증을 포함한 제품인증제도에서 일정 자격을 보유한 전문가
  를 채용하는 것은 미국, 일본, 유럽 등 선진국에서도 시행하고 있
  는 제도임
- 종전에는 이러한 전문인력을 국가기술자격법에 따른 품질관리
  (경영) 기사(산업기사) 자격증 보유자로 한정하였으나, 중소기업
  에서 국가기술 자격을 소유한 인력 채용의 어려움을 해소하기 위해
  한국표준협회에서 실시하는 '품질관리담당자 양성' 과정을 이수한
  자도 포함한 것임
- 한국산업표준(KS) 인증업무 운용요령 제28조 규정에 따른 품질
  관리담당자의 자격은 다음과 같음
  - 국가기술자격법에 의한 품질관리기술사, 품질경영기사, 품질
    경영산업기사
  - 품질관리담당자 양성 교육 이수자로서 소정의 시험에 합격한 자
- 품질관리담당자의 구인난 및 이직률 등을 고려하여 최소 3개월
  이상 재직하고 있는 경우 적합한 것으로 함

- 직무에 필요한 지식이란 산업표준화법 시행령 〈별표2〉의 품질관리담당자에 대한 교육내용으로 다음과 같음
  - 산업표준화 법규
  - 산업표준화와 품질경영의 개요
  - 통계적인 품질관리기법
  - 사내표준화 및 품질경영의 추진 실시
  - 한국산업표준(KS) 인증제도 및 사후관리 실무
  - 품질관리담당자의 역할
  - 그 밖에 산업표준화의 촉진과 품질경영 혁신을 위하여 산업통상자원부장관이 필요하다고 인정하는 사항
- 자격을 보유한 품질관리담당자라도 산업표준화법 시행규칙 〈별표 8〉에 규정한 다음의 업무를 차질 없이 수행하기 위해서는 해당 제품의 표준에 수록된 모든 내용을 일차적으로 이해하여야 하고 각종 품질관리 기법과 방법을 해당 제품의 품질관리에 적용하는 능력을 보유하여야 함
  - 사내표준화와 품질경영에 대한 계획의 입안 및 추진
  - 사내표준의 제정·개정 등에 대한 총괄
  - 제품 및 가공품의 품질수준 평가
  - 각 공정별 사내표준화 및 품질관리 실시에 관한 지도·조언 및 부문 간의 조정
  - 공정에서 발생하는 문제점 해결과 조치, 개선대책에 관한 지도 및 조언
  - 종업원에 대한 사내표준화 및 품질경영에 관한 교육훈련 추진
  - 부품을 제조하는 다른 업체에 대한 관리에 관한 지도 및 조언
  - 불합격품 또는 부적합 사항에 대한 조치
  - 해당 제품의 품질검사 업무 관장
- 인증심사 과정에서 품질관리담당자와의 면담, 각종 기록 등을 통해 업무 수행에 필요한 지식 여부를 판단

# 품질관리담당자 관련 법규 및 유권해석

## 대표자의 품질관리담당자 겸임 여부에 관한 질의

1. **회사 대표자가 품질관리담당자로 겸임이 가능한가요?**

   품질관리담당자는 업체 대표자를 포함한 직원 중 품질관리기사 자격증 소지자 또는 품질관리담당자 양성교육 이수자 등 한국산업표준(KS) 인증업무 운용요령 제28조의 규정에 의한 자격을 갖춘 자에 대하여 지정이 가능하며 다음 업무를 실질적으로 수행하여야 합니다.
   - 사내표준화와 품질경영에 대한 계획의 입안 및 추진
   - 사내표준의 제정·개정 등에 대한 총괄
   - 제품 및 가공품의 품질수준 평가
   - 각 공정별 사내표준화 및 품질관리 실시에 관한 지도·조언 및 부문 간의 조정
   - 공정에서 발생하는 문제점 해결과 조치, 개선대책에 관한 지도 및 조언
   - 종업원에 대한 사내표준화 및 품질경영에 관한 교육훈련 추진
   - 부품을 제조하는 다른 업체에 대한 관리에 관한 지도 및 조언
   - 불합격품 또는 부적합 사항에 대한 조치
   - 해당 제품의 품질검사 업무 관장

   그러나 경영자와 품질관리담당자가 수행해야 할 직무와 권한이 다르기 때문에 독립된 부서에 소속된 품질관리담당자가 품질관리 업무를 수행하는 것이 효과적일 것입니다. 따라서 대표자의 경우, 겸임은 가능하나 품질관리담당자로서의 실질적인 수행이 어려운 경우가 있습니다. 품질관리담당자가 적정하게 업무를 수행하는지에 대해 KS 인증심사원이 회사의 규모, 업종, 담당자의 직무 수행 능력 등을 종합적으로 평가합니다.

2. **시험·검사설비의 교정 후 3개월이 경과되지 않았을 때 KS 인증심사 시에 평가는 어떻게 하나요?**

   검사 설비의 정밀·정확도 유지는 외부 교정 검사기관에서 교정 검사 결과 검사 설비의 정밀도가 양호하다고 하더라도 신규 KS 인증공장심사 시 교정 후 3개월이 경과되지 않았다면 부적합 판정을 받습니다.

## 해외에서 인증 신청 시 품질관리담당자 및 검사 설비에 관한 질의

1. **해외에서 KS 인증 신청 시, 외국인의 경우 품질관리담당자의 자격을 어떻게 취득해야 하나요?**

품질관리담당자의 자격요건에 대하여는 내·외국인을 불문하고 한국산업표준(KS) 인증업무 운용요령 제28조(품질관리담당자의 자격)의 규정을 충족해야 합니다.

2. 해외에서 검사 설비의 교정은 어디서 받아야 하나요?

검사 설비의 교정은 우리나라나 현지 국가의 공인 교정기관에서 받으면 됩니다.

## 품질관리담당자 정기교육 관련 질의

❑ 한국산업인력공단의 품질경영산업기사(취득일: 2009년 11월 30일) 자격증을 소지한 자가 2010년 8월 6일 회사에 입사하여 품질관리기사로 업무를 수행하고 있습니다. 품질관리담당자는 교육을 이수해야 적합한 것으로 알고 있습니다. 자격증 소지자의 경우 품질관리담당자 정기교육을 받아야 하는지 궁금합니다.

품질관리담당자는 자격 취득일로부터 3년까지는 정기교육을 이수하지 않아도 자격 효력이 발생합니다. 또한 정기교육은 3년마다 이수하도록 규정하고 있어 정기적으로 3년 주기 교육계획을 수립하고 교육을 이수하여 자격을 유지해야 합니다.

## 품질관리담당자 지정에 관한 질의

❑ 전국적으로 KS 인증을 받은 10개의 레미콘 공장을 운영하고 있으며, 각 공장마다 품질관리담당자가 지정되어 있습니다. 공장에서 떨어진 곳에 저장시설인 유통 기지가 있는데 여기에도 품질관리담당자를 지정해야 하나요?

해당 KS 인증심사기준은 원료 배합, 속성, 제품 분쇄, 저장 및 포장까지의 공정을 관리하도록 규정하는 한편, 사내표준에 따라 검사를 실시하고 그 기록을 관리하면서 공정개선 및 제품의 품질향상에 활용하는 등 제품의 품질수준을 유지하도록 규정하고 있습니다. 그러므로 본 공장에서 저장소까지의 공정관리 및 품질관리가 반드시 이루어져야 합니다. 품질관리담당자는 공장에만 지정·운영하고 저장시설인 유통기지에는 품질관리담당자를 지정·운영하지 않아도 됩니다.

## 품질관리담당자의 재직 경력 산정에 관한 질의

1. KS 공장심사보고서의 '6. 소비자 보호 및 환경·자원 관리'의 6.5항과 관련하여
   전임자의 퇴직으로 인해 후임자를 채용하기까지 어느 정도 기간을 인정해
   주나요?

   품질관리담당자가 교체된 경우 외부에서 자격이 있는 자를 채용하는 기간이나 해당 회사직원 중
   에서 품질관리담당자의 자격을 갖추게 하기 위한 소정의 교육을 이수하는 기간 등으로 1개월 이
   내의 공백 기간을 인정하고 전임자의 재직기간을 합산하여 산정합니다.

2. 품질관리담당자의 재직 경력에 따른 평가는 어떻게 하나요?

   전임자의 재직기간을 고려하는 등 전체 재직기간이 3개월 이상이면 적합으로 판정합니다.

## 품질관리담당자 정기교육 관련 질의

❑ 품질관리담당자 보수교육을 2010년에 받은 뒤 다시 받지 않았는데, 3년이 경
   과한 후에도 다시 교육을 받으면 자격이 유효한 건가요? 그리고 2003년에 자
   격을 취득하고 그 뒤로 보수교육을 전혀 받지 않은 사원도 있는데, 이 경우도
   교육을 다시 받으면 유효해지나요?

   귀사에서 품질관리담당자로 재직 중일 경우 3년마다 정기교육을 이수해야 합니다. 품질관리 전임
   담당자로서 정기교육을 이수한 기간이 3년이 지났다면 자격이 정지되어 있는 상태입니다. 따라
   서 교육을 받으면 자격이 유지됩니다.

## 공장 인수 시 품질관리담당자 재직 경력 관련 질의

❑ 철강회사 품질관리담당자로 재직 중입니다(입사 후 1년 경과). KS 인증은 없
   는 상태입니다. 최근 회사가 매매계약이 체결되어 법인(회사 상호) 및 대표자
   가 변경되었습니다. 법인 변경 후 3개월 이상 제품 생산 후 KS 신규심사 신청
   시, 심사항목 중 품질관리담당자 점수 평가에서 법인 변경 후 3개월의 재직 경
   력만 인정되는지, 법인 변경 전 재직 경력도 인정되는지 궁금합니다.
   법인 변경 직후, 만약 퇴직금 등의 처리를 위해 퇴직 처리 후 재입사 형식으로
   고용 승계가 이루어질 경우에는 평가기준이 어떻게 되는지 궁금합니다.

양도·양수에 의한 법인 변경을 하였어도 현 사업장 소속으로 계속하여 재직하였고 업무능력 및 교육·훈련 요건 등이 만족하여 승계되었다면 재직 경력이 인정됩니다. 또한 공백 기간이 부득이한 사유로 발생할 경우 1개월 이내만 인정합니다.

## 품질관리담당자 정기교육 관련 질의

□ 품질관리담당자 교육을 이수하고 재직을 하다가 부득이하게 직장을 옮기게 되었습니다. 만약 보수교육 이수를 하고 퇴사하여(보수교육 기간이 유효) 다른 업체에 취업(KS 업체)하였다면, 다시 보수교육을 받아야 하는지요?

품질관리담당자 자격증은 개인 자격증입니다. 따라서 회사를 옮기셔도 자격은 유효합니다.

## KS 담당자 자격 승계 관련 질의

□ 저는 품질관리담당자로서 1월 31일 현재 퇴사하였으며, 후임자가 있으나 관련 자격조건이 안 되어 교육을 진행할 계획입니다. 품질관리담당자의 퇴사로 인해 현재(2월 22일) 품질관리담당자가 공석입니다. KS 유지와 관련하여 품질관리담당자 퇴사 후, 후임자 업무 연계기간이 정해져 있는지 궁금하여 문의드립니다.

공장심사보고서에 따라 품질관리담당자의 근무기간 및 업무 수행 정도에 따라 평가를 하고 있습니다. 이때 근무기간이라 하면 자격을 갖추고 현재 사업장의 조직원으로서 품질관리 업무를 수행할 수 있도록 지속적으로 근무하였을 경우를 말합니다. 단, 부득이한 사유로 담당자가 변경된 경우 내부 지침에 의해 1개월 이내에 승계한 경우 지속적으로 근무한 것으로 인정됩니다.

## 품질 담당자 자격 승계 건에 관한 질의

□ 본사는 KS 인증을 취득한 상태이고 신축공장(2공장) 설립으로 추가 인증을 준비 중입니다. 제2공장에 품질관리담당자를 선임하여 신규 KS 인증을 준비하던 중 개인 사정으로 인하여 품질관리담당자가 퇴사를 하였습니다. 이 경우 제1공장에서 품질관리담당자 자격을 갖춘 품질관리 인원이 제2공장 품질관리담당자 자격을 승계할 수 있는지 궁금합니다. 승계가 된다면 제1

공장 품질관리담당자 근무 일수에 플러스되어 승계가 되는지, 또 승계를 입증할 수 있는 증빙자료가 어떠한 것들이 있는지 궁금합니다.

품질관리담당자는 산업표준화법에 따라 자격을 갖추고 품질관리 수행업무를 할 수 있도록 지정하여 운영하도록 되어 있습니다. 이때 품질관리담당자는 근무기간 및 수행업무 정도에 따라 적합여부를 평가하며, 현재 있는 담당자가 이직하고 새로운 담당자가 배정되었을 경우 그대로 승계됩니다. 이때 승계 조건은 ① 자격요건 및 정기교육 이수 완료, ② 현 공장에서 근무 사실 증빙자료(4대 보험 관련 자료), 입사기간 등 명시, ③ 타 공장 근무경력은 불인정합니다.

## KS를 획득한 회사에 품질관리담당자가 없는 경우

❑ KS를 획득한 회사에서 품질관리담당자가 퇴사 등으로 인하여 공석인 경우 KS를 유지하기 위해서 품질관리담당자를 꼭 고용해야 하나요?

품질관리담당자는 사내표준화와 품질경영에 대한 입안 및 추진, 각 공정별 발생하는 문제점 해결과 조치사항 등을 위해 그 역할을 충분히 수행할 수 있는 자격을 갖춘 자를 선임하여 업무를 수행하도록 규정하고 있습니다. 품질관리담당자는 제품이 안정적이고 지속적으로 KS 품질 수준 이상을 유지하는 제품이 생산되도록 해야 합니다. 이를 위하여 품질경영기사 또는 품질경영산업기사 자격을 갖춘 자를 선임하도록 규정하고 있으나, 현실적으로 어려운 점을 감안하여 내부적으로 그 역할을 수행할 수 있는 자를 선임하여 그와 동등한 자격(품질관리담당자 양성)을 갖추고 업무를 수행하도록 규정하고 있습니다. 자격을 갖춘 자가 업무를 수행하고 있으나 그 역할을 미흡하게 수행하고 있거나, 자격은 없으나 품질관리담당자가 선임되어 그러한 역할을 충분히 수행하고 있다고 하더라도 부적합 판정을 받게 됩니다.

## 품질관리담당자 자격 상실 관련 질의

❑ 품질관리담당자 자격을 이수한 담당자가 3년마다 정기교육을 이수하지 않으면 자격을 상실하는 것으로 알고 있습니다(다음 교육을 이수할 때까지). 품질관리기사(산업기사) 자격자도 KS 업체에 근무하는 동안은 정기교육을 이수하여야 하는지요?

품질관리담당자의 자격은 한국산업표준(KS) 인증업무 운용요령 제28조를 참조하시기 바랍니다. 품질관리담당자가 정기교육을 이수하지 않는다 하여 그 자격이 상실되는 것은 아닙니다. 다만, KS 인증(사후관리 포함) 공장심사 시, 품질관리담당자로 지정받은 자는 3년 이내에 정기교육을 이수하도록 요구하고 있습니다. 품질관리담당자 자격이 있는 자를 품질관리담당자로 지정하여 운영하고 있으나, 3년 이내에 정기교육을 이수하지 않았을 때는 부적합 판정을 받게 됩니다. 품질관리기사(산업기사)도 한국산업표준(KS) 인증업무 운영요령 제28조의 품질관리담당자 유자격자로서 사내 품질관리담당자로 지정 운영할 수 있으며, 3년 이내 정기교육을 이수하여야 심사 시 감점을 받지 않습니다.

## 회사 조직도 구성 관련 질의

❑ 회사의 조직을 품질관리부, 관리부, 생산부의 3부서로 유지하고 있습니다. 인원의 감소(7명 정도) 및 업무 겸직으로 인하여 품질관리부, 생산관리부 2조직으로 구성하여 KS 심사를 수행해도 되는지 궁금합니다.

품질관리 부서는 독립적으로 운영되고 있어야 합니다(특히 생산이나 영업부서와는 독립적이어야 함).

① 자격을 갖춘 품질관리담당자가 3개월 이상 품질관리 업무를 수행하고 있는가?

❑ 심사 점검 포인트
- 한국산업표준(KS) 인증업무 운용요령 제28조의 자격을 갖춘 품질관리담당자가 심사 대상 공장(사업장)에서 3개월 이상 재직하고 해당 업무를 수행하는 경우에는 적합
- 전임자와의 업무공백이 1개월 이내인 경우, 재직기간을 합산하여 판단

② 자격을 갖춘 품질관리담당자가 직무에 필요한 지식의 보유 및 업무수행능력을 갖추고 있는가?

❑ 심사 점검 포인트
- 산업표준화법 시행령 〈별표2〉에 규정한 해당 자격 보유 여부
- 산업표준화법 시행규칙 〈별표8〉에 규정된 필요한 지식의 보유 및 해당 업무 수행 능력 유무

# 07 공장심사보고서

이 부속서는 제품인증의 공장을 심사하는 보고서로, 인증기관은 다음의 공장심사 보고서에 따라 심사를 수행하여야 한다.

비고 1. 공장심사 보고서의 평가항목은 산업표준화법 시행규칙 별표 8(인증심사기준)을 기반으로 작성한다.

비고 2. 품목별 특성에 따라 KS 및 KS별 인증심사기준에 심사사항 및 심사기준을 별도로 정한 경우, 이 부속서의 공장심사 보고서 심사사항 및 평가항목을 조정할 수 있다.

## 1. 공장심사 현황

| 회사명(공장) | | 대표자 | |
|---|---|---|---|
| 소재지 | | 전화번호 | |
| | | E-mail | |
| 표준번호(표준명) | | 종류·등급·호칭 또는 모델 | |
| 사업자 등록번호 | | 사업자 단위 과세 해당 여부 | ☐ 해당 ☐ 비해당 |
| 신청일자 | | 심사일자 | |
| 심사결과 요약 | | | |

<table>
<tr><td rowspan="2" colspan="2">심사사항</td><td rowspan="2">전체<br>평가항목수<br>(핵심품질)</td><td rowspan="2">적합<br>평가항목수</td><td colspan="2">부적합 평가항목 수</td><td rowspan="2">종합판정</td></tr>
<tr><td>개선조치<br>평가항목수<br>(일반품질)</td><td>확인심사<br>평가항목수<br>(핵심품질)</td></tr>
<tr><td rowspan="6">심사<br>결과</td><td>1. 품질경영</td><td>5(1)</td><td></td><td></td><td></td><td rowspan="6">☐ 적합<br>☐ 부적합</td></tr>
<tr><td>2. 자재관리</td><td>6(1)</td><td></td><td></td><td></td></tr>
<tr><td>3. 공정·제조설비 관리</td><td>8(1)</td><td></td><td></td><td></td></tr>
<tr><td>4. 제품 관리</td><td>6(2)</td><td></td><td></td><td></td></tr>
<tr><td>5. 시험·검사설비 관리</td><td>3(1)</td><td></td><td></td><td></td></tr>
<tr><td>6. 소비자보호 및 환경·자원 관리</td><td>5(1)</td><td></td><td></td><td></td></tr>
<tr><td colspan="2">계</td><td>33(7)</td><td></td><td></td><td></td><td></td></tr>
</table>

※ 개선조치 평가항목 및 확인심사 평가항목: 공장심사 평가항목 중 ★표시된 핵심품질은 확인심사 평가항목이고, 그 외의 것은 일반품질로 개선조치 평가항목이다.

위와 같이 공장심사 결과를 보고합니다.

년　　월　　일

기관명:　　　　　　　　　인증심사원　　성명 ＿＿＿＿＿＿ (인/서명)

기관명:　　　　　　　　　인증심사원　　성명 ＿＿＿＿＿＿ (인/서명)

비고 1 적용근거 및 특례: 본 공장심사보고서의 평가항목은 산업표준화법 시행규칙 별표 8(인증심사기준)을 기반으로 작성한다. 단, 인증 품목별 특성에 따라 KS 및 KS별 인증심사기준에 심사사항 및 심사기준을 별도로 정한 경우, 이에 따라 심사사항 및 평가항목을 조정할 수 있다.

비고 2 종합 판정 방법은 "적합", "부적합"으로 구분한다.

비고 3 모든 평가항목이 적합("예"로 평가)한 경우 종합판정을 '적합'으로 한다.

비고 4 심사 시 "아니오"로 판정된 평가항목에 대해서는 부적합 보고서를 작성하고 부적합 개선조치를 요구한다.

비고 5 신청품목으로 품질경영시스템(ISO 9001)을 인증받은 기업의 품질경영 평가항목은 평가를 생략하여 모두 "예"로 판정한다. 단, 생략을 받으려는 인증기업은 인증 신청 시 ISO 인증서 및 문서화된 중요 정보(내부심사 결과, 경영검토 결과, 부적합 시정조치 결과 등)를 인증기관에 제출하여야 한다.

## 2. 공장의 일반현황

• 종업원(C) 현황 단위: 명

| 총인원(합계) | 사무직 | 기술직 | 생산직 |
|---|---|---|---|
|  |  |  |  |

• 공통 생산현황

| 총 자본금 | 백만원 | 공장 판매실적(A)(연) | 백만원 |
|---|---|---|---|
| 경상 이익(B)(연) | 백만원 | 1인당 매출액(A/C) | 백만원 |
| 1인당 부가가치액<br>(B/C) | 백만원 | 연구개발 투자비<br>(연구개발비/A) | % |
| KS 보유수 | 종 | 기타 인증수 | 의무 (  )개<br>임의 (  )개 |
| 기타 생산품 |  | 제품에 대한<br>원자재의 원가 비율 | % |
| 원자재 공급업체의<br>독과점 상태 | 상 (  ), 중 (  ), 하 (  ) (해당란에 ○표 하시오) | | |
| 회사 연혁 | | | |
| 특기 사항 | | | |

• 품목별 생산현황

| 표준 번호 | KS | KS | KS |
|---|---|---|---|
| 생산 능력(연) | (단위) | (단위) | (단위) |
| 생산 실적(연) | (단위) | (단위) | (단위) |
| 판매 실적(연) | 백만원 | 백만원 | 백만원 |
| 수출 실적(연) | 백만원 | 백만원 | 백만원 |
| KS제품 생산계획(연) | (단위) | (단위) | (단위) |
| 소요 원자재 | | | |
| 한국으로의 수출 실적<br>(해외기업에 한함) | (단위)<br>US$ | (단위)<br>US$ | (단위)<br>US$ |
| ※ 품목이 4개 이상인 경우 '품목별 생산현황표'를 복사하여 다음 페이지에 추가 작성 요망 | | | |

## 3. 공장심사 평가항목

| 1. 품질경영: 일반품질(4항목), 핵심품질(1항목)<br>※ ISO 9001 인증기업은 품질경영 관리 평가항목(1.1~1.5) 모두 적합(예)으로 평가 | 적합 여부 | |
|---|---|---|
| 1.1  경영책임자가 표준화 및 품질경영에 대한 중요성을 인식하고 회사 전체 차원의 활동을 위하여 조직의 책임과 권한을 명확히 하고 있는가? | 예<br>☐ | 아니오<br>☐ |
| 비고: 경영책임자 – 인사권, 예산집행권, 자원의 폐기결정권을 갖고 있는 공장(회사)의 최고위자 | | |
| 1.2  [★ 핵심품질] KS 최신본을 토대로 사내표준 및 관리규정을 제·개정 관리하고, 관련 업무를 사내표준에 따라 추진하고 있는가? | 예<br>☐ | 아니오<br>☐ |
| 비고: 사내표준 구축 및 품질경영, 제품·중간·인수검사 표준, 시험표준, 설비관리, 작업장 환경, 소비자보호 등과 관련된 KS | | |
| 1.3  품질경영에 대한 계획을 수립·실행하고, 매년 자체점검을 실시하여 그 결과를 표준화 및 품질경영 관리에 반영하고 있는가? | 예<br>☐ | 아니오<br>☐ |
| 비고 • 자체점검 주기(내부심사 등, 연 1회 이상)<br>• 품질경영 계획은 품질방침 및 측정 가능한 품질목표 등 포함 | | |
| 1.4  품질경영부서(또는 품질관리담당자)의 업무내용과 책임·권한을 구체적으로 규정하고 있으며, 그 부서(또는 품질관리담당자)가 전문성을 가지고 독립적으로 운영되고 있는가? | 예<br>☐ | 아니오<br>☐ |
| 비고: 종업원 20인 이하 소기업의 경우, 품질관리담당자 독립적 운영 시 적합(예)으로 평가 | | |
| 1.5  제안 활동 또는 소집단 활동 등을 통해 지속적인 품질 개선활동을 실시하고 있는가? | 예<br>☐ | 아니오<br>☐ |
| 비고: 소집단 활동(학습조직, TFT, 분임조 등) | | |

| 2. 자재관리: 일반품질(5항목), 핵심품질(1항목) | 적합 여부 | |
|---|---|---|
| 2.1 [★ 핵심품질] 주요 자재관리(부품, 모듈 및 재료 등) 목록을 사내 표준에 규정하고 있고, 심사 전에 인증기관에 제출하여 적정성을 확인받았으며, 변경사항이 있을 경우 인증기관에 지속적으로 승인을 받고 그 기록을 보관하고 있는가? | 예<br>☐ | 아니오<br>☐ |
| | | |
| 2.2 자재에 대한 품질항목과 품질기준을 제품 특성에 맞게 KS를 활용하여 KS 인증제품 생산에 적합하도록 사내표준에 규정하고 있는가? | 예<br>☐ | 아니오<br>☐ |
| | | |
| 2.3 사내표준에서 규정한 자재에 대한 인수검사 규정 내용이 제품의 품질을 보증할 수 있도록 합리적으로 되어 있는가?<br>비고: •자재의 품질보증을 위해 자재별로 로트의 크기, 시료채취방법, 샘플링 검사 방식 및 조건, 시료 및 자재의 합격 및 불합격 판정기준, 불합격 로트의 처리방법, 품질항목별 시험 방법 등을 사내표준에 규정<br>•공인 시험·검사기관에 시험의뢰를 할 경우 시험의뢰 주기, 시험 의뢰 내용 (시험항목) 등을 규정<br>•자재공급업체의 시험성적서 활용 시 입고되는 자재와 시험성적서에 기재된 자재와의 로트 일치성 확인 | 예<br>☐ | 아니오<br>☐ |
| | | |
| 2.4 인수검사를 자체에서 수행할 경우, 검사능력을 보유한 검사자가 인수검사를 실시하여 그 결과에 따라 합격, 불합격 로트를 구분하여 적합한 장소에 보관·관리하고 있는가?<br>비고: •인수검사를 자체에서 수행하지 않은 경우 그 자재를 적합한 장소에 보관한 경우에 적합(예)으로 평가<br>•검사능력: 검사표준 준수 여부(시료채취, 시험절차, 판정), 시험·검사 설비 조작, 시험숙련도, 관련 계산식 활용, 응급처치 능력 등 | 예<br>☐ | 아니오<br>☐ |
| | | |
| 2.5 자재 인수검사 규정에 따라 실시한 결과(공인 시험·검사기관 시험 성적서, 공급업체의 시험성적서 포함)를 기록·보관하고 있는가? | 예<br>☐ | 아니오<br>☐ |
| | | |
| 2.6 인수검사 결과를 분석, 활용하고 있는가?<br>비고: 일정주기를 정하여 합격률, 사용 중 자재 부적합(품)률, 제품품질과 직접관련 품질특성치 등을 분석하고 그 결과를 토대로 자재 공급업체의 변경 또는 제조공정, 제품설계, 작업방법 변경 등에 대한 후속조치의 실행 등 | 예<br>☐ | 아니오<br>☐ |

| 3. 공정·제조설비 관리: 일반품질(7항목), 핵심품질(1항목)<br>※ 외주공정이 있는 경우 공장심사 시 외주가공업체에 대한 현장 확인을 실시할 수 있음 | 적합 여부 | |
|---|---|---|
| 3.1 공정별 관리항목과 항목별 관리사항들을 사내표준에 규정·이행하고, 그 결과를 기록하여 보관하고 있으며 주요 제조설비명을 사내표준에 구체적으로 규정하고 있는가? | 예<br>☐ | 아니오<br>☐ |
| 비고 •관리방법, 관리주기, 관리기준, 관리결과의 해석, 관리데이터의 활용방법 등 각 공정별 관리규정을 KS에서 정하거나 제품에 필요하다고 판단되는 항목을 사내표준에 규정<br>•공정을 외주하여 보유하지 않은 제조설비가 있는 경우, 외주공정·업체 선정기준, 관리방법을 규정한 사내표준 보유 및 준수 여부(보유: 소유 또는 배타적 사용이 보장된 임차) | | |
| 3.2 공정별 중간검사에 대한 검사항목과 항목별 검사 방법을 사내표준에 규정·이행하고, 그 결과를 기록·보관하고 있는가? | 예<br>☐ | 아니오<br>☐ |
| | | |
| 3.3 주요 공정관리(자체공정 및 외주공정 포함) 항목에 대하여 공정능력지수를 파악하고 공정 및 제품품질 관리에 활용하고 있는가? | 예<br>☐ | 아니오<br>☐ |
| 비고: 주요 공정관리 항목에 대한 공정능력지수를 파악할 수 없는 공정은 적합(예)으로 평가 | | |
| | | |
| 3.4 [★ 핵심품질] 공정별 작업표준을 사내표준에 규정하고 있고 현장 작업자가 작업표준을 이해하며 표준대로 작업을 실시하고 있는가? | 예<br>☐ | 아니오<br>☐ |
| 비고: •작업표준에는 작업 내용, 작업 방법, 이상발생 시 조치사항, 작업교대 시 인수인계 사항 등을 규정하고 실제작업 내용과 일치 여부<br>•외국인 노동자가 작업을 할 경우 작업표준을 이해할 수 있도록 사진, 그림 등 활용 | | |
| | | |
| 3.5 부적합품은 적정한 식별 관리를 하고 있으며, 공정 부적합에 대한 원인분석과 재발방지 조치를 구체적으로 취하고 있는가? | 예<br>☐ | 아니오<br>☐ |
| 비고: 유형별 부적합 견본 보유 및 관리가 필요한 제품의 경우 이를 확인 | | |
| | | |
| 3.6 사내표준에 규정되어 있는 제조설비를 보유하고 있으며, 제조 공정별로 설비배치 상태가 합리적인가? | 예<br>☐ | 아니오<br>☐ |
| 비고 •제조설비: 제품생산이 가능한 성능과 제원 및 용량을 구비<br>•공정관리 사내표준에서 외주가공에 대하여 적합하게 규정·관리하고 있는 제조설비는 보유하지 않아도 좋다. | | |

| 3.7 | 설비의 운전과 관리에 대한 기준을 사내표준에 규정하고 설비별 운전 표준에 따라 설비를 적정하게 운전하고 있으며, 설비의 이력·제원, 수리 및 부품 교환 내역 등을 기록한 설비 관리대장(또는 이력카드)을 관리하고 있는가? | 예 ☐ | 아니오 ☐ |
|---|---|---|---|
| | 비고: 정밀도 유지가 필요한 설비는 적정하게 교정하여야 한다. | | |

| 3.8 | 설비의 예방보전을 위해 설비윤활관리에 대하여 규정하고, 설비관리 능력 및 전문지식을 보유한 담당자를 지정하여 윤활관리를 실시하고 있으며, 주기적으로 점검, 기록, 관리하고 있는가? | 예 ☐ | 아니오 ☐ |
|---|---|---|---|
| | 비고: • 설비의 원활한 운전을 위하여 각 설비별, 부위별로 적정 윤활유의 선택기준, 윤활유의 양, 윤활주기, 폐윤활유 처리방법 등을 사내표준에 규정하여 실시(설비관리 규정에 포함 관리 가능)<br>• 설비윤활관리가 필요하지 않은 경우는 적합(예)으로 평가 | | |

| 4. 제품관리: 일반품질(4항목), 핵심품질(2항목) | | 적합여부 | |
|---|---|---|---|
| 4.1 | 제품의 설계 및 개발절차, 해당제품의 품질항목과 기준을 KS에 적합한 수준으로 사내표준에 규정하고 있는가? | 예 ☐ | 아니오 ☐ |
| | 비고: 제품의 설계 및 개발절차에 관한 사항은 해당 프로세스가 있는 경우에만 해당하고 그 외의 제품은 해당제품의 품질항목과 기준을 KS에 적합한 수준으로 사내표준에 규정하고 있는 경우 적합(예)으로 평가 | | |

| 4.2 | 로트 품질을 보증할 수 있도록 제품검사 내용을 사내표준에 규정하고 있는가? | 예 ☐ | 아니오 ☐ |
|---|---|---|---|
| | 비고: • 로트 품질 보증 규정: 로트의 구성 및 크기, 시료채취방법, 샘플링 검사방식 및 조건, 시료 및 로트의 합격 및 불합격 판정기준, 불합격로트의 처리방법 등<br>• 공인 시험·검사기관 성적서를 활용하거나 계약에 의해 외부설비를 사용하는 경우 시험검사 주기는 설비를 보유한 업체가 실시하는 주기와 동등한 수준으로 설정하여 실시하여야 한다.<br>(주기가 심사기준에 명시된 경우는 심사기준의 주기를 따른다) | | |

| 4.3 | 제품시험은 제품품질 항목별로 KS 표준과 사내표준에 규정한 기준과 절차·방법에 따라 실시하고 있고, 검사 후 합격·불합격 로트를 구분하여 적절한 장소에 보관하고 있으며, 품질미달 제품이 사용자에게 미치는 영향을 파악하고 있는가? | 예 ☐ | 아니오 ☐ |
|---|---|---|---|
| | 비고: 공인 시험·검사기관 의뢰 항목의 성적서는 검사방법에서 정한 주기(횟수)에 일치되는 수만큼 보유하여야 한다. | | |

| 4.4 [★ 핵심품질] 제품검사 담당자가 자체에서 실시하는 제품시험을 수행할 수 있는 능력을 보유하고 있는가? | 예 ☐ | 아니오 ☐ |
|---|---|---|
| 비고: 검사능력–검사표준 준수여부(시료채취, 시험절차, 판정), 시험·검사 설비조작, 시험숙련도, 관련 계산식 활용, 응급처치 능력 등 | | |

| 4.5 [★ 핵심품질] 중요 품질항목에 대한 현장 입회시험을 실시하여 그 결과가 KS 표준에 적합하고, 과거 자체적으로 시행한 품질검사결과의 평균값과 비교하여 사내표준에서 정한 허용값 한계 내에 있는가? | 예 ☐ | 아니오 ☐ |
|---|---|---|
| 비고: • 품질검사 결과 과거 적용기간: 인증심사 3개월, 정기심사 12개월, 공장 또는 사업장 이전심사 3개월<br>• 중요 품질항목에 대한 현장 입회시험 항목의 결정은 KS별 인증심사기준의 '제품시험 결과에 따른 결함 구분' 중에서 중결함 이상의 검사항목 중 1개로 한다.<br>• 현장 입회시험이 어려운 중요 품질항목은 시료채취 후 제품심사를 실시할 수 있다. | | |

| 4.6 제품검사 결과 데이터를 분석하여 제품품질 및 품질시스템 개선에 반영, 활용하고 있는가? | 예 ☐ | 아니오 ☐ |
|---|---|---|
| 비고: 데이터 분석(일정주기를 정하여 평균값, 표준편차, 불량률 등의 분석 여부) | | |

| 5. 시험·검사설비 관리: 일반품질(2항목), 핵심품질(1항목)<br>※ 외부설비를 사용한 경우 공장심사 시 해당 외부설비 업체에 대한 현장확인을 실시할 수 있음 | 적합 여부 | |
|---|---|---|
| 5.1 [★ 핵심품질] KS에서 정하고 있는 제품 품질항목에 대한 시험·검사가 가능한 설비를 인증심사기준에 따라 사내표준에 구체적으로 규정하고 보유하고 있는가? | 예 ☐ | 아니오 ☐ |
| 비고: 시험·검사 설비를 외주하는 경우에는 아래 사항 적용<br>• 외부 기관(업체 포함)과의 사용 계약 또는 공인 시험·검사기관 시험성적서를 활용하는 설비에 대하여 시험검사 의뢰 내용, 시험검사 주기 등 외부설비 이용에 대하여 구체적으로 규정하여 실시<br>• 시험검사 의뢰는 해당설비로 실시하는 인수검사, 공정검사, 제품검사에 대하여 각각 구분하여 실시<br>• 시험검사 의뢰주기는 설비를 보유한 업체가 실시하는 수준과 동일한 횟수로 시험검사를 의뢰하여 성적서를 보유<br>• 시험검사 주기를 KS 또는 인증심사기준에 명시한 경우에는 그 주기를 따름 | | |

| | | | |
|---|---|---|---|
| 5.2 | 시험·검사 설비의 설치장소 및 환경이 적정하고, 성능 유지를 위해 각 설비의 관리항목을 규정, 주기적으로 점검하고, 그 결과를 기록·보관하여 설비관리에 활용하고 있는가? | 예 ☐ | 아니오 ☐ |
| 비고: | • 환경(온도, 습도, 조명, 전기, 수도시설 등), 시험을 할 수 있는 적절한 공간의 확보 여부<br>• 설비관리항목(점검항목·점검 주기·점검방법 등) | | |
| | | | |
| 5.3 | 시험·검사설비의 측정표준 소급성(정밀·정확도 유지) 체계를 구체적으로 규정(대상설비, 주기 등)하고 교정주기에 따라 외부 공인기관의 교정 후 교정성적서를 관리하고 있으며 교정결과를 측정에 반영 활용하고 있는가? | 예 ☐ | 아니오 ☐ |
| 비고: | • 정밀·정확도 유지를 위해 교정주기를 정하고 교정성적서 또는 표준물질 인증서를 체계적으로 관리<br>• 검정대상 측정기의 경우 검정증명서 부착으로 확인<br>• 교정 또는 표준물질인증서의 성적내용(불확도 또는 보정값)을 측정에 반영하여 활용하고 있는지 확인<br>• 화학 분석 장비의 경우 인증표준물질과 인증서를 보유하여야 함 | | |
| 6. 소비자, 환경·자원관리: 일반품질(4항목), 핵심품질(1항목) | | 적합여부 | |
| 6.1 | [★ 핵심품질] 소비자불만 처리 및 피해보상 등을 사내표준에 규정하고 불만 제품 로트를 추적, 원인을 파악하고 개선 및 재발방지 조치를 하고 있는가? | 예 ☐ | 아니오 ☐ |
| 비고: | • KS Q ISO 10002(고객만족-조직의 불만처리에 대한 지침) 등을 토대로 사내표준에 규정<br>• 해외 인증업체는 한국 내 판매업체가 소비자불만 처리 업무를 수행<br>• 원자재의 입고 일자 및 인수검사 결과, 제조 일시 및 사용설비, 공정관리 및 중간검사, 제품검사, 출고일시, 판매장소 등 확인 | | |
| | | | |
| 6.2 | 소비자에게 제공하는 제품 구매정보(규격, 사용법, 시공방법, 설명서 등) 및 인증심사기준의 제품인증 표시방법을 사내표준에 규정하고, 적정하게 제공·표시하고 있는가? | 예 ☐ | 아니오 ☐ |
| 비고: | • KS A ISO/IEC Guide 14(소비자를 위한 상품 및 서비스의 구매 정보에 대한 지침) 및 KS A ISO/IEC Guide 37(소비자 제품의 사용설명서에 대한 지침) 등을 토대로 사내표준에 규정<br>• 제품사용 설명서 또는 시공방법 설명서 제공이 필요하지 않은 제품은 KS별 인증심사기준의 표시사항을 제품 및 포장에 표시 | | |

| 6.3 | 제품 요구사항에 대한 적합성을 달성하기 위해 필요한 작업환경 및 종업원 안전, 보건, 복지를 고려한 청정 작업환경에 대하여 규정하고 지속적으로 관리하고 있는가? | 예 □ | 아니오 □ |
|---|---|---|---|
| | 비고: • 안전·보건: 전기·기계 안전요건, 종업원의 안전장비 보급, 안전관리 교육 등을 사내표준에 규정<br>• 작업장 환경관리(대상, 범위, 기준, 주기, 평가방법) 등을 사내표준에 규정 | | |
| | | | |
| 6.4 | 사내표준에 따라 임직원의 사내·외 연간 교육훈련계획을 수립하여 적정하게 실시하고 있으며, 생산·품질경영 부서의 팀장급 이상 경영간부가 산업표준화 및 품질경영교육을 최근 3년 이내에 이수하였는가? | 예 □ | 아니오 □ |
| | 비고: KS Q 10015를 토대로 규정<br>• 계획: 연간 계층별·분야별(자재·공정·제품품질·설비관리·제품생산기술 등), 실시: 최근 3년간 실적 확인<br>• 산업표준화 및 품질경영 교육(산업표준화법 시행령 별표 2)<br>• 경영간부의 30% 이상 교육이수 및 미이수 경영간부에 전파교육 완료시 적합(예)으로 평가 | | |
| 6.5 | 자격을 갖춘 품질관리담당자가 3개월 이상 품질관리 업무를 수행하고 있고, 직무에 필요한 지식의 보유 및 업무수행능력을 갖추고 있는가? | 예 □ | 아니오 □ |
| | 비고: • 전임자의 근무경력을 포함하되, 업무 공백이 1개월을 초과하지 않은 경우만 인정<br>• 품질관리담당자 자격 및 직무에 필요한 지식(산업표준화법 시행령 별표 2 및 시행규칙 별표 8) | | |

## 4. 자재관리 목록

| 번호 | 자재명 | 용도 | 규격(Spec.) | 공급업체 | 변경사항 |
|------|--------|------|-------------|----------|----------|
|      |        |      |             |          |          |
|      |        |      |             |          |          |
|      |        |      |             |          |          |
|      |        |      |             |          |          |
|      |        |      |             |          |          |
|      |        |      |             |          |          |
|      |        |      |             |          |          |
|      |        |      |             |          |          |
|      |        |      |             |          |          |
|      |        |      |             |          |          |
|      |        |      |             |          |          |
|      |        |      |             |          |          |
|      |        |      |             |          |          |
|      |        |      |             |          |          |
|      |        |      |             |          |          |
|      |        |      |             |          |          |
|      |        |      |             |          |          |
|      |        |      |             |          |          |
|      |        |      |             |          |          |
|      |        |      |             |          |          |

위와 같이 자재관리 목록을 승인하였음.

년    월    일

인증심사원                    입회자(대표자, 품질관리담당자 등)

_____ (인/서명)    _____ (인/서명)

_____ (인/서명)    _____ (인/서명)

## 5. 시료채취 내역 및 제품품질시험 의뢰 현황

| 가. 시료채취 내역 | | | | | | | |
|---|---|---|---|---|---|---|---|
| 표준번호 | 표준명 | 종류·등급<br>호칭·모델 | 재고량 | 시료크기 | 시료수<br>(로트번호) | 시험항목 및<br>시험 방법 |
| | | | | | | |

나. 샘플링(시료채취) 방식:


다. 공시체 제작방법(해당하는 경우)

• 공시체 제작방법:

• 공시체 규격:

• 제작자:


라. 시험의뢰처:


위와 같이 시료채취 및 시험 의뢰하였음.


년    월    일



인증심사원                        입회자(대표자, 품질관리담당자 등)

_____ (인/서명)    _____ (인/서명)

_____ (인/서명)    _____ (인/서명)

## 6. 부적합 보고서

| 부적합 보고서 | | | | | | |
|---|---|---|---|---|---|---|
| 회사명<br>(공장) | | | | 소재지 | | |
| 표준번호<br>(표준명) | | | | 종류·등급<br>호칭·모델 | | |
| 심사일자 | | | | 조치기한 | | |
| 평가항목<br>번호 | 부적합 구분 | | 부적합내용 | | | 담당<br>심사원 |
| | 일반<br>품질 | 핵심<br>품질 | | | | |
| | ☐ | ☐ | | | | |
| | ☐ | ☐ | | | | |
| | ☐ | ☐ | | | | |
| 부적합수 | 합계 | | 개선조치 평가항목<br>(일반품질) | | 확인심사 평가항목<br>(핵심품질) | |
| | | | | | | |
| 기타 개선<br>권고사항 | | | | | | |

비고 　서비스인증심사보고서의 부적합으로 평가된 항목에 대해서는 부적합 보고서를 작성하여야 한다.

인증심사원　　　　　　　　　　입회자(대표자, 품질관리담당자 등)

_____ (인/서명)　_____ (인/서명)

_____ (인/서명)　_____ (인/서명)

## 7. 부적합 개선조치 보고서

| 부적합 개선조치 보고서 | | | | | | |
|---|---|---|---|---|---|---|
| 회사명(공장) | | | 소재지 | | | |
| 표준번호<br>(표준명) | | | 종류·등급<br>호칭·모델 | | | |
| 심사일자 | | | | | | |
| 담당자 성명 | | 휴대전화 | | 이메일 | | |

| 평가항목<br>번호 | 부적합 구분 | | 부적합 개선조치 요약 및 첨부문서 번호 | 담당<br>심사원 |
|---|---|---|---|---|
| | 일반<br>품질 | 핵심<br>품질 | | |
| | ☐ | ☐ | | |
| | ☐ | ☐ | | |
| | ☐ | ☐ | | |

부적합 개선조치 보고서를 제출합니다.

년    월    일

회사명(공장)                        대표자 _____ (인/서명)

인증기관장 귀하

※ 부적합 항목의 개선조치에 대한 세부 자료는 별첨합니다.

| 부적합 개선조치 검토 결과 ※ 이하는 심사원이 작성합니다. | | | |
|---|---|---|---|
| 부적합 대책<br>검토 종합의견 | | | |
| 종합판정 | ☐ 적합  ☐ 부적합 | 심사원 | (인/서명) |
| | | 심사원 | (인/서명) |

이 부속서는 서비스인증의 사업장을 심사하는 보고서로, 인증기관
은 다음의 서비스인증심사 보고서에 따라 심사를 수행하여야 한다.

비고 1. 서비스인증심사 보고서의 평가항목은 산업표준화법 시행규칙 별표 8(인증심사기준)
을 기반으로 작성한다.

비고 2. 서비스분야별 특성에 따라 KS 및 KS별 인증심사기준에 심사사항 및 심사기준을 별
도로 정한 경우, 이 부속서의 서비스인증심사 보고서 심사사항 및 평가항목을 조정
할 수 있다.

## 1. 사업장심사보고서

### 1) 사업장심사 현황

| 신청업체명 | | 대표자 | |
|---|---|---|---|
| 사업자등록번호 | | 전화번호 | |
| 담당부서명 | | 담당자 | |
| 소재지 | | E-mail | |
| 사업장명(주된 사업장) | | 소재지 | |
| ※ 사업장이 복수인 경우 주된 사업장을 위에 작성하고 그 외 사업장은 1) 사업장의 일반현황에 작성 | | | |
| 표준명(표준번호) | | 신청일자 | 심사일정 |
| 심사결과 요약 | | | |

<table>
<tr><th rowspan="2" colspan="2">심사사항</th><th rowspan="2">전체평가<br>항목수<br>(핵심품질)</th><th rowspan="2">적합평가<br>항목수</th><th colspan="2">부적합 평가 항목수</th><th rowspan="2">종합판정</th></tr>
<tr><th>개선조치<br>평가항목수<br>(일반품질)</th><th>확인심사<br>평가항목수<br>(핵심품질)</th></tr>
<tr><td rowspan="6">심사<br>결과</td><td>1. 서비스 품질경영</td><td>5(1)</td><td></td><td></td><td></td><td rowspan="6">□ 적합<br>□ 부적합</td></tr>
<tr><td>2. 서비스 운영체계</td><td>3(0)</td><td></td><td></td><td></td></tr>
<tr><td>3. 서비스 운영</td><td>4(2)</td><td></td><td></td><td></td></tr>
<tr><td>4. 서비스 인력관리</td><td>3(0)</td><td></td><td></td><td></td></tr>
<tr><td>5. 시설·장비, 안전 및 환경관리</td><td>4(1)</td><td></td><td></td><td></td></tr>
<tr><td>계</td><td>19(4)</td><td></td><td></td><td></td></tr>
</table>

※ 개선조치 평가항목 및 확인심사 평가항목: 사업장심사 평가항목 중 ★표시된 핵심품질은 확인
심사 평가항목이고, 그 외의 것은 일반품질로 개선조치 평가항목이다.

위와 같이 사업장심사 결과를 보고합니다.

년 월 일

기관명:                       인증심사원    성명 _____ (인/서명)

기관명:                       인증심사원    성명 _____ (인/서명)

비고 1. 적용근거 및 특례: 본 사업장심사보고서의 평가항목은 산업표준화법 시행규칙 별표
8(인증심사기준)을 기반으로 작성한다. 단, 인증 분야별 특성에 따라 KS 및 KS별
인증심사기준에 심사사항 및 심사기준을 별도로 정한 경우, 이에 따라 심사사항 및
평가항목을 조정할 수 있다.

비고 2. 종합 판정 방법은 "적합", "부적합"으로 구분한다.

비고 3. 모든 평가항목이 적합("예"로 평가)한 경우 종합판정을 "적합"으로 한다.

비고 4. 심사 시 "아니오"로 판정된 평가항목에 대해서는 부적합 보고서를 작성하고 부적합
개선조치를 요구한다.

비고 5. 신청품목으로 품질경영시스템(ISO 9001)을 인증 받은 기업의 서비스품질경영 평가
항목은 평가를 생략하여 모두 "예"로 판정한다. 단, 생략을 받으려는 인증기업은
인증 신청시 ISO 인증서 및 문서화된 중요 정보(내부심사 결과, 경영검토 결과, 부
적합 시정조치 결과 등)를 인증기관에 제출하여야 한다.

2) 사업장의 일반현황  ※ 필요한 경우 사업장 일반현황은 사업장별로 작성해도 좋다.

• 사업장 개요

| NO | 사업장명 | 소재지 | 사업장 담당자명 | 담당자 연락처 |
|---|---|---|---|---|
|  |  |  |  |  |
|  |  |  |  |  |
|  |  |  |  |  |
|  |  |  |  |  |

• 사업장별 종업원(C) 현황                                        단위: 명

| NO | 사업장명 | 총인원(합계) | 경영간부 | 전문기술직 | 서비스품질관리담당자 | 기타 |
|---|---|---|---|---|---|---|
|  |  |  |  |  |  |  |
|  |  |  |  |  |  |  |
|  |  |  |  |  |  |  |
|  |  |  |  |  |  |  |

• 사업장 현황                                                (전년도기준)

| 연간 사업장 매출액<br>(또는 예산) | | 천원 | 총매출액 대비<br>인건비 비율 | | % |
|---|---|---|---|---|---|
| 연간 서비스<br>(인원, 면적, 건수,<br>콜수 등 서비스별<br>해당사항 기재) | | ※ 주사업장 중심으로 작성 | 1일 평균 서비스<br>(인원, 면적, 건수,<br>콜수 등 서비스별<br>해당사항 기재) | | ※ 주사업장 중심으로 작성 |
| 연간 총 교육비 | | 천원 | 1인당 교육훈련비<br>(교육훈련비/종사자수) | | 천원 |
| 기타 인증 수<br>* ISO인증 등 | | 건 | KS 보유 종수 | | 종 |
| 서비스 수행의 형태<br>(직영/위탁) | | | | | |
| 신청업체 회사 연혁<br>※ 주사업장 중심으로<br>작성 | | ※ 핵심업무를 제3자 위탁하는 경우, 위탁내용도 연혁에 포함시켜 작성할 것 | | | |
| 특기사항<br>(심사 참석자) | | | | | |

주요 시설·설비·장비 보유 현황(※ 해당 표준에서 요구하는 경우만 작성)

| No. | 주요 시설·설비 및 장비명 | 대수 | 규격(면적 또는 용량 및 공칭능력) | 설치 및 확보 연월일 | 비고 |
|---|---|---|---|---|---|
| 1 | | | | | |
| 2 | | | | | |
| 3 | | | | | |
| 4 | | | | | |
| 5 | | | | | |
| 6 | | | | | |
| 7 | | | | | |

위와 같이 사업장의 일반현황이 사실과 같음을 확인합니다.

년  월  일

신청업체명:

대표자:                    (인/서명)

서비스 품질관리담당자:          (인/서명)

## 3) 사업장심사 평가항목

| 1. 서비스 품질경영: 일반품질(4항목), 핵심품질(1항목) ※ ISO 9001 인증기업은 서비스 품질경영 관리 평가항목(1.1~1.5) 모두 적합(예) 으로 평가 | 적합여부 | |
|---|---|---|
| 1.1 경영책임자가 표준화 및 품질경영에 대한 중요성을 인식하고 회사 전체 차원의 활동을 위하여 조직의 책임과 권한을 명확히 하고 있 는가? | 예 □ | 아니오 □ |
| 비고: 경영책임자: 인사권, 예산집행권, 자원의 폐기결정권을 갖고 있는 공장(회사) 의 최고위자 | | |
| 1.2 [★ 핵심품질] KS 최신본을 토대로 사내표준 및 관리규정을 제·개정 관리하고, 관련 업무를 사내표준에 따라 추진하고 있는가? | 예 □ | 아니오 □ |
| 비고: 사내표준 구축 및 품질경영, 교육훈련, 내부심사, 소비자 불만처리 및 해당 서비스 분야와 관련된 KS | | |
| 1.3 품질경영에 대한 계획을 수립·실행하고, 매년 자체점검을 실시하 여 그 결과를 표준화 및 품질경영 관리에 반영하고 있는가? | 예 □ | 아니오 □ |
| 비고 • 자체점검 주기(내부심사 등, 년 1회 이상) • 품질경영 계획은 품질방침 및 측정 가능한 품질목표의 등 포함 | | |
| 1.4 품질경영 부서(또는 품질관리담당자)의 업무내용과 책임·권한을 구체적으로 규정하고 있으며, 그 부서(또는 품질관리담당자)가 전 문성을 가지고 독립적으로 운영되고 있는가? | 예 □ | 아니오 □ |
| 비고: 종업원 20인 이하 소기업의 경우, 품질관리담당자 독립적 운영 시 적합(예) 으로 평가 | | |
| 1.5 제안 활동 또는 소집단 활동 등을 통해 지속적인 품질 개선활동을 실시하고 있는가? | 예 □ | 아니오 □ |
| 비고: 소집단 활동(학습조직, TFT, 분임조 등) | | |
| 2. 서비스 운영체계: 일반품질(3항목), 핵심품질(없음) | 적합여부 | |
| 2.1 서비스 기본사업체계를 해당 KS 표준 및 인증심사기준에서 규정 한 내용 이상으로 사내표준에 규정하고, 이에 따라 체계적인 운영 을 위한 경영시스템을 갖추고 있는가? | 예 □ | 아니오 □ |
| 2.2 서비스 업무 수행 조직구조를 해당 KS 표준 및 인증심사기준에서 규정한 내용 이상으로 사내표준에 규정하고, 이에 따라 조직별로 업무가 분장되어 효율적으로 운영하고 있는가? | 예 □ | 아니오 □ |

| 2.3 | 서비스 수행 업무를 제3자에게 위탁(또는 외주)을 주는 경우에 위탁 업무 수행시스템에 관한 사항을 해당 KS 표준 및 인증심사기준에서 규정한 내용 이상으로 사내표준에 규정하고, 이에 따라 관리하고 있는가? | 예 ☐ | 아니오 ☐ |
|---|---|---|---|
| 비고: 제3자 위탁 또는 외주가 없는 서비스의 경우는 적합(예)으로 평가 | | | |

| 3. 서비스 운영: 일반품질(2항목), 핵심품질(2항목) | | 적합여부 | |
|---|---|---|---|
| 3.1 | [★ 핵심품질] 서비스 수행 업무를 해당 KS 표준 및 인증심사기준의 품질관리 항목에서 규정하고 있는 내용 이상으로 사내표준에 규정하고, 이에 따라 품질관리 업무를 수행하고 있는가? | 예 ☐ | 아니오 ☐ |
| 3.2 | [★ 핵심품질] 고객 불만처리 및 피해보상체계를 해당 KS 표준 및 인증심사기준에서 규정한 내용 이상으로 사내표준에 규정하고, 이에 대한 시정 조치를 체계적으로 실시하고 있는가? | 예 ☐ | 아니오 ☐ |
| 3.3 | 고객의 소리 및 고객만족도 관리에 관한 사항을 해당 KS 표준 및 인증심사기준에서 규정한 내용 이상으로 사내표준에 규정하고, 이에 따라 고객 만족도를 조사하여 정기적으로 개선활동을 실시하고 있는가? | 예 ☐ | 아니오 ☐ |
| 3.4 | 고객의 정보보호에 관한 사항을 관련법령, 해당 KS 표준 및 인증심사기준에서 규정한 내용 이상으로 사내표준에 규정하고, 이에 따라 고객 정보보호 업무를 수행하고 있는가? | 예 ☐ | 아니오 ☐ |

| 4. 서비스 인적자원관리: 일반품질(3항목), 핵심품질(없음) | | 적합여부 | |
|---|---|---|---|
| 4.1 | 서비스 업무 수행을 위해 관련법령, 해당 KS 표준 및 인증심사기준에서 규정한 내용 이상으로 서비스 전문인력을 적절하게 확보하여 업무를 수행하고 있으며, 결원 발생시 이를 적절하게 충원하고 있는가? | 예 ☐ | 아니오 ☐ |
| 4.2 | 교육훈련에 관한 사항을 해당 KS 표준 및 인증심사기준에서 규정한 내용 이상으로 사내표준에 규정하고, 이에 따라 임직원의 사내·외 연간 교육훈련계획을 수립하여 적정하게 실시하고, 서비스 품질경영 부서의 팀장급 이상 경영간부가 산업표준화 및 품질경영교육을 최근 3년 이내에 실시하였는가? | 예 ☐ | 아니오 ☐ |
| 비고 | • 해당 KS 표준에서 교육훈련항목을 규정하지 않은 경우에는 KS Q 10015를 토대로 규정<br>• 계획: 연간 계층별·분야별, 실시: 최근 3년간 실적 확인<br>• 산업표준화 및 품질경영 교육(산업표준화법 시행령 별표 2)<br>• 경영간부의 30 % 이상 교육이수 및 미이수 경영간부에 전파교육 완료시 적합(예)으로 평가 | | |

| 4.3 | 자격을 갖춘 서비스 품질관리담당자가 3개월 이상 품질관리 업무를 수행하고 있고, 직무에 필요한 지식의 보유 및 업무수행능력을 갖추고 있는가? | 예 ☐ | 아니오 ☐ |
|---|---|---|---|

비고: • 전임자의 근무경력을 포함하되, 업무 공백이 1개월을 초과하지 않는 경우만 인정
　　　• 품질관리담당자 자격 및 직무에 필요한 지식(산업표준화법 시행령 별표 2 및 시행규칙 별표 8)

| **5. 시설·장비, 환경 및 안전관리: 일반품질(3항목), 핵심품질(1항목)** | | **적합여부** | |
|---|---|---|---|
| 5.1 | [★ **핵심품질**] 시설, 설비, 장비, 부대시설 등을 해당 KS 표준 및 인증심사기준에서 정한 내용이상으로 사내표준에 규정하고, 이에 따라 보유·운영하고 있으며 지속적인 점검을 통해 정상적 운영이 가능하도록 조치하고 있는가? | 예 ☐ | 아니오 ☐ |

비고: 임대 장비의 경우에도 독자적으로 사용 관리할 경우에도 보유한 것으로 인정

| 5.2 | 고객 및 종업원의 안전 확보를 위해 관련법령, 해당 KS 표준 및 인증심사기준에서 규정하고 있는 안전 관리항목을 사내표준에 규정하고 있고, 이에 따라 안전관리 업무를 체계적으로 수행하고 있는가? | 예 ☐ | 아니오 ☐ |
|---|---|---|---|

| 5.3 | 서비스 수행시 발생하는 환경 오염물질 및 폐기물 대한 처리 방법 등을 관련법령, 해당 KS 표준 및 인증심사기준에서 규정한 내용 이상으로 사내표준에 규정하고 있으며, 이에 따라 환경관리 업무를 체계적으로 수행하고 있는가? | 예 ☐ | 아니오 ☐ |
|---|---|---|---|

| 5.4 | 고객 및 종업원의 위생 및 감염 관리를 위해 관련법령, 해당 KS 표준 및 인증심사기준에서 규정한 내용 이상으로 사내표준에 규정하고 있으며, 이에 따라 위생 및 감염 관리 업무를 체계적으로 수행하고 있는가? | 예 ☐ | 아니오 ☐ |
|---|---|---|---|

비고: 해당 KS 및 심사기준에서 요구하지 않는 서비스의 경우는 적합(예)으로 평가

## 2. 서비스심사보고서

### 1) 서비스심사 현황

| 신청업체명 | | 대표자 | |
|---|---|---|---|
| 소재지 | | 전화번호 | |
| 사업장명 | | 표준명(표준번호) | |
| 소재지 | | 심사일정 | |
| 심사결과 요약 | | | |

| 심사결과 | 심사사항 | | 전체평가 항목수 (핵심품질) | 적합평가 항목수 | 부적합 평가항목수 | | 종합판정 |
|---|---|---|---|---|---|---|---|
| | | | | | 개선조치 평가항목수 (일반품질) | 확인심사 평가항목수 (핵심품질) | |
| | 1. 고객이 제공받은 사전 서비스 | | 2(0) | | | | |
| | 2. 고객이 제공받은 서비스 | | 5(3) | | | | ☐ 적합 |
| | 3. 고객이 제공받은 사후 서비스 | | 2(0) | | | | ☐ 부적합 |
| | 계 | | 9(3) | | | | |

※ 개선조치 평가항목 및 확인심사 평가항목: 서비스심사 평가항목 중 ★표시된 핵심품질은 확인심사 평가항목이고, 그 외의 것은 일반품질로 개선조치 평가항목이다.

위와 같이 서비스심사 결과를 보고합니다.

년　　월　　일

기관명:　　　　　　　　　　　인증심사원　성명 _____ (인/서명)

기관명:　　　　　　　　　　　인증심사원　성명 _____ (인/서명)

비고 1. 적용근거 및 특례: 본 서비스심사보고서의 평가항목은 산업표준화법 시행규칙 별표 8(인증심사기준)을 기반으로 작성한다. 단, 인증 분야별 특성에 따라 KS 및 KS별 인증심사기준에 심사사항 및 심사기준을 별도로 정한 경우, 이에 따라 심사사항 및 평가항목을 조정할 수 있다.

비고 2. 종합 판정 방법은 "적합", "부적합"으로 구분한다.

비고 3. 모든 평가항목이 적합("예"로 평가)한 경우 종합판정을 "적합"으로 한다.

비고 4. 심사 시 "아니오"로 판정된 평가항목에 대해서는 부적합 보고서를 작성하고 부적합 개선조치를 요구한다.

## 2) 서비스 심사항목

| 1. 고객이 제공받은 사전 서비스: 일반품질(2항목), 핵심품질(없음) | 적합여부 | |
|---|---|---|
| 1.1 서비스 수행 대상 고객에게 제공하는 상담(예약 포함) 및 안내 서비스를 점검한 결과, 사내표준(해당 KS 표준 및 인증심사기준에서 정한 내용 이상으로 규정)에 따라 서비스를 수행하고 있는가? | 예 ☐ | 아니오 ☐ |
| | | |
| 1.2 서비스 수행 대상 고객에게 지원한 서비스를 점검한 결과, 사내표준(해당 KS 표준 및 인증심사기준에서 정한 내용 이상으로 규정)에 따라 지원서비스를 수행하고 있는가? | 예 ☐ | 아니오 ☐ |
| 비고 • 서비스별 KS, 인증심사기준, 인증기관이 정한 지원서비스에 대하여 평가<br>　　　예시) 지원서비스: 광고, 접수, 상담, 계약체결, 공사·입주 지원 등 | | |

| 2. 고객이 제공받은 서비스: 일반품질(2항목), 핵심품질(3항목) | 적합여부 | |
|---|---|---|
| 2.1 [★ 핵심품질] 서비스 수행 사업장에서 실제 수행하고 있는 서비스를 점검한 결과, 사내표준(해당 KS 표준 및 인증심사기준에서 정한 내용 이상으로 규정)에 따라 서비스를 수행하고 있고 품질수준을 평가하고 있는가? | 예 ☐ | 아니오 ☐ |
| 비고 • 서비스별 KS, 인증심사기준, 인증기관이 정한 수행서비스에 대하여 평가<br>　　　예시) 자동응답장치, 상담콜 평가, CS확인콜, 이용(객실), 욕창예방 및 관리, 예식진행 등 | | |
| | | |
| 2.2 서비스 수행 사업장에서 시설 및 장비를 점검한 결과, 사내표준(해당 KS 표준 및 인증심사기준에서 정한 내용 이상으로 규정)에 따라 시설 및 장비를 보유하고 있으며, 정상 가동되는 시설 및 장비를 서비스 수행에 활용하고 있는가? | 예 ☐ | 아니오 ☐ |
| 비고: 표준단위의사용, 시설 및 재고의 관리는 정리·정돈·청소상태 등도 확인<br>　　　예시) 공용 시설 관리 서비스, 건축물의 냉·난방 서비스, 전등·전열 공급 서비스 등 | | |
| | | |
| 2.3 [★ 핵심품질] 서비스 수행 사업장에서 고객 및 종업원에 대한 안전 및 위생·감염 관리에 대해 점검한 결과, 관련법령 및 사내표준(해당 KS 표준 및 인증심사기준에서 정한 내용 이상으로 규정)에 따라 안전관리를 실시하고 있는가? | 예 ☐ | 아니오 ☐ |
| 비고 • 비상통로의 표시 및 공공안내 표시의 준수사항 등도 확인<br>　　　• 해당 KS 및 인증심사기준에서 요구하지 않는 서비스의 경우는 적합(예)으로 평가 | | |

| 2.4 | [★ **핵심품질**] 서비스 수행 사업장에서 발생하는 환경 오염물질, 폐기물, 근무 환경 조건 등을 점검한 결과 관련법령 및 사내표준 (해당 KS 표준 및 인증심사기준에서 정한 내용 이상으로 규정)에 따라 관리 및 처리하고 있는가? | 예 ☐ | 아니오 ☐ |
|---|---|---|---|
| | | | |
| 2.5 | 서비스 수행 사업장에서 서비스 수행고객의 고객 정보보호 사항을 점검한 결과, 관련법령 및 사내표준(해당 KS 표준 및 인증심사기준에서 정한 내용 이상으로 규정)에 따라 고객정보를 보호하고 있는가? | 예 ☐ | 아니오 ☐ |
| | | | |

| 3. 고객이 제공받은 사후서비스: 일반품질(2항목), 핵심품질(없음) | | 적합여부 | |
|---|---|---|---|
| 3.1 | 서비스 수행 사업장에서 고객 불만 처리에 대해 점검한 결과, 사내 표준(해당 KS 표준 및 인증심사기준에서 정한 내용 이상으로 규정)에 따라, 불만을 처리하고 재발방지를 위해 노력하고 있는가? | 예 ☐ | 아니오 ☐ |
| | | | |
| 3.2 | 서비스 수행 사업장에서 발생하는 고객의 피해보상 요구에 대해 점검한 결과, 사내표준(해당 KS 표준 및 인증심사기준에서 정한 내용 이상으로 규정)에 따라 고객이 제기한 피해보상을 적절하게 실시하고 재발방지를 위해 노력하고 있는가? | 예 ☐ | 아니오 ☐ |

## 3) 사업장심사 부적합 보고서

| 부적합 보고서 | | | | | |
|---|---|---|---|---|---|
| 신청업체명<br>(사업장명) | | | 소재지 | | |
| 표준번호 | | | 표준명 | | |
| 심사일자 | | | | | |
| 평가항목<br>번호 | 부적합 구분 | | 부적합내용 | | 담당<br>심사원 |
| | 일반<br>품질 | 핵심<br>품질 | | | |
| | ☐ | ☐ | | | |
| | ☐ | ☐ | | | |
| | ☐ | ☐ | | | |
| 부적합 수 | 합계 | | 개선조치 평가항목<br>(일반품질) | | 확인심사 평가항목<br>(핵심품질) |
| | | | | | |
| 기타 개선<br>권고사항 | | | | | |

비고 서비스인증심사보고서의 부적합으로 평가된 항목에 대해서는 부적합 보고서를 작성하여야 한다.

인증심사원                              입회자(대표자, 품질관리담당자 등)

_____ (인/서명)          _____ (인/서명)

_____ (인/서명)          _____ (인/서명)

## 4) 사업장심사 부적합 개선조치 보고서

<table>
<tr><td colspan="6" align="center">부적합 개선조치 보고서</td></tr>
<tr><td>신청업체명<br>(사업장명)</td><td></td><td colspan="2">사업장 소재지</td><td colspan="2"></td></tr>
<tr><td>표준번호</td><td></td><td colspan="2">표준명</td><td colspan="2"></td></tr>
<tr><td>심사일자</td><td colspan="5"></td></tr>
<tr><td>담당자 성명</td><td></td><td colspan="2">휴대전화</td><td>e-mail</td><td></td></tr>
<tr><td rowspan="2">평가항목<br>번호</td><td colspan="2">부적합 구분</td><td rowspan="2">부적합 개선조치 요약 및 첨부문서 번호</td><td colspan="2" rowspan="2">담당<br>심사원</td></tr>
<tr><td>일반<br>품질</td><td>핵심<br>품질</td></tr>
<tr><td></td><td>☐</td><td>☐</td><td></td><td colspan="2"></td></tr>
<tr><td></td><td>☐</td><td>☐</td><td></td><td colspan="2"></td></tr>
<tr><td></td><td>☐</td><td>☐</td><td></td><td colspan="2"></td></tr>
<tr><td colspan="6" align="center">부적합 개선조치 보고서를 제출합니다.<br><br>년    월    일<br><br>신청 업체명           대표자 _____ (인/서명)<br><br>인증기관장 귀하</td></tr>
<tr><td colspan="6">※ 부적합 항목의 개선조치에 대한 세부 자료는 별첨합니다.</td></tr>
</table>

<table>
<tr><td colspan="4" align="center">부적합 개선조치 검토 결과 ※ 이하는 심사원이 작성합니다.</td></tr>
<tr><td>부적합 대책<br>검토 종합의견</td><td colspan="3"></td></tr>
<tr><td rowspan="2">종합판정</td><td rowspan="2">☐ 적합  ☐ 부적합</td><td>심사원</td><td>(인/서명)</td></tr>
<tr><td>심사원</td><td>(인/서명)</td></tr>
</table>

Korean Standards Mark

PART 05

# KS 인증 사후관리

# 01 KS 인증 사후관리 개요

## (1) 의의

KS 인증의 획득도 중요하지만 KS 인증을 받은 후, KS 수준 이상의 제품 또는 서비스를 지속적·안정적으로 생산(서비스인증은 제공)하는 것이 더 중요하다. KS 인증을 받은 자를 대상으로 국가기술표준원이나 인증기관이 정기적으로 또는 수시로 인증업체를 방문하여 조사하거나 시중에 유통 중인 인증제품을 수거하여 인증기준에 따라 KS 수준이 유지되고 있는지 확인하는 것을 KS 인증 사후관리라고 한다.

KS 인증을 받은 자는 산업표준화법에서 정하는 모든 규정 및 KS로 제정된 일반요구사항(KS Q 8001 KS 인증제도-제품인증에 대한 일반요구사항, 이하 '일반요구사항'이라 한다) 및 분야별 요구사항(KS Q 8002 KS 인증제도-서비스인증에 대한 요구사항, KS Q 8003 KS 인증제도-신재생에너지설비인증에 대한 요구사항, 이하 '분야별 요구사항'이라 한다)을 따라야 한다.

또한 해당 KS 및 인증심사기준, 공장심사보고서(서비스인증은 서비스인증심사보고서), 인증기관이 정하는 KS 인증업무 규정을 준수하여 인증 요건을 유지하면서 KS 인증제품을 생산(서비스인증은 제공)하여야 한다.

인증기관과 인증기업은 한국산업표준(KS) 인증업무 운용요령 제26조에 따라 일반요구사항 부속서 C에서 정하고 있는 양식을 활용하여 인증계약을 체결해야 하고 인증받은 자는 인증계약에서 정하고 있는 사후관리를 받을 의무가 있다.

정기심사라 함은 모든 인증업체를 대상으로 인증을 받은 후, 제품의 경우는 3년(서비스인증은 2년)마다 인증기관이 인증 당시와 같은 조건으로 공장심사(서비스인증은 사업장심사와 서비스심사)를 실시하는 정기적인 사후관리를 말한다. 인증을 받은 자가 법 규정과 일반요구사항(또는 분야별 요구사항)에서 정하고 있는 기간 내에 정기심사를 받지 아니하면 KS 인증 취소 사유에 해당된다. 정기심사 실시 결과 인증기준에 미달된 경우 미달 내용에 따라 인증기관은 인증 취소, KS 마크 표시정지(서비스인증은 서비스 제공 정지) 등의 조치를 취할 수 있다.

또한 정부가 실시하는 시판품조사 및 현장조사 결과, 인증기준에 미달한 경우 미달 내용에 따라 인증취소, 표시정지 또는 개선명령 등의 행정처분을 받는다.

> 인증기준은 KS Q 8001 5.1항에 따라 산업표준화법령, 한국산업표준(KS), 인증심사기준, 공장심사보고서(서비스인증은 서비스 인증심사보고서), 인증기관이 정하는 KS 인증업무규정의 요구사항 등을 말한다.

## (2) 일괄 실시 원칙

KS 인증은 정기심사를 품목별(서비스인증은 분야별)로 하고 있다. 여러 품목(분야)에 대하여 KS 인증을 받은 정기심사 대상 업체가 품목(분야)별로 인증 시기가 각각 다른 경우, 인증받은 날을 기준으로 계속해서 정기심사를 받아야 하는 부담이 있다. 이러한 부담을 덜어주기 위해 정기심사를 받아야 할 품목 또는 서비스 분야가 시기적으로 서로 다른 경우에는 가장 앞서 도래하는 해 또는 월에 일괄하여 정기심사를 신청할 수 있도록 하고 있다.

특별한 경우를 제외하고는 인증받은 자 및 인증기관 업무의 효율성을 기하기 위하여 최초 인증받은 날을 기준으로 정기심사를 신청한다. 이때, 신청업체가 보유하고 있는 모든 인증품목(분야)에 대하여 일괄 신청하여 정기심사를 받고 이를 기준으로 3년(서비스의 경우 2년)마다 정기적으로 심사를 받으면 된다.

### (3) 3년 정기심사와 중복되는 해의 1년 주기 공장심사 면제

제품 인증의 경우 국가기술표준원장이 공공의 안전과 인증제품의 품질수준 유지를 위하여, 특히 필요하다고 인정하여 고시하는 품목은 1년 주기 공장심사를 받아야 한다. 이 경우 3년마다 실시하는 정기심사와 1년 주기 공장심사가 중복되는 해에는 3년마다 실시하는 정기심사를 받은 경우, 1년 주기 공장심사를 해당 연도에 한해 면제한다.

### (4) 우수 인증기업 정기심사 면제

제품인증의 경우 1년 주기 정기심사(공장심사)에서 적합(일반 품질 부적합은 개선조치가 완료된 경우에 한해 적합으로 본다. 핵심 품질 부적합은 제외)한 것으로 심사받은 경우에는 그 다음 1회 공장심사를 면제할 수 있다. 서비스인증의 경우 서비스 품질이 떨어진다고 판단되어 고시한 업종에 해당하며 매년 실시하는 정기심사에서 2회 연속으로 적합(일반 품질 부적합은 개선조치가 완료된 경우에 한해 적합으로 보며, 핵심 품질 부적합은 제외)한 것으로 심사받은 경우에는 그 다음 1회 정기심사 중 서비스심사를 면제한다.

### (5) 산업표준화 및 품질경영 포상 면제

다음의 어느 하나에 해당하는 자에 대하여는 그 사유가 발생한 후에 최초로 받아야 하는 정기심사(서비스인증은 정기심사 중 서비스심사)를 면제한다.
① 산업표준화 및 품질경영혁신과 관련하여, 「상훈법」에 따라 산업훈장 또는 산업포상을 받은 자
② 산업표준화 및 품질경영혁신과 관련하여, 「정부표창규정」에 따라 대통령 또는 국무총리표창을 받은 자
③ 산업표준화 및 품질경영혁신과 관련하여, 중앙행정기관 장의 표창 등을 받은 자로서 소관 행정기관의 장이 인정하는 자

〈정기심사 면제 대상 포상 예시〉

〈전국품질분임조 경진대회〉

〈국가품질경영대회〉

# 02 정기심사 등 사후관리 심사의 종류

## (1) 정기심사(제품 인증 및 서비스 인증 공통)

KS 인증을 받은 모든 인증업체를 대상으로 기본적으로 실시하는 정기적인 사후관리 업무로 제품 인증의 경우 인증 후 3년마다, 서비스 인증의 경우 2년마다, 인증 당시와 같은 조건으로 인증기관이 실시하는 정기적인 사후관리이다.

## (2) 1년 주기 공장심사(제품 인증)

KS 인증을 받은 제품은 다른 법령에서 정하고 있는 검사·검정·시험·인증·증명·신고 및 형식승인 등을 면제하고 있다. 그런데 이들은 대부분 안전·위해 우려가 큰 품목이다. 면제하고 있는 법 규정의 사후관리와 형평성 등을 고려하여, 소비자 보호를 위해 사후관리를 강화할 필요가 있다고 국가기술표준원장이 인정하여 고시하는 품목을 정기심사의 일환으로 1년 주기 공장심사를 실시하고 있다.

> 1년 주기 공장심사는 종전의 1년 제품심사를 변경한 제도로 심사주기 및 품목 지정 방법은 종전과 동일하나 심사방법은 제품심사에서 공장심사로 변경하였다.

## (3) 소재지 이전에 따른 이전심사(제품 인증 및 서비스 인증 공통)

인증받은 자가 인증제품의 제조공장 또는 인증서비스의 제공 사업장을 이전한 경우에는 그 공장이나 사업장의 이전을 완료한 날부터 45일 이내에 이전심사를 받아야 한다. 소재지 이전에 따른 인증받은 자의 기술적 생산 조건이 변경된 경우로, 변경 후에도 KS 인증 제품의 생산(서비스의 제공)에 지장이 없어야 한다. 따라서 소재지 이전에 따른 생산(서비스 제공) 조건이 변경된 경우, 인증받은 자는 인증기관에 변경 신고를 해야 하고 인증기관은 검토 후 45일 이내에 이전심사를 받을 조건으로 인증서를 변경, 재발급한다.

이는 변경 전에 차기 정기심사를 받아야 할 잔여기간을 인정하지 않고 변경된 상황에서 KS 인증제품의 생산(서비스의 제공)에 지장이 없는지를 확인하는 이전심사로써, 소재지 이전 완료일로부터 10일 이내에 반드시 이전심사를 신청해야 한다. 만약 기간 내에 신청하지 않을 경우 이전심사를 받지 않은 것으로 간주되어 인증 취소 사유가 된다.

> 종전 규정에는 인증받은 자가 사업을 양도받은 경우(지위승계)에도 사업의 양도일로부터 3개월 이내에 정기심사를 받도록 하여 소재지 이전에 따른 이전심사와 같은 절차 및 방법으로 처리하였다. 그러나 기업의 심사 부담 완화 차원에서 이 제도를 2015년 1월 23일부로 폐지하였다. 따라서 사업을 양도받은 경우에는 양도인의 정기심사 주기에 따라 차기 정기심사를 받으면 된다.
>
> 이전심사에서 적합한 것으로 심사된 경우에는 정기심사를 받은 것으로 보며, 이후의 정기심사는 이전심사 받은 날을 기준으로 3년(서비스인 증은 2년) 이내에 받아야 한다.

## (4) 특별현장조사(제품 인증 및 서비스 인증 공통)

정기심사가 KS 인증을 받은 모든 인증업체를 대상으로 한 정기적인 사후관리 업무인데 비해서 특별현장조사는 인증받은 자가 인증기준에 적합하지 않을 우려가 있거나 의무이행 여부 등의 확인이 필요할 때, 인증기관이 비정기적으로 실시하는 사후관리 업무이다.

## (5) 시판품조사(제품 인증) 및 현장조사(제품 인증 및 서비스 인증 공통)

소비자 단체의 요구가 있거나 인증제품(또는 인증서비스)의 품질 저하로 인하여, 다수의 소비자에게 피해가 발생하거나 회복하기 어려운 피해가 발생할 우려가 현저하다고 인정할 때에는 정부가 비정기적으로 판매되고 있는 인증제품에 대한 시판품조사와 인증받은 자의 공장 또는 사업장에서 그 제품(또는 서비스)에 대한 현장조사를 하는 업무이다.

> 특별현장조사는 인증기관이 비정기적으로 실시하는 심사로 정부가 수행하는 시판품조사 및 현장조사와 유사한 제도로 보면 된다. 대부분이 인증받은 자의 의무 이행사항 확인과 민원처리에 대한 내용으로 구성되어 있다.
> 시판품조사 및 현장조사와 다른 점은 정부가 아닌 인증기관이 심사를 수행한다는 점과 심사와 관련된 수수료를 정부예산이 아닌 인증기업이 부담하는 데 있다.

## (1) 세부 절차 및 방법

〈정기심사 등 신청〉

인증받은 자가 다음 각 호의 정기심사를 받아야 하는 사유가 발생한 경우, 신청 의무기간을 준수하여 정기심사 신청서를 인증기관에 제출해야 한다.

① 제품 인증을 받은 날로부터 3년이 경과되기 전 늦어도 2개월 전까지

② 서비스 인증을 받은 날로부터 2년이 경과되기 전 늦어도 2개월 전까지

③ 소재지(공장 또는 사업장)를 이전한 경우, 이전 완료일로부터 10일 이내

〈정기심사 등 계획 통보〉

신청을 받은 인증기관은 신청 서류의 적정성을 검토한 후 심사반 편성, 심사 일수, 심사 기간 및 비용 등을 정하여 신청업체에 심사 계획서를 서면으로 통보하여야 한다. 심사 계획 수립을 위한 기준은 신규 인증의 절차 및 방법을 준용한다.

〈정기심사 등 실시〉

심사 계획서에 따라 인증심사원은 신청 공장(사업장)에서 품목별(서비스인증은 분야별) KS 및 인증심사기준에 따라 공장심사(서비스인증은 사업장심사 및 서비스심사)를 실시하고 공장심사보고서(서비스인증은 서비스인증심사보고서)를 작성하여 인증기관에 제출하여야 한다.

〈정기심사 등 결과에 따른 조치〉

인증기관은 다음과 같이 조치한다.

① 공장심사(서비스인증은 사업장심사 및 서비스심사라 한다)에 모두 적합한 경우, 인증기관은 인증위원회 심의 후 신청업체와 인증 계약 체결과 동시에 합격되었음을 서면으로 통보한다.

② 공장심사(서비스인증은 사업장심사 및 서비스심사)에 부적합한 경우, 인증기관은 다음 2가지로 구분하여 처리한다.

첫째, 인증기관은 부적합 보고서의 일반품질 평가항목에 대한 부적합사항을 인증 신청자가 제출한 부적합 개선조치 보고서를 통해 개선여부를 확인하고 개선조치가 완료된 것으로 판단되면 공장심사보고서(서비스인증은 서비스인증심사보고서)와 함께 인증위원회에 제출한다. 다만, 일반품질 평가항목의 경우라도 부적합 개선조치 보고서에 따른 개선조치가 충분하지 않다고 판단되는 경우에는 추가적으로 현장 확인심사를 할 수 있다.

둘째, 핵심품질 평가항목에 대한 부적합사항은 개선조치 결과를 현장에서 확인심사해야 한다. 개선조치가 완료된 것으로 판단되면 부적합 개선조치 보고서를 공장심사보고서(서비스인증은 서비스 인증심사보고서)와 함께 인증위원회에 제출한다. 완료되지 않은 것으로 판단될 경우에는 부적합 평가항목에 대한 개선이 완료될 때까지 인증받은 자에게 추가적인 확인심사를 요청할 수 있다.

③ 인증받은 자는 일반품질 평가항목이 부적합한 경우에는 부적합 사항을 개선하는 기간 동안 KS 마크를 표시할 수 있으나, 핵심 품질 평가항목이 부적합한 경우에는 부적합사항이 개선될 때까지 KS 마크를 표시해서는 안 된다.

④ 제조(서비스인증은 서비스 제공) 중단이 보고된 업체의 특례: 정기심사를 받아야 하는 기간이 되기 전에 대상 업체가 제조 중단(서비스인증은 서비스 제공 중단) 보고를 한 경우에는 정기심사를 받아야 하는 기간이 제조(서비스인증은 서비스 제공) 중단 보고 만료 시점까지 연장된 것으로 본다. 이 경우 대상 업체는 제

조(서비스인증은 서비스 제공) 중단 보고 기간이 만료되기 전에 제조(서비스인증은 서비스) 개시를 보고하고 정기심사를 신청하여야 하며, 만약 기간 내에 신청하지 않으면 정기심사를 받지 않은 것으로 간주되어 인증 취소 사유에 해당된다.

인증제품 제조(서비스 제공) 중단 보고 제도는 인증업체의 편의를 도모하는 제도이나 이를 악용하는 사례가 있어 2015년 7월 7일부터는 인증제품 제조(서비스 제공) 중단 기간이 1년을 초과하는 경우, 인증기관이 특별현장조사를 통해 이를 확인할 수 있도록 하였다.

⑤ 인증받은 자의 공장 또는 서비스 사업장이 부도·폐업 및 기타 사유로 공장심사나 사업장심사가 불가능할 때에는 현장 확인을 통해 정상적인 영업활동이 불가능하다고 인정되면 정기심사를 받지 않은 것으로 적용되어 인증을 취소할 수 있다.

〈정기심사 등 부적합에 따른 조치〉

정기심사 부적합 시 따른 조치는 3단계로 이루어지고 있다. 이는 한국표준협회 등 인증기관이 운영하는 KS 인증 업무규정에 따라 운영하고 있다.

① KS심사 부적합 조치에 대한 단계별 처리 기간

| 항목 | 1차 | 2차 | 3차 |
|------|------|------|------|
| 일반품질 평가항목 | 서류제출 (45일 이내) | 확인심사 (45일 이내) | 인증취소 |
| 핵심품질 평가항목 | 확인심사 (45일 이내) | 확인심사 (45일 이내) | 인증취소 |

※ 일요일, 공휴일은 제외하고 산정

〈정기심사 등 결과 판정기준〉

① 인증기관은 공장심사(서비스인증은 사업장심사 및 서비스심사) 결과 부적합으로 판정되면, 부적합 보고서를 작성하고 부적합 평가항목에 대한 개선이 완료될 때까지 인증위원회에 상정하지 않는다.

② 부적합 평가항목이 개선될 경우 공장심사(서비스인증은 사업장 심사 및 서비스심사) 결과를 적합으로 판정하고 인증위원회에 상정한다.

③ 인증받은 자는 인증기관과의 계약 또는 인증기관의 인증업무규정에 따라 부적합 평가항목의 개선조치를 완료하여야 하고 기간 안에 개선을 완료하지 못한 경우에는 인증기관은 인증받은 자의 인증을 취소할 수 있다.

〈검토 및 인증위원회 심의〉

인증기관은 인증심사원이 제출한 공장심사보고서(서비스인증은 서비스인증심사보고서)를 검토하고 적부 판정을 한 후, 그 결과를 인증위원회에 상정하여 심의·의결한다.

# 04 1년 주기 공장심사

## (1) 대상 품목

1년마다 공장심사를 받아야 하는 품목은 다음 각 호의 어느 하나에 해당하는 품목으로서, 국가기술표준원장이 공공의 안전과 인증제품의 품질수준 유지를 위하여 특히 필요하다고 인정하여 고시하는 품목을 말한다.

국가기술표준원장은 매년 공장심사 결과를 분석한 후 품질이 안정되었다고 판단되면 대상품목에서 제외하고 사회적으로 물의를 일으켜 특별사후관리가 필요하다고 판단되는 제품을 추가하는 등의 매년 대상 품목을 조정, 고시한다.

① 「액화석유가스의 안전관리 및 사업법 시행령」에 의한 검사의 전부를 생략하는 가스용품
② 「산업안전보건법」 의무안전인증대상 기계·기구등 또는 자율안전확인대상 기계·기구 중 안전인증 또는 신고가 면제되는 보호구
③ 「건설기술 진흥법 시행령」에 따라 품질시험 또는 검사를 생략하는 재료
④ 「품질경영 및 공산품 안전관리법」에 의한 안전인증대상 공산품 또는 자율안전확인대상 공산품
　※ 2016년 1월 28일 품질경영 및 공산품안전관리법이 폐지되고 전기용품 및 생활용품안전관리법으로 이관됨에 따라 향후 산업표준화법령 개정이 필요한 사항이다.
⑤ 산업표준화법 제26조의 규정에 의한 검사·검정·시험·인증 또는 형식승인이 면제되는 품목

⑥ 국가기술표준원장이 해당 제품의 결함으로 소비자의 안전에 위해(危害)를 끼친다고 인정하는 품목

## (2) 실시 기관

정기심사의 일환으로 실시되는 1년 주기 공장심사는 인증기관에서 실시해야 한다. 인증기관은 품목별로 전문성을 갖고 심사 능력을 갖춘 단체를 '품목별 품질관리 단체'로 지정하여 줄 것을 국가기술표준원장에게 요청하고 지정된 단체에 품목을 배정하고 공장심사반에 단체가 보유하고 있는 인증심사원 1인을 포함하여 심사를 수행하고 있다. 2018년 7월 현재 한국레미콘공업협동조합연합회 등 14개 단체가 품목별로 나누어 한국표준협회의 1년 주기 공장심사 업무를 지원하고 있다.

## (3) 합동심사반 및 심사 일수

인증기관은 단체로부터 해당 품목의 심사원의 지원을 받은 경우, 연간 심사계획에 따라 합동심사를 실시하여야 한다. 다만, 품목별 품질관리단체가 지정되지 않는 품목에 대한 인증심사반 편성은 인증기관이 결정한다.

## (4) 세부 절차

1년 주기 공장심사의 절차 및 방법과 실시 결과에 대한 조치는 3년 정기심사에서 실시하는 심사의 절차 및 방법에 준하여 실시한다. 다만, 1년 주기 공장심사 평가항목의 경우 산업표준화법 시행규칙[별표 9] 1. 공장심사. 마. 4)의 규정에 따라 국가기술표준원장이 1년 주기 공장심사 품목 지정 시 공장심사 항목의 일부를 생략하여 고시할 수 있다.

## (5) 2018년 1년 주기 공장심사 심사항목

| 연번 | 심사 분야 | 심사항목 (핵심품질) | 심사 여부 | | 일반품질 면제사유 |
|---|---|---|---|---|---|
| | | | 일반 품질 | 핵심 품질 | |
| 1 | 품질경영 | 5(1) | 면제 | 심사 | 제품심사에 중점 |
| 2 | 자재관리 | 6(1) | 심사 | 심사 | |
| 3 | 공정·제조설비 관리 | 8(1) | 심사 | 심사 | |
| 4 | 제품관리 | 6(2) | 심사 | 심사 | |
| 5 | 시험·검사설비 관리 | 3(1) | 심사 | 심사 | |
| 6 | 소비자보호 및 환경·자원 관리 | 5(1) | 면제 | 심사 | 제품심사에 중점 |
| | 계 | 33(7) | | | |

※ ISO 9001 인증기업은 유효한 ISO인증서 제출 시 품질경영분야 핵심품질심사 면제

## (6) 2018년 1년 주기 공장심사 품목 수

| 연번 | 표준번호 | 표준명 | 비고 |
|---|---|---|---|
| 1 | KS B 6282 | 스테인리스 물탱크 | |
| 2 | KS B 2331 | 수도꼭지 | |
| 3 | KS B 2308 | 볼 밸브 | |
| 4 | KS B 2813 | 웨이퍼형고무붙이 버터플라이 밸브 | |
| 5 | KS C 7651 | 컨버터 내장형 LED램프 | |
| 6 | KS C 7653 | 매입형 및 고정형 LED 등기구 | |
| 7 | KS C 7712 | LED투광등기구 | |
| 8 | KS C 7603 | 형광등기구 | |
| 9 | KS C 7655 | LED 모듈 전원공급용 컨버터의 안전 및 성능요구사항 | |
| 10 | KS C 8109 | 메탈핼라이드 램프용 안정기 | |
| 11 | KS C 8100 | 형광 램프용 전자식 안정기 | |
| 12 | KS C 7657 | LED 센서 등기구 | |
| 13 | KS C 7652 | 컨버터 외장형 LED램프 | |
| 14 | KS C 7621 | 안정기 내장형 램프 | |
| 15 | KS C 7601 | 형광 램프(일반 조명용) | |
| 16 | KS C 7703 | 형광램프 홀더 및 글로스타터 홀더 | |
| 17 | KS C 7711 | LED 지중 매입 등기구 | |
| 18 | KS C 8302 | 에디슨 나사형 소켓 | |
| 19 | KSCIEC60227-3 | 정격전압 450/750V이하 염화비닐절연 케이블-제3부:배선용비닐절연전선 | |
| 20 | KSCIEC60227-5 | 정격전압 450/750V이하 염화비닐절연 케이블-제5부:유연성비닐케이블(코드) | |
| 21 | KS C 3341 | 저독성 난연 폴리올레핀 절연 전선 | |
| 22 | KSCIEC60245-4 | 정격전압 450/750V이하 고무 절연케이 블-제4부:고무코드, 유연성 케이블 | |

| 연번 | 표준번호 | 표준명 | 비고 |
|---|---|---|---|
| 23 | KSCIEC60245-6 | 정격전압 450/750V이하 고무 절연케이블-제6부:아크용접용 케이블 | |
| 24 | KS C 8305 | 배선용 꽂음 접속기 | |
| 25 | KS C 4613 | 산업용 누전차단기 | |
| 26 | KS C 8321 | 산업용 배선차단기 | |
| 27 | KS C 8309 | 옥내용 소형 스위치류 | |
| 28 | KS C 4621 | 주택용 누전차단기 | |
| 29 | KS C 8332 | 주택용 배선차단기 | |
| 30 | KS C 4519 | 제어용 캠 스위치 | |
| 31 | KS C 4310 | 무정전 전원 장치 | |
| 32 | KS C 4805 | 전기 기기용 커패시터 | |
| 33 | KS C 8454 | 합성 수지제 휨(가요)전선관 | |
| 34 | KS C 8455 | 파상형 경질 폴리에틸렌 전선관 | |
| 35 | KS D 7017 | 용접철망 및 철근 격자 | |
| 36 | KS D 3504 | 철근 콘크리트용 봉강 | |
| 37 | KS D 3515 | 용접 구조용 압연 강재 | |
| 38 | KS D 3503 | 일반 구조용 압연 강재 | |
| 39 | KS D 3565 | 상수도용 도복장강관 | |
| 40 | KS D 3578 | 상수도용 도복장 강관 이형관 | |
| 41 | KS D 3619 | 수도용 폴리 에틸렌 분체 라이닝 강관 | |
| 42 | KS F 4009 | 레디믹스트 콘크리트 | |
| 43 | KS F 4419 | 보차도용 콘크리트 인터로킹 블록 | |
| 44 | KS F 4561 | 시각 장애인용 점자 블록 | |
| 45 | KS F 4724 | 건축용 철강제 벽판 | |
| 46 | KS F 4731 | 건축용 철강제 지붕판 | |
| 47 | KS F 4760 | 이중 바닥재 | |

| 연번 | 표준번호 | 표준명 | 비고 |
|---|---|---|---|
| 48 | KS F 4306 | 프리텐션 방식 원심력 고강도 콘크리트 말뚝 | |
| 49 | KS G 2020 | 수납가구 | |
| 50 | KS L 1551 | 위생 도기 | |
| 51 | KS L 2002 | 강화 유리 | |
| 52 | KS L 2521 | 도로 표지 도료용 유리알 | |
| 53 | KS L 5210 | 고로 슬래그 시멘트 | |
| 54 | KS L 5405 | 플라이애시 | |
| 55 | KS L 2406 | 거울 | |
| 56 | KS L 2007 | 자동차용 안전유리 | |
| 57 | KS M 3408-2 | 수도용 플라스틱 배관계 – 폴리에틸렌 (PE) – 제2부: 관 | |
| 58 | KS M 3408-3 | 수도용 플라스틱 배관계 – 폴리에틸렌 (PE) – 제3부: 이음관 | |
| 59 | KS M 3500-1 | 배수 및 하수용 비압력 매설용 구조형 폴리에틸렌(PE)관-제1부:이중벽관 | |
| 60 | KS M 3500-2 | 배수 및 하수용 비압력 매설용 구조형 폴리에틸렌(PE)관-제2부:다중벽관 | |
| 61 | KS M 3500-4 | 배수 및 하수용 비압력 매설용 구조형 폴리에틸렌(PE)관-제4부:충전벽관 | |
| 62 | KS M 3808 | 발포폴리스티렌(PS) 단열재 | |
| 63 | KS M 3404 | 일반용 경질 폴리염화비닐관 | |
| 64 | KS M 3600 | 배수 및 하수용 비압력 매설용 구조형 폴리염화비닐(PVC)관-이중벽관 및 리브관 | |
| 65 | KS M 3357 | 냉온수 설비용 플라스틱 배관계-가교화 폴리에틸렌(PE-X)관 | |

## (1) 조사 대상

① 불량 KS 제품 신고가 접수된 경우

② 민원발생 우려 및 소비자단체의 요구가 있는 경우(제3자의 이의신청 포함)

③ KS Q ISO 9001 인증을 받은 기업 중 심사의 일부를 면제받은 기업이 품질시스템 이행이 부적합한 것으로 판단된 경우

④ 부적합 개선조치 보고서의 확인·증빙 서류가 거짓으로 우려되는 경우

⑤ 인증제품 제조(서비스인증은 서비스 제공) 중단기간이 1년을 초과한 경우

⑥ 주요 자재관리 목록(부품, 모듈, 재료 등) 변경사항을 인증기관에 제출하지 않은 경우

⑦ 부적합사항 개선조치(KS 인증제품 출하정지, KS 인증서비스 제공정지, KS 마크 표시정지 등)에 대한 이행 확인이 필요한 경우

⑧ 정부로부터 표시정지 3개월 이상의 행정처분을 받은 자에 대하여 시정 확인이 필요한 경우

⑨ 기타 인증기관의 장이 KS 인증업무 규정에 정한 사항

## (2) 실시 기관

특별현장조사는 인증받은 제품(서비스인증은 서비스)이 KS 및 KS별 인증심사기준에 적합하지 않을 우려가 있거나 인증받은 자의 의무이행 여부 등의 확인이 필요할 때, 인증기관에서 비정기적으로 사후관리 업무를 실시한다.

## (3) 절차 및 방법

특별현장조사의 절차 및 방법과 실시 결과에 대한 조치는 최초 인증 심사에서 실시하는 공장심사 및 제품심사(서비스인증은 사업장심사 및 서비스심사) 절차 및 방법에 준하여 실시한다.

## (4) 특별현장조사와 시판품조사 및 현장조사의 비교

| 구분 | 특별현장조사 | 시판품조사 및 현장조사 |
|---|---|---|
| 근거 | KS Q 8001, KS Q 8002 등 | 법 제20조 |
| 실시기관 | 인증기관 | 정부(국가기술표준원) |
| 심사반 | 인증심사원 | 공무원 또는 인증심사원 |
| 심사방법 | • 제품: 공장심사 및 제품심사<br>• 서비스: 사업장심사 및 서비스심사 | • 제품: 공장심사 및 제품심사<br>• 서비스: 사업장심사 및 서비스심사 |
| 심사협력기관 | • 인증기관이 결정 | • 인증기관, 품목별 품질관리단체, KS인증지원사무국 |
| 수수료 부담 | 인증기업 | 정부 예산 |
| 심사주기 | 불시 | 불시 |

# 시판품조사 및 현장조사

## (1) 조사 대상

국가기술표준원장은 소비자 단체의 요구가 있거나, 인증제품 또는 인증서비스의 품질 저하로 인하여 다수의 소비자에게 피해가 발생하거나, 회복하기 어려운 피해가 발생할 우려가 현저하다고 인정한 때에는 공무원이나 인증심사원으로 하여금 판매되고 있는 인증제품에 대한 시판품조사와 인증받은 자의 공장 또는 사업장에서 그 제품 또는 서비스에 대하여 현장조사를 할 수 있다.

## (2) 실시 기관

시판품조사는 KS 인증받은 제품을 소비자 입장에서 시중에 유통 중인 제품을 국가예산으로 구입하고 공인 시험·검사기관에서 의뢰하여 해당 KS를 적용하여 제품 시험을 하는 업무이다. 현장조사는 특별한 사유가 발생하면 비정기적으로 인증공장(서비스인증은 사업장) 등을 방문하여 인증심사기준을 적용·조사하는 업무로써 예산, 공정성 및 투명성을 위하여 국가기관인 국가기술표준원에서 직접 수행한다.

## (3) 절차 및 방법

시판품조사, 현장조사의 절차 및 방법은 최초 인증심사에서 실시하는 공장심사 및 제품심사(서비스인증은 사업장심사 및 서비스심사) 절차와 방법에 준하여 실시한다.

## 07 정부의 행정처분 기준

### (1) 적용

종전의 제도와 달리 2015년에 개정된 행정처분 기준은 정부가 직접 실시하는 시판품조사 및 현장조사 결과만을 주로 다루도록 개정되었다. 다만 정기심사의 보고 결과, 산업표준화법 제17조제1항에 따른 인증심사기준에 맞지 아니하여 품질이나 성능의 결함 등 중대한 결함 요인으로 판정한 경우에 한하여 3개월 표시정지 처분을 하도록 하여 정기심사에 대한 행정처분 대상 범위를 간소화하였다.

이는 정부의 행정처분을 최소화하는 대신, 정기심사의 결과에 대한 조치는 인증기관과 인증기업 간의 계약을 통해 자율적으로 해결하고자 하는 취지인 것이다. 즉, 사후관리 부적합사항에 대한 표시정지, 개선조치, 인증취소 등은 인증계약서에 명시하고 인증계약에 따라 개선기간 동안 KS 인증 표시정지(핵심 품질평가 항목 부적합이 발견된 경우에 한함) 등을 조치하는 제도로 변경된 것이다.

다만 인증기관이 정기심사 결과 인증받은 자가 양질의 인증제품의 유통 및 서비스의 제공이 어렵다고 판단, 정부에 정기심사 결과를 보고하여 별도의 행정처분을 요청하는 경우에 한하여 정부의 행정처분이 실시되는 것이다.

### (2) 일반 기준

① 위반행위가 둘 이상일 때에는 그 중 처분기준이 무거운 위반사항을 적용한다.

② 위반행위의 횟수에 따른 행정처분의 기준은 처분일을 기준으로 최근 2년간(사업장심사 또는 서비스심사의 경우에는 1년간) 같은 위반행위로 행정처분을 받는 경우에 적용한다.

③ 법 제35조제1항에 따라 인증받은 자의 지위를 승계한 자는 승계받기 전에 행해진 처분을 승계한다.

④ 위반행위의 동기, 위반 정도, 그 외의 사정을 고려할 만한 사유가 있을 때에는 제2호의 개별기준에서 정한 표시정지, 판매정지 기간의 2분의 1의 범위에서 처분기간을 줄일 수 있다.

⑤ 표시정지, 판매정지 또는 법 제22조에 따라 인증취소를 하는 경우, 법 제26조에 따라 검사 또는 형식승인 등의 면제대상 품목에 해당하거나 인명피해나 화재의 발생 등 공공의 이익을 해칠 우려가 있다고 인정할 때에는 판매되고 있는 제품 또는 서비스에 대하여 표시제거 및 제품수거를 함께 명할 수 있다.

## (3) 개별 기준(개선명령, 표시정지, 판매정지)

| 위반행위 | 처분기준 | | |
|---|---|---|---|
| | 1차<br>위반 시 | 2차<br>위반 시 | 3차 이상<br>위반 시 |
| 법 제19조에 따른 정기심사의 보고 결과 또는 법 20조에 따른 시판품조사·현장조사의 결과가 아래와 같은 경우 | | | |
| 가. 정기심사의 보고 결과 법 제17조 제1항에 따른 인증심사기준에 맞지 아니하여 품질이나 성능의 결함 등 중대한 결함 요인으로 판정한 경우 | 표시정지<br>3개월 | 표시정지<br>6개월 | 표시정지<br>6개월 |

| | | | |
|---|---|---|---|
| 나. 시판품조사 결과 법 제12조제1항에 따른 한국산업표준에 맞지 아니하는 정도가 법 제17조제1항에 따른 인증심사기준에서 정한 표시위반 등 경미한 결함에 해당되는 경우 | 개선명령 | 표시정지 3개월 | 표시정지 3개월 |
| 다. 시판품조사 결과 법 제12조제1항에 따른 한국산업표준에 맞지 아니하는 정도가 법 제17조제1항에 따른 인증심사기준에서 정한 품질이나 성능의 결함 등 중대한 결함에 해당되는 경우 | 표시정지 3개월 및 판매정지 3개월 | 표시정지 6개월 및 판매정지 6개월 | 표시정지 6개월 및 판매정지 6개월 |
| 라. 현장조사 결과 법 제17조제1항에 따른 인증심사기준에 맞지 아니하여 일반품질 사항이 부적합한 경우 | 개선명령 | 표시정지 1개월 | 표시정지 3개월 |
| 마. 현장조사 결과 법 제17조제1항에 따른 인증심사기준에 맞지 아니하여 핵심품질 사항이 부적합한 경우 | 표시정지 1개월 | 표시정지 3개월 | 표시정지 6개월 |
| 바. 인증받은 자가 인증받지 아니한 자 또는 다른 인증받은 자의 제품(서비스)을 자체 제조한 제품(자체 제공한 서비스)으로 위장하여 인증표시를 한 경우 | 표시정지 6개월 및 판매정지 6개월 | 표시정지 6개월 및 판매정지 6개월 | 표시정지 6개월 및 판매정지 6개월 |
| 사. 인증받은 자가 자체 제조한 제품(자체 제공한 서비스)을 다른 인증받은 자의 제품(서비스)으로 위장하여 인증표시를 한 경우 | 표시정지 6개월 및 판매정지 6개월 | 표시정지 6개월 및 판매정지 6개월 | 표시정지 6개월 및 판매정지 6개월 |

## 〈행정처분 처리 절차〉

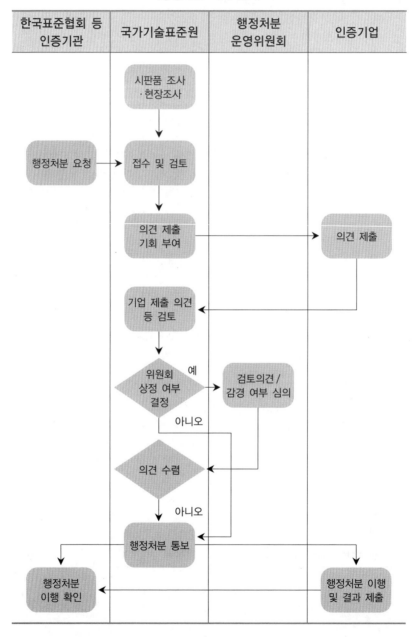

| 한국표준협회 등 인증기관 | 국가기술표준원 | 행정처분 운영위원회 | 인증기업 |
|---|---|---|---|

# 08 인증받은 자의 의견제출 및 처리

인증을 취소하려는 경우, 인증받은 자의 의견제출에 대한 처리 절차는 다음과 같다.

① 인증기관은 인증받은 자에 대해 인증을 취소하려고 하는 경우에는 인증받은 자에게 의견 제출의 기회를 주어야 한다.
② 인증받은 자는 취소 전에 인증기관에 서면으로 의견제출을 할 수 있다.
③ 인증받은 자는 의견제출을 하는 경우, 그 주장을 입증하기 위한 증거자료 등을 첨부할 수 있다.
④ 인증기관은 인증받은 자로부터 의견제출을 받은 경우, KS 인증위원회에 그 사실을 보고하고 KS 인증위원회의 심의에 따라 취소 여부를 최종 결정한다.
⑤ 인증받은 자가 정당한 이유 없이 의견제출 요청 기한 내에 의견제출을 하지 아니한 경우에는 의견이 없는 것으로 본다.

# 09 인증 취소 등 인증기관의 조치

## (1) 인증 취소

인증기관은 다음의 어느 하나에 해당하는 경우, 인증받은 자의 인증을 취소할 수 있다. 다만 ①에 해당하는 때에는 인증을 취소하여야 한다.

① 거짓이나 그 밖의 부정한 방법으로 인증을 받은 때
② 정기심사를 받지 아니한 때
③ 정기심사 또는 시판품조사·현장조사 결과 인증제품이 한국산업표준(KS)에 현저히 맞지 아니한 때
④ 현장조사를 거부·방해 또는 기피한 때
⑤ 정당한 사유 없이 명령에 따르지 아니한 때
⑥ 폐업 등의 사유로 인하여 정상적인 영업활동이 불가능하다고 인정되는 때
⑦ KS 마크 등의 허위표시에 대한 시정 조치를 하지 않은 경우
⑧ 인증기준에 적합하지 않아 부적합으로 종합 판정을 받았으나 기간 내에 개선조치를 이행하지 않은 경우
⑨ 인증받은 자가 주요 자재관리 목록 변경사항을 인증기관에 제출하지 않고 자재를 대체하거나 생략하는 경우

## (2) 인증 취소에 따른 조치

인증기관은 제품 인증의 인증취소 시, 인증받은 자로 하여금 취소한 인증에 관계되는 다음의 조치를 취하도록 요구하여야 한다.

① 인증기관은 인증받은 자에게 '인증취소일 이후부터 인증 표시된 제품을 판매하거나 인증제품임을 홍보하는 행위를 해서는 안 된 다는 것'을 통보하여야 한다.
② 인증기관은 인증받은 자로 하여금 인증취소일로부터 즉시 인증 취소에 관계되는 제품 또는 그 용기, 포장 또는 송장에 부착된 KS 마크 등의 표시를 제거하도록 요구하여야 한다. 또한, 필요 한 경우 유통제품을 수거하도록 요구하고 확인하여야 한다.

인증기관은 서비스 인증의 인증 취소 시, 인증받은 자로 하여금 인증 취소에 관계되는 다음의 조치를 취하도록 요구하여야 한다.

① 인증기관은 인증받은 자에게 '인증취소일 이후로 인증서비스를 홍보하는 행위를 해서는 안 된다는 것'을 통보하여야 한다.
② 인증기관은 인증받은 자로 하여금 인증취소일로부터 즉시, 인증 취소에 관계되는 서비스의 계약서, 납품서 또는 보증서에 부착 된 KS 마크 등의 표시를 제거하도록 요구하고 이를 확인하여야 한다.

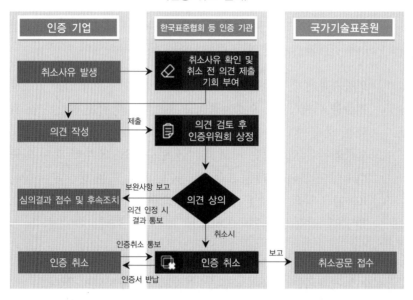

〈인증 취소 절차〉

## (3) KS 마크 등의 허위표시 시 조치

인증기관은 다음 ①과 ② 중, 하나에 해당하는 경우에는 인증받은
자에게 허위표시에 대한 시정 조치를 요구하거나 정부에 행정처분
을 건의할 수 있다.

① 인증받은 자가 인증받지 아니한 자 또는 다른 인증받은 자의 제
품을 자체 제조한 제품으로 위장하여 인증표시를 한 경우
② 인증받은 자가 자체 제조한 제품을 다른 인증받은 자의 제품으로
위장하여 인증표시를 한 경우

## ⑷ KS 및 KS별 인증심사기준에 적합하지 않는 경우의 조치

① 인증기관은 인증제품(서비스인증은 인증서비스)이 한국산업표준 (KS) 및 한국산업표준별 인증심사기준에 부적합한 경우에는 시정 조치 요구 및 확인심사·특별현장조사를 실시할 수 있다.

② 핵심 품질평가 항목이 부적합한 경우에는 부적합사항이 개선될 때까지 KS 마크를 표시해서는 안 된다(표시정지). 아울러 부적합한 인증제품에 대해서는 KS 마크를 표시하는 인증제품을 출하해서는 안 되고 부적합한 인증서비스에 대해서는 KS 마크를 표시하여 제공해서도 안 된다.

③ 인증제품(서비스인증은 인증서비스) 등이 해당 KS 및 KS별 인증심사기준에 부적합한 사항에 대해 시정 조치를 완료하였을 경우 ①의 조치를 철회할 수 있다. 다만 시정 조치를 완료하지 못한 경우에는 인증을 취소할 수 있다.

# 10  질의 및 유권해석(Q&A)

## 사후관리 관련 민원인 질의 및 유권해석

### QMS 인증을 받은 경우, KS 인증 정기심사 시 일부 면제 항목에 관한 질의

❑ KS 정기심사 대상 공장은 공장심사를 받도록 되어 있는데, 당사는 품질경영 시스템 인증을 받았습니다. 품질경영시스템 인증을 받은 경우 공장심사의 일부를 면제받을 수 있나요?

KS A 8001 5.3.2에 따라 품질경영체제에 관한 인증을 받은 자가 인증 신청을 하는 경우에 〈별표 8〉 인증심사기준 심사항목 중 Ⅰ의 제1호 '가'목 품질경영 관리에 대하여 공장심사를 면제합니다. 다만, 면제를 받으려는 인증기업은 품질경영체제(ISO) 인증서 및 내부심사보고서, 경영검토보고서, 부적합개선보고서 등 핵심 품질문서를 인증기관에 제출해야 합니다.

또한 최초 인증심사의 공장심사뿐만 아니라, 인증을 획득한 후 3년마다 실시하는 정기심사, 1년 주기 공장심사, 공장 등 소재지 이전에 따른 정기심사에도 적용됩니다. IAF(국제인정기관협력기구)에서 인정을 받은 KAB(한국인정지원센터) 및 외국의 인정기관으로부터 인정을 받은 인증기관으로부터 인증을 받은 업체가 여기에 해당됩니다. 이러한 업체는 인증서에 IAF 마크, 인정기관 마크, 인증기관 마크가 표시되어 있습니다.

### KS 정기심사 주기에 관한 질의

❑ 당사에서는 KS 인증품목(3개)을 보유하고 있는데 정기심사 주기는 어떻게 되나요?

1) KS 인증 정기심사의 제품 인증은 3년 주기로 실시하며, 서비스 인증은 2년 주기로 실시합니다. 다만, 서비스 인증의 경우 국가기술표준원장이 서비스의 품질이 떨어진다고 판단하여 고시한 업종에 대한 심사는 1년으로 합니다.

2) 인증받은 품목이 여러 품목이어서 정기심사 주기가 각각 다를 경우 기업의 신청에 의해 일괄하여 심사를 받을 수 있습니다.

3) 해외 KS 인증공장의 경우에도 동일합니다.

## IATF 16949 인증을 받은 경우, 정기심사 시 일부 면제 항목에 관한 질의

❑ 공장 이전에 따른 정기심사를 준비하고 있는 회사입니다. 저희 회사는 IATF 16949(舊 ISO/TS 16949) 인증업체입니다. ISO 9001을 포함한 상위 레벨의 인증이라고 알고 있는데, 이 경우에도 품질경영 관리 항목이 면제되나요?

IATF 16949 인증을 받은 경우, ISO 9001을 인증받은 것으로 간주하여 품질경영 관리에 대하여 공장심사를 면제합니다. 최초 인증심사의 공장심사뿐만 아니라, 인증을 획득한 후 3년마다 실시하는 정기심사, 1년 주기 공장심사, 공장 등 소재지 이전에 따른 정기심사에도 적용됩니다.

## 제조 중단 시 정기심사에 관한 질의

❑ 제조 중단 보고를 하는 경우에도 정기심사를 받아야 하나요?

1) KS 인증을 받은 업체가 KS 인증제품을 3개월 이상 제조를 중단해야 하는 경우에는 산업표준화법 시행규칙 제24조의 규정에 의하여 그 사유가 발생한 날부터 10일 이내에 인증기관인 한국표준협회에 제조 중단 사유 및 기간을 공문으로 기재하여 제조 중단 보고를 하여야 합니다.
2) 제조 중단 기간 중에는 정기심사(3년마다 심사, 1년마다 심사)가 실시되지 않으며, KS 인증제품의 제조가 재개된 후에 정기심사를 실시하게 됩니다.
3) 다만 인증제품의 제조 중단 기간이 1년을 초과한 경우, 인증기관은 KS Q 8001(KS 인증제도 -제품 인증에 대한 일반요구사항) 9.8항에 따라 이행 여부 등의 확인을 위해 특별현장조사를 할 수 있습니다.

## 국가상을 수상한 경우 정기심사 중 면제 사항에 관한 질의

❑ KS 인증 정기심사를 앞두고 심사 일부 면제 사항과 관련하여, 작년에 '국가품질상(단체표창)'으로 '국가품질혁신상'을 수상하였고 금년에도 회사 대표가 '유공자 포상 부문 훈장'을 수상하였습니다. 수상에 따른 면제 사항은 무엇인가요?

산업표준화법 시행규칙 제16조(정기심사의 주기·절차·방법 등)에 의해 다음의 사유가 발생한 후에 최초로 받아야 하는 정기심사 중 제품인증에 대하여는 정기심사를 면제하고 서비스인증에 대하여는 정기심사 중 서비스심사를 면제(사업장심사만 실시)합니다.

① 산업표준화 및 품질경영혁신과 관련하여 「상훈법」에 따라 산업훈장 또는 산업포장을 받은 자

② 산업표준화 및 품질경영혁신과 관련하여 「정부표창규정」에 따라 대통령 또는 국무총리표창을 받은 자

③ 산업표준화 및 품질경영혁신과 관련하여 중앙행정기관장의 표창 등을 받은 자로서 소관 행정기관의 장이 인정하는 자

## 정기심사 관련 질의

❑ 2018년 10월 20일에 공장을 확장하여 이전을 완료할 계획입니다. 종전의 공장에서의 정기심사는 만 3년이 되는 2018년 10월 30일까지 완료해야합니다. 이 경우 공장을 이전하게 되면 이전심사를 받아야 하는 것으로 알고 있는데 종전의 공장에서 정기심사와 새로운 공장에서 이전심사를 모두 받아야 하는지요?

인증받은 자가 인증제품의 제조공장 또는 사업장이나 인증서비스의 제공사업장을 이전한 경우에는 그 공장이나 사업장의 이전 완료일부터 45일 이내에 이전심사를 받아야 합니다.

이전심사에서 적합한 것으로 심사된 경우 정기심사를 받은 것으로 보며, 이후의 정기심사는 이전심사 받은 날을 기준으로 제품인증은 3년(서비스인증은 2년) 마다 정기심사를 받으시면 됩니다. 따라서 종전의 공장에서 정기심사는 별도로 받을 필요가 없습니다.

## KS 인증 관련 질의

❑ 최초 인증일이 2015년 10월 5일입니다. 금년이 3년이 경과한 시점이어서 정기심사를 받아야 합니다. 그런데 최초 인증일이 속하는 분기 말까지 신청하는 제도에서 최초인증일이 속한 날까지 정기심사를 완료해야하는 제도로 바뀐 것으로 알고 있습니다. 우리 공장은 2018년 10월 5일 이전에 정기심사를 완료해야하는지요?

인증받은 자는 인증받은 날부터 제품인증은 3년(서비스인증은 2년)이내에 정기심사를 받아야 합니다. 따라서 귀사는 최초 인증을 취득한 날로부터 3년이 되는 시점인 2018년 10월 4일까지 정기심사를 완료하셔야 합니다.

## 공장심사 관련 질의

❏ KS 심사는 3년마다 하는 정기심사와 1년 주기 정기심사(공장심사)가 있는 것으로 알고 있습니다. 그러면 3년 정기심사와 1년 주기 정기심사(공장심사)가 같은 해에 있을 경우, 두 가지를 다 받아야 하는 건가요?

3년 정기심사와 1년 주기 정기심사(공장심사)가 겹치는 해에는 3년 정기심사를 1년 주기 정기심사(공장심사)로 대신하기 때문에 1년 주기 정기심사(공장심사)를 받지 않습니다. 정기심사는 3년마다(해당 연도) 받으시면 되고 1년 주기 정기심사(공장심사)는 매년 대상 품목을 선정, 고시하여 실시합니다.

## KS 정기심사 연기 관련 질의

❏ 당사는 2018년 상반기 중에 정기심사 대상 업체입니다. 그런데 공장의 기계 증축 및 기계 위치 변경 등으로 2018년 하반기로 정기심사를 연기하고자 하는데 가능한지요?

정기심사 연기는 원칙적으로 불가능합니다. 그러나 특수한 상황의 경우(예를 들어 제조 중단, 휴업 등)는 예외로 할 수 있습니다. 귀사의 경우, 공장의 기계 증축 및 기계 위치 변경 등으로 기존 라인을 가동할 수 없는 상황이거나 KS 인증제품을 생산할 수 없는 상황이라면, 인증기관인 한국표준협회에 제조 중단 보고(3개월 이상이어야 가능)를 하시면 됩니다. 하지만 제조 중단 보고 기간 동안은 KS 인증제품을 생산할 수 없음을 유의하시기 바랍니다.

## 서비스심사 면제 관련 질의

❏ 2017년도 정기심사 대상기업입니다. 산업통상자원부 주관 국가품질경영대회 '서비스 품질상'을 수상한 경우, 서비스심사가 면제된다고 되어 있는데, 2017년도 심사에서 제외되는 건가요? 만약 제외된다면 KS 인증심사는 어떻게 준비를 하면 되나요?

포상 등을 받은 경우 산업표준화법 시행규칙 제16조(정기심사의 주기 절차 방법 등) 제4항에 따라 그 사유가 발생한 후에 최초로 받아야 하는 서비스 인증의 경우 정기심사 중 서비스심사를 면제합니다. 따라서 사업장심사만 받으면 됩니다. 정기심사 신청 시, 면제 혜택을 위해서는 포상 증명 서류를 함께 제출하셔야 합니다.

* 서비스 인증심사의 종류: ① 사업장심사, ② 서비스심사

## 정기심사 시 생산 실적 및 평균 시험 데이터 관련 질의

❏ 3년 정기심사 시에는 1년 실적 및 1년 평균 시험 데이터를 준비하는 것이 맞나요, 아니면 3개월분을 준비하는 것이 맞나요?

3년 정기심사 및 1년 주기 공장심사(정기심사) 시는 1년 실적 및 1년 평균 시험 데이터를 준비해야 합니다.

## 제조 중단 보고에 관한 질의

❏ 제조 중단 보고를 하는 경우 제조 중단 기간 동안 정기심사(3년) 및 1년 주기 공장심사(정기심사)를 하지 않는 것으로 알고 있습니다. 그리고 제조 재개 보고를 한 후 심사를 받는 것으로 알고 있는데, 3년 정기심사 기간이 안 되었는데도 정기심사(3년)를 받아야 하는 것인지, 아니면 1년 주기 공장심사(정기심사)를 받는 것인지 궁금합니다.

제조 중단 보고 기간이 종료된 후 정기심사가 도래한 경우, 즉시 신청하셔야 합니다. 1년 주기 공장심사(정기심사)의 경우는 신청에 의하지 않고 인증기관이 업체와 일정을 협의한 후 실시하도록 하고 있습니다.

## KS 인증업체의 부도 시 처리에 관한 질의

1. 기업체가 부도나면 KS 인증이 자동 취소되나요? 만약 자동 취소가 아니면 반납할 때까지 생산된 제품에 대한 KS 표시는 유효한가요?

KS 인증을 받은 공장이 부도·폐업, 기타 사유로 공장심사가 불가능한 때에는 공장에 대한 현장 확인 시, 정상적인 영업활동이 불가능하다는 점이 인정되면 인증 취소의 대상이 됩니다. 단지 부도만의 사유로 인증이 자동취소 되지는 않습니다.

2. 부도 전·후의 상호는 동일하지만 전혀 다른 법인체일 경우, KS 마크 표시가 가능한지요?

KS 인증은 산업표준화법 제15조(제품의 인증), 제16조(서비스의 인증)에 따라 공장 또는 사업장마다 받을 수 있습니다. 동일한 상호의 두 업체라 하더라도 전혀 다른 법인일 경우 별개로 KS 인증을 받을 수 있습니다.


## KS 인증 관련 문서 비치·보관 기간에 관한 질의

1. KS 인증을 받은 자는 문서를 3년간 비치·보관해야 한다고 하는데, 구체적으로 어떠한 문서들을 말하나요?

산업표준화법 시행규칙 제25조에 의하여 KS 인증을 받은 자는 다음의 문서를 3년간 비치·보관하여야 합니다.
- 인증제품의 제조설비 및 검사설비 또는 인증서비스 제공설비의 관리에 관한 서류
- 인증제품의 자체 검사 실적에 관한 서류
- 인증제품 또는 인증서비스의 품질관리에 관한 서류

2. KS 개별 인증심사기준은 어디에서 받을 수 있나요?

개별 인증심사기준은 한국표준협회 한국표준정보망(www.kssn.net)에서 무료로 다운로드가 가능합니다.


## 공장 등록 허가 취소 시 KS 인증 유지에 관한 질의

❑ KS 인증공장의 공장 등록 허가가 취소(말소)되면 KS 인증도 취소되나요?

KS 인증공장의 공장 등록이 취소되었다고 KS 인증이 취소되지는 않습니다. 다만, KS 인증공장은 KS 및 인증 심사기준에 의하여 적합하게 품질관리를 유지하고 KS 수준 이상의 제품을 생산해야 할 의무가 있으므로, 공장 등록 취소 요건이 인증 제품의 품질관리에 영향을 받는 경우에는 정기심사 결과에 따라 조치를 받을 수 있습니다. 따라서 KS 및 인증 심사기준에 적합하게 관리하여야 합니다.

## KS 표시정지 만료 후 처리 관련 질의

❏ 레미콘 생산 업체가 시판품조사 결과, 산업표준화법 시행령 제28조 관련 〈별표 1의2〉의 개별 기준 '다'항 위반으로 표시정지 3개월 및 판매정지 3개월 처분을 받아 KS 표시정지 기간 만료 시에 시정 조치 보고를 하면 인증기관인 한국표준협회에서는 업체에 대해 어떤 점검을 실시하는지 알고 싶습니다.

인증기관은 인증받은 자가 표시정지 3개월 이상의 처분을 받은 때에는 시정조치 완료 보고일로부터 3개월 이내에 공장심사, 제품심사, 사업장심사, 서비스심사 등을 실시할 수 있습니다.

실무적으로는 표시정지 3개월 이상의 처분을 받은 해당 시정조치 완료 사항에 대해 확인심사를 실시하고 있습니다.

## KS 인증 반납 관련 질의

❏ KS 인증을 반납할 계획입니다. 반납 절차와 관련 양식을 어디서 다운받을 수 있는지 알고 싶습니다.

반납을 위한 관련 양식은 특별히 없습니다. 귀사의 공문으로(반납 의사와 반납 사유 명기) 인증서 원본과 함께 인증기관인 한국표준협회에 제출하시면 됩니다.

## 시험성적서 유효기간 관련 질의

❏ 저희 회사는 유리를 2차 가공하는 회사로 KS L 2002, KS L 2015, KS L 2004를 보유하고 있습니다. 거래업체에서 발주할 때 시험성적서를 요구하는 경우가 있는데 업체마다 시험성적서 유효기간을 다르게 요구하고 있습니다. 여러 시험기관에 의뢰한 바 시험성적서 유효기간이 명시된 문서가 없다고 하는데, 위에 명시된 제품의 경우 시험성적서 유효기간이 있는지, 있다면 어디에 명시되어 있는지 알려 주십시오.

시험성적서 유효기간은 산업표준화법령에서는 별도로 명시된 규정이 없음을 알려드립니다.

PART 06

# 기타 사후관리

# 01 인증받은 자의 의무

## 법규 및 표준 준수 의무

KS 인증을 받은 자는 산업표준화법에서 정하는 제규정 및 KS로 제정된 일반요구사항(KS Q 8001) 및 분야별 요구사항(KS Q 8002 등)에서 정하고 있는 각종 의무를 준수하여야 한다. 법 규정 및 일반요구사항(또는 분야별 요구사항)을 위반한 경우 정부의 행정처분을 받거나 인증기관으로부터 인증취소 등의 조치를 받는다. 또한 해당 KS 및 인증심사기준에 따라 인증 당시의 요건을 유지해야 하고 지속적인 개선 활동을 전사적으로 추진하여야 한다.

## 변경 내용 신고 의무

KS 인증서에 기재되어 있는 대표자가 기재된 소재지에서 해당 품목 중 인증받은 범위의 종류·등급·호칭 또는 모델의 제품을 생산하여, KS 마크 등의 필요한 표시를 한 제품만이 KS 인증제품이라고 할 수 있다. 따라서 인증서에 기재되어 있는 업체명, 대표자, 소재지, 종류·등급·호칭 또는 모델을 변경하고자 할 때에는 법규가 정하는 절차에 따라 인증기관인 한국표준협회에 반드시 신고 특히, 종류·등급·호칭 또는 모델을 추가하거나 소재지를 변경하는 경우에는 인증 추가심사 또는 이전심사를 실시하고 인증서를 재발급 받아야 한다. 만약 이러한 신고 및 심사절차를 이행하지 않고 KS 인증제품을 생산하다가 적발되면 KS 인증을 받지 않은 것이 적용되어 불법제품으로 처벌을 받게 된다.

# 지위 승계 신고

## (1) 개념

KS 인증을 받아 KS 인증제품을 생산(서비스를 제공)하는 자의 지위는 승계될 수 있다. 이는 승계 전 인증권자의 법적인 지위를 포괄적으로 승계하는 것으로써 단순히 건물이나 설비를 매매하는 성격은 아니다. 즉, 승계 전의 인증권자가 가지고 있던 권리뿐 아니라 진행 중인 행정처분, 소비자 이의신청, 판매 중인 제품의 이의신청 등 법적·사회적·도덕적 의무를 총망라하여 포괄적으로 승계됨을 뜻한다.

단순히 공장(서비스인증은 사업장) 건물이나 설비를 매매하는 개념은 아니다. 정상적으로 가동 중인 KS 인증공장(서비스인증은 사업장)의 시스템도 그대로 양도·양수되어 양수 후에도 정상적으로 KS 인증제품이 생산(서비스인증은 서비스가 제공)될 수 있는 상태로 승계되어야 한다. 또한 인증 번호도 새로 부여되는 것이 아니고 종전의 번호가 그대로 승계된다.

## (2) 지위를 승계할 수 있는 경우

① KS 인증을 받은 자의 사업을 포괄적으로 양도받은 경우
② 사업을 상속받은 경우
③ 법인의 합병에 따라 존속하는 법인

## (3) 지위 승계 절차

KS 인증을 받아 KS 인증제품을 생산(서비스인증은 서비스를 제공)하고 있는 자의 지위를 승계받고자 하는 자는 그 지위를 승계한 날로부터 1개월 이내에 '지위 승계 신고서'에 다음 서류를 첨부하여 인증기관인 한국표준협회에 제출하여야 한다.

① KS 인증서 원본

② 양도·양수 계약서(사업을 양수한 경우 공증을 요함)

③ 사업을 상속받은 사실을 확인할 수 있는 서류(상속받은 경우)

④ 법인 등기부 등본(합병, 대표자 변경 등)

⑤ 변동 내역 신고서(공통)

⑥ 기타 사실을 확인할 수 있는 서류(사업자 등록증, 설비 명세서 등)

인증기관은 제출된 서류가 법적인 요건을 갖추고 있는지 여부를 검토하고 현지 확인이 필요한 경우 현지 출장 확인을 한다. 인증기관은 가능한 한 서류 확인을 원칙으로 처리하고 있으므로 중요 서류는 공증을 받아 제출해야 한다. KS 및 인증심사기준에 합당하게 KS 인증제품을 생산(서비스인증은 서비스를 제공)하는데 지장이 없음을 확인할 수 있는 충분한 서류를 갖추어 제출해야 한다. 서류 확인이 어려운 경우 현지 출장하여 확인을 해야 하며, 비용과 시간이 소요될 수 있다.

검토 결과 지위승계 신고서류가 법적인 요건을 갖추고 KS 인증제품 생산(서비스인증은 서비스 제공)에 지장이 없다고 판단되면, 인증기관은 신고서를 접수받은 날로부터 3일 이내에 인증서를 변경하여 재발급하게 된다. 지위를 승계받은 자는 승계 전의 행정처분이나 이의신청 등의 의무사항도 그대로 승계되므로, 승계 시 승계 전의 상황을 정확히 파악하여야 불이익을 받지 않는다.


# 소재지 이전 신고

## (1) 의의

KS 인증제품을 생산(서비스인증은 서비스를 제공)하는 자가 공장(사업장)의 확장 등으로 공장(사업장)의 소재지를 이전하고자 하는 경우, 공장(사업장) 이전을 마친 날로부터 10일 이내에 인증기관에 소재지 이전 신고를 하여야 한다.

## (2) 제출서류

공문서 형식을 취하여 소재지의 변경 내용을 변경 전, 변경 후로 나누어 기재하고, 새로 이전한 장소에서 KS 인증제품을 생산(서비스 인증은 서비스를 제공)하는데 지장이 없음을 증명할 수 있는 다음의 서류를 첨부하여야 한다.

① 공장 등록증(해당하는 경우) 및 사업자등록증 사본
② 법인의 경우 등기부 등본
③ 변동 내역 신고서
④ KS 인증서 원본

## (3) 서류 검토 및 인증서 재교부

인증기관은 제출된 서류를 검토하여 이전된 장소에서 KS 인증제품을 생산(서비스인증은 서비스를 제공)하는데 지장이 없다고 판단되면 인증서를 변경하여 재발급하게 된다. 서류를 검토한 결과, 인증 심사기준 등에 미달되어 KS 인증제품 생산이 곤란하다고 인정되면 현지 출장하여 확인한다.

## (4) 이전심사의 실시 및 정기심사 의무

인증받은 자가 인증제품의 제조공장 또는 사업장이나 인증서비스의 제공사업장을 이전한 경우에는 그 공장이나 사업장의 이전 완료일부터 45일 이내에 이전심사를 받아야 한다. 이 경우 해당 공장이나 사업장의 이전 완료일부터 10일 이내에 이전심사신청서를 인증을 한 인증기관에 제출하여야 한다.

이전심사에서 적합한 것으로 심사된 경우 정기심사를 받은 것으로 보며, 이후의 정기심사는 이전심사 받은 날을 기준으로 제품인증은 3년(서비스인증은 2년) 이내에 정기심사를 받아야 한다.

## 제조(서비스는 제공) 중단 및 재개 보고

### (1) 제조(서비스 제공) 중단 보고

KS 인증을 받은 자가 KS 인증제품의 제조(서비스인증은 서비스 제공)를 계속해서 3개월 이상 중단하고자 하는 경우, 그 사유가 발생한 날로부터 10일 이내에 중단 사유 및 기간을 명시하여 인증기관에 제조(서비스인증은 서비스 제공) 중단 보고를 하여야 한다.

정상적으로 중단 보고를 하고 제조(서비스인증은 서비스 제공)를 중단하는 경우 정기심사 신청기간 등에 영향을 미치므로 인증업체 스스로가 법적인 보호를 받기 위하여 보고를 하여야 한다.

> 인증제품 제조의 중단기간이 1년을 초과한 경우에는 인증기관은 특별 현장조사를 실시할 수 있다.

### (2) 제조(서비스 제공) 재개 보고

사정에 의하여 제조(서비스인증은 서비스 제공) 중단 보고를 한 업체는 중단 기간이 만료되기 전에 제조(서비스인증은 서비스 제공)를 재개하고 인증기관에 제조(서비스인증은 서비스 제공) 재개 보고를 하여야 한다.

# 명령에 따른 시정 보고

## (1) 의의

시판품조사 및 현장조사 등 정부가 사후관리를 실시한 결과 공장심사 및 제품심사(서비스인증은 사업장심사 및 서비스심사)에서 기준에 미달된 경우, 미달 내용에 따라 기간을 정하여 표시정지 및 개선명령 등의 행정처분을 받게 된다. 처분을 받은 인증업체는 기간 내에 반드시 미비 사항을 개선하고 시정 보고를 하여야 한다. 정당한 사유 없이 시정 보고를 하지 않을 경우, 인증 취소 사유에 해당되므로 반드시 기간을 지켜 보고하여야 한다.

인증받은 자는 명령에 따른 시정 결과(표시의 제거·표시의 정지 또는 판매의 정지 등의 명령을 받은 자가 명령 받은 사항을 시정한 경우)를 그 사유가 발생한 날부터 10일 이내에 인증기관에 제출하여야 한다.

## (2) 시정 보고서 작성 요령

시정 보고는 시정되었다는 결과만을 보고하는 것이 아니고 지적사항에 대하여 자체적으로 원인을 조사하여 조치 결과를 구체적인 자료와 함께 보고해야 한다. 재발 방지 대책 등을 구체적으로 상세하게 작성해야 하며, 개선 후의 관리 실적 등을 증거로 제출해야 한다.

〈제품 인증 시정 결과(종합) 예시〉

| 품 목 | 구 분 | 지적 사항 | 원인 및 분석 | 시정 사항 |
|---|---|---|---|---|
| | | | | |

* 첨부: 구체적인 실시 근거 자료

〈작성 요령〉

① 품목란에는 행정처분을 받은 KS 번호, 표준명, 종류·등급·호칭 또는 모델을 기재

② 구분란에는 공장심사 또는 제품심사를 구분하여 기재

③ 지적 사항란에는 행정처분 시 통보받은 미비 사항을 기재

④ 원인 및 분석란에는 미비한 사안별로 로트를 추적하고 원인을 조사하여 분석하고 품질관리위원회 등의 검토를 거쳐 확정된 원인을 기재(위원회 회의록 등 관련 자료 첨부)

⑤ 조사된 원인에 대해 자체적으로 대책을 수립하여 실시한 내용에 대한 실시 근거 자료를 첨부

⑥ 특히 제품 불합격의 경우 개선된 시료를 공인 시험·검사기관에 시험 의뢰하여 해당 KS에서 정하고 있는 항목에 대해 합격한 시험성적서를 첨부

〈서비스 인증 시정 결과(종합) 예시〉

| 분 야 | 구 분 | 지적 사항 | 원인 및 분석 | 시정 사항 |
|---|---|---|---|---|
|  |  |  |  |  |

* 첨부: 구체적인 실시 근거 자료

〈작성 요령〉

① 분야란에는 행정처분을 받은 서비스 KS 번호, 표준명 기재

② 구분란에는 사업장심사 또는 서비스심사로 구분하여 기재

③ 지적 사항란에는 행정처분 시 통보받은 미비 사항을 기재

④ 원인 및 분석란에는 미비한 사안별로 원인을 조사·분석하고 검토하여 확정된 원인을 기재(위원회 회의록 등 관련 자료 첨부)

⑤ 시정 사항란에는 원인에 대한 대책을 수립하고 실시한 내용을 구체적으로 기재

### (3) 시정 보고서 검토 및 조치

인증기관은 기간 내에 시정보고를 하지 않거나 시정내용을 검토한 결과 시정되지 않았다고 판단되면 인증취소 절차를 밟게 된다. 그러므로 반드시 기간을 엄수하여 인증기관에 공문서 형식을 취하여 시정결과 보고를 하여야 한다. 시정 확인은 서류 확인을 원칙으로 하고 있다. 따라서 서류 검토만으로 종결될 수 있도록 성실하게 작성하고 필요한 증빙 자료를 첨부하여야 한다.

## 문서 비치·보존 의무

KS 인증을 받아 KS 인증제품(서비스)을 생산(제공)하는 업체는 자체적으로 관리한 다음 서류를 3년간 비치·보존하여야 한다.

① 인증제품의 제조 설비 및 검사 설비 또는 인증서비스의 제공 설비에 관한 서류
② 인증제품의 자체 검사 실적에 관한 서류
③ 인증제품 또는 인증서비스의 품질관리에 관한 서류

## 표시 의무

### (1) 의의

KS 인증은 임의인증제도로서 인증을 받은 제품 또는 서비스에 KS 마크 등 필요한 표시를 한 경우만 KS 인증제품(서비스인증은 인증서비스)으로서 법적 지위를 인정받을 수 있다. KS 인증을 받았다고 하더라도 자체 검사 결과, KS 수준 미달 등의 사정이 있어 KS 마크 등을 표시하지 않으면 인증받지 않은 제품인 것이다.

KS 인증제품(서비스인증은 서비스)으로 지위를 인정받기 위해서는 산업표준화법 시행규칙 제12조의 규정에 의한 공통사항 및 개별 KS에서 정하고 있는 표시사항과 품목별 인증심사기준에서 정하고 있는 표시사항 및 방법에 따라 표시를 하여야 한다.

## (2) 표시사항(공통)

### ① ⑥ 마크

KS 마크 표시 도표 작도 방법은 산업표준화법 시행규칙 〈별표 3〉에서 정하고 있고 마크의 크기는 품목별 인증심사기준에서 정하고 있으므로 이를 확인하여 기준에 적합하도록 표시하여야 한다.

### ② KS 명칭 및 번호

표준명 및 번호는 개별 KS에서 정하고 있는 명칭과 번호를 그대로 표시해야 하며, 통상 임의로 사용되는 명칭을 표시해서는 안 된다.

### ③ 종류·등급·호칭 또는 모델

종류·등급·호칭 또는 모델은 KS 인증서에 기재된 종류·등급·호칭 또는 모델을 그대로 표시하여야 하며, 통상 사용되는 종류·등급·호칭 또는 모델을 표시하면 안 된다.

### ④ 인증 번호

인증 번호는 인증받은 자에게 품목별(서비스인증은 분야별)로 부여되는 고유 번호이다. 인증 번호는 주민등록번호와 같이 KS 인증제품(서비스)을 관리하는 기준이 되므로, 인증서에 기재된 인증번호를 정확하게 표시하여야 한다. 인증 번호를 다른 사람에게 대여하거나 다른 사람의 인증 번호를 도용해서도 안 된다.

⑤ 제품의 제조일

제품의 제조일은 제조 연월일의 개념이 아니다. 제조일에 대해서
는 해당 KS나 인증심사기준에서 표시 내용 및 표시 방법 등을 구
체적으로 정하고 있다. 즉 수명 등과 직접 관련이 있어 제조 연월
일까지 표시하도록 하는 KS도 있고 제조 연도 또는 제조 연월까
지만 표시하도록 하는 KS도 있다. 따라서 여기서 정하고 있는 제
조일은 해당 KS 및 인증심사기준에 적합하도록 제조일을 표시하
라는 의미로 해석된다.

⑥ 업체명, 사업자명 또는 그 약호

업체명, 사업자명 또는 그 약호는 소비자가 쉽게 알아볼 수 있도
록 표시하여야 한다. 또 반드시 인증서에 기재된 업체명 등을 표
시하여야 한다. 주문자의 상표를 붙이는 방식에 따라 제품을 제조
하는 경우에는 실제 제조자명 또는 실제의 제조자를 나타내는 약
호를 표시하고 추가로 판매원을 표시하는 것은 무방하다.

⑦ 인증기관명

실제 인증을 한 기관의 명칭을 표시함으로써 소비자가 KS 인증제
품에 대한 이의신청 등을 인증기관에 할 수 있도록 한다.

## (3) 개별 KS의 표시사항

KS별로 제품의 제원 및 특성이나 사용 또는 취급상의 주의 사항 등,
소비자들이 올바르게 사용할 수 있는 내용을 표시하도록 의무화하
고 있다. 보기 쉬운 곳에 쉽게 지워지지 않는 방법으로 성실하게 표
시를 하여야 한다.

〈KS C IEC 62552 가정용 냉장 기기 – 특성 및 시험 방법〉

가. 명판: 명판에는 다음 정보가 영구적으로 읽기 쉽게 표시되어야
한다.

① 냉장 기기의 타입(냉장고 냉동식품 저장 캐비넷, 냉동고, 냉
동냉장고 등)

② 등록 상표, 제조자 또는 책임 판매자의 이름

③ 모델명

④ 제조 번호 또는 제조 연월

⑤ 정격 전체 총 용적(세제곱데시미터 또는 리터)

⑥ 정격 유효 내용적(세제곱데시미터 또는 리터)

⑦ 기후 등급 기호(SN, N, ST, T)

⑧ 냉매의 종류

⑨ 에너지원과 관련된 정보

⑩ 정격 냉동 능력(kg)

⑪ 적용 시, 타입 I 또는 타입 II

나. 식품 냉동실(포스터) 및 냉동실의 식별(스타실을 그림으로 표시)

다. 냉장실의 식별(스타실을 그림으로 표시)

라. 부하 한계선

마. 기술 및 상업용 제품정보

바. 사용자 지침서

## (4) 인증심사기준의 표시 기준

품목별 인증심사기준에서는 표시해야 할 상품의 단위, KS 마크의
크기, 표시 장소, 표시 방법, 표시 내용 등을 구체적으로 정하고 있
으므로 개별 심사기준에 적합하게 표시를 하여야 한다.

# 인증기관 변경 시 의무

인증업체는 인증을 획득한 후 자유의사에 따라 현 인증기관으로 부터 다른 인증기관으로 변경할 수 있다. 다만 인증기관을 변경한 경우 최초 인증심사 절차를 다시 밟아야 하는데 이는 비록 그 업체가 동일한 인증기준에 적합하다고 해도 인증기준을 보증하는 인증기관이 달라지기 때문이다. 제품 인증의 경우 공장심사(서비스 인증은 사업장심사 및 서비스심사 모두 실시)는 무조건 실시하되 제품심사 실시여부는 인수인증기관이 재량으로 결정할 수 있도록 하였다.

인증받은 자가 인증기관 변경을 요청하는 경우, 인계인증기관은 인증받은 자에 관한 일체의 기록을 인수인증기관에 인계하여야 한다. 인증받은 자에 관한 일체의 기록이라 함은 인증유지에 필요한 다음의 기록을 말한다.

① 기본정보: 기업명, 대표자명, 사업자등록번호, 공장(사업장) 주소, 연락처
② 인증정보: 최초인증일, 인증번호, KS번호, 인증품목, 종류·등급·호칭·모델
③ 심사이력: 최초인증심사일, 정기심사일, 1년 주기 공장심사일, 공장이전심사일, 종류·등급·호칭·모델 추가일, 특별현장조사
④ 사후관리: 정기심사, 특별현장조사, 시판품조사, 현장조사 및 처분 관련 사항
⑤ 기타 사항: 민·형사상 또는 행정 소송 관련 사항, 인증기관 변경 이력 등

다음의 경우에는 인증받은 자가 인증기관을 변경할 수 없다. 인계 인증기관은 인증받은 자가 다음과 같은 경우에는 일체의 기록을 대신하여 그 사유를 구체적으로 명시하여 인수인증기관에 서면으로 알려야 한다.

① 정기심사 또는 이전심사가 1일 이상 진행되어 완료되지 않은 경우
② 표시제거명령 등의 행정처분(예정) 통지 공문이 도달된 경우, 또는 행정처분이 완료되지 않은 경우
③ 인증취소 등을 위하여 의견제출 기회가 부여된 후 해당 조치가 끝나지 않았거나, 이와 관련한 개선이 완료되지 않은 경우
④ KS 인증과 관련한 민·형사상 소송 또는 행정소송이 진행 중인 경우

인증받은 자가 인증기관을 변경할 수 없는 사유가 확인된 경우에 인수인증기관은 인증기관 변경을 신청한 자에게 인증기관을 변경할 수 없음을 서면으로 알려야 한다.

인수 인증기관은 인증기관 변경이 가능한 것으로 확인되면 인증기관의 변경을 요청한 인증받은 자에 대하여 공장 심사(서비스인증의 경우 사업장 및 서비스 심사)를 하여야 한다. 다만, 인수 인증기관은 제품의 품질 확인을 위하여 필요하다고 판단할 경우 제품심사의 심사 중 일부 또는 전부의 실시를 추가로 요청할 수 있다. 심사결과, 인증업무 규정에 따라 인증위원회에서 판정기준에 적합하여 인증을 결정한 경우 인증받은 자 또는 인수인증기관은 인증번호, 인증제품, 인증서 발급예정일 등을 인증서 발급 전에 인계 인증기관에 서면으로 알려야 한다.

인증기관 변경을 확인한 인계 인증기관은 인수 인증기관의 인증서 발급일 전까지만 인증기관변경 신청자의 기존 인증서의 효력이 유지됨을 서면으로 알리고, 필요한 조치를 하여야 한다.

인증받은 자의 인증기관 변경과 관련하여 별도로 정하지 않은 사항에 대한 민원이 있는 경우에 국가기술표준원은 지정심의위원회의 자문을 거쳐 해당 민원에 대한 조정을 하여야 한다.

인수 인증기관은 인증서 발급예정일까지 민원이 발생하지 않는 경우 인증받은 자와 인증계약을 체결한 후에 인증서를 발급하여야 한다.

## 주요 자재 변경 신고 의무

인증받은 자가 제품 생산을 위한 주요 자재를 변경하는 경우의 처리 절차는 다음과 같다.

① 인증받은 자는 제품(품목)의 종류, 공정의 특수성 및 제조 기술의 개발에 따라 자재를 대체 또는 생략하거나 검사항목을 늘리거나 줄일 수 있으며, 이 경우 변경사항을 기록한 자재관리 목록을 인증기관에 제출하여야 한다.

② 인증받은 자는 인증기관에 주요 자재관리 목록(부품, 모듈, 재료 등)을 심사 전에 제출하여 적정성을 확인받아야 한다. 심사 후에도 변경사항이 있을 경우 인증기관의 승인을 받아야 한다. 주요 자재의 변경으로 인해 제품성능에 변화가 예상될 경우에는 인증기관은 적정성을 확인하기 위해 인증받은 자에게 시험성적서 제출, 제품시험 실시 등을 요구할 수 있다.

③ 인증받은 자가 주요 자재관리 목록의 변경사항을 제출하지 않고 자재를 대체하거나 생략한 경우, 인증기관은 해당 제품(품목)이 한국산업표준(KS)에 현저히 맞지 않은 것으로 간주하여 인증을 취소할 수 있다.

# 한국산업표준(KS)이 개정된 경우 보고

인증제품에 관련된 KS가 개정되는 경우 이에 따른 보고 절차는 다음과 같다.

① 인증받은 자는 인증제품(서비스)의 KS 표준이 개정된 때에는 그 고시일(고시일과 시행일이 다른 경우 시행일을 고시일로 본다)로부터 3개월 이내에 개정된 표준에 따라 표시제품(인증서비스)을 생산(제공)하여야 하며, 이를 증빙하기 위하여 다음 각 호에 해당하는 서류를 첨부하여 인증기관에 보고하여야 한다. 다만, 기간 내에 개정된 표준에 따라 인증제품을 생산할 수 없을 때에는 미리 그 사유서를 인증기관에 제출하여야 한다.

1) 인증서 및 재발급신청서(표준번호, 표준명, 종류·등급·호칭 또는 모델 등이 변경되어 재발급이 필요한 경우)

2) 개정된 표준에 따른 시험성적서(제품 성능·시험 방법 등이 개정된 경우). 다만, 표준이 상향 개정된 경우에는 지방중소기업청 또는 공인 시험·검사기관에서 발급한 시험성적서

3) 설비 구입·계약 관련 서류(변동된 시험·검사설비 등이 있는 경우)

4) KS 인증 표시사항을 증빙할 수 있는 인쇄물 또는 사진 등(표시사항이 변경된 경우)

5) 기타 개정된 표준에 따라 인증제품을 생산하였음을 증빙할 수 있는 서류

② 인증기관은 ①에 따라 인증받은 자가 보고를 하지 않거나 보고내용의 검토 결과 개정된 표준에 부적합하다고 인정되는 경우에는 공장심사 및 제품심사(서비스인증은 사업장심사 및 서비스심사)를 실시할 수 있다.

# 한국산업표준(KS)별 인증심사기준이 개정된 경우 보고

인증제품(서비스)과 관련된 KS별 인증심사기준이 개정되는 경우, 이에 따른 보고 절차는 다음과 같다.

① 인증받은 자는 인증심사기준이 개정된 경우 개정된 인증심사기준에 따라 인증을 받은 것으로 본다. 이 경우 개정 공고된 날(공고된 날과 시행일이 다른 경우, 시행일을 고시일로 본다)로부터 3개월 이내에 개정된 인증심사기준에 적합하도록 관리하고 이를 증빙하기 위하여 다음 각 호에 해당하는 서류를 첨부하여 인증기관에 보고하여야 한다. 다만, 그 기간 내에 개정된 인증심사기준에 적합하도록 관리할 수 없을 때에는 미리 그 사유서를 인증기관에 제출하여야 한다.

1) 인증서 및 재발급신청서(종류·등급·호칭 또는 모델 등이 변경되어 재발급이 필요한 경우)

2) 설비 구입·계약 관련 서류(변동된 시험·검사설비 등이 있는 경우)

3) KS 인증 표시사항을 증빙할 수 있는 인쇄물 또는 사진 등(표시사항이 변경된 경우)

4) 기타 개정된 인증심사기준에 따라 제품을 생산하였음을 증빙할 수 있는 서류

② 인증기관은 인증심사기준의 개정 내용이 KS 인증제품의 생산에 영향을 준다고 판단될 때에는 인증받은 자에게 이를 통지하고 ①의 이행 여부를 확인하여야 한다. 인증받은 자가 이행보고를 하지 않거나 보고서 내용을 검토한 결과 KS 인증제품의 생산이 곤란하다고 인정되는 경우 공장심사 및 제품심사(서비스인증은 사업장심사 및 서비스심사)를 실시할 수 있다.

# 인증 계약 체결 의무

인증기관은 인증을 결정한 경우, 인증신청자와 'KS 마크 등의 표시 사용 동의에 관한 인증계약'을 체결하고 다음 사항을 준수하도록 하여야 한다. 또한 일반인이 해당 인증 내용을 열람이 가능하도록 인터넷에 공표하여야 한다.

① 제품인증서의 발급 시 기재사항
② KS 마크 등 표시사항

인증기관은 인증계약의 내용을 정하는 경우, 적어도 다음 사항을 포함하여야 한다.

① KS 인증업무에 관한 계약임을 명시
② 인증계약의 유효기간을 정하고 있는 경우에는 그 기간
③ KS 마크 등의 표시사항에 관한 사항
④ 인증받은 자가 인증 받은 제품을 광고 등의 방법으로 제3자에게 증명하는 경우에는 인증을 받지 않은 제품이 인증을 받은 것으로 혼동되지 않도록 규정하는 사항
⑤ 인증기관은 인증받은 자에게 보고를 요구하거나 인증 받은 공장·사업장, 기타 필요한 장소에서 인증 받은 제품을 심사할 수 있다는 사항
⑥ 인증받은 자가 인증 받은 제품에 대해 제3자로부터 불만을 받은 경우의 이의신청 및 조치에 관한 사항
⑦ 인증기관 및 인증받은 자의 비밀유지에 관한 사항
⑧ 인증기관이 취할 조치에 대해 인증받은 자가 행하는 청문(인증받은 자의 의견제출)에 관한 사항
⑨ 인증취소, 인증계약의 종료에 관한 사항
⑩ 인증기준에 적합하지 않은 경우의 개선조치에 관한 사항

⑪ 심사주기 준수, 수수료 납부 등 인증기관이 KS 인증 업무규정에서 규정한 사항

인증기관은 인증계약이 종료되면 인증받은 자에게 다음 사항을 알려야 한다. 또한 인증기관은 일반인이 해당 인증종료 내용을 열람이 가능하도록 인터넷에 공표하여야 한다.

① 인증계약의 종료일 및 인증번호
② 종료한 인증계약에 관한 인증받은 자의 공장명(회사명) 및 소재지
③ 제품인증서의 발급 시 기재사항
④ KS 마크 등의 표시사항

## 인증서 반납 의무

인증서를 발급 받은 자는 다음 어느 하나에 해당하는 사유가 발생한 경우에는, 그 인증서를 해당 인증기관에 반납하여야 한다.

① KS가 폐지된 경우
② 인증대상 제품의 품목지정이 취소된 경우
③ 해당 인증이 취소된 경우
④ 폐업한 경우
⑤ 인증기업이 자발적으로 인증을 반납하고자 하는 경우
⑥ 인증 관련 계약이 해지된 경우
⑦ 인증위원회에서 인증기관 변경이 결정되어 인증서 발급 예정일이 확인된 경우

## 인증서 재발급 의무

인증서를 발급 받은 자가 그 인증서를 잃어버리거나 헐어 못쓰게 되어 인증서를 재발급 받고자 하는 경우에는 인증서 재발급(변경) 신청서를 그 인증서를 발급한 인증기관에 제출하여 재발급 받아야 한다. 만약, 헐어서 못쓰게 된 경우에는 인증서를 첨부하여야 한다. 또한 인증서를 발급 받은 자가 그 인증서의 기재사항이 변경된 경우에는 인증서 재발급(변경) 신청서를 그 인증서를 발급한 인증기관에 제출하여 인증서를 재발급 받아야 하며, 인증서 및 변경사실을 증명하는 서류를 첨부하여야 한다.

## 품목 추가 심사실시 의무

인증받은 자가 품목을 추가 신청하는 경우, 인증기관은 인증심사를 실시하고, 인증 여부를 결정하여 그 결과를 인증받은 자에게 통보하여야 한다.
인증기관은 인증결정 시 인증받은 자와 인증계약을 변경하고 새로운 인증서를 발급하여야 한다.

## 종류·등급·호칭 또는 모델 추가 심사실시 의무

인증받은 자가 이미 인증 받은 제품(품목)의 종류·등급·호칭 또는 모델을 추가할 목적으로 인증을 신청한 경우, 인증기관은 지체 없이 인증심사를 실시하여 인증 여부를 결정(해당 종류·등급·호칭 또는 모델에 관한 것에 한한다.)하여 그 결과를 인증받은 자에게 통지하여야 한다. 이 경우 공장심사 시 심사사항의 일부(품질경영 관리, 자재 관리, 공정·제조설비 관리)의 평가를 생략(적합 "예"로 평가)한다.

인증기관은 인증결정 시 인증받은 자와 인증계약을 변경하고, 새로운 인증서를 발급하여야 한다.

## 자료 제출 의무

인증받은 자는 다음 각 호의 자료를 그 사유가 발생한 날부터 10일 이내에 인증기관에 제출하여야 한다.

① 인증제품 제조 또는 인증서비스 제공의 중단사유 및 중단기간(3개월 이상 중단하는 경우에만 해당한다)
② 인증제품 제조 또는 인증서비스 제공을 다시 시작한 날짜(인증제품 제조 또는 인증서비스 제공을 중단한 자가 그 제조 또는 제공을 다시 시작하는 경우에만 해당한다)
③ 인증제품 제조공장 또는 인증서비스 사업장의 이전을 마친 날짜(인증제품 제조공장 또는 인증서비스 사업장을 이전하는 경우에만 해당한다)
④ 명령에 따른 시정 결과(법 제21조에 따라 표시의 제거·표시의 정지 또는 판매의 정지 등의 명령을 받은 자가 명령 받은 사항을 시정한 경우에만 해당한다)

## 02 제3자의 이의신청 및 처리

인증제품 또는 인증서비스에 대한 이의를 신청하려는 자는 다음 각
호의 사항을 적은 이의신청서를 해당 인증기관에 제출하여야 한다.

① 신청인의 성명(법인인 경우에는 법인명 및 대표자의 성명) 및 주소
② 인증제품 또는 인증서비스의 종류·등급·호칭 또는 모델(종류·
   등급·호칭 또는 모델이 정하여져 있는 경우에만 해당한다)
③ 인증제품의 제조공장명 또는 인증서비스의 제공 사업장명
④ 인증제품의 구입 장소, 판매인의 성명(판매인이 법인인 경우에
   는 법인명 및 대표자 성명), 주소 또는 인증서비스의 제공 장소,
   제공자의 성명(제공자가 법인인 경우에는 법인명 및 대표자의
   성명), 주소
⑤ 이의신청의 사유

인증기관은 이의신청을 받으면 그 사실 여부를 조사하여 인증제품
또는 인증서비스가 해당 한국산업표준에 맞지 아니하다고 인정하는
경우에는 그 인증받은 자에 대하여 이의신청을 한 자에게 해당 인증
제품 또는 인증서비스를 교환, 수리, 환불 또는 보상하여 주도록 요
청하여야 한다.

인증기관은 조사결과 인증제품 또는 인증서비스가 해당 한국산업
표준에 맞지 아니하여 많은 소비자에게 피해가 발생하거나 회복하
기 어려운 피해가 발생할 우려가 현저하다고 인정하는 경우, 소관
행정기관의 장에게 시판품조사 또는 현장조사를 하도록 건의하여
야 한다.

# 03 질의 및 유권해석(Q&A)

## 인증업체 의무 관련 민원인 질의 및 유권해석

### KS 인증제품의 KS 마크 표시에 관한 질의

**1. KS 인증업체에서 생산하는 제품에는 반드시 KS 마크 표시를 해야 하나요?**

산업표준화법 시행규칙 제12조에 따라 제품 인증 및 서비스 인증을 받은 공장 및 사업장은 해당 제품 또는 서비스가 한국산업표준에 적합한 것임을 나타내는 표시를 하는 경우에 다음 사항을 표시하여야 합니다.

① 한국산업표준의 명칭 및 번호
② 한국산업표준에서 정하는 제품 또는 서비스의 종류·등급·호칭 또는 모델(종류·등급·호칭 또는 모델이 정해져 있는 경우에만 해당한다)
③ 인증 번호
④ 한국산업표준에 맞는 것임을 나타내는 표시를 한 제품의 제조일 (제품 인증표시에만 해당한다)
⑤ 인증받은 자의 업체명, 사업자명 또는 그 약호(주문자의 상표를 붙이는 방식에 의하여 제품을 제조하는 경우에는 실제의 제조자명 또는 실제의 제조자를 나타내는 약호)
⑥ 인증기관명
⑦ 한국산업표준을 표시하는 도표: 산업표준화법 시행규칙 〈별표 3〉
⑧ 한국산업표준에서 제품 품목 또는 서비스의 분야별 특성에 따라 표시하도록 정한 사항

제품의 포장에는 위의 사항을 모두 표시해야 하며, 제품에는 해당 인증심사기준에 표시해야 할 사항이 정해져 있으므로 해당 인증심사기준에 따라 표시하여야 합니다.

**2. KS 마크 표시가 없는 경우에도 KS 제품으로 인정을 하나요?**

KS 인증업체 제품일지라도 KS 마크 표시를 하지 않았을 경우에는 KS 인증제품으로 인정되지 않습니다.

**3. KS 마크 표시는 일정한 형식을 갖추어야 하는지, 아니면 임의의 형식으로 표시해도 되나요?**

KS 표시는 산업표준화법 시행규칙 〈별표 3〉 한국산업표준 표시 도표(ⓚⓢ)를 사용해야 합니다.

**368** • NEW KS 인증 실무

❑ KS 인증업체에 주문자 생산방식(OEM)으로 생산한 제품을 판매업체에서 KS 인증을 받을 수 있나요?

제품을 생산하지 않는 판매자가 KS 인증을 받을 수는 없습니다. 다만 주문자 생산방식에 의한 경우, 제조 업체명과 판매 업체명을 명확히 구분하여 표시하면 KS 인증을 받은 제품을 판매업체가 판매할 수는 있습니다. 판매자가 KS 인증업체에 주문자 생산방식으로 생산한 제품을 마치 판매업체가 제조한 것처럼 KS 인증표시를 한 경우에는 허위표시에 해당하여 처벌을 받습니다.

## 표시제거 등의 명령에 따른 후속 조치에 관한 질의

1. 표시제거, 표시정지, 판매정지 명령에 따른 명령 개시일부터 KS 표시를 하지 않고 생산, 판매가 가능한가요? 또한 표시제거, 표시정지, 판매정지 명령에 따른 명령 개시일 이전 재고분은 판매가 가능한가요?

표시제거, 표시정지, 판매정지 명령은 KS 인증제품에 대한 행정처분이므로, KS 표시를 하지 않은 경우에는 생산 및 판매가 모두 가능합니다. 표시정지 명령 개시일부터는 제품에 KS 표시를 할 수 없으나, 이전에 생산된 재고는 판매, 유통이 가능합니다.

2. 표시제거, 표시정지, 판매정지 명령에 따른 명령 개시일 이전 판매·유통 중인 제품에 대해 생산자가 조치할 의무사항은 무엇인가요?

판매정지 명령 개시일부터는 KS 표시 제품을 판매할 수 없으므로, 이전에 생산된 재고도 판매, 유통할 수 없습니다. 표시제거 명령은 명령 개시일로부터 KS 표시품을 생산·유통·판매할 수 없을 뿐만 아니라, 시중에 유통 중인 제품에 대해서도 수거하나 유통현장에서 KS 표시제거를 하기 위한 합리적이고 적절한 조치를 취하여야 합니다. 특히, 판매정지 및 표시제거 명령은 제품의 판매·유통이 인명의 피해 혹은 공공의 이익을 해할 우려가 있을 경우에 내려지게 되므로, 해당 업체는 적극적으로 리콜 등의 조치를 취하는 것이 바람직합니다.

## 단계적으로 공장 이전을 하는 경우, KS 인증표시 방법에 관한 질의

❑ 공장 이전을 하려고 하는데 제조업체 특성상 모든 설비를 한꺼번에 옮기는 것이 아니고 약 4~5개월에 걸쳐 단계적으로 이전을 할 예정입니다. 그래서 이전이

완전히 끝나기 전까지는 불가피하게 일정 기간 동안은 종전의 공장 및 이전 공장에서 제품을 동시에 생산하여야 합니다. 이러한 경우 종전의 공장 및 이전 공장에서 제품의 KS 표시는 어떻게 해야 하나요?

KS 인증은 단위 공장별로 인증을 받도록 되어 있으며, 공장을 이전할 경우 공장 이전 완료 후 45일 이내에 공장심사를 받아야 합니다. 공장을 단계적으로 이전하는 경우, 종전의 공장에서 생산하는 제품은 KS 표시가 가능하나, 새로이 이전하고자 하는 공장에서 생산되는 제품에는 KS 표시를 할 수 없습니다. 이전 공장으로 KS 인증서를 재발급받은 후에 이전심사를 완료하고 이전된 공장에서 생산되는 제품에 KS 표시를 할 수 있습니다.

## KS 인증을 받은 후 KS 마크 표시에 관한 질의

❑ KS 인증을 받은 경우 '㉿(KS 마크)'를 반드시 표시하여야 하나요?

1) 산업표준화법 제15조의 규정에 의하여 KS 인증을 받은 업체는 KS에 맞는 것임을 나타내는 표시('㉿' 표시)를 제품·포장 또는 용기에 할 수 있고 홍보도 할 수 있습니다.

2) KS 인증을 받은 업체가 반드시 KS 마크 표시를 해야 하는 것은 아니며 KS 마크 표시를 하지 않고 출고하게 되면 KS 인증제품에 해당되지 않습니다. 따라서 당사자 간의 계약에 따라 KS 인증제품으로 명시되어 있는 경우 반드시 KS 마크 표시를 하여야 할 것이며, 그렇지 않을 경우는 생략이 가능합니다.

3) 다만, KS 마크 표시를 하지 않고 생산하는 기간이 3개월 이상일 경우, 산업표준화법 시행규칙 제24조에 의거, 인증기관인 한국표준협회에 제품 제조의 중단 사유 및 중단 기간을 제출하여야 하므로 3개월 이상 KS 마크 표시를 하지 않고 생산해서는 안 됩니다.

## 특허제품의 KS 인증품목 지정에 관한 질의

❑ 특허제품을 KS 인증품목으로 지정이 가능한가요?

1) 특정 품목에 대해 해당 KS가 존재하고 해당 KS가 인증 대상으로 지정된 경우(즉, 개별 인증 심사기준이 있는 경우)에 KS 인증을 하고 있습니다.

2) 특허제품을 KS 인증품목으로 지정하기 위해서는 1단계로 KS를 제정하여야 하며, 2단계로 개별 인증심사기준을 제정하여야 합니다. 1, 2단계에 있어 산업표준화법령에 의한 사회적 합의 절차가 필요합니다.

3) 특허는 발명자가 갖는 배타적이고 독점적인 권리이므로, 많은 사람이 공통적으로 널리 사용하고자 하는 KS의 목적과 상충됩니다. 따라서 특허 기술을 KS로 제정하는 과정에서 특허권

자는 해당 기술에 대해 '누구에게나 비차별적이고 합리적 조건으로 해당 특허권 등의 실시를 허락함을 승낙한다'는 취지를 서면으로 제출하여야 합니다.

## 실용신안 제품에 KS 마크 표시에 관한 질의

❑ 특허청으로부터 받은 실용신안 특허를 받은 제품에 KS 마크 표시를 해도 되나요?

특허청으로부터 받은 실용신안 특허가 KS에서 규정하고 있는 사항에 위배되지 않고 제품의 성능이 KS 수준 이상인 경우에는 KS 마크 표시가 가능합니다.

## 제작 및 가공 업체가 다른 경우, KS 마크 표시에 관한 질의

❑ 제품의 제작 및 가공업체가 다른 경우, 최종 제품에는 어느 업체로 KS 인증을 표시해야 하나요?

최종 완성 제품을 제조한 제조자 명의로 KS 마크를 표시할 수 있습니다.

## KS 마크 표시사항 관련 질의

❑ 가정에서 사용하는 스위치와 콘센트를 KS 제품으로 제조하고 있습니다. 그런데 수요자 측에서 KS 마크의 삭제를 원하고 있습니다. 삭제하고 제조가 가능한가요?

KS 인증제품은 KS 및 개별 인증심사기준에서 제시한 표시사항을 표시하여야 합니다. 만약 제품에 KS 표시사항이 없는 경우는 KS 인증제품으로 볼 수 없습니다. KS 표시사항이 없는 제품을 KS 인증제품으로 판매할 때는 표시사항 위반으로 행정처분을 받을 수 있습니다.

## 공공기관의 KS 인증제품 사용 관련 질의

❑ 공공기관이 공사용 자재를 사용함에 있어서, KS 인증이 있는 동등의 제품이 있음에도 불구하고 KS 인증이 없는 제품 또는 ISO 인증제품을 사용하여도 무방한지 궁금합니다. 무방하다면 관계없겠지만, 무방하지 않다면 공공기관은

어떠한 불이익 또는 제재를 받는지 궁금합니다. 또한 관련 법적 근거를 알고 싶습니다.

산업표준화법 제24조 및 제25조에 따라 국가, 지방자치단체, 공공기관 및 공공단체에 대하여 한국산업표준 준수와 KS 인증제품에 대한 우선 구매를 정하고 있습니다. 그러나 이를 수행하지 않은 것에 대하여 법적인 제한이나 제재 조치를 정하고 있지 않으므로, 해당 제품을 사용하는 관련 법과 해당 기관의 규정 등에서 특별히 정하지 않았다면 꼭 지켜야 할 의무는 없으며, 또한 특별히 정하지 않았다고 하더라도 문제가 될 수 있는 사항은 아닙니다.

## 신규 개발 모델에 대한 KS 인증표시 기준 관련 질의

❏ 최초 KS 인증을 취득한 후 인증 범위(종류·등급)에 해당하는 신규 모델 개발이 완료되었을 경우, 바로 KS 인증표시를 하여 생산·판매하여도 되는지에 대하여 문의드립니다. 인증 범위에 해당되는 모델은 모두 KS 인증표시를 하여 생산·판매할 수 있는 것인지, 아니면 인증 범위에 있다 하더라도 각각의 모델별 '안전·성능'에 대한 '성적서'를 확보하여야 하는지요?

KS 인증을 취득한 업체가 신규 모델을 개발하여 완료하였을 때, 그 제품이 KS 인증 취득 시의 해당 품목 및 종류·등급 범위에 들어가 있고 해당 표준에서 요구하고 있는 스펙을 만족하고 있는 경우에는 KS 인증표시를 할 수 있습니다.

## KS 제품 표시 위반 관련 질의

❏ 중국 공장(다국적 기업)에서 제품에 대한 KS 인증을 받았습니다. KS 인증표시가 되지 않은 제품을 수입하여, 한국 공장에서 KS 인증표시를 한 후 판매할 경우에 표시위반이라고 할 수 있나요?(한국 공장은 KS 인증을 받지 않음) 표시위반일 경우, 이에 대한 처벌 기준 및 절차는 어떻게 하여야 하는지요?

산업표준화법 제15조(제품의 인증) 제3항에 따라, 인증을 받은 자가 아니면 제품 인증표시를 하거나 이와 유사한 표시도 하지 못하도록 규정하고 있습니다. 즉, 제15조제3항에 위배되어 제42조(벌칙)에 따른 처벌을 받게 됩니다.

## KS D 4308 인증업체 관련 질의

❏ 저희는 KS D 4308 제품에 관하여 KS 인증을 받은 업체입니다. 저희 회사에서 KS D 4308의 KS 인증을 받은 다른 제조 회사에 제품 생산 의뢰를 하려고 합니다. 궁금한 점은 제조사의 KS 인증이 표기되고 판매처가 KS 인증업체로 판매자명을 별도로 표기한다면 KS 인증제품으로 전혀 문제가 없는지요, 또 문제가 없다면 이런 사항을 명시한 법령이나 시행령이 있는지요?

KS 인증을 받은 업체는 산업표준화법 제15조의 규정에 따라 한국산업표준에 적합한 것임을 나타내는 표시를 할 수 있습니다. 제조업체명과 판매업체명을 명확히 구분하여 표시하면 됩니다. KS 인증업체가 주문자 생산방식(OEM)으로 생산된 다른 업체의 제품을 마치 판매자가 제조한 것처럼 KS 인증표시를 한 경우에는 허위표시에 해당되어 처벌을 받습니다.

## KS F 4910 인증표시 관련 질의

❏ 당사 KS 인증서에는 표준 번호(KS F 4910)만 표시되어 있는데, 제품 용기에 KS F 4910 중 F형 25HM이라는 종류 및 등급을 표시해도 되나요? 또한 제품의 용도가 글레이징용(G형)이지만, 제품의 성능이 F-25HM의 성능을 낸다면 글레이징용과 F-25HM을 혼합해서 표기해도 되나요?

KS F 4910에는 종류·등급이 없으므로 제품에 표시할 때는 KS F 4910의 '8. 표시' 항목에 a)~f)까지의 사항을 명시해야 합니다. 즉, 제품의 종류 또는 기호, 색상, 실제 부피, 제조명 또는 그 약호, 제조 연월일, 취급상의 주의 사항 등입니다. 종류 또는 기호라는 곳에 F형 25HM이라는 표시를 하여도 무방합니다. 호칭 방법을 표기하는 법은 형, 등급 및 세부 등급의 기호를 KS F 4910의 '4. 종류'에 따라 표기합니다. 예를 들면 'F형·거동 추종성 25%·F형 25HM'으로 표기합니다. 자세한 내용은 KS F 4910의 '4. 종류', '5. 호칭 방법'을 참고하시기 바랍니다.

## KS 인증 표시사항 관련 질의

❏ 인증심사기준의 '제품의 인증 구분'에 표시사항이 있습니다. 제품마다 잘 보이는 곳 표준명 및 표준 번호, 인증 번호, 제조 연월일, 제조자명 등을 제품 후면에 부착하려고 합니다. 포장 박스에도 상기와 같은 제품 표시를 해야 하는

지 알고 싶습니다. 인증심사기준에는 제품마다로 되어 있는데, 포장 박스도 포함되는 건지, 아니면 회사 기준에 따라 제품명, 제조 번호 등 일부만 표시해도 되는지요?

인증심사기준 및 KS에 정해진 대로 따르시면 됩니다. 그 밖은 회사에서 정한 바에 따라 운영하시면 큰 문제가 없을 것입니다.

## KS 인증 표시 부착 가능 여부에 관한 질의

❏ KS P 6102 의료용 고압 증기 멸균기, KS P 6108 혈액, 약품 냉장고 및 냉동고에 관한 정기심사 합격 후, 신규 모델 개발 시 KS 인증 표시 부착이 가능한지 알고 싶습니다.

한국산업표준(KS) 제품 인증의 범위는 품목별 인증 구분에 따라 그 범위를 정합니다. 인증 구분은 품목별 '인증심사기준'에 종류·등급 호칭을 구분하고 있습니다. 품목별 '인증심사기준'을 참조하여 현재 인증받은 범위를 확인하시기 바랍니다. 인증받은 범위 안에서 모델이 변경될 때는 KS 제품으로 표시할 수 있습니다(새로운 모델은 KS에 적합해야 함). 그러나 새로운 모델이 인증받은 범위를 벗어나면 KS 인증제품이 아닙니다.

## 대표이사 변경 처리기간 중 제품 생산 관련 질의

❏ KS 인증이 나오는 도중에 대표자가 변경되었습니다. 기존의 사내이사께서 대표이사로 등록이 되었는데, 5월 2일에 대표가 바뀌었고 5월 16일로 기존 대표이사로 등록된 KS 인증서를 받았습니다. 그래서 5월 31일에 인증서 재발행을 신청했습니다. 그럼 이 기간동안 제품 생산할 때 KS 마크 표시 후 출고가 가능한지가 궁금합니다. 혹시 몰라서 아직 생산 후 KS 마크는 표시하지 않고 있습니다.

인증서를 이미 받으신 상태라면, 인증 일자부터 제품에 KS 인증 표시를 하실 수 있습니다. 인증서 재발급 신청을 하셨다면 담당자가 서류 검토 등 절차를 진행하고 있을 것입니다. 즉, 인증서를 받으셨으므로 재발급과 관계없이 제품에 KS 인증 표시를 하실 수 있습니다.

## KS 인증 표시 방법 관련 질의(KS L 2003 및 인증심사기준)

❑ KS L 2003의 제품별 표시 방법에 대하여 표준서 '12. 표시'에 보면 '복층 유리
는 제품 1매마다 다음 사항을 표시한다. 또한 송장, 그 밖에 두께 구성 또는
그 약호를 기재한다. 다만, 당사자 사이의 협정에 따라 생략할 수도 있다'라는
문구가 있어서 일부 건설사에서 이를 임의로 해석하며 생략을 요구하거나 표
시 방법의 변경, 건설사에서 원하는 마크를 표시해 달라고 합니다.

한편 KS L 2003 심사기준의 표시 방법에는 매 제품마다 KS 표시 마크, 종류
및 기호, 제조자명 또는 약호를 적게 되어 있습니다. 최근 특정 건설 현장에서
KS 종류 및 기호 생략, 제조자명 생략 및 특정 업체명 기입 등의 생략 및 변경
을 요구하고 있어 이를 제조, 납품하고 나서 KS 심사 기준에 위배되거나 해당
제품이 KS 제품으로 인정받을 수 없는지 등에 대한 정확한 의견을 요
청드립니다.

KS 제품으로 인정받기 위해서는 KS L 2003에서 요구하는 표시사항을 반드시 준수해야 하며,
건설사에서 원하는 마크를 표시하는 것은 표시사항 위반입니다. 또한 특정 업체명 기입, 변경 등
으로 표시한 제품은 KS 인증제품으로 인정되지 않음을 알려드립니다.

## KS 인증 표기 방법에 관한 질의

❑ A업체는 KS 인증이 없고 B업체는 해당 KS 인증을 가지고 있을 경우, A업체
가 판매자이고 B업체가 제조자로 외주를 준다고 하였을 때 KS 표시 방법에
대한 문의입니다. 일반적으로 박스 포장처럼 표기할 면적이 자유로운 경
우에는 '판매자: A업체, 제조자: B업체', 이런 경우가 가능할 텐데, 케이블의
경우에는 위와 같은 방법을 사용하기가 어렵습니다. 그런 경우 표기 방법을
'제품명, A업체명, B업체명, B업체의 KS 인증번호'식으로 나열하여 표기하여
도 맞는 것인지 문의드립니다. 제조자와 판매자를 구분하여 표기하는 것으로
알고 있는데, 위와 같은 방법이 법적으로 위반이 되는지 답변 부탁드립니다.

케이블에도 여러 종류(KS 번호)가 있습니다. 해당 표준 및 인증심사기준을 참고하시기 바랍니
다. KS 인증을 받은 회사와 KS 인증을 받지 않은 회사가 소비자로 하여금 혼동을 초래해서는 안
됩니다.

# 공장 이전 및 지위 승계

## KS 인증공장 이전 시 신고사항 및 신고기한에 관한 질의

❑ 공장을 이전한 경우, 신고사항 및 신고기한에 대해 알려 주십시오.

공장 이전의 경우, 이전 완료일을 기준으로 10일 이내에 관련 서류와 함께 인증기관에 신고하도록 되어 있습니다. 필요한 서류는 한국표준협회 홈페이지(www.ksa.or.kr)의 KS 인증에서 다운로드받을 수 있습니다.

다음의 서류를 KS인증지원시스템(www.ksmark.or.kr)을 통하여 제출하시면 됩니다.

① 인증서 재발급 신청서
② KS 인증서 원본
③ 법인 등기부등본(말소사항 포함)
④ 사업자등록증 사본
⑤ 공장등록증 사본(500m$^2$ 이상 공장 필수)
⑥ 변동내역서(제조, 검사설비 보유 현황)
⑦ 제품시험성적서(자체 또는 공인성적서)

## KS 인증공장을 해외로 이전 시 그에 따른 후속 조치에 관한 질의

1. 국내 KS 인증공장을 해외로 이전 시 어떤 절차로 진행하나요?

2. KS 인증공장 해외 이전 시 이전에 따른 정기심사는 어떻게 하나요?

3. 해외의 KS 인증공장을 국내로 이전 시 어떤 절차로 하나요?

4. KS 인증공장 해외로 이전 시 검·교정은 어떻게 하나요?

5. 해외에서 생산한 KS 인증제품을 국내로 수입 시 통관검사가 면제되나요?

1) 질의 1, 2, 3에 대하여: KS 인증공장이 KS 인증 당시의 인증 조건(공장 시설 및 인원) 전부를 이전하는 경우에는 국내외를 막론하고 이전이 가능하며, 이 경우 산업표준화법 시행규칙 제16조에 의거, 공장 이전에 따른 이전심사를 이전 완료 후 45일 이내에 받아야 합니다.

2) 질의 4에 대하여: KS 인증공장 해외 이전 시 검사 설비의 교정은 우리나라 국가 공인기관에서 교정검사를 받거나, 현지 국가공인 교정검사기관에서 교정검사를 받으면 됩니다.

3) 질의 5에 대하여: 해외에서 생산한 KS 인증제품을 국내에 수입 시, 수입 통관검사는 면제되지 않습니다.

## KS 인증공장의 부분 임대에 관한 질의

❑ KS 인증업체의 건물 일부를 임대하여 업종이 다른 KS 인증공장을 이전하고자 하는데 가능한가요?

기존 KS 인증공장에 부지, 건물 등의 여유가 있어, 이를 임대하여 KS 인증제품 생산 활동에 필요한 시설을 설치·운영할 수 있을 경우에는 동일 번지 내 또는 동일 건물 내라 할지라도 다른 KS 인증공장의 이전이 가능합니다.

## 공장 이전과 동시에 대표자 변경에 관한 질의

❑ 대표자 변경과 공장 이전이 동시에 이루어질 수 있나요?

대표자 변경과 동시에 공장 이전도 가능합니다.

## 공장 이전 관련 문의

❑ 저희 회사는 작년 12월에 공장 이전을 해 KS 인증서를 재발급받은 상태입니다. 따라서 45일 안에 공장 이전 심사를 받아야 하는 것으로 알고 있습니다. 그러면 기존의 1년 주기 공장심사는 어떻게 되는지요? 같은 해에 연속으로 다 받아야 하는 건지 궁금합니다.

공장 이전 심사를 받는 해에는 1년 주기 공장심사는 면제됩니다.

## KS 심사 시 공장 가동 기간 관련 문의

❑ A라는 회사가 공장 등록 후, 공장을 가동하다가 약 6개월 시점에(A회사는 KS 인증 신청을 하지 않았음) B라는 회사가 A회사(공장 포함)를 인수한 후 공장을 가동하면서 KS 신규 심사를 신청하려 합니다. A회사로 공장 가동했던 기간(약 6개월)을 B회사 공장 가동일로 인정받아 공장 인수 후 즉시 B회사가 KS 신규 심사 신청을 할 수 있는지 궁금합니다(즉 B회사가 KS 심사 신청 시 심사

전 최소 3개월 이상 공장 가동 요건에 A회사에서 공장 가동했던 기간을 인정받을 수 있는지).

공장 가동이라 하면 현재 위치에 소재한 공장의 사업자가 실제 경영한 공장 운영 생산 실적을 의미합니다. 즉 공장을 운영하던 중 사업의 승계나 소재지를 변경하는 경우, 변경 완료 시점부터 다시 시작됨을 알려드립니다.

## 공장 이전 심사 관련 질의

공장 이전 후 인증서를 재발급받고 공장 이전 심사를 하려 하는데 몇 가지 궁금한 점이 있어 문의드립니다.

1. 최초 인증심사와 같이 ISO 인증 보유 시 품질경영관리가 모두 면제가 되는지요?

   ISO 인증을 보유한 경우 최초 인증심사와 같이 이전심사에서도 품질경영관리가 모두 면제됩니다.

2. 공장 이전 심사 후 1년 주기 공장심사를 같은 해에 또 받는지요?

   해당 연도에 정기심사(공장 이전심사 포함)를 실시한 경우 1년 주기 공장심사는 받지 않습니다.

## 양도·양수 관련 질의

❑ 동일 품목에 대해 두 기업 모두 KS 인증업체일 경우, 양도·양수로 인한 한쪽의 연혁을 승계할 수 있는지 여부와 이 경우 심사가 발생하는지 아니면 단순히 변동 내역 신고만으로 가능한지 궁금합니다.

양도·양수에 의한 합병으로 지위 승계가 이루어지는 경우입니다. 이러한 경우 인증에 대한 이력이 승계가 되며, 다만, 합병이 되는 업체에 대하여 변동 내역 신고만으로 지위 승계가 이루어집니다.

※ 산업표준화법 시행규칙 제16조제2항 개정(2015. 1. 23)에 따라 양도·양수에 따른 정기심사는 폐지되었습니다.

## 공장 이전 관련 질의

❏ 2011년 하반기에 공장을 이전하게 되었습니다.

1. 공장 이전 재발급 신청과 관련하여, 2011년 상반기 정기심사 대상 중 제조 중단 신고서를 제출한 품목에 대해서는 제조 개시 보고서를 제출해야 하는지, 아니면 상기의 다른 품목과 마찬가지로 재발급 신청서로 대체가 가능한지 문의드립니다.

   재발급 신청과 동시에 제조 개시 보고를 동시에 하시면 됩니다.

2. 재발급 신청 이후 공장 이전 심사를 받게 되는데, 공장 이전 심사 이전에 생산된 제품에 대해 판매가 가능한지 문의드립니다.

   인증서 재발급 일자 이후에 생산되는 것부터 판매가 가능합니다.

## 지위 승계 심사 관련 질의

❏ 회사에서 양도·양수에 의한 인증서 재교부 이후에 3개월 안에 지위 승계 심사를 받아야 하는 건가요?

   산업표준화법 시행규칙 제22조에 따라 사업의 양도·양수를 하는 경우 1개월 이내에 신고하여야 하며 인증서를 재발급 받아야 하나, 3개월 안에 지위승계 심사를 받을 필요는 없습니다.
   ※ 산업표준화법 시행규칙 제16조제2항 개정(2015. 1. 23)에 따라 양도·양수에 따른 정기심사는 폐지되었습니다.

## 공장 증설에 따른 인증 취득 사항 관련 질의

❏ 2공장 증설에 따른 인증 취득과 관련하여 문의드립니다. 현재 본사에서 KS F 5602 외 2종에 대해 KS 인증을 취득하여 생산 중이며, 최근 근교에 2공장을 증설하여 KS F 5602에 대해 생산을 시작하였습니다. 3개월이 경과되어 '2공장의 KS F 5602'에 대한 인증을 취득하고자 합니다. 본사에서 원자재를 일괄 구매 후 2공장에 공급, 본사 구매부에서 2공장까지 일괄 관리하며, 생산 및 품

질 부서만 2공장에 별도로 상주하고 완제품에 대한 출고·판매·관리 등은 본사에서 일괄 관리하고 있는 실정입니다.

1. 현재 2공장 조직도상 생산품질 부서의 업무 시스템만 심사 대상이 되는지, 구매·영업 등 전체 조직에 대한 업무 시스템까지 포함하여 심사 대상이 되는지요?

   KS 인증은 산업표준화법 제15조에 따라 공장별 또는 사업장별로 인증을 받아야 합니다. 또한 생산제품에 대하여 안정적·지속적으로 생산하도록 조직 구축, 설비 구축 및 관리 등 체계적인 프로세스를 갖추어야 합니다. 따라서 공장심사 시 일부 부서가 타 사업장에 소속되어 있는 경우, 그에 따른 업무의 연관성에 따라 일부 심사 시 해당할 수 있습니다. 예를 들면, 제품의 클레임 등에 의한 소비자 분쟁, 자재 관리의 구매 등 여러 가지의 업무가 타 사업장에서 관리될 경우 포함이 된다고 볼 수 있습니다.

2. 품질 담당자는 공장별로 별도 지정이 되어야 한다고 알고 있는데, 그 외 다른 조직이나 인적 자원(예를 들면 안전관리자 등)도 별도 지정이 되어야 하는지, 아니면 본사에서 일괄 관리가 가능한지요?

   기업의 실정에 맞게 합리적으로 관리하셔도 됩니다. 다만, 안전관리 담당자가 현장에 있어 합리적으로 관리할 수 있음에도 불구하고 타 현장에서 같이 관리가 된다면 합리적인 관리가 안 된다고 볼 수도 있습니다.

## 공정 중 일부 공장 임대 시 가능 여부에 관한 질의

❏ 시각 장애인용 점자 블록(KS F 4561)의 KS 인증을 취득하려고 하는데 문제는 제조 설비가 미약합니다. 공정은 플라스틱 사출해서 그 위에 콘크리트로 블록을 제조하여 완제품을 만들고 있습니다. 현재는 본사와 떨어진 곳에서 공장을 임대하여(본사 직원 관리 하에) 일부 공정인 플라스틱 부품을 제조하여 본사에 입고하고 콘크리트로 마무리 작업을 통한 완제품을 판매하고 있습니다. 이런 경우 KS 인증이 가능한지 문의드립니다.

먼저 KS F 4561 시각 장애인용 점자 블록의 일부 공장 임대 시 가능 여부(예: 사출 성형 공장 임대)에 대하여 '제조 설비의 보유'의 의미는 '해당 업체가 자가 소유하거나 임대하여 배타적 사용권을 확보하고 있는 것'을 말합니다. 다만, 공정에 대하여 외주가공을 하려는 자는 그 공정에 대한 관리 규정을 정하여 제품의 품질이 KS 수준 이상으로 보증되도록 관리해야 합니다.

## 제조 공정 해당 설비 중 일부분을 임대를 줄 경우에 관한 질의

❑ 당사는 레미콘 제조 및 판매 업체로서 자가 공장을 갖추어 운영하고 있습니다. 최근 사업의 수익성 제고와 효율적인 공장 관리 및 운영을 위하여 제품 생산, 출하에 대하여 도급 계약을 체결하여 운영하고 있습니다. 제품 제조 설비 및 공장 등록증은 당사 소유 및 명의이고 해당 제품에 대한 판매 활동 및 매출 인식은 당사에서 이루어지고 있습니다. 하지만 배출 시설을 포함한 공장의 생산, 출하와 관련된 실질적 운전은 도급 협력사에 의하여 이루어지고 있습니다. 이에 당사는 대기환경보전법 및 수질, 수생태계 보전에 관한 법률에 의거하여, 공장 설비 가운데 배출 시설에 한하여 임대 또는 양도를 계획하고 있습니다. 전체 제품 생산 설비 가운데 배출 시설에 한하여 양도 또는 임대가 이루어질 경우 해당 공장에 부여된 KS 인증이 유지될 수 있는지 궁금합니다.

산업표준화법 제35조에 따라 모든 것은 포괄적으로 사업의 승계가 이루어져야 합니다. 다만, 건축물, 제조 시설에 대하여 임대를 하고자 하는 경우 그 기간까지 배타적 사용권을 확보하는 경우만 허용하고 있음을 알려드립니다.


## 공장 이전의 요건에 관한 질의

❑ 저희 공장은 레미콘 공장으로 운영상의 문제로 부득이 부지를 이전하게 되었습니다. 따라서 공장 이전 대상으로 알고 있는데 현재 갖춘 설비가 노후하여 신규로 생산 설비 등을 신축할 예정입니다. 이때 공장 이전의 요건 중 생산 및 검사 설비를 기존의 설비로 유지해야 하는지요? 신규 설비로 대체가 가능하다면 전부 대체도 가능한지요? 인원의 변동(추가 및 감축) 발생 여부도 신고 대상이 되는지요?

공장을 이전하시면 공장 이전심사를 받으십니다. 이때 기존의 설비를 가져 가셔도 되고 신규 설비로 대체를 하셔도 가능합니다. 인원(기술 인력)의 변동 사항도 신고하셔야 합니다.

## 임대 건물에서의 KS 인증 취득에 관한 질의

1. A회사에 건물 임대 시 A회사와 같은 건물 안에서 우리 회사의 제조 설비를 갖추어 제품 생산 시 KS 인증을 받을 수 있는지요(단, 수·배전 공동 사용 시)?

   KS 인증을 받을 수 없습니다(수·배전 시설 공동 사용 시).

2. A라는 건물동은 같지만 중간에 칸막이(패널)가 설치된 곳을 임대해서 제조 설비 및 검사 설비를 갖추고 생산할 때 KS 인증 취득을 할 수 있습니까(단, 수·배전 별도 설치 사용)?

   자재나 제품이 함께 섞이지 않게 관리가 되고 칸막이가 철저히 되어 있으며, 수·배전 시설이 별도로 설치가 된다면 KS 인증을 받을 수 있습니다.

3. 품질관리 담당자의 경력이 10년 이상인데 신규 공장에 취업할 경우 KS 인증 시 경력이 인정되는지요?

   신규 공장에 취업한 기간만 인정합니다.

## 대표이사 변경에 따른 신고기한에 관한 질의

❏ 대표이사가 변경된 경우 언제 신고해야 하나요?

   법인의 대표자가 변경된 경우에는 변경이 완료된 후 가능한 빠른 시일 내에 인증기관에 보고하고 인증서를 재발급받아야 합니다. 양도·양수로 인해 대표자가 변경된 경우에는 양수·양도일로부터 1개월 이내에 첨부 서류와 함께 신고하여야 합니다.

## 양도·양수 등에 의한 부도 업체의 지위 승계에 관한 질의

❏ 부도가 난 KS 인증업체를 양도·양수한 경우에 양수 업체를 KS 인증업체로 인정할 수 있나요?

   양도·양수에 의하여 부도 업체를 양수한 자는 산업표준화법 시행규칙 제22조에 의거, 관련 서류를 인증기관에 제출하고 인증기관으로부터 KS 인증서를 재발급받은 경우에 KS 인증업체로 인정합니다.

## KS 인증서가 교부되기 전의 양도·양수에 관한 질의

❑ KS 인증심사를 받은 후 인증서가 교부되기 전에 양도·양수하였을 경우, KS 인증 지위 승계가 가능한가요?

KS 인증서를 받지 않았다면 해당 공장은 인증받은 자가 아니므로 지위승계의 대상이 될 수 없습니다. 참고로 KS 인증을 받은 자의 지위를 승계한 경우, 승계한 날로부터 1개월 이내에 지위 승계 신고서를 작성하고 KS 인증서, 양도·양수 계약서(사업을 양수한 경우에 한함) 등 관련 서류를 첨부하여 인증기관인 한국표준협회에 제출하여야 합니다.

## KS 인증서의 양도·양수 및 반납에 관한 질의

1. KS 인증서를 양도·양수할 수 있나요?

KS 인증의 양도·양수는 인증 당시의 상태로 포괄적으로 양도·양수한 경우에 가능하며, 인증서만 양도·양수하는 것은 불가합니다.

2. 대표이사직에서 해임된 상태에서 대표이사직 권한으로 KS 인증서를 자진 반납한 경우, 원인 무효 여부에 해당되나요?

대표이사직이 해임된 상태에서 KS 인증서를 자진 반납한 것은 원인 무효입니다.

## 대표이사 변경 건에 관한 질의

❑ 당사가 올해 대표이사 A에서 공동 대표 A, B 두 분으로 변경되었습니다. 기존 보유하고 있는 인증서에는 대표이사 A로 등재되어 있는데 인증서를 갱신하여야 하나요?

대표이사 변동 시 산업표준화법 시행규칙 제11조 및 제22조에 따라 신고 하셔야 합니다. 일반적으로 변동일로부터 1개월 이내에 신고하도록 되어 있습니다. 별도의 심사 없이 신고만으로 인증서를 재발급해 드립니다.

## KS 인증 승계 여부 관련 질의

❏ KS 자재 인증 건축용 자재 생산 개인 기업입니다. 이번에 남편 명의로 법인 전문 건설 회사를 세우면서 공장 기계와 기자재를 법인 회사에서 매수하려고 합니다. 공장은 임대로 사용하고요. 지금의 공장 상태 그대로 생산 기계만 판매할 경우 새로운 법인 회사에서도 KS 인증이 그대로 승계되어 유지되는지 궁금합니다. 이럴 경우 유지하려면 어떤 방법으로 해야 되는지 알려주세요.

생산 설비만 양도한다면 KS 인증 유지는 불가합니다. 다만 KS 인증 시 제조 설비, 검사 설비, 기술 인력이 그대로 유지되면서 포괄 승계되는 조건이면 가능합니다.

## 개인 사업체에서 받은 KS 인증을 법인 전환할 경우에 관한 질의

❏ 개인 사업체를 운영하고 있습니다. 그런데 사업 매출이 높아져서 법인으로 전환하려고 합니다. 법인 전환 시에 세무적으로 '1. 포괄 양도·양수', '2. 현물 출자', '3. 일반 양도·양수' 측면을 활용하게 되는데 '1', '2'는 부동산 포함하여 모든 사업 자산을 개인에서 법인으로 전환할 때 쓰는 부분이므로 이 부분에 대해서는 KS 인증이 유효한 것으로 알고 있습니다. 하지만 부동산 부분을 제외하고 기계 설비 및 사업에 필요한 부분만 법인 전환 일반 양도·양수로 적용할 경우, KS 인증이 유효한지에 대하여 문의합니다.

사업의 양도·양수에 의해 개인 사업자에서 법인으로 전환되는 경우에 설비, 인력, KS 인증 권리 등을 포함하여 포괄 승계되었을 때 KS 인증에 대하여 지속적으로 유지될 수 있습니다.

# 해외 KS 인증제품 수입 및 유통 관련 민원인 질의와 유권해석

## KS에 맞지 않는 외국 제품에 관한 질의

1. KS에 맞지 않는 외국 표준 전자제품들의 국내 수입이 가능한가요?

2. KS가 있으나 KS와 달리 생산할 수 있나요?

3. KS가 있는 제품의 경우 KS 번호를 표기하여야 하나요?

산업표준화법에 의한 KS는 임의 표준으로 강제성을 갖고 있지는 않습니다. 다만, 개별 법률이나 기술기준에서 KS를 인용하고 있는 경우 강제 기준으로써 적용하게 됩니다.

1) 전기제품이나 전자제품의 경우 전기용품 및 생활용품안전관리법의 적용을 받으며, 적용 대상 제품은 관련 법에 의거 안전 인증을 받아야 수입이 가능합니다.

2) KS는 강제 규정이 아니므로 KS에 적합하지 않은 제품 생산이 가능합니다만, 관련 법률에서 KS에 따르도록 한 경우 KS에 적합하여야 합니다.

3) 산업표준화법에 의거 KS 인증을 받은 경우, KS 마크(ⓀⓈ)를 표시할 수 있으며, KS 마크와 동시에 표준 번호, 인증 번호 등을 표시하여야 합니다. 반면에, KS 인증을 받지 않은 자는 KS 마크나 이와 유사한 표시를 할 수 없습니다.


## 중국 수입품의 KS 인증에 관한 질의

❏ 저희는 욕실용 액세서리(수건걸이, 휴지걸이 등)를 중국에서 수입하고 있으며 국내에서도 생산을 합니다. 특히 중국의 수입품에 대해서 KS 인증이 무엇보다도 필요합니다. 제품은 아연 주물의 크롬도금 제품으로 욕실용 액세서리입니다. 중국 수입품에 KS 인증은 가능하며, 중국 측의 공장 전체에서 받는지 아니면 품목에 따라서 받아야 하는지요?

중국 현지 공장에서 KS 인증을 받고 수입하여 대리점 계약을 하고 판매하는 것은 아무런 문제가 없으며, KS 인증은 인증받고자 하는 제품을 제조하는 공장에서 받을 수 있습니다.

Korean Standards Mark

PART 07

# KS 인증 추진 체계

# 01 제도 운영 총괄

## 개요

KS 인증은 우리나라를 대표하는 국가 인증이며, 운영 주체는 국가기관인 산업통상자원부 국가기술표준원이다. 국가기술표준원은 국가표준기본법, 산업표준화법, 계량에 관한 법률을 직접 운영하면서 국가표준 관리, 국제표준 협력 활동, 기술 규제 대응, 제품의 안전 관리, 인정기구 운영, 각종 평가·인증 사업, 법정 계량 업무 등의 우리나라 표준화 대표기관이다.

1998년 6월까지는 KS 인증업무를 국가가 직접 수행하다가 같은 해 7월부터 민간 인증제도를 도입하여 한국표준협회를 인증기관으로 지정하고, 국가가 종합적으로 운영하고 있다. 국가기술표준원은 관련 법 규정과 KS를 제정·관리하고 인증업무 전체를 수행하는 인증기관과 인증업무 중 1년 주기 공장심사 및 시판품조사 등을 지원하기 위해 품목별 품질관리단체를 지정·관리·감독하면서 제도 운영을 총괄하고 있다.

2015년 제도 개선을 통하여 국가기술표준원이 제정·관리했던 인증심사기준을 인증기관이 정할 수 있도록 법령을 개정하여, 인증의 기준인 인증심사기준을 심사원이 심사 시, 기업의 의견을 직접 청취하여 반영하는 등 해당 품목(제품)의 기술 발전의 속도에 맞춰 신속하게 개정할 수 있게 되었다.

또한 인증심사의 절차 및 방법을 KS(KS Q 8001, KS Q 8002 등)로 제정하고 인증계약 제도를 도입하는 등 인증과 관련하여 대부분의 업무를 인증기관과 인증기업 간에 자율적으로 이루어지도록 개선하였다. 시장 감시 등 불가피한 경우를 제외하고는 정부의 간섭을 최소화하였으며, KS인증지원사무국을 두어 정부, 인증기관, 인증기업 간 상호 업무조정 등의 가교 역할을 수행하도록 하였다.

## 주요 업무

### (1) KS의 제정 및 관리

KS는 KS 인증 시 직접 적용하는 기준이다. 공공의 안전성을 확보하고 소비자를 보호하며 산업 경쟁력을 제고시키기 위하여, 지속적인 수요를 조사하여 적기에 신속하게 제정되어야 한다. 이미 제정되어 있는 KS는 환경 변화에 능동적으로 대처할 수 있도록 적정하게 개정·관리되어야 한다.

### (2) 인증 대상 품목 지정

KS가 제정되어 있다고 해서 모든 제품 및 서비스에 대하여 KS 인증을 받을 수 있는 것은 아니다. 국가기술표준원장은 KS가 제정되어 있는 제품 또는 서비스 중 다음의 경우에 해당되는 경우 심의회의 심의를 거쳐 KS 인증 대상 품목으로 지정하고 관리한다.

① 품질을 식별하기 쉽지 아니하여 소비자 보호를 위하여 KS에 맞는 것임을 표시할 필요가 있는 제품
② 원자재에 해당하는 것으로 다른 산업에 미치는 영향이 큰 제품
③ 독과점이나 가격 변동 등으로 품질이 크게 떨어질 우려가 있는 제품
④ 소비자 보호 및 피해 방지를 위하여 KS에 맞는 것임을 표시할 필요가 있는 서비스
⑤ 제조업의 지원 서비스에 해당하는 것으로써 다른 산업에 미치는 영향이 큰 서비스

⑥ 국가 정책 목적이나 공공 목적을 위하여 서비스의 품질 향상이
   필요한 서비스

## (3) 인증기관 지정 및 관리

국가기술표준원장은 KS 인증기관으로 지정받고자 하는 자의 신청
에 의하여 지정요건 등에 적합한지를 엄격히 심사하여 KS 인증업무
를 원활하게 수행할 능력이 있다고 판단되는 기관을 KS 인증기관으
로 지정하여 관리·감독한다.

## (4) 품목별 품질관리 단체 지정 및 관리

국가기술표준원장은 인증기관이 수행하는 1년 주기 공장심사와 국가
기술표준원장이 수행하는 시판품조사 및 현장조사의 지원을 받기
위해 인증기관의 요청을 받아 업무 수행능력 등을 검토하고 품목별
품질관리 단체를 지정하여 관리·감독한다.

## (5) 인증심사원 자격 부여 및 관리

국가기술표준원장은 인증기관 등의 소속 직원으로서 인증심사 등에
직접 참여할 인증심사원의 신청에 의하여 자격 및 경력 등을 엄격히
심사하고 자격심의위원회의 심의를 거쳐, 인증심사 업무범위를 지
정하여 인증심사원증을 발급하고 관리한다.

## (6) 시판품조사

국가기술표준원장은 인증받은 제품에 대하여 소비자 단체들로부터
요구가 있거나 정기적인 사후관리를 실시하는 인증기관으로부터 건
의가 있는 경우, 시판품조사 계획을 수립 후 시중에 유통 중인 제품
을 대상으로 물품을 구입하여, 공인 시험·검사기관에 해당 KS에

적합한지를 확인한다. 불합격된 경우는 행정처분 절차에 따라 처분한다.

## (7) 현장조사

국가기술표준원장은 인증받은 제품(서비스)에 대하여 소비자 단체들로부터 요구가 있거나 정기적인 사후관리를 실시하는 인증기관으로부터 건의가 있는 경우, 현장조사 계획을 수립하여 인증받은 자의 공장(사업장) 등에서 해당 인증심사기준을 적용하여 현장조사를 실시하고 기준에 미달된 경우는 행정처분 절차에 따라 처분한다.

## (8) 행정처분 명령

국가기술표준원장은 자체적으로 실시하는 시판품조사 및 현장조사에서 해당 KS 및 인증심사기준에 미달되어 시정이 필요한 경우, 처분 절차에 따라 기준에 미달된 경우, 내용별로 처분기준을 적용하여 표시정지, 개선명령, 판매정지 등의 행정처분 명령을 한다.

다만 예외적으로 인증기관이 실시하는 정기심사의 결과 보고에 인증심사기준에 맞지 아니하여 품질이나 성능의 결함 등의 중대한 결함 요인으로 판정된 경우, 인증기관의 보고 및 요청에 의해 별도의 행정처분을 실시할 수 있다.

# KS인증지원사무국

## 설치 기준

인증기관은 KS 인증업무의 합리적이고 효율적인 운영을 위하여 KS 인증기관협의회를 구성하고 협의회가 KS 인증 관련 사무를 처리할 수 있도록 협의회에 KS인증지원사무국을 설치한다.

## 주요 업무

사무국은 다음의 업무를 수행하고, 국가기술표준원장은 사무국에 대하여 연 1회 이상 업무지도·점검을 실시할 수 있다.

① 국가기술표준원장이 요청하는 인증대상 품목 지정에 관한 지원
② KS별 인증심사기준 제·개정 또는 폐지에 따른 중복·타당성 조사·조정업무 및 이와 관련한 심의회 구성·운영
③ 국가기술표준원장이 요청하는 1년 주기 공장심사 품목 지정 등에 관한 지원
④ 국가기술표준원장이 요청하는 시판품조사, 현장조사 등의 계획 수립 및 조사 등에 관한 지원
⑤ KS 인증통계 총괄 관리, 협의회 홈페이지 개발 및 운영
⑥ KS 인증 관련 민원(불량 인증제품 신고센터 운영, 인증기관 업무처리 불만민원 접수·처리) 통합창구 운영
⑦ 국가기술표준원장이 요청하는 인증심사원 자격 심의 및 자격관리시스템에 관한 지원

⑧ 국가기술표준원장이 요청하는 인증기관의 지도·점검 계획 수립 등 업무 지원

⑨ 인증심사원에 대한 적격성 검증 업무 지원

⑩ 인증기관 직원의 직무 수행에 필요한 교육

⑪ 기타 국가기술표준원장이 요청한 사항

# 03 인증기관

## 개요

### (1) 지정 기준

KS 인증 관련 업무를 수행하기 위하여 KS 인증기관으로 지정받고자 하는 자는 다음 각 호의 모든 요건을 갖추어야 한다.

① 제품 또는 서비스에 관한 인증업무 및 산업표준 개발 실적이 있는 법인 또는 단체일 것
② 인증심사 업무를 수행하는 전담 조직 및 인력 등 인증심사 수행 체계를 갖출 것
③ 재무구조의 건전성과 회계의 투명한 절차를 마련하는 등 재정적 안정성을 확보할 것
④ 인증업무의 범위별로 인증심사원을 각 2명 이상 보유할 것
⑤ 인증과 관련된 기술지도 등 인증업무 외의 업무를 수행하고 있는 경우, 그 업무를 함으로써 인증업무가 불공정하게 수행될 우려가 없을 것

### (2) 지정 절차

국가기술표준원장이 인증기관 지정 신청에 의하여 서류 검토와 현장 심사를 거쳐 인증기관을 지정하고 관리·감독한다.

# 주요 업무

2015년 6월 기준 일반 제품 및 서비스는 한국표준협회에서, 농수축산물 가공 식품은 한국식품연구원이 지정되어 KS 인증 관련 업무를 수행하고 있다.

다만 신재생에너지설비 인증, 지능형로봇품질 인증, 물류표준설비 인증 등이 기존 개별법에서 산업표준화법령에 따른 KS 인증으로 통합됨에 따라 에너지관리공단 등도 해당 분야의 KS 인증기관으로 지정될 것이다.

인증기관은 국가가 운영하고 있는 법 규정의 절차 및 방법에 따라 관련 KS 및 인증심사기준을 적용하여 정기적·반복적인 업무를 수행하고 있다.

## (1) 인증심사기준 제정 및 관리

인증심사기준은 신규 KS 인증, 인증받은 자의 정기심사, 시판품조사 및 현장조사 시, 직접 적용하는 공장심사와 제품심사(서비스인증은 사업장심사 및 서비스심사) 기준이다. 인증기관은 실태조사 등을 통하여 이해관계인들의 의견을 충분히 수렴하여 안을 작성하고 KS협의회의 심의를 거쳐 품목별로 일정한 형식을 갖추어 인증심사기준을 제정하고 관리한다. 그러므로 인증심사기준이 제정되어 있다는 것은 KS가 제정되어 있는 품목 중 KS 인증을 받을 수 있도록 준비된 품목이라는 의미이다.

## (2) 신규 KS 인증심사

신규로 KS 인증을 받고자 하는 자는 KS 인증 신청서를 인증기관에 제출하여야 하며, 신청을 받은 인증기관은 심사 계획을 수립하여 해당 KS 및 인증심사기준에 의거하여 심사를 실시하고 인증위원회의 심의를 거쳐 인증기관 명의의 KS 인증서를 발급한다.

## (3) 사후관리 심사(정기심사, 특별현장조사)

KS 인증을 받은 자의 정기적인 사후관리로서 인증을 받은 날부터 제품 인증은 3년마다(국가기술표준원장이 별도 고시 품목은 1년마다), 서비스 인증은 2년마다(다만, 국가기술표준원장이 매 2년마다 정기심사를 하는 경우, 서비스의 품질이 떨어진다고 판단하여 고시한 품목(분야)은 1년마다) 인증받은 자의 신청에 의하여 인증기관이 정기심사 계획을 수립하여 신규 인증 당시와 같은 절차와 방법에 따라 심사한다. 또한 인증심사기준에 적합하지 않을 우려가 있거나 인증받은 자의 의무 이행 여부 등 확인이 필요한 때는 비정기적인 특별현장조사를 실시하여 인증위원회의 심의를 거쳐 KS 인증의 계속유지, 인증 취소 등의 조치를 한다.

## (4) 변경 내용 신고 수리

KS 인증을 받은 자가 지위를 승계하거나 공장(사업장)의 소재지를 이전하고자 하는 경우, 법 규정이 정하는 절차와 방법에 따라 인증기관에 신고를 하여야 한다. 인증기관은 신고 서류의 적정성 여부를 검토하여 적정하다고 판단되면 인증서의 기재 내용을 변경하여 재발급한다. 다만, 공장(사업장)의 소재지를 이전하는 경우에는 이전심사를 받아야 한다.

## (5) 이해관계인의 이의신청 접수 처리

KS 인증제품 또는 서비스가 해당 KS에 맞지 않다고 인정하는 이해관계인은 해당 제품 또는 서비스에 대하여 인증을 한 인증기관에 이의를 신청할 수 있다. 이의신청을 받은 인증기관은 그 사실 여부를 조사한 후, 제품 또는 서비스의 인증업체로 하여금 이의신청자에게 필요한 조치를 하도록 요청해야 한다. 인증기관은 조사 결과, 인증제품 또는 서비스가 KS에 맞지 아니하여 소비자에게 피해가 발생하거나 회복하기 어려운 피해가 발생할 우려가 현저하다고 인정하는 경우에는 직접 특별현장조사를 실시하거나 국가기술표준원장에게 시판품조사 또는 현장조사를 하도록 건의하여야 한다.

## ⑹ KS 인증 관련 정보 제공

인증기관인 한국표준협회는 홈페이지(www.ksa.or.kr)를 통하여 KS 인증과 관련된 각종 현황 자료를 실시간으로 제공하고 있고 KS 인증지원시스템(www.ksmark.or.kr)을 통하여 인증 관련 세부자료를 공유하고 있다.

## ⑺ 심사협력기관의 지정 및 관리

인증기관의 장은 인증심사 업무를 수행할 수 있는 전문성과 조직을 갖춘 심사협력기관을 전문 분야별로 지정하고 활용할 수 있다.

# 04 품목별 품질관리 단체

## 개요

품목별 품질관리 단체는 국가기술표준원장이 수행하는 시판품조사 및 현장조사, 인증기관에서 실시하는 1년 주기 정기심사(공장심사)를 지원하기 위하여 인증기관의 요청에 의해 국가기술표준원장이 지정한 품목별 전문 단체이다. 2018년 1월 기준, 한국레미콘공업협동조합연합회 등 14개 단체가 지정되어 있다.

주로 생산자 단체인 협동조합(연합회) 또는 협회로 품목별로 지정하고, 한국표준협회가 실시하는 1년 주기 정기심사(공장심사)에서 심사협력기관으로서 역할을 주로 수행하며, 국가기술표준원에서 실시하는 시판품조사 업무를 지원한다.

## 지정 현황

| 단체명 | 품목수 (개) | 심사 품목명 |
|---|---|---|
| 한국레미콘공업 협동조합연합회 | 1 | KS F 4009 레디믹스트콘크리트 |
| 한국레미콘 공업협회 | 1 | KS F 4009 레디믹스트콘크리트 |

| 단체명 | 품목수 (개) | 심사 품목명 |
|---|---|---|
| 한국콘크리트공업 협동조합연합회 | 6 | KS F 4002 속빈콘크리트블록 |
| | | KS F 4004 콘크리트벽돌 |
| | | KS F 4402 진동 및 전압 철근 콘크리트관 |
| | | KS F 4006 콘크리트경계블록 |
| | | KS F 4010 철근콘크리트플룸 및 벤치플룸 |
| | | KS F 4419 보차도용 콘크리트 인터로킹블록 |
| 한국원심력 콘크리트공업 협동조합 | 4 | KS F 4306 리텐션방식 원심력 고강도 콘크리트 말뚝 |
| | | KS F 4403 원심력 콘크리트관 |
| | | KS F 4405 코어식 프리 스트레스트 콘크리트관 |
| | | KS F 4406 프리 스트레스트 콘크리트 실린더관 |
| 한국발포플라스틱 공업협동조합 | 3 | KS M 3808 발포폴리스티렌(PS)단열재 |
| | | KS F 4724 건축용 철강제 벽판 |
| | | KS F 4731 건축용 철강제 지붕판 |
| 한국판유리 창호협회 | 6 | KS L 2002 강화유리 |
| | | KS L 2003 복층유리 |
| | | KS L 2004 접합유리 |
| | | KS L 2007 자동차용 안전유리 |
| | | KS L 2015 배강도 유리 |
| | | KS L 2406 거울 |

| 단체명 | 품목수 (개) | 심사 품목명 |
|---|---|---|
| 한국전선공업 협동조합 | 2 | KS C IEC 60227-3 정격전압450/750V 이하 염화 비닐 절연 케이블-제3부 : 배선용 비닐 절연 전선(변경전 : KS C 3302600V 비닐절 연전선) |
| | | KS C IEC 60227-5 정격전압 450V 이하 염화비닐절연 케이블-제5부: 유연성 비닐 케이 블(코드) (변경전 : KS C 3304 비닐코드) |
| 한국PVC관 공업협동조합 | 10 | KS C 8433 커플링(경질 비닐 전선관용) ('17.12 추가) |
| | | KS C 8434 커넥타(경질 비닐 전선관용) ('17.12 추가) |
| | | KS C 8431 경질 폴리 염화 비닐전선관 |
| | | KS M 3401 수도용 경질염화비닐관 |
| | | KS M 3402 수도용 경질염화비닐 이음관 |
| | | KS M 3404 일반용 경질염화비닐 이음관 |
| | | KS M 3410 배수용 경질염화비닐 이음관 |
| | | KS M 3413 발포 중심층을 갖는공압출 염화 비닐관 |
| | | KS M 3600 하수도용 고강성경질염화비닐 이 중벽주름관 |
| | | KS M 3603 배수 및 하수용 비압력 매설용 구 조형 폴리염화비닐(PVC)이음관 ('17.12 추가) |
| 한국주택가구 협동조합 | 1 | KS G 2020 수납가구(2017.12.20. 추가 지정) |
| 한국철망공업 협동조합 | 1 | KS D 7017 용접철망 및 철근결자 |

| 단체명 | 품목수<br>(개) | 심사 품목명 |
|---|---|---|
| 한국제품안전협회 | 18 | KS C 4613 누전차단기 |
| | | KS C 7601 형광램프(일반조명용) |
| | | KS C 7603 형광등기구 |
| | | KS C 7607 메탈헬라이드램프 |
| | | KS C 7610 나트륨램프 |
| | | KS C 8102 형광램프용 자기식 안정기 |
| | | KS C 8108 나트륨 안정기 |
| | | KS C 8109 메랄헬라이드램프용안정기 |
| | | KS C 8305 배선용 꽂음접속기 |
| | | KS C 8321 배선용 차단기 |
| | | KS C 9619 가정용 소형전압조정기 |
| | | KS C 7703 형공램프 홀더 및 글로스타터홀더 |
| | | KS C 8302 소켓 |
| | | KS C 8309 옥내용 소형 및 스위치류 |
| | | KS C 9301 선풍기 |
| | | KS C 9304 환풍기 |
| | | KS C IEC 60227-3정격전압 450/750V 이하 염화비닐절연케이블-제3부:배선용 비닐절연 전선 |
| | | KS C IEC 60227-5 정격전압 450/750V 이하 염화비닐절연케이블-제5부:유연성 비닐 케이블(코드) |

| 단체명 | 품목수<br>(개) | 심사 품목명 |
|---|---|---|
| 한국프라스틱<br>공업협동조합<br>연합회 | 9 | KS M 3370 수도용플라스틱배관계-GRP-배관 |
| | | KS M 3408-2 수도용플라스틱배관계-PE-관 |
| | | KS M 3408-3 수도용플라스틱배관계-PE-이음관 |
| | | KS M 3503 농업용 폴리에틸렌 필름 |
| | | KS M 3514 가스용 폴리에틸렌 관 |
| | | KS M 3515 가용용 폴리에틸렌관 이음관 |
| | | KS C 8436 합성수지제 박스 및 커버 |
| | | KS M 3357 냉·온수용 플라스틱 배관계-가교화 폴리에틸렌 |
| | | KS M 3500-1 배수 및 하수용 비압력 매설용 구조형 폴리에틸렌(PE)관-제1부: 이중벽관 |
| 한국밸브공업<br>협동조합 | 11 | KS B 2301 청동밸브 |
| | | KS B 2331 수도꼭지 |
| | | KS B 2369 세척밸브 |
| | | KS B 1534 위생도기 부속 쇠붙이 |
| | | KS B 2308 볼밸브 |
| | | KS B 2332 수도용 제수밸브 |
| | | KS B 2333 수도용 버터플라이밸브 |
| | | KS B 2334 수도용 덕타일주철제수밸브 |
| | | KS B 2350 주철밸브 |
| | | KS B 2361 주강 플랜지형 밸브 |
| | | KS B 2813 웨이퍼형 고무붙이 버터플라이밸브 |

| 단체명 | 품목수 (개) | 심사 품목명 |
|---|---|---|
| 한국철강협회 | 6 | KS D 3503 일반구조용 압연강재 |
| | | KS D 3504 철근콘크리트용 봉강 |
| | | KS D 3505 PC 강봉 |
| | | KS D 3514 와이어로프 |
| | | KS D 3566 일반구조용 탄소강관 |
| | | KS D 7002 PC강선 및 PC강연선 |
| 14개 단체 | 79 품목 | |

자료: 국가기술표준원 통계

# 공인 시험 · 검사기관

KS 인증은 신규 인증심사, 특별현장조사, 시판품조사 및 현장조사 시 공장심사와 제품심사를 모두 실시한다. 인증심사원은 제품이 KS 수준 이상인지를 확인하기 위하여 인증제품의 대표성을 갖는 시료를 채취하여 공인 시험 · 검사기관에 송부하고 공인 시험 · 검사기관은 해당 KS에 따라 시험 · 검사를 실시한다.

지방중소기업청 또는 국가표준기본법 제23조제2항에 따라 인정을 받거나 같은 수준의 기준(KS Q ISO IEC 17020 또는 KS Q ISO IEC 17025를 근거) 및 절차에 따라 국제인정기구로부터 인정을 받은 공인 시험 · 검사기관을 말하며, 해당 제품을 KS에 따라 시험할 수 있는 능력을 갖추고 법 규정에 따라 시험성적서를 발행할 수 있는 기관이어야 한다.

〈한국인정기구(KOLAS *) 인정현황〉

(단위 : 개)

| 구분 \ 연도 | 2009 | 2010 | 2011 | 2012 | 2013 | 2017.8 |
|---|---|---|---|---|---|---|
| 시험기관 | 359 | 370 | 403 | 416 | 460 | 523 |
| 검사기관 | 84 | 45 | 46 | 49 | 52 | 59 |
| 계 | 443 | 415 | 449 | 465 | 512 | 582 |

* KOLAS: Korea Laboratory Accreditation Scheme, 한국인정기구

Korean Standards Mark

# 부록

# 산업표준화 관계 법규(개정) 전문

# 01 국가표준기본법

| | | | |
|---|---|---|---|
| 제정 | 1999. 2. 8. | 법률 | 제5930호 |
| | 중 략 | | |
| 일부 개정 | 2010. 4. 5. | 법률 | 제10227호 |
| 일부 개정 | 2011. 4. 28. | 법률 | 제10615호 |
| 일부 개정 | 2013. 3. 23. | 법률 | 제11690호 |
| 일부 개정 | 2014. 12. 30. | 법률 | 제12925호 |
| 일부 개정 | 2016. 1. 6. | 법률 | 제13731호 |
| 일부 개정 | 2016. 1. 6. | 법률 | 제13747호 |
| 일부 개정 | 2016. 1. 27. | 법률 | 제13847호 |
| 일부 개정 | 2017. 3. 21. | 법률 | 제14662호 |
| 일부 개정 | 2017. 12. 12. | 법률 | 제15176호 |
| 일부 개정 | 2018. 6. 12. | 법률 | 제15643호 |
| 시행 | 2018. 12. 13. | | |

## 제1장 총칙 〈개정 2009. 4. 1〉

제1조(목적) 이 법은 국가표준제도의 확립을 위한 기본적인 사항을 규정함
으로써 과학기술의 혁신과 산업구조 고도화 및 정보화 사회의 촉진을 도
모하여 국가경쟁력 강화 및 국민복지 향상에 이바지함을 목적으로 한다.
[전문개정 2009. 4. 1.]

제2조(적용범위) 이 법은 과학기술을 기반으로 한 국가표준을 준용하여야
하는 경제사회 활동의 모든 영역에 적용한다.

제3조(정의) 이 법에서 사용하는 용어의 뜻은 다음과 같다. 〈개정 2014. 12. 30.,
2018. 6. 12.〉

　1. "국가표준"이란 국가사회의 모든 분야에서 정확성, 합리성 및 국제성
　　을 높이기 위하여 국가적으로 공인된 과학적·기술적 공공기준으로서

측정표준·참조표준·성문표준·기술규정 등 이 법에서 규정하는 모든 표준을 말한다.

2. "국제표준"이란 국가 간의 물질이나 서비스의 교환을 쉽게 하고 지적·과학적·기술적·경제적 활동 분야에서 국제적 협력을 증진하기 위하여 제정된 기준으로서 국제적으로 공인된 표준을 말한다.

3. "측정표준"이란 산업 및 과학기술 분야에서 물상상태(物象狀態)의 양의 측정단위 또는 특정량의 값을 정의하고, 현시(顯示)하며, 보존 및 재현하기 위한 기준으로 사용되는 물적척도, 측정기기, 표준물질, 측정방법 또는 측정체계를 말한다.

4. "국가측정표준"이란 관련된 양의 다른 표준들에 값을 부여하기 위한 기준으로서 국가적으로 공인된 측정표준을 말한다.

5. "국제측정표준"이란 관련된 양의 다른 표준들에 값을 부여하기 위한 기준으로서 국제적으로 공인된 측정표준을 말한다.

6. "참조표준"이란 측정데이터 및 정보의 정확도와 신뢰도를 과학적으로 분석·평가하여 공인된 것으로서 국가사회의 모든 분야에서 널리 지속적으로 사용되거나 반복사용할 수 있도록 마련된 물리화학적 상수, 물성값, 과학기술적 통계 등을 말한다.

7. "성문표준"이란 국가사회의 모든 분야에서 총체적인 이해성, 효율성 및 경제성 등을 높이기 위하여 자율적으로 적용하는 문서화된 과학기술적 기준, 규격 및 지침을 말한다.

8. "기술규정"이란 인체의 건강·안전, 환경보호와 소비자에 대한 기만행위 방지 등을 위하여 제품, 서비스, 공정(이하 "제품등"이라 한다)에 대하여 강제적으로 적용하는 기준을 말한다.

9. "측정"이란 산업사회의 모든 분야에서 어떠한 양의 값을 결정하기 위하여 하는 일련의 작업을 말한다.

10. "측정단위" 또는 "단위"란 같은 종류의 다른 양을 비교하여 그 크기를 나타내기 위한 기준으로 사용되는 특정량을 말한다.

11. "국제단위계"란 국제도량형총회에서 채택되어 준용하도록 권고되고 있는 일관성 있는 단위계를 말한다.

12. "계량"이란 상거래 또는 증명에 사용하기 위하여 어떤 양의 값을 결정하기 위한 일련의 작업을 말한다.

13. "법정계량"이란 정확성과 공정성을 확보하기 위하여 정부가 법령에 따라 정하는 상거래 및 증명용 계량을 말한다.

14. "법정계량단위"란 정확성과 공정성을 확보하기 위하여 정부가 법령에 따라 정하는 상거래 및 증명용 단위를 말한다.

15. "표준물질"이란 장치의 교정, 측정방법의 평가 또는 물질의 물성값을 부여하기 위하여 사용되는 특성치가 충분히 균질하고 잘 설정된 재료 또는 물질을 말한다.

16. "교정"이란 특정조건에서 측정기기, 표준물질, 척도 또는 측정체계 등에 의하여 결정된 값을 표준에 의하여 결정된 값 사이의 관계로 확정하는 일련의 작업을 말한다.

17. "소급성(遡及性)"이란 연구개발, 산업생산, 시험검사 현장 등에서 측정한 결과가 명시된 불확정 정도의 범위 내에서 국가측정표준 또는 국제측정표준과 일치되도록 연속적으로 비교하고 교정(較正)하는 체계를 말한다.

18. "시험·검사기관 인정"이란 공식적인 권한을 가진 인정기구가 특정한 시험·검사를 할 수 있는 능력을 가진 시험·검사기관을 평가하여 그 능력을 보증하는 행정행위를 말한다.

19. "적합성평가"란 제품등이 국가표준, 국제표준 등을 충족하는지를 평가하는 교정, 인증, 시험, 검사 등을 말한다.

20. "표준인증심사유형"이란 설계평가, 시험·검사 및 공장심사의 요소를 인증단계와 사후관리단계로 구분하여 체계화·공식화한 심사형태를 말한다.

21. "국가통합인증마크"란 안전·보건·환경·품질 등 분야별 인증마크를 국가적으로 단일화한 것을 말한다.

22. "무역기술장벽"이란 다음 각 목의 어느 하나에 해당하는 것으로서 국제무역에 장애가 되는 것을 말한다.

　　가. 포장·표시·상표부착 요건을 포함한 성문표준 및 기술규정

　　나. 가목에 대한 적합성평가를 위한 절차

[전문개정 2009. 4. 1.]

[시행일 : 2018.12.13.] 제3조

**제4조(국가 등의 책무)** ① 정부는 국가표준제도의 확립을 위하여 국가표준의 개발과 활용을 촉진하고, 그 기반을 조성하기 위한 각종 시책을 수립하며, 이에 따른 법제상, 재정상, 그 밖에 필요한 행정상의 조치를 하여야 한다. 〈개정 2014. 12. 30.〉

② 지방자치단체는 국가표준에 맞게 조례 등 자치법규를 제정하고 집행하도록 노력하여야 한다. 〈신설 2014. 12. 30.〉

③ 대학, 연구기관, 기업 및 공공기관은 국가표준의 개발에 적극적으로 참여하고, 그 결과가 유용하게 활용될 수 있도록 최대한 노력하여야 한다. 〈신설 2014. 12. 30.〉

[전문개정 2009. 4. 1.]

[제목개정 2014. 12. 30.]

**제4조의2(다른 법률과의 관계)** 국가표준에 관하여 다른 법률에 특별한 규정이 있는 경우를 제외하고는 이 법에서 정하는 바에 따른다.

[본조신설 2014. 12. 30.]

## 제2장 국가표준정책의 수립 〈신설 2014. 12. 30.〉

**제5조(국가표준심의회)** ① 정부는 제7조에 따른 국가표준기본계획 및 국가표준 관련 부처 간의 효율적인 업무조정에 관한 중요 사항을 심의하기 위하여 산업통상자원부장관 소속으로 국가표준심의회(이하 "심의회"라 한다)를 둔다. 〈개정 2013. 3. 23.〉

② 심의회는 다음 각 호의 사항을 심의한다. 〈개정 2018. 6. 12.〉

1. 국가표준제도의 확립·유지·발전을 위한 기본계획의 수립 및 국가표준 정책의 종합조정

2. 국제표준 관련 기구 및 각국 표준 관련 기관과의 협력에 관한 사항의 종합조정

3. 표준 관련 기술의 연구, 개발 및 보급 업무의 조정

4. 적합성평가체제 구축을 위한 사업

5. 측정표준, 참조표준 및 성문표준에 관련된 제도 및 규정의 심의, 조정

6. 국가표준의 국제표준 부합화사업 및 국가표준의 통일화사업

6의2. 기술규정 및 적합성평가를 위한 심사기준과 성문표준의 일치에 관한 사항

6의3. 교정·인증·시험·검사 등 적합성평가의 중복 해소에 관한 사항

6의4. 무역기술장벽에 대한 대응시책 조정에 관한 사항

7. 그 밖에 대통령령으로 정하는 국가표준제도의 확립 및 유지에 관한 중요한 사항

③ 심의회는 의장을 포함한 25명 이내의 위원으로 구성한다. 〈개정 2014. 12. 30.〉

④ 의장은 산업통상자원부장관이 되며, 위원은 다음 각 호의 자로 한다.
〈개정 2013. 3. 23.〉

1. 국무조정실의 차관급 공무원

2. 관련 중앙행정기관의 차관 또는 차관급 공무원

3. 제13조제1항에 따른 국가측정표준 대표기관의 장

4. 표준과학기술과 적합성평가에 관한 학식과 경험이 풍부한 사람 중에서 산업통상자원부장관이 위촉하는 사람(이하 "위촉위원"이라 한다)

⑤ 심의회에 간사 1명을 두되, 간사는 산업통상자원부 소속 공무원 중에서 산업통상자원부장관이 지명한다. 〈개정 2013. 3. 23.〉

⑥ 위촉위원의 임기는 3년으로 한다.

⑦ 심의회에는 회의에 상정할 안건에 관한 전문적인 연구, 사전 검토 및 조정, 심의회에서 위임한 업무 처리 등을 위하여 실무위원회를 둔다.

⑧ 심의회의 회의는 재적위원 과반수의 출석으로 개의하고, 출석위원 3분의 2 이상의 찬성으로 의결한다. 〈신설 2014. 12. 30.〉

⑨ 심의회의 운영과 실무위원회의 구성, 운영 등에 필요한 사항은 대통령령으로 정한다. 〈개정 2014. 12. 30.〉

[전문개정 2009. 4. 1.]

[시행일 : 2018.12.13.] 제5조

제6조(심의회 의결사항의 적극 추진 등) 관련 중앙행정기관의 장과 지방자치단체의 장은 심의회에서 심의·의결된 사항을 국가표준 관련 정책 및 사업계획에 적극 반영하여 추진하여야 하며, 그 세부실천계획 및 실적을 심의회에 보고하여야 한다.

[전문개정 2009. 4. 1.]

제7조(국가표준기본계획의 수립) ① 정부는 국가표준제도의 확립 등을 위하여 국가표준기본계획(이하 "기본계획"이라 한다)을 5년 단위로 수립하여야 한다.

② 기본계획은 산업통상자원부장관이 관련 중앙행정기관별 계획을 종합하여 수립하여 심의회의 심의를 거쳐 확정한다. 〈개정 2013. 3. 23.〉

③ 기본계획에는 다음 각 호의 사항이 포함되어야 한다. 〈개정 2018. 6. 12.〉

1. 국가표준제도의 확립, 유지 및 관리에 관한 사항
2. 제13조제1항에 따른 국가측정표준 대표기관의 측정표준 확립 및 유지에 관한 사항
3. 각 중앙행정기관이 운영하는 성문표준의 유지, 개선 및 상호부합화에 관한 사항
4. 표준 관련 기술의 연구개발에 관한 사항
5. 국가 간 상호인정협정 및 국제표준 관련 기구와의 협력에 관한 사항
6. 표준 관련 기관의 전문인력 양성을 위한 교육 및 훈련에 관한 사항
7. 각 중앙행정기관별 표준화 업무에 대한 재원조달 및 운용에 관한 사항
7의2. 국가연구개발사업에서 개발된 기술의 표준화 추진에 관한 사항

7의3. 기술규정 및 적합성평가를 위한 심사기준과 성문표준의 일치에 관한 사항

7의4. 무역기술장벽에 대한 대응시책에 관한 사항

8. 그 밖에 국가표준에 관한 사항

④ 기본계획의 수립절차에 관하여 필요한 사항은 대통령령으로 정한다.

[전문개정 2009. 4. 1.]

[시행일 : 2018.12.13.] 제7조

제8조(국가표준시행계획의 수립) ① 관련 중앙행정기관의 장은 기본계획에 따라 매년 국가표준시행계획(이하 "시행계획"이라 한다)을 수립하고, 시행하여야 한다.

② 관련 중앙행정기관의 장은 전년도의 시행계획 추진실적과 다음 해의 시행계획을 심의회에 제출하여 심의를 받아야 한다.

③ 관련 중앙행정기관의 장은 심의회의 심의를 거쳐 확정된 시행계획의 시행에 필요한 재원을 우선적으로 확보하여야 한다.

④ 시행계획의 수립과 시행에 필요한 사항은 대통령령으로 정한다.

[전문개정 2009. 4. 1.]

## 제3장 국가표준제도의 확립 〈개정 2014. 12. 30.〉

제9조(측정단위의 구분) 측정단위는 국제단위계에 따라 기본단위와 유도(誘導)단위로 구분한다.

[전문개정 2009. 4. 1.]

제10조(기본단위) ① 제9조에 따른 기본단위는 다음 각 호와 같다.

1. 길이의 측정단위인 미터
2. 질량의 측정단위인 킬로그램
3. 시간의 측정단위인 초
4. 전류의 측정단위인 암페어
5. 온도의 측정단위인 켈빈

6. 물질량의 측정단위인 몰

7. 광도의 측정단위인 칸델라

② 제1항에 따른 기본단위를 정의하고 구현하는 방법은 대통령령으로 정한다. 〈개정 2014. 12. 30., 2018. 6. 12.〉

[전문개정 2009. 4. 1.]

[시행일 : 2018.12.13.] 제10조

제11조(유도단위) 제9조에 따른 유도단위는 기본단위의 조합 또는 기본단위 및 다른 유도단위의 조합에 의하여 형성되는 단위로서 그 단위 및 단위의 정의는 대통령령으로 정한다.

[전문개정 2009. 4. 1.]

제12조(국제단위계 외의 측정단위) ① 국제단위계 외의 단위는 필요에 따라 다른 법령으로 정하되 심의회의 승인을 받아야 한다.

② 제10조·제11조 및 제12조제1항 외의 단위는 법정계량단위로 사용할 수 없다.

[전문개정 2009. 4. 1.]

제13조(국가측정표준 대표기관) ①「과학기술분야 정부출연연구기관 등의 설립·운영 및 육성에 관한 법률」에 따라 설립된 한국표준과학연구원(이하 "표준원"이라 한다)을 국가측정표준 대표기관으로 한다.

② 표준원은 다음 각 호의 사업을 수행한다. 〈개정 2018. 6. 12.〉

1. 기본단위의 구현

2. 국가측정표준의 보급

3. 측정표준 및 측정과학기술의 연구·개발 및 보급

4. 측정표준의 국제비교활동 참여

5. 각국 측정표준 관련 기관 및 국제기구와의 교류 협력

6. 그 밖에 국가측정표준과 관련하여 정부가 위탁하는 사업

③ 심의회의 업무수행을 지원하기 위하여 표준원에 표준 관련 기관의 장과 표준과학 분야의 전문가로 구성된 국가측정표준자문위원회를 둘 수 있다.

[전문개정 2009. 4. 1.]

[시행일 : 2018.12.13.] 제13조

**제14조(국가교정제도의 확립)** ① 정부는 국가측정표준과 국가사회의 모든 분야에서 사용하는 측정기기 간의 소급성을 높이기 위하여 국가교정제도를 확립하여야 한다.

② 정부는 전국적 교정망을 통하여 중소기업을 포함한 모든 측정현장에 주기적인 교정과 선진측정 과학기술을 보급하도록 노력하여야 한다.

③ 산업통상자원부장관은 제1항의 교정제도 확립을 위하여 국가교정업무 전담기관을 지정하여 운영할 수 있다. 〈개정 2013. 3. 23.〉

④ 제3항의 국가교정업무 전담기관의 지정 및 운영 등에 필요한 사항은 대통령령으로 정한다.

[전문개정 2009. 4. 1.]

**제15조(표준물질의 인증 및 보급)** ① 정부는 측정기기의 교정, 정밀측정, 물성평가에 필요한 표준물질의 개발과 생산을 장려하고 인증하여 이를 산업계, 과학기술계, 교육계 등에 보급하여야 한다.

② 표준물질의 인증과 보급에 필요한 사항은 대통령령으로 정한다.

[전문개정 2009. 4. 1.]

**제16조(참조표준의 제정 및 보급 등)** ① 정부는 산업과학기술과 정보화 사회에 필요한 참조표준을 제정·평가하고 이를 과학기술계, 산업계 및 관련 기관 등에 체계적으로 보급하여야 한다.

② 산업통상자원부장관은 참조표준의 제정 및 보급을 위하여 다음 각 호의 사업을 할 수 있다. 〈개정 2017. 12. 12.〉

1. 측정데이터의 수집·분석·평가 체계의 확립

2. 참조표준 제정절차의 수립 및 사후관리

3. 참조표준과 측정데이터의 축적 및 보급 체계의 확립

4. 측정표준과의 소급성 체계 유지

③ 제1항 및 제2항에서 규정한 사항 외에 참조표준의 제정 및 보급에 필요한 사항은 대통령령으로 정한다. 〈신설 2017. 12. 12.〉

[전문개정 2009. 4. 1.]

제17조(법정계량) ① 정부는 공정거래질서 확립과 국민경제의 향상을 위하여 법정계량제도를 확립하고, 그 제도가 국제적 기준과 규범에 조화롭게 발전될 수 있도록 하여야 한다.

② 법정계량에 필요한 사항은 「계량에 관한 법률」에서 규정한 바에 따른다.

[전문개정 2009. 4. 1.]

제18조(성문표준의 제정 및 보급) ① 정부는 제품등의 품질·생산효율·생산기술의 향상, 단순화·공정화(公正化) 및 소비의 합리화를 통하여 산업경쟁력을 높일 수 있도록 성문표준을 제정하고 이를 보급하여야 한다. 〈개정 2018. 6. 12.〉

② 성문표준의 제정 및 보급 등에 관하여 필요한 사항은 「산업표준화법」, 「방송통신발전 기본법」 등 제품등의 표준화에 관한 법률에서 규정한 바에 따른다. 〈개정 2018. 6. 12.〉

[전문개정 2009. 4. 1.]

[제목개정 2018. 6. 12.]

[시행일 : 2018.12.13.] 제18조

제19조(국가측정표준 확립사업의 추진 등) ① 관련 중앙행정기관의 장은 소관 측정표준체계를 확립하고 그 유지·발전을 위하여 국가측정표준 확립사업을 추진하여야 한다.

② 산업통상자원부장관은 관련 중앙행정기관이 추진하는 국가측정표준 확립사업에 대하여 예산을 확보하여 사업비의 전부 또는 일부를 지원할 수 있다. 〈개정 2013. 3. 23.〉

③ 국가측정표준 확립사업 추진의 구체적 절차 등에 관하여 필요한 사항은 대통령령으로 정한다.

[전문개정 2009. 4. 1.]

# 제4장 국가표준체계의 운영 및 관리

**제20조(국가표준체계의 총괄관리)** ① 정부는 성문표준 및 기술규정 등이 국제표준과 조화를 이루도록 노력하여야 한다. 〈개정 2018. 6. 12.〉

② 정부는 국가표준을 제정할 때에는 국제표준이 있는 경우 가급적 이를 반영하여야 하며, 국제표준을 반영하지 아니하고 무역에 중대한 영향을 미칠 수 있는 기술규정 또는 적합성평가를 도입할 경우 이를 세계무역기구(WTO)에 통보하여야 한다. 〈개정 2018. 6. 12.〉

③ 산업통상자원부장관은 관련 법률 및 규정에 따라 운영되고 있는 국가표준이 일관성을 유지하도록 총괄적으로 관리하여야 하며, 국민에게 정보를 신속하게 제공하기 위하여 정보화시스템을 설치·운영하는 등 필요한 조치를 마련할 수 있다. 〈개정 2013. 3. 23., 2014. 12. 30.〉

④ 관련 중앙행정기관의 장은 산업통상자원부장관이 요청하는 경우 법령에 관한 자료 제공, 훈령 및 규정의 제출 등 필요한 지원을 하여야 한다. 〈개정 2013. 3. 23.〉

⑤ 제3항에 따른 국가표준의 일관성을 유지하기 위하여 국가표준의 제정 등을 위한 표준서식 및 작성방법, 중복성 확인절차 등 필요한 사항은 대통령령으로 정한다. 〈신설 2014. 12. 30.〉

[전문개정 2009. 4. 1.]

[시행일 : 2018.12.13.] 제20조

**제21조(적합성평가체제의 구축)** ① 정부는 적합성평가체제를 구축하고 적합성평가절차를 국제가이드 및 국제표준(이하 "국제기준"이라 한다)과 일치시키기 위하여 노력하여야 한다. 〈개정 2018. 6. 12.〉

② 제1항에 따른 적합성평가체제의 구축을 위하여 추진하는 사업은 다음 각 호와 같다. 〈개정 2010. 4. 5., 2018. 6. 12.〉

1. 성문표준 및 기술규정의 제정 및 보급
2. 제품인증체제 구축
3. 시험·검사기관 인정

4. 교정기관의 인정

5. 품질경영체제 및 환경경영체제 인증

6. 표준 및 적합성평가에 대한 국제상호인정

7. 민간단체의 규격 및 기준에 대한 승인

8. 제22조의4에 따른 국가통합인증마크의 운영

9. 그 밖에 적합성평가체제의 구축에 필요한 사항

[전문개정 2009. 4. 1.]

[시행일 : 2018.12.13.] 제21조

**제22조(제품등의 적합성평가 등)** ① 중앙행정기관의 장은 적합성평가를 도입할 때에는 산업통상자원부장관에게 통보하여야 한다. 다만, 법령을 제정하거나 개정하여 적합성평가를 반드시 받도록 하거나 적합성평가의 마크를 표시하도록 하려면 그 내용에 관하여 산업통상자원부장관과 협의하여야 한다. 〈개정 2013. 3. 23., 2018. 6. 12.〉

② 관련 중앙행정기관의 장은 새로운 적합성평가가 국제기준에 맞는지 등을 종합적으로 검토하고 그 결과를 심의회에 제출하여야 한다. 〈개정 2018. 6. 12.〉

③ 관계 중앙행정기관의 장은 소관 적합성평가의 존속 필요성, 절차 등을 대통령령으로 정하는 바에 따라 검토하고 그 결과를 「행정규제기본법」 제23조에 따른 규제개혁위원회(이하 "규제개혁위원회"라 한다)에 제출하여야 한다. 〈신설 2018. 6. 12.〉

④ 규제개혁위원회는 제3항에 따라 제출받은 결과를 심의하여 개선이 필요한 사항이 있는 경우 이를 관계 중앙행정기관의 장에게 통보하여야 한다. 〈신설 2018. 6. 12.〉

⑤ 제4항에 따라 개선이 필요한 사항을 통보받은 중앙행정기관의 장은 개선에 필요한 조치를 하여야 한다. 〈신설 2018. 6. 12.〉

[전문개정 2009. 4. 1.]

[제목개정 2018. 6. 12.]

[시행일 : 2018.12.13.] 제22조

제22조의2(표준인증심사유형의 도입) ① 적합성평가를 반드시 받도록 법령에 규정하는 경우 소관 중앙행정기관의 장은 이 법에 따른 표준인증심사유형을 도입하여 적합성평가를 하여야 한다. 〈개정 2018. 6. 12.〉

② 표준인증심사유형의 구체적인 내용 및 운영에 필요한 사항은 대통령령으로 정한다. 〈개정 2018. 6. 12.〉

[본조신설 2009. 4. 1.]

[제목개정 2018. 6. 12.]

[시행일 : 2018.12.13.] 제22조의2

제22조의3(신제품 등의 적합성평가) ① 법령에서 적합성평가를 반드시 받도록 규정된 제품등에 대한 적합성평가의 신청이 있는 경우 소관 중앙행정기관의 장은 현행의 기준 또는 규격이 없거나 이를 적용하는 것이 불합리하다고 인정되는 제품등에 대하여 별도의 기준이나 규격 또는 절차를 정하여 적합성평가를 할 수 있다. 이 경우 별도의 기준이나 규격 또는 절차는 조속한 시일 내에 관련 법령에 따라 정비하여야 한다. 〈개정 2018. 6. 12.〉

② 현행의 기준 또는 규격에 관하여 이해관계가 있는 자는 소관 중앙행정기관의 장에게 기준 또는 규격의 제정·개정을 신청할 수 있다.

③ 중앙행정기관의 장은 제2항에 따른 제정·개정의 신청이 있는 경우 제정·개정 여부를 신속히 검토한 후 그 결과를 신청인에게 통보하여야 한다.

[본조신설 2010. 4. 5.]

[제목개정 2018. 6. 12.]

[종전 제22조의3은 제22조의4로 이동 〈2010. 4. 5.〉]

[시행일 : 2018.12.13.] 제22조의3

제22조의4(국가통합인증마크의 도입) ① 적합성평가를 받아야 하는 제품등에 마크를 표시하도록 법령에 규정하는 경우 소관 중앙행정기관의 장은 국가통합인증마크를 도입하여야 한다. 다만, 국제협약(조약을 포함한다) 또는 국가 간 협정을 준수하거나 통상마찰을 방지하기 위하여 관련 중앙

행정기관의 장이 국가통합인증마크의 도입을 제외하는 것이 필요하다고 인정하는 경우에는 그러하지 아니하다. 〈개정 2014. 12. 30., 2018. 6. 12.〉

② 중앙행정기관의 장은 제1항 단서의 사유가 소멸되었다고 판단되는 경우 국가통합인증마크를 도입하여야 한다.

③ 제1항에 따른 국가통합인증마크의 표시기준 및 방법 등에 필요한 사항은 대통령령으로 정한다.

[본조신설 2009. 4. 1.]

[제22조의3에서 이동 〈2010. 4. 5.〉]

[시행일 : 2018.12.13.] 제22조의4

제23조(시험·검사기관 인정 등) ① 정부는 제21조에 따른 적합성평가체제를 구축하기 위하여 시험·검사기관 인정제도의 선진화에 필요한 조치를 마련하여야 한다.

② 시험·검사기관 인정제도의 확립에 필요한 인정기구와 운영기관의 지정, 인정기준 및 절차 등에 필요한 사항은 대통령령으로 정한다.

③ 관련 중앙행정기관의 장은 시험·검사기관 인정제도를 도입할 때에는 제2항에 따른 인정기구를 활용하여야 한다.

④ 관련 중앙행정기관의 장은 시험·검사 등의 업무를 수행할 때에는 제2항에 따른 인정기구로부터 인정받은 시험·검사기관을 활용하도록 노력하여야 한다. 〈신설 2016. 1. 6.〉

⑤ 제2항에 따른 인정을 받은 시험·검사기관의 장은 해당 시험·검사의 신청 및 평가 등에 관련된 기록을 4년 이상 보관하여야 한다. 〈신설 2014. 12. 30., 2016. 1. 6.〉

[전문개정 2009. 4. 1.]

[제목개정 2014. 12. 30.]

제24조(품질경영체제 및 환경경영체제 인증) ① 정부는 품질경영 및 환경경영 촉진을 위하여 품질경영체제(ISO 9000 표준시리즈) 및 환경경영체제(ISO 14000 표준시리즈)를 인증하는 제도를 도입할 수 있다.

② 정부는 품질경영체제 및 환경경영체제 인증제도의 효율적인 관리·운영을 위하여 관련 민간기구를 활용할 수 있다.

③ 삭제 〈2016. 1. 27.〉

[전문개정 2009. 4. 1.]

제25조(적합성평가에 대한 상호인정) ① 정부는 국내 인정기구와 국제인정협력기구 간의 적합성평가에 대한 상호인정협정 체결을 권장하여야 한다.

② 산업통상자원부장관은 제1항에서 규정한 협정이 세계무역기구의 「무역에 대한 기술장벽 협정」과 조화를 이루며 관련 국제기준에 규정된 공정관행(公正慣行) 요건을 충족시키도록 관련 기관에 권고하여야 한다. 〈개정 2013. 3. 23.〉

[전문개정 2009. 4. 1.]

제25조의2(심사결과의 상호인정 등) ① 중앙행정기관의 장은 소관 기술규정 및 적합성평가를 위한 심사기준을 성문표준과 일치시키는 것을 원칙으로 한다. 〈신설 2018. 6. 12.〉

② 중앙행정기관의 장은 소관 기술규정 또는 적합성평가를 위한 심사기준에 대하여 다른 법령에서 해당 심사기준과 같은 수준 이상의 심사기준으로 심사한 결과가 있는 경우에는 다른 법령에 따른 심사결과를 인정하고 해당 심사를 생략하여야 한다. 〈개정 2018. 6. 12.〉

③ 제2항에 따른 심사의 생략 및 심사결과의 인정을 위한 요건, 절차 등은 대통령령으로 정한다. 〈개정 2018. 6. 12.〉

[본조신설 2014. 12. 30.]

[제목개정 2018. 6. 12.]

[시행일 : 2018.12.13.] 제25조의2

제26조(국제표준의 협력증진) 정부는 국내 표준 관련 기관과 국제표준기구 또는 다른 국가표준기관과 협력체계를 유지하거나 강화하고 학술 및 기술교류의 증진을 위하여 노력하여야 한다.

[전문개정 2009. 4. 1.]

제26조의2(무역기술장벽 대응시책의 추진) ① 정부는 무역기술장벽에 대한 대응시책을 마련하여야 하며, 이를 위하여 다음 각 호의 사업을 추진할 수 있다. 〈개정 2018. 6. 12.〉

1. 무역기술장벽에 관한 정보의 수집·분석·보급 및 국내외 협력

2. 무역기술장벽과 관련된 체제 및 정보망의 구축

3. 무역기술장벽과 관련된 교육·훈련·조사·연구·개발 및 홍보

4. 그 밖에 무역기술장벽과 관련하여 필요한 사항

② 산업통상자원부장관은 제1항 각 호의 사업을 위하여 필요한 지원을 할 수 있다.

③ 산업통상자원부장관은 제1항에 따른 사업을 추진하기 위하여 필요하다고 인정하면 관계 중앙행정기관, 무역 및 기업의 해외 진출과 관련한 법인 또는 단체에 자료의 제출을 요청할 수 있다. 〈신설 2018. 6. 12.〉

④ 제3항에 따라 자료 제출을 요청받은 중앙행정기관, 법인 또는 단체의 장은 특별한 사유가 없으면 이에 협조하여야 한다. 〈신설 2018. 6. 12.〉

⑤ 산업통상자원부장관과 관계 중앙행정기관의 장은 무역기술장벽에 대응하기 위한 협의회를 구성할 수 있다. 〈신설 2018. 6. 12.〉

⑥ 제5항에 따른 협의회의 구성 및 운영에 필요한 사항은 대통령령으로 정한다. 〈신설 2018. 6. 12.〉

[본조신설 2014. 12. 30.]

[제목개정 2018. 6. 12.]

[시행일 : 2018.12.13.] 제26조의2

제27조(국가표준 관련 사업에 대한 출연) ① 정부는 다음 각 호의 사업을 추진하는 데 드는 비용의 전부 또는 일부를 출연할 수 있다. 〈개정 2017. 3. 21., 2018. 6. 12.〉

1. 제7조제3항제4호에 따른 표준 관련 기술의 연구개발

2. 제7조제3항제5호에 따른 국제협력

3. 제7조제3항제6호에 따른 전문인력 양성

4. 제13조제1항에 따른 국가측정표준 대표기관의 운영 및 지원

5. 제15조제1항에 따른 표준물질의 인증 및 보급

6. 제16조제1항에 따른 참조표준의 제정·보급

7. 제19조제1항에 따른 국가측정표준 확립사업

8. 제20조제2항·제3항에 따른 국가표준의 제정, 총괄관리를 위한 기획 및 조사 연구

9. 제21조제2항에 따른 적합성평가체제 구축사업

9의2. 제26조의2제1항제1호에 따른 무역기술장벽에 관한 정보 수집·분석·보급 및 국내외 협력

9의3. 제26조의2제1항제2호에 따른 무역기술장벽 관련 체제 및 정보망의 구축

9의4. 제26조의2제1항제3호에 따른 무역기술장벽 관련 교육·훈련·조사·연구·개발 및 홍보

10. 제28조제1항에 따른 산업구조 고도화의 기반 확립 등

11. 그 밖에 심의회에서 결정하는 사항

② 정부는 제1항에 따른 사업을 효율적으로 추진하기 위하여 필요하다고 인정하면 다음 각 호의 어느 하나에 해당하는 기관 또는 단체 등과 협약을 맺어 사업을 수행하게 할 수 있다. 〈개정 2017. 3. 21.〉

1. 국공립 연구기관

2. 「공공기관의 운영에 관한 법률」 제4조에 따른 공공기관

3. 「고등교육법」 제2조에 따른 학교

4. 「민법」이나 다른 법률에 따라 설립된 법인 또는 단체

5. 그 밖에 대통령령으로 정하는 국가표준 관련 연구기관 또는 단체

③ 제1항에 따른 출연금의 지급기준, 사용 및 관리에 필요한 사항은 대통령령으로 정한다. 〈신설 2017. 3. 21.〉

[전문개정 2009. 4. 1.]

[제목개정 2017. 3. 21.]

[시행일 : 2018.12.13.] 제27조

제28조(산업구조 고도화의 기반 확립 등) ① 정부는 산업구조 고도화를 위하여 초정밀 측정, 시험, 검사, 교정 및 관련 기기 산업의 발전 및 육성을 위한 종합계획을 수립하여야 한다.

② 산업통상자원부장관은 제1항에 따른 종합계획의 추진대책을 마련하고 필요하면 전담기구를 설립하거나 지정할 수 있다. 〈개정 2013. 3. 23.〉

[전문개정 2009. 4. 1.]

제29조(표준기술 전문인력의 양성) ①정부는 표준기술 전문인력의 양성을 위한 전문적인 교육 및 훈련 시책을 수립하고 시행하여야 한다. 〈개정 2014. 12. 30.〉

② 정부는 국가표준화 및 국제표준화 활동을 수행하여 국가경쟁력 강화에 크게 기여한 개인, 기업, 단체 등에 대하여 포상하거나 필요한 지원을 할 수 있다. 〈신설 2014. 12. 30.〉

제30조(국가표준 담당 공무원의 인사관리) 관련 중앙행정기관의 장은 모든 국가표준 업무와 적합성평가제도 등의 전문성과 연속성을 확보하고 업무의 신뢰성을 유지하기 위하여 관련 업무 담당 공무원의 보직 등 필요한 인사관리기준을 정하여 운용하여야 한다.

[전문개정 2009. 4. 1.]

제4장의2 삭제 〈2014. 12. 30.〉

제30조의2 삭제 〈2014. 12. 30.〉

제30조의3 삭제 〈2014. 12. 30.〉

제30조의4 삭제 〈2014. 12. 30.〉

# 제5장 보칙 〈개정 2009. 4. 1.〉

제31조(권한의 위임·위탁) ① 이 법에 따른 산업통상자원부장관의 권한은 그 일부를 대통령령으로 정하는 바에 따라 특별시장·광역시장·특별자치시장·도지사·특별자치도지사 또는 소속 기관의 장에게 위임할 수 있다. 〈개정 2013. 3. 23., 2014. 12. 30.〉

② 이 법에 따른 산업통상자원부장관의 권한은 그 일부를 대통령령으로 정하는 바에 따라 다른 행정기관의 장, 정부출연연구기관, 국가측정표준대표기관, 표준 관련 기관 또는「민법」및 특별법에 따라 설립된 관련 법인 또는 단체에 위탁할 수 있다. 〈개정 2013. 3. 23.〉

[전문개정 2009. 4. 1.]

**부칙** 〈제5930호, 1999. 2. 8.〉

①(시행일) 이 법은 1999년 7월 1일부터 시행한다.

②(국가표준에 관한 경과조치) 이 법 시행 당시 다른 법률에 의하여 처리된 국가표준의 제정, 유지 및 보급에 관련된 행위로서 이 법에 해당규정이 있을 때에는 이 법에 의하여 처리된 것으로 본다.

**부칙** 〈제6193호, 2000. 1. 21.〉 **(계량에관한법률)**

제1조(시행일) 이 법은 2000년 7월 1일부터 시행한다.

제2조 내지 제6조 생략

제7조(다른 법률의 개정) ①국가표준기본법중 다음과 같이 개정한다.
　제17조제2항중 "계량및측정에관한법률"을 "계량에관한법률"로 한다.
　②내지 ④생략

**부칙** 〈제6262호, 2000. 2. 3.〉 **(환경기술개발및지원에관한법률)**

제1조(시행일) 이 법은 공포후 6월이 경과한 날부터 시행한다.[단서 생략]

제2조 내지 제8조 생략

제9조(다른 법률의 개정) ①내지 ③생략
　④국가표준기본법중 다음과 같이 개정한다.
　제22조제1항중 "산업자원부장관과 사전에 협의하여야 한다"를 "산업자

원부장관에게 통보하여야 한다"로 하고, 동조제2항중 "산업자원부장관"을 "관계 중앙행정기관의 장"으로, "상정"을 "보고"로 한다.

제24조제2항중 "산업자원부장관은"을 "정부는"으로 하고, 동조제3항중 "환경친화적산업구조로의전환촉진에관한법률"을 "환경친화적산업구조로의전환촉진에관한법률 및 환경기술개발및지원에관한법률"로 한다.

제10조 생략

**부칙** 〈제6315호, 2000. 12. 29.〉 **(품질경영및공산품안전관리법)**

제1조(시행일) 이 법은 2001년 7월 1일부터 시행한다.

제2조 내지 제6조 생략

제7조(다른 법률의 개정) ①내지 ③생략

④국가표준기본법중 다음과 같이 개정한다.

제24조제3항중 "품질경영촉진법"을 "경영및공산품안전관리법"으로 한다.

**부칙** 〈제7219호, 2004. 9. 23.〉 **(과학기술분야정부출연연구기관등의설립·운영및육성에관한법률)**

제1조(시행일) 이 법은 공포후 1월이 경과한 날부터 시행한다.

제2조 및 제3조 생략

제4조(다른 법률의 개정) ①내지 ⑭생략

⑮국가표준기본법중 다음과 같이 개정한다.

제13조제1항 중 "정부출연연구기관등의설립·운영및육성에관한법률"을 "과학기술분야정부출연연구기관등의설립·운영및육성에관한법률"로 한다.

⑯내지 ⑳생략

제5조 생략

**부칙** 〈제8852호, 2008. 2. 29.〉 **(정부조직법)**

제1조(시행일) 이 법은 공포한 날부터 시행한다. 다만, … 〈생략〉 …, 부칙 제6조에 따라 개정되는 법률 중 이 법의 시행 전에 공포되었으나 시행일 이 도래하지 아니한 법률을 개정한 부분은 각각 해당 법률의 시행일부터 시행한다.

제2조부터 제5조까지 생략

제6조(다른 법률의 개정) ① 부터 〈339〉 까지 생략

〈340〉 국가표준기본법 일부를 다음과 같이 개정한다.

제5조제5항, 제7조제2항, 제14조제3항, 제19조제2항, 제20조제3항·제4항, 제22조제1항, 제25조제2항, 제28조제2항 및 제31조제1항·제2항 중 "산업자원부장관"을 각각 "지식경제부장관"으로 한다.

〈341〉 부터 〈760〉 까지 생략

제7조 생략

**부칙** 〈제9590호, 2009. 4. 1.〉

제1조(시행일) 이 법은 2009년 7월 1일부터 시행한다. 다만, 관련 법령에서 제품에 대한 인증등을 받도록 하거나 인증등의 마크를 표시하도록 한 것 중 다음 각 호의 어느 하나에 해당하는 인증등에 대하여는 제22조의2의 개정규정에 따른 표준인증심사제 또는 제22조의4의 개정규정에 따른 국가통합인증마크의 도입에 관하여 2011년 1월 1일부터 시행한다. 〈개정 2010.4.5〉

1. 「건설기계관리법」에 따른 건설기계의 형식승인
2. 「건축법」에 따른 경계벽 등의 차음구조 성능인정, 내화(내화)구조의 성능인정
3. 「공연법」에 따른 무대시설의 설계검토·검사 및 안전진단
4. 「대기환경보전법」에 따른 자동차배출가스인증

5. 「먹는물관리법」에 따른 정수기의 품질검사

6. 「산업안전보건법」에 따른 유해·위험한 기계·기구·설비의 안전인증, 방호장치·보호구의 안전인증

7. 「선박안전법」에 따른 선박의 형식승인 및 검정

8. 「소방시설치유지 및 안전관리에 관한 법률」에 따른 방염대상물품의 방염성능검사, 소방용기계·기구의 형식승인

9. 「소음·진동규제법」에 따른 자동차소음인증

10. 「약사법」에 따른 의약품등의 검사

11. 「의료기기법」에 따른 의료기기 제조 및 품질관리기준 적합인정

12. 「전기통신기본법」에 따른 전기통신기자재의 형식승인

13. 「전파법」에 따른 무선설비의 형식검정 또는 형식등록, 전자파적합등록

14. 「주차장법」에 따른 기계식주차장치의 안전도인증

15. 「주택법」에 따른 공동주택 바닥충격음 차음구조의 성능등급인정, 주택성능등급인정

16. 「해양환경관리법」에 따른 해양환경측정기기, 형식승인대상설비 및 오염물질의 방제·방지에 사용하는 자재·약제의 형식승인

17. 「화장품법」에 따른 기능성화장품의 심사

18. 「환경분야 시험·검사 등에 관한 법률」에 따른 측정기기의 형식승인

제2조(다른 법률의 개정) ① 기상관측표준화법 일부를 다음과 같이 개정한다. 제21조제2항제2호 중 "「국가표준기본법」 제13조제2항"을 "「국가표준기본법」 제13조제1항"으로 한다.

② 환경분야 시험·검사 등에 관한 법률 일부를 다음과 같이 개정한다. 제5조제1항제2호 중 "「국가표준기본법」 제3조제18호"를 "「국가표준기본법」 제3조제17호"로 한다.

**부칙** 〈제10227호, 2010. 4. 5.〉

제1조(시행일) 이 법은 공포 후 3개월이 경과한 날부터 시행한다.

제2조(한국화학융합시험연구원의 설립에 따른 경과조치) ① 다음 각 호의 기관들은 해당 이사회의 결의에 의하여 모든 권리와 의무를 이 법에 따른 한국화학융합시험연구원이 승계하도록 지식경제부장관에게 신청할 수 있다.

1. 「민법」 제32조에 따라 설립된 재단법인 한국화학시험연구원
2. 「산업기술혁신 촉진법」 제42조에 따라 설립된 한국전자파연구원

② 제1항 각 호의 기관들이 제1항의 신청에 의하여 지식경제부장관의 승인을 받은 때에는 한국화학융합시험연구원의 설립과 동시에 「민법」 중 법인의 해산 및 청산에 관한 규정에도 불구하고 해산된 것으로 보며, 각 기관들의 모든 권리와 의무 및 직원은 한국화학융합시험연구원이 승계한다.

③ 제2항에 따라 한국화학융합시험연구원에 승계될 재산의 가액은 설립등기일 전일의 장부가액으로 한다.

④ 이 법 시행 당시 등기부나 그 밖의 공부에 표시된 제1항 각 호의 기관의 명의는 한국화학융합시험연구원의 명의로 본다.

⑤ 이 법 시행 전에 제1항 각 호의 기관이 행한 행위는 한국화학융합시험연구원이 행한 행위로 본다.

제3조(한국기계전기전자시험연구원의 설립에 관한 경과조치) ① 다음 각 호의 기관들은 해당 이사회의 결의에 의하여 모든 권리와 의무를 이 법에 따른 한국기계전기전자시험연구원이 승계하도록 지식경제부장관에게 신청할 수 있다.

1. 「민법」 제32조에 따라 설립된 재단법인 한국전기전자시험연구원
2. 「민법」 제32조에 따라 설립된 재단법인 한국기기유화시험연구원

② 한국기계전기전자시험연구원의 설립에 관하여는 부칙 제2조제2항부터 제5항까지의 규정을 준용한다. 이 경우 한국화학융합시험연구원은 한국기계전기전자시험연구원으로 본다.

제4조(한국건설생활환경시험연구원의 설립에 관한 경과조치) ① 다음 각 호의 기관들은 해당 이사회의 결의에 의하여 모든 권리와 의무를 이 법에

따른 한국건설생활환경시험연구원이 승계하도록 지식경제부장관에게 신청할 수 있다.

1. 「민법」 제32조에 따라 설립된 재단법인 한국건자재시험연구원
2. 「민법」 제32조에 따라 설립된 재단법인 한국생활환경시험연구원

② 한국건설생활환경시험연구원의 설립에 관하여는 부칙 제2조제2항부터 제5항까지의 규정을 준용한다. 이 경우 한국화학융합시험연구원은 한국건설생활환경시험연구원으로 본다.

**부칙** 〈제10615호, 2011. 4. 28.〉 **(환경기술 및 환경산업 지원법)**

제1조(시행일) 이 법은 공포 후 6개월이 경과한 날부터 시행한다.

제2조부터 제7조까지 생략

제8조(다른 법률의 개정) ① 생략

② 국가표준기본법 일부를 다음과 같이 개정한다.

제24조제3항 중 "「환경기술개발 및 지원에 관한 법률」"을 "「환경기술 및 환경산업 지원법」"으로 한다.

③부터 ⑬까지 생략

제9조 생략

**부칙** 〈제11690호, 2013. 3. 23.〉 **(정부조직법)**

제1조(시행일) ① 이 법은 공포한 날부터 시행한다.

② 생략

제2조부터 제5조까지 생략

제6조(다른 법률의 개정) ①부터 〈363〉까지 생략

〈364〉 국가표준기본법 일부를 다음과 같이 개정한다.

제5조제1항, 같은 조 제4항 각 호 외의 부분, 같은 항 제4호, 같은 조 제5항, 제7조제2항, 제14조제3항, 제19조제2항, 제20조제3항·제4항, 제22

조제1항 본문 및 단서, 제25조제2항, 제28조제2항 및 제31조제1항·제2항 중 "지식경제부장관"을 각각 "산업통상자원부장관"으로 한다.

제5조제4항제1호 중 "국무총리실"을 "국무조정실"로 한다.

제5조제5항 중 "지식경제부"를 "산업통상자원부"로 한다.

〈365〉부터 〈710〉까지 생략

**제7조** 생략

**부칙** 〈제12925호, 2014. 12. 30.〉

**제1조(시행일)** 이 법은 공포 후 6개월이 경과한 날부터 시행한다.

**제2조(한국화학융합시험연구원에 대한 경과조치)** ① 이 법 시행 당시 종전의 제30조의2에 따라 설립된 한국화학융합시험연구원(이하 "종전의 한국화학융합시험연구원"이라 한다)은 그 지위의 승계에 관하여 이사회의 의결을 거쳐 주무관청에 신고를 한 때에는 「민법」 제32조에 따라 설립된 재단법인으로 본다.

② 제1항에 따라 신고를 한 종전의 한국화학융합시험연구원은 지체 없이 그 해산등기와 같은 항에 따라 설립이 의제되는 재단법인의 설립등기를 하여야 한다.

③ 제1항의 경우 종전의 한국화학융합시험연구원의 재산과 권리·의무는 같은 항에 따라 설립이 의제되는 재단법인이 포괄승계한다.

④ 이 법 시행 전에 종전의 한국화학융합시험연구원이 한 행위는 제1항에 따라 설립된 재단법인이 한 행위로, 종전의 한국화학융합시험연구원에 대하여 한 행위는 같은 항에 따라 설립된 재단법인에 대하여 한 행위로 본다.

⑤ 이 법 시행 당시 종전의 한국화학융합시험연구원의 임원 및 직원은 제1항에 따라 설립된 재단법인의 임원 및 직원으로 본다. 이 경우 임원의 임기는 종전의 한국화학융합시험연구원 정관에 따른 임기의 남은 기간으로 한다.

제3조(한국기계전기전자시험연구원에 대한 경과조치) ① 이 법 시행 당시 종전의 제30조의3에 따라 설립된 한국기계전기전자시험연구원은 그 지위의 승계에 관하여 이사회의 의결을 거쳐 주무관청에 신고를 한 때에는 「민법」 제32조에 따라 설립된 재단법인으로 본다.

② 제1항에 따라 설립된 재단법인의 해산등기·설립등기, 재산 및 권리·의무의 포괄승계, 행위의제, 임원 및 직원 지위 승계 등에 관하여는 부칙 제2조제2항부터 제5항까지의 규정을 준용한다. 이 경우 "한국화학융합시험연구원"은 "한국기계전기전자시험연구원"으로 본다.

제4조(한국건설생활환경시험연구원에 대한 경과조치) ① 이 법 시행 당시 종전의 제30조의4에 따라 설립된 한국건설생활환경시험연구원은 그 지위의 승계에 관하여 이사회의 의결을 거쳐 주무관청에 신고를 한 때에는 「민법」 제32조에 따라 설립된 재단법인으로 본다.

② 제1항에 따라 설립된 재단법인의 해산등기·설립등기, 재산 및 권리·의무의 포괄승계, 행위의제, 임원 및 직원 지위 승계 등에 관하여는 부칙 제2조제2항부터 제5항까지의 규정을 준용한다. 이 경우 "한국화학융합시험연구원"은 "한국건설생활환경시험연구원"으로 본다.

**부칙** 〈제13731호, 2016. 1. 6.〉

이 법은 공포한 날부터 시행한다.

**부칙** 〈제13747호, 2016. 1. 6.〉 **(환경친화적 산업구조로의 전환촉진에 관한 법률)**

제1조(시행일) 이 법은 공포한 날부터 시행한다.

제2조 생략

제3조(다른 법률의 개정) ① 생략

② 국가표준기본법 일부를 다음과 같이 개정한다.

제24조제3항을 다음과 같이 한다.

③ 제1항 및 제2항에 따른 품질경영체제의 인증 및 그 인증제도의 관리·운영에 관한 사항은 「품질경영 및 공산품안전관리법」에서 정하는 바에 따른다.

**부칙** 〈제13847호, 2016. 1. 27.〉 **(산업표준화법)**

제1조(시행일) 이 법은 공포 후 1년이 경과한 날부터 시행한다. 〈단서 생략〉

제2조 생략

제3조(다른 법률의 개정) 국가표준기본법 일부를 다음과 같이 개정한다.
제24조제3항을 삭제한다.

**부칙** 〈제14662호, 2017. 3. 21.〉

이 법은 공포 후 3개월이 경과한 날부터 시행한다.

**부칙** 〈제15176호, 2017. 12. 12.〉

이 법은 공포 후 6개월이 경과한 날부터 시행한다.

**부칙** 〈제15643호, 2018. 6. 12.〉

이 법은 공포 후 6개월이 경과한 날부터 시행한다.

# 02 국가표준기본법 시행령

| 제정 | 1999. 7. 29. | 대통령령 | 제16494호 |
|---|---|---|---|
| 타법개정 | 2000. 6. 23. | 대통령령 | 제16851호 |
| 타법개정 | 2008. 2. 29. | 대통령령 | 제20678호 |
| 일부개정 | 2009. 6. 26. | 대통령령 | 제21569호 |
| 타법개정 | 2010. 3. 15. | 대통령령 | 제22075호 |
| 타법개정 | 2010. 7. 12. | 대통령령 | 제22269호 |
| 일부개정 | 2010. 12. 20. | 대통령령 | 제22534호 |
| 타법개정 | 2013. 3. 23. | 대통령령 | 제24442호 |
| 타법개정 | 2013. 12. 11. | 대통령령 | 제24955호 |
| 타법개정 | 2014. 11. 19. | 대통령령 | 제25751호 |
| 타법개정 | 2015. 12. 10. | 대통령령 | 제26703호 |
| 일부개정 | 2015. 6. 30. | 대통령령 | 제26363호 |
| 타법개정 | 2018. 4. 17. | 대통령령 | 제28799호 |
| 타법개정 | 2017. 7. 26. | 대통령령 | 제28212호 |
| 일부개정 | 2018. 6. 12. | 대통령령 | 제28960호 |
| 시행 | 2018. 6. 13. | | |

**제1조(목적)** 이 영은 「국가표준기본법」에서 위임된 사항과 그 시행에 필요한 사항을 규정함을 목적으로 한다.

[전문개정 2009. 6. 26.]

**제2조(국가표준심의회의 관련 중앙행정기관 위원)** 「국가표준기본법」(이하 "법"이라 한다) 제5조제4항제2호에 따른 관련 중앙행정기관의 차관 또는 차관급 공무원은 다음 각 호의 사람으로 한다. 이 경우 복수차관이 있는 기관은 해당 기관의 장이 지정하는 차관으로 한다. 〈개정 2010. 3. 15., 2010. 7. 12., 2013. 3. 23., 2014. 11. 19., 2015. 6. 30., 2017. 7. 26.〉

1. 과학기술정보통신부차관
2. 행정안전부차관
3. 문화체육관광부차관

4. 농림축산식품부차관

5. 보건복지부차관

6. 환경부차관

7. 고용노동부차관

8. 국토교통부차관

9. 해양수산부차관

9의2. 중소벤처기업부차관

10. 식품의약품안전처장

11. 조달청장

12. 방위사업청장

13. 산림청장

[전문개정 2009. 6. 26.]

**제3조(국가표준심의회의 회의)** ① 국가표준심의회(이하 "심의회"라 한다)의 회의는 의장이 필요하다고 인정하는 경우 또는 관련 중앙행정기관의 장의 요청이 있는 경우에 의장이 소집한다.

② 삭제 〈2015. 6. 30.〉

[전문개정 2009. 6. 26.]

**제4조(실무위원회의 구성 및 운영)** ① 법 제5조제7항에 따른 실무위원회(이하 "실무위원회"라 한다)는 위원장 1명을 포함한 25명 이내의 위원으로 구성하고, 실무위원회의 위원장은 국가기술표준원장이 된다. 〈개정 2013. 12. 11.〉

② 실무위원회의 위원은 다음 각 호의 사람 중에서 산업통상자원부장관이 위촉한다. 〈개정 2013. 3. 23.〉

1. 국무조정실의 국장급 공무원

2. 관련 중앙행정기관의 국장급 공무원

3. 표준과학기술에 관한 학식과 경험이 풍부한 사람

4. 관련 중앙행정기관의 장이 추천한 사람

③ 실무위원회에 간사 1명을 두며, 간사는 국가기술표준원 소속 공무원

중에서 국가기술표준원장이 지명한다. 〈개정 2013. 12. 11.〉

④ 산업통상자원부장관은 제2항에 따른 실무위원회의 위원을 위촉할 때에는 미리 관련 중앙행정기관의 장과 협의하여야 한다. 〈개정 2013. 3. 23.〉

⑤ 실무위원회의 회의는 실무위원회의 위원장이 소집한다.

⑥ 실무위원회의 회의는 재적위원 과반수의 출석으로 개의하고, 출석위원 과반수의 찬성으로 의결한다.

[전문개정 2009. 6. 26.]

**제4조의2(위원의 해촉)** 산업통상자원부장관은 법 제5조제4항제4호에 따른 심의회의 위원 또는 제4조제2항 각 호에 따른 실무위원회의 위원이 다음 각 호의 어느 하나에 해당하는 경우에는 해당 위원을 해촉(解囑)할 수 있다.

1. 심신장애로 인하여 직무를 수행할 수 없게 된 경우
2. 직무와 관련된 비위사실이 있는 경우
3. 직무태만, 품위손상이나 그 밖의 사유로 인하여 위원으로 적합하지 아니하다고 인정되는 경우
4. 위원 스스로 직무를 수행하는 것이 곤란하다고 의사를 밝히는 경우

[본조신설 2015. 12. 10.]

**제5조(수당)** 심의회 및 실무위원회의 회의에 출석한 위원에게는 예산의 범위에서 수당과 여비를 지급할 수 있다. 다만, 공무원인 위원이 소관 업무와 직접 관련하여 회의에 출석하는 경우에는 그러하지 아니하다.

[전문개정 2009. 6. 26.]

**제5조의2(운영세칙)** 이 영에서 규정한 사항 외에 심의회 또는 실무위원회의 운영에 필요한 사항은 해당 심의회 또는 실무위원회의 의결을 거쳐 심의회의 의장 또는 실무위원회의 위원장이 정한다.

[본조신설 2009. 6. 26.]

**제6조(국가표준기본계획의 작성 등)** ① 산업통상자원부장관은 법 제7조제2항에 따라 관련 중앙행정기관별 계획(이하 "소관 계획"이라 한다)을 종합하기 전에 소관 계획에 포함되어야 할 사항 및 관련 자료와 소관 계획의

제출일정 등을 정하여 관련 중앙행정기관의 장에게 통보할 수 있다. 〈개정 2013. 3. 23.〉

② 관련 중앙행정기관의 장은 국가표준의 수요자 및 생산자인 기관·단체의 의견을 고려하여 소관 계획을 작성한 후 산업통상자원부장관에게 제출하여야 한다. 〈개정 2013. 3. 23.〉

③ 산업통상자원부장관은 법 제7조제2항에 따라 국가표준기본계획을 확정한 경우 이를 「국가과학기술자문회의법」에 따른 국가과학기술자문회의에 보고하여야 한다. 〈신설 2015. 6. 30., 2018. 4. 17.〉

[전문개정 2009. 6. 26.]

제7조(국가표준기본계획 및 국가표준시행계획의 공고) 법 제7조에 따라 확정된 국가표준기본계획은 산업통상자원부장관이 공고하고, 법 제8조에 따라 확정된 국가표준시행계획은 관련 중앙행정기관의 장이 공고한다. 〈개정 2013. 3. 23.〉

[전문개정 2009. 6. 26.]

제8조(기본단위의 정의 및 현시방법) ① 법 제10조에 따른 기본단위의 정의는 별표 1과 같다.

② 제1항에 따른 기본단위는 국제도량형총회에서 정하는 바에 따라 법 제13조에 따른 한국표준과학연구원(이하 "표준원"이라 한다)이 현시(顯示)한다. 〈개정 2015. 6. 30.〉

[전문개정 2009. 6. 26.]

제8조의2(기본단위의 기호) 법 제10조에 따른 기본단위는 국제도량형총회에서 정한 바에 따라 다음 각 호와 같이 표시한다.

1. 길이의 측정단위인 미터: m
2. 질량의 측정단위인 킬로그램: kg
3. 시간의 측정단위인 초: s
4. 전류의 측정단위인 암페어: A
5. 온도의 측정단위인 켈빈: K

6. 물질량의 측정단위인 몰: mol

7. 광도의 측정단위인 칸델라: cd

[본조신설 2015. 6. 30.]

제9조(유도단위) ① 법 제11조에 따라 기본단위와 조합하여 특별한 명칭과 기호로 표시할 수 있는 유도단위(誘導單位)는 별표 2와 같다.

② 국제적으로 국제단위계와 함께 사용할 수 있는 유도단위는 별표 3과 같다.

[전문개정 2009. 6. 26.]

제10조(국제단위계의 접두어) 법 제10조 및 제11조에 따른 국제단위계를 십진 배수나 분수로 표기하는 경우에는 별표 4에 따른다.

[전문개정 2009. 6. 26.]

제11조 삭제 〈2018. 6. 12.〉

제12조(국가교정업무 전담기관의 지정 및 운영) ① 법 제14조제3항에 따른 국가교정업무 전담기관(이하 "국가교정기관"이라 한다)의 지정기준은 다음과 같다. 〈개정 2013. 3. 23.〉

1. 국제기준에 맞는 품질관리체계를 구축·유지할 수 있을 것

2. 측정장비 및 측정환경이 국제기준에 적합하고 국가측정표준과의 소급성(遡及性)이 유지될 것

3. 품질책임자, 기술책임자 및 기술요원을 확보할 것

4. 그 밖에 품질관리체계 및 기술적인 요건 등이 산업통상자원부장관이 정하여 고시하는 기준에 적합할 것

② 국가교정기관으로 지정된 자는 산업체 및 연구기관 등이 보유·사용하는 측정기에 대하여 교정을 실시하여야 한다. 이 경우 교정이 국가측정표준과의 소급성을 유지할 수 있도록 하여야 한다.

③ 국가교정기관의 지정절차와 그 밖에 지정제도의 운영에 관한 사항은 산업통상자원부장관이 정하여 고시한다. 〈개정 2013. 3. 23.〉

[전문개정 2009. 6. 26.]

제13조(표준물질의 인증 및 보급) ① 법 제15조제2항에 따라 산업통상자원부장관은 표준물질의 인증 및 보급에 관하여 다음 각 호의 사업을 할 수 있다. 〈개정 2013. 3. 23.〉

1. 인증된 표준물질의 국가측정표준과의 소급성 체계 유지
2. 표준물질 인증기준 및 인증절차의 수립과 그 밖에 인증제도의 운영
3. 표준물질의 안정적 공급방법의 마련
4. 표준물질에 관한 교육·홍보 등 보급사업

② 제1항에 따른 표준물질 인증제도의 운영에 필요한 사항은 산업통상자원부장관이 정하여 고시한다. 〈개정 2013. 3. 23.〉

[전문개정 2009. 6. 26.]

제14조(참조표준의 제정 및 보급) ① 삭제 〈2018. 6. 12.〉

② 산업통상자원부장관은 법 제16조제2항에 따른 참조표준의 제정 및 보급사업을 효율적으로 추진하기 위하여 표준원으로 하여금 참조표준에 관한 측정데이터의 수집·축적 및 평가에 관한 사업을 하게 할 수 있다. 〈개정 2013. 3. 23., 2018. 6. 12.〉

③ 제2항에서 규정한 사항 외에 참조표준의 제정 및 보급에 관하여 필요한 사항은 산업통상자원부장관이 정하여 고시한다. 〈개정 2013. 3. 23., 2018. 6. 12.〉

[전문개정 2009. 6. 26.]

제15조(국가측정표준 확립사업) 관련 중앙행정기관의 장은 법 제19조제1항에 따른 국가측정표준 확립사업으로서 다음 각 호의 사업을 할 수 있다.

1. 국가측정표준에 따른 측정기술의 정밀도 및 정확도를 높이기 위한 사업
2. 소관 측정기기의 국가측정표준과의 소급성 유지사업
3. 중소기업의 국가측정표준 활용 장려사업

[전문개정 2009. 6. 26.]

제15조의2(국가표준의 일관성 유지 등) ① 관계 중앙행정기관의 장은 법 제20조제3항에 따라 국가표준을 제정 또는 개정하려는 경우 다음 각 호의 요건에 맞게 작성하여야 한다.

1. 「산업표준화법」제11조에 따라 산업통상자원부장관이 고시한 한국산업표준(KS A 0001)에 따른 표준서식 및 작성방법에 적합할 것
2. 전자적 처리가 가능할 것

② 관계 중앙행정기관의 장은 제1항에 따라 작성한 국가표준에 대하여 표준서식과의 적합성 및 다른 표준과의 중복성 여부 등의 확인을 산업통상자원부장관에게 요청하여야 한다.

③ 산업통상자원부장관은 제2항에 따라 확인을 요청받은 경우 30일 이내에 결과를 통보하여야 한다. 다만, 부득이한 사유로 30일 이내에 통보할 수 없는 경우에는 그 사유 및 완료 예정일을 명시하여 통보하여야 한다.

④ 관계 중앙행정기관의 장은 제3항에 따른 통보 결과를 반영하여 국가표준을 고시하여야 한다.

⑤ 산업통상자원부장관이 관계 중앙행정기관의 장과 협의하여 일관성을 유지하여야 하는 국가표준의 대상에 해당하지 아니하는 것으로 정한 경우에는 제1항부터 제4항까지의 규정을 적용하지 아니한다.

[본조신설 2015. 6. 30.]

[종전 제15조의2는 제15조의4로 이동 〈2015. 6. 30.〉]

제15조의3(국가표준 통합 정보시스템의 설치 및 운영) ① 산업통상자원부장관은 다음 각 호의 업무를 수행하기 위하여 법 제20조제3항에 따라 국가표준 통합 정보시스템(이하 "국가표준정보시스템"이라 한다)을 설치·운영할 수 있다.

1. 국가표준에 관한 자료 및 정보의 데이터베이스 구축·관리 및 정보의 제공
2. 국가표준 업무의 진행 현황 및 이력 관리
3. 국가표준 통계의 생성 및 관리
4. 그 밖에 국가표준에 관한 자료 및 정보의 효율적인 관리를 위하여 필요하다고 산업통상자원부장관이 인정하는 사항

② 산업통상자원부장관은 국가표준정보시스템의 효율적인 관리 및 운영

을 위하여 중앙행정기관의 장 또는 지방자치단체의 장에게 필요한 자료 또는 정보의 제출을 요청할 수 있다.

③ 제1항 및 제2항에서 규정한 사항 외에 국가표준정보시스템의 설치 및 운영에 필요한 세부적인 사항은 산업통상자원부장관이 정하여 고시한다.

[본조신설 2015. 6. 30.]

[종전 제15조의3은 제15조의5로 이동 〈2015. 6. 30.〉]

**제15조의4(표준인증심사제의 심사유형)** ① 법 제22조의2제1항에 따른 인증·검정·등록·인정·심사·검사·신고·형식승인 등(이하 "인증등"이라 한다)을 위한 표준인증심사제의 심사유형은 별표 5와 같다.

② 산업통상자원부장관은 제1항에 따른 표준인증심사제의 심사유형을 변경하려는 경우에는 심의회의 심의·의결을 거쳐야 한다. 〈개정 2013. 3. 23.〉

[본조신설 2009. 6. 26.]

[제15조의2에서 이동, 종전 제15조의4는 제15조의6으로 이동 〈2015. 6. 30.〉]

**제15조의5(표준인증심사제의 운영 등)** ① 중앙행정기관의 장은 법 제22조의2제1항에 따라 인증등을 하는 경우에는 다음 각 호의 어느 하나에 해당하는 방법으로 표준인증심사제를 도입하여야 한다.

1. 별표 5에 따른 심사모듈 중 어느 하나를 선택하여 해당 법령에 규정하는 방법

2. 별표 5에 따른 심사모듈 중 어느 하나에 해당하는 인증등의 내용 및 방법 등을 해당 법령에 반영하여 규정하는 방법

② 중앙행정기관의 장은 제1항에 따라 소관 인증등에 도입한 표준인증심사제의 심사모듈을 변경하려는 경우에는 변경하려는 심사모듈을 미리 산업통상자원부장관에게 통보하여야 한다. 〈개정 2013. 3. 23.〉

③ 중앙행정기관의 장은 제1항에 따라 소관 인증등에 도입한 표준인증심사제의 심사모듈에 관하여 필요한 세부적인 인증등의 기준 및 절차 등을 정할 수 있다. 이 경우 그 기준 및 절차 등이 국제기준에 맞도록 노력하여야 한다.

④ 둘 이상의 인증등을 받아야 하는 제품의 경우에는 관련 중앙행정기관의 장이 심의회의 심의·의결을 거쳐 제3항에 따라 정한 세부적인 인증등의 기준 및 절차 등을 통합하여 공동으로 고시할 수 있다. 다만, 관련 중앙행정기관이 하나인 경우에는 심의회의 심의·의결을 거치지 아니할 수 있다.

[본조신설 2009. 6. 26.]

[제15조의3에서 이동 〈2015. 6. 30.〉]

**제15조의6(국가통합인증마크의 표시기준 등)** ① 법 제22조의4제1항에 따른 국가통합인증마크의 표시기준 및 방법은 별표 6과 같다. 〈개정 2010. 12. 20.〉

② 산업통상자원부장관은 제1항에 따른 국가통합인증마크의 표시기준 및 방법을 변경하려는 경우에는 심의회의 심의·의결을 거쳐야 한다. 〈개정 2013. 3. 23.〉

③ 중앙행정기관의 장은 국가통합인증마크를 도입하려는 경우에는 소관 인증등의 표시에 적용하기 위한 세부적인 표시기준 및 방법을 따로 정할 수 있다.

④ 둘 이상의 인증등을 받아야 하는 제품의 경우에는 관련 중앙행정기관의 장이 심의회의 심의·의결을 거쳐 제3항에 따라 정한 세부적인 표시기준 및 방법을 통합하여 공동으로 고시할 수 있다. 다만, 관련 중앙행정기관이 하나인 경우에는 심의회의 심의·의결을 거치지 아니할 수 있다.

[본조신설 2009. 6. 26.]

[제15조의4에서 이동 〈2015. 6. 30.〉]

**제16조(시험·검사기관의 인정)** ① 관련 중앙행정기관의 장은 법 제23조제2항에 따라 시험·검사기관 인정제도의 확립을 위한 인정기구 및 운영기관을 지정·운영하려는 경우에는 이를 심의회에 보고하여야 한다.

② 관련 중앙행정기관의 장은 국가기술표준원을 제1항에 따른 인정기구로 지정할 수 있다. 〈개정 2013. 12. 11.〉

③ 제1항에 따라 지정된 인정기구는 시험·검사기관의 인정을 위한 기준

및 절차 등을 정하여 고시하여야 한다. 이 경우 그 기준 및 절차 등이 국제기구에서 정한 국제기준에 맞도록 노력하여야 한다.

[전문개정 2009. 6. 26.]

제16조의2(시험결과 상호인정을 위한 절차 등) ① 법 제25조의2에 따라 다른 법령에 따른 인증의 시험결과를 인정받아 해당 인증의 시험항목을 생략받으려는 자는 다음 각 호의 어느 하나에 해당하는 시험성적서를 해당 중앙행정기관의 장에게 제출하여야 한다. 이 경우 시험성적서는 해당 법령에 특별한 규정이 없는 한 제출일 전 최근 2년 이내에 시험한 결과에 따른 시험성적서로 한정한다.

1. 다른 법령에 따른 인증기관에서 발급받은 시험성적서
2. 법 제23조에 따라 인정을 받은 시험·검사기관으로부터 발급받은 시험성적서

② 중앙행정기관의 장은 제1항에 따른 절차 외에 시험결과의 상호인정을 위한 세부절차에 관하여 필요한 사항을 정할 수 있다. 세부절차를 정한 경우 이를 고시하여야 한다.

[본조신설 2015. 6. 30.]

제17조(국가표준제도의 확립에 필요한 예산지원 등) ① 법 제27조제1항에 따라 출연금을 지원받은 자는 별도의 계정을 설정하여 그 출연금을 관리하여야 한다.

② 법 제27조제1항에 따라 출연금을 지원한 관련 중앙행정기관의 장은 출연금을 받은 자가 정당한 사유 없이 출연받은 목적 외의 용도로 출연금을 사용하는 경우에는 출연금의 전부 또는 일부를 회수할 수 있다.

[전문개정 2009. 6. 26.]

제18조(한국계량측정협회의 사업 등) ① 산업통상자원부장관은 법 제28조제1항에 따른 교정 및 관련 기기 산업의 발전 및 육성을 위하여 「계량에 관한 법률」 제40조에 따른 한국계량측정협회(이하 "협회"라 한다)로 하여금 다음 각 호의 사업을 하게 할 수 있다. 〈개정 2013. 3. 23.〉

1. 측정의 정밀도 및 정확도를 높이기 위한 교육·조사·연구, 자료 발간, 정보제공 및 홍보에 관한 사업
2. 교정방법과 교정절차의 개선 및 개발 등에 관한 사업
3. 국가교정기관의 지정 평가에 관한 지원사업 및 숙련도시험 프로그램의 개발에 관한 사업
4. 그 밖에 측정의 정밀도 및 정확도를 높이기 위한 사업

② 협회는 정관에서 정하는 바에 따라 교정을 신청하는 자로 하여금 제1항에 따른 사업에 드는 비용을 부담하게 할 수 있다.

[전문개정 2009. 6. 26.]

제19조(표준기술 전문인력의 양성) 관련 중앙행정기관의 장은 법 제29조에 따라 표준원, 국가기술표준원 또는 그 밖의 관련 기관을 교육기관으로 지정하고, 표준기술 전문인력의 양성을 위한 교육을 하게 할 수 있다. 〈개정 2013. 12. 11.〉

[전문개정 2009. 6. 26.]

제20조(권한의 위임) 산업통상자원부장관은 법 제31조제1항에 따라 다음 각 호의 권한을 국가기술표준원장에게 위임한다. 〈개정 2013. 3. 23., 2013. 12. 11., 2015. 6. 30., 2018. 6. 12.〉

1. 법 제14조제3항에 따른 국가교정업무 전담기관의 지정·운영
2. 법 제16조제2항에 따른 참조표준의 제정 및 보급을 위한 사업
3. 삭제 〈2018. 6. 12.〉
4. 제12조제1항제4호에 따른 품질관리체계 및 기술적인 요건 등에 관한 기준의 제정·고시
5. 제12조제3항에 따른 국가교정기관의 지정절차와 그 밖에 지정제도의 운영에 관한 사항의 제정·고시
6. 제13조제2항에 따른 표준물질 인증제도의 운영에 필요한 사항의 제정·고시

6의2. 제14조제3항에 따른 참조표준의 제정 및 보급에 관하여 필요한 사항의 제정·고시

7. 제15조의2제2항에 따른 표준서식과의 적합성 확인, 다른 표준과의 중복성 확인 및 제3항에 따른 확인결과의 통보

8. 제15조의3에 따른 국가표준정보시스템의 구축 및 운영

[본조신설 2009. 6. 26.]


**부칙** 〈제16494호, 1999. 7. 29.〉

이 영은 공포한 날부터 시행한다.


**부칙** 〈제16851호, 2000. 6. 23.〉 **(계량에관한법률시행령)**

제1조(시행일) 이 영은 2000년 7월 1일부터 시행한다.

제2조(다른 법령의 개정) ① 국가표준기본법시행령중 다음과 같이 개정한다.
제18조제1항 본문중 "계량및측정에관한법률 제16조의 규정에 의한 한국측정기기교정협회"를 "계량에관한법률 제24조의 규정에 의한 한국계량측정협회"로 한다.

② 및 ③ 생략

제3조 생략


**부칙** 〈제20678호, 2008. 2. 29.〉 **(지식경제부와 그 소속기관 직제)**

제1조(시행일) 이 영은 공포한 날부터 시행한다. 〈단서 생략〉

제2조부터 제6조까지 생략

제7조(다른 법령의 개정) ① 부터 ⑦ 까지 생략
⑧ 국가표준기본법시행령 일부를 다음과 같이 개정한다.
제2조제1호부터 제10호까지를 각각 다음과 같이 한다.

1. 교육과학기술부장관
2. 국방부장관
3. 문화체육관광부장관
4. 농림수산식품부장관
5. 지식경제부장관
6. 보건복지가족부장관
7. 환경부장관
8. 노동부장관
9. 국토해양부장관
10. 방송통신위원회위원장

제4조제2항 전단·제4항, 제6조제1항·제2항, 제7조, 제11조제1항·제2 항, 제12조제1항제4호·제3항, 제13조제1항 각 호 외의 부분·제2항, 제14조제1항 각 호 외의 부분·제2항·제3항, 제18조제1항 각 호 외의 부분 중 "산업자원부장관"을 각각 "지식경제부장관"으로 한다.

⑨ 부터 〈86〉 까지 생략

**부칙** 〈제21569호, 2009. 6. 26.〉

이 영은 2009년 7월 1일부터 시행한다.

**부칙** 〈제22075호, 2010. 3. 15.〉 **(보건복지부와 그 소속기관 직제)**

제1조(시행일) 이 영은 2010년 3월 19일부터 시행한다. 〈단서 생략〉

제2조(다른 법령의 개정) ① 부터 ㉔ 까지 생략

㉕ 국가표준기본법 시행령 일부를 다음과 같이 개정한다.
제2조제5호를 다음과 같이 한다.
5. 보건복지부차관
㉖ 부터 〈187〉 까지 생략

**부칙** 〈제22269호, 2010. 7. 12.〉 **(고용노동부와 그 소속기관 직제)**

제1조(시행일) 이 영은 공포한 날부터 시행한다. 〈단서 생략〉

제2조(다른 법령의 개정) ① 부터 ㉝ 까지 생략

㉞ 국가표준기본법 시행령 일부를 다음과 같이 개정한다.

제2조제7호를 다음과 같이 한다.

7. 고용노동부차관

㉟ 부터 〈136〉 까지 생략


**부칙** 〈제22534호, 2010. 12. 20.〉

이 영은 공포한 날부터 시행한다.


**부칙** 〈제24442호, 2013. 3. 23.〉 **(산업통상자원부와 그 소속기관 직제)**

제1조(시행일) 이 영은 공포한 날부터 시행한다. 〈단서 생략〉

제2조부터 제11조까지 생략

제12조(다른 법령의 개정) ①부터 ⑨까지 생략

⑩ 국가표준기본법 시행령 일부를 다음과 같이 개정한다.

제2조 각 호를 다음과 같이 한다.

1. 미래창조과학부차관
2. 안전행정부차관
3. 문화체육관광부차관
4. 농림축산식품부차관
5. 보건복지부차관
6. 환경부차관
7. 고용노동부차관
8. 국토교통부차관
9. 방위사업청장

10. 방송통신위원회 상임위원

제4조제2항 각 호 외의 부분, 같은 조 제4항, 제6조제1항·제2항, 제7조, 제11조제1항·제2항, 제12조제1항제4호, 같은 조 제3항, 제13조제1항 각 호 외의 부분, 같은 조 제2항, 제14조제1항 각 호 외의 부분, 같은 조 제2항·제3항, 제15조의2제2항, 제15조의3제2항, 제15조의4제2항, 제18조제1항 각 호 외의 부분 및 제20조 각 호 외의 부분 중 "지식경제부장관"을 각각 "산업통상자원부장관"으로 한다.

제4조제2항제1호 중 "국무총리실"을 "국무조정실"로 한다.

⑪부터 〈92〉까지 생략

**부칙** 〈제24955호, 2013. 12. 11.〉 **(산업통상자원부와 그 소속기관 직제)**

제1조(시행일) 이 영은 2013년 12월 12일부터 시행한다.

제2조 생략

제3조(다른 법령의 개정) ①부터 ③까지 생략

④ 국가표준기본법 시행령 일부를 다음과 같이 개정한다.

제4조제1항·제3항 및 제20조 각 호 외의 부분 중 "기술표준원장"을 각각 "국가기술표준원장"으로 한다.

제4조제3항, 제16조제2항 및 제19조 중 "기술표준원"을 각각 "국가기술표준원"으로 한다.

⑤부터 ⑳까지 생략

제4조 생략

**부칙** 〈제25751호, 2014. 11. 19.〉 **(행정자치부와 그 소속기관 직제)**

제1조(시행일) 이 영은 공포한 날부터 시행한다. 〈단서 생략〉

제2조부터 제4조까지 생략

**제5조(다른 법령의 개정)** ①부터 〈285〉까지 생략

〈286〉 국가표준기본법 시행령 일부를 다음과 같이 개정한다.

제2조제2호를 다음과 같이 한다.

2. 행정자치부차관

〈287〉부터 〈418〉까지 생략

**부칙** 〈제26363호, 2015. 6. 30.〉

이 영은 2015년 7월 1일부터 시행한다.

**부칙** 〈제26703호, 2015. 12. 10.〉 **(행정기관 소속 위원회 운영의 공정성 및 책임성 강화를 위한 광업법 시행령 등 일부개정령)**

이 영은 공포한 날부터 시행한다.

**부칙** 〈제28212호, 2017. 7. 26.〉 **(산업통상자원부와 그 소속기관 직제)**

**제1조(시행일)** 이 영은 공포한 날부터 시행한다.

**제2조 및 제3조** 생략

**제4조(다른 법령의 개정)** ①부터 ③까지 생략

④ 국가표준기본법 시행령 일부를 다음과 같이 개정한다.

제2조제1호 및 제2호를 각각 다음과 같이 하고, 같은 조에 제9호의2를 다음과 같이 신설한다.

1. 과학기술정보통신부차관

2. 행정안전부차관

9의2. 중소벤처기업부차관

⑤부터 ㉜까지 생략

**부칙** 〈제28799호, 2018. 4. 17.〉 **(국가과학기술자문회의법 시행령)**

제1조(시행일) 이 영은 2018년 4월 17일부터 시행한다.

제2조부터 제5조까지 생략

제6조(다른 법령의 개정) ①부터 ④까지 생략

　⑤ 국가표준기본법 시행령 일부를 다음과 같이 개정한다.

　제6조제3항 중 "「과학기술기본법」 제9조에 따른 국가과학기술심의회"를
"「국가과학기술자문회의법」에 따른 국가과학기술자문회의"로 한다.

　⑥부터 ⑰까지 생략

제7조 생략


**부칙** 〈제28960호, 2018. 6. 12.〉

이 영은 2018년 6월 13일부터 시행한다.

[별표 1] 〈개정 2015.6.30.〉

## 기본단위의 정의(제8조제1항 관련)

1. "미터(m)"는 빛이 진공에서 1/299 792 458 초 동안 진행한 경로의 길이이다.
2. "킬로그램(kg)"은 질량의 단위로서 국제킬로그램 원기의 질량과 같다.
3. "초(s)"는 세슘 133 원자의 바닥 상태에 있는 두 초미세 준위(準位) 사이의 전이에 대응하는 복사선의 9 192 631 770 주기의 지속시간이다.
4. "암페어(A)"는 무한히 길고 무시할 수 있을 만큼 작은 원형 단면적을 가진 두 개의 평행한 직선 도체가 진공 중에서 1 미터의 간격으로 유지될 때, 두 도체 사이에 미터당 2 × 10-7 뉴턴의 힘을 생기게 하는 일정한 전류이다.
5. "켈빈(K)"은 물의 삼중점(三重點)에 해당하는 열역학적 온도의 1/273.16이다. 다만, 온도를 다음 각 목과 같이 섭씨온도로 표시할 수 있다.
가. 섭씨온도의 기호는 "t"로 표시하고, t = T − T0 식으로 정의된다.
나. 섭씨온도 "t"는 기호 "T"로 표시하는 열역학적 온도와 물의 어느 점인 기준온도 T0 = 273.15 K와의 차이를 나타낸다.
다. 온도차이 또는 온도간격은 켈빈이나 섭씨도로 표현할 수 있으며, t/℃ = T/K − 273.15식으로 정의된다.
라. 섭씨온도의 단위는 섭씨도(기호 ℃)이며, 그 크기는 켈빈과 같다.
6. "몰(mol)"은 탄소 12의 0.012 킬로그램에 있는 원자의 개수와 같은 수의 구성 요소를 포함한 어떤 계(系)의 물질량이다.
7. "칸델라(cd)"는 진동수 540 × 1012 헤르츠인 단색광을 방출하는 광원의 복사도가 어떤 주어진 방향으로 스테라디안당 1/683 와트일 때 이 방향에 대한 광도이다.

## 특별한 명칭과 기호로 표시할 수 있는 유도단위(제9조제1항 관련)

| 유도량 | 명칭 | 기호 | 다른 국제단위계의 단위로 표시 | 기본단위로 표시 |
|---|---|---|---|---|
| 1. 평면각 | 라디안 | rad | 1 | $m/m$ |
| 2. 입체각 | 스테라디안 | sr | 1 | $m^2/m^2$ |
| 3. 진동수, 주파수 | 헤르츠 | Hz | | $s^{-1}$ |
| 4. 힘 | 뉴턴 | N | | $m \cdot kg \cdot s^{-2}$ |
| 5. 압력, 응력 | 파스칼 | Pa | $N/m^2$ | $m^{-1} \cdot kg \cdot s^{-2}$ |
| 6. 에너지, 일, 열량 | 줄 | J | $N \cdot m$ | $m^2 \cdot kg \cdot s^{-2}$ |
| 7. 일률, 동력, 전력, 방사선속, 복사선속 | 와트 | W | $J/s$ | $m^2 \cdot kg \cdot s^{-3}$ |
| 8. 전하, 전하량 | 쿨롬 | C | | $s \cdot A$ |
| 9. 전위차, 전압, 기전력 | 볼트 | V | $W/A$ | $m^2 \cdot kg \cdot s^{-3} \cdot A^{-1}$ |
| 10. 전기용량, 정전용량 | 패럿 | F | $C/V$ | $m^{-2} \cdot kg^{-1} \cdot s^4 \cdot A^2$ |
| 11. 전기저항 | 옴 | Ω | $V/A$ | $m^2 \cdot kg \cdot s^{-3} \cdot A^{-2}$ |
| 12. 전기전도 | 지멘스 | S | $A/V$ | $m^{-2} \cdot kg^{-1} \cdot s^3 \cdot A^2$ |
| 13. 자기선속 | 웨버 | Wb | $V \cdot s$ | $m^2 \cdot kg \cdot s^{-2} \cdot A^{-1}$ |
| 14. 자기선속밀도 | 테슬라 | T | $Wb/m^2$ | $kg \cdot s^{-2} \cdot A^{-1}$ |
| 15. 인덕턴스 | 헨리 | H | $Wb/A$ | $m^2 \cdot kg \cdot s^{-2} \cdot A^{-2}$ |
| 16. 섭씨온도 | 섭씨도 | ℃ | | K |
| 17. 광선속 | 루멘 | lm | $cd \cdot sr$ | $m^2 \cdot m^{-2} \cdot cd = cd$ |
| 18. 조명도 | 럭스 | lx | $lm/m^2$ | $m^2 \cdot m^{-4} \cdot cd = m^{-2} \cdot cd$ |
| 19. (방사성 핵종의) 활성도 | 베크렐 | Bq | | $s^{-1}$ |
| 20. 흡수선량, 비(부여) 에너지, 커마 | 그레이 | Gy | $J/kg$ | $m^2 \cdot s^{-2}$ |
| 21. 선량당량, 주변선량 당량, 방향선량당량, 개인선량당량 | 시버트 | Sv | $J/kg$ | $m^2 \cdot s^{-2}$ |
| 22. 촉매 활성도 | 카탈 | kat | | $s^{-1} \cdot mol$ |

※ 비고
1. 라디안과 스테라디안은 서로 다른 성질을 가지나 같은 차원을 가진 양을 구별하기 위한 유도단위를 표시한다.
2. 기호 "rad"와 "sr"은 일반적으로 숫자와 조합하여 쓰일 때에는 생략하여야 한다.
3. 광도 측정에서는 보통 스테라디안(기호 sr)이 단위 표시에 사용된다.
4. 위의 유도단위는 별표 4의 국제단위계 접두어와 조합하여 밀리섭씨도 또는 m℃ 등과 같이 쓰일 수 있다.

## 국제단위계와 함께 사용할 수 있는 유도단위(제9조제2항 관련)

| 명칭 | 기호 | 국제단위계의 단위로 나타낸 값 |
|---|---|---|
| 1. 분 | min | $1 \text{ min} = 60 \text{ s}$ |
| 2. 시 | h | $1 \text{ h} = 60 \text{ min} = 3600 \text{ s}$ |
| 3. 일 | d | $1 \text{ d} = 24 \text{ h} = 86\ 400 \text{ s}$ |
| 4. 도 | ° | $1° = (\pi /180) \text{ rad}$ |
| 5. 분 | ′ | $1′ = (1/60)° = (\pi /10\ 800) \text{ rad}$ |
| 6. 초 | ″ | $1″ = (1/60)′ = (\pi /648\ 000) \text{ rad}$ |
| 7. 리터 | L, l | $1 \text{ L} = 1 \text{ dm}^3 = 10-3 \text{ m}^3$ |
| 8. 그램 | g | $1 \text{ g} = 10^{-3} \text{ kg}$ |
| 9. 톤 | t | $1 \text{ t} = 10^3 \text{ kg}$ |
| 10. 네퍼 | Np | $1 \text{ (Np)} = 1$ |
| 11. 벨 | B | $1 \text{ B} = (1/2) \ln 10 \text{ (Np)}$ |
| 12. 전자볼트 | eV | $1 \text{ eV} = 1.602\ 176\ 53\ (14) \times 10^{-19} \text{ J}$ |
| 13. 돌톤 | Da | $1 \text{ Da} = 1.660\ 538\ 86\ (28) \times 10^{-27} \text{ kg}$ |
| 통일원자질량단위 | u | $1 \text{ u} = 1 \text{ Da}$ |
| 14. 천문단위 | ua | $1 \text{ ua} = 1.495\ 978\ 706\ 91\ (6) \times 10^{11} \text{ m}$ |
| 15. 해리 | | $1 \text{ 해리} = 1852 \text{ m}$ |
| 16. 놋트 | kn | $1 \text{ kn} = 1 \text{ 해리 매 시} = (1852/3600) \text{ m/s}$ |
| 17. 아르 | a | $1 \text{ a} = 1 \text{ dam}^2 = 10^2 \text{ m}^2$ |
| 18. 헥타르 | ha | $1 \text{ ha} = 1 \text{ hm}^2 = 10^4 \text{ m}^2$ |
| 19. 바아 | bar | $1 \text{ bar} = 0.1 \text{ MPa} = 100 \text{ kPa} = 1000 \text{ hPa} = 10^5 \text{ Pa}$ |
| 20. 옹스트롬 | Å | $1 \text{ Å} = 0.1 \text{ nm} = 100 \text{ pm} = 10^{-10} \text{ m}$ |
| 21. 바안 | b | $1 \text{ b} = 100 \text{ fm}^2 = (10^{-12} \text{ cm})^2 = 10^{-28} \text{ m}^2$ |

## 국제단위계의 접두어(제10조 관련)

| 인자 | 접두어 | 기호 | 인자 | 접두어 | 기호 |
|------|--------|------|------|--------|------|
| $10^1$ | 데카 | da | $10^{-1}$ | 데시 | d |
| $10^2$ | 헥토 | h | $10^{-2}$ | 센티 | c |
| $10^3$ | 킬로 | k | $10^{-3}$ | 밀리 | m |
| $10^6$ | 메가 | M | $10^{-6}$ | 마이크로 | $\mu$ |
| $10^9$ | 기가 | G | $10^{-9}$ | 나노 | n |
| $10^{12}$ | 테라 | T | $10^{-12}$ | 피코 | p |
| $10^{15}$ | 페타 | P | $10^{-15}$ | 펨토 | f |
| $10^{18}$ | 엑사 | E | $10^{-18}$ | 아토 | a |
| $10^{21}$ | 제타 | Z | $10^{-21}$ | 젭토 | z |
| $10^{24}$ | 요타 | Y | $10^{-24}$ | 욕토 | y |

[별표 5] 〈개정 2015.6.30.〉

## 표준인증심사제의 심사유형(제15조의2제1항 관련)

### 1. 에이(A) 심사모듈

가. 개요

제품의 제조업자, 수입업자 또는 판매업자(이하 "제조업자등"이라 한다)의 책임으로 해당 제품이 법령에서 정하는 요건을 충족하는지를 제품시험 등을 통하여 확인하거나 시험·검사기관의 확인을 받아 해당 요건에 적합함을 선언(이하 "자기 적합성 선언"이라 한다)하는 심사모듈이다.

나. 적합성평가의 방법

제조업자등은 시험·검사기관을 통한 시험 여부 및 제품등록 여부에 따라 다음의 어느 하나에 해당하는 방법을 선택하여 적합성평가를 한다.

1) 제조업자등이 시험·검사기관에서 시험을 받은 후 소관 행정기관 또는 권한을 위탁받은 기관에 제품을 등록하는 방법
2) 제조업자등이 제품의 등록절차 없이 시험·검사기관에서 시험만 받는 방법
3) 제조업자등이 직접 시험한 후 소관 행정기관 또는 권한을 위탁받은 기관에 제품을 등록하는 방법
4) 제조업자등이 제품의 등록절차 없이 직접 시험만 하는 방법

다. 인증등의 표시

제조업자등은 자기 적합성 선언을 한 경우에는 해당 제품에 인증등의 표시를 하여야 한다.

라. 사후관리

인증기관에서 실시하는 인증등의 사후관리는 없으나, 자기 적합성 선언을 한 제품이 시장에서 혼란을 일으키거나 일으킬 가능성이 있다고 인정되는 경우에는 인증등의 소관 행정기관 또는 권한을 위탁받은 기관에서 조사활동 등의 사후관리를 할 수 있다.

### 2. 비(B) 심사모듈

가. 개요

인증기관이 제품에 대한 설계평가 및 제품시험 또는 제품검사를 통하여 해당 제품의 품질 등이 법령에서 정하는 요건을 충족하는지 평가하여 인증등을 하는 심사모듈이다.

나. 적합성평가의 방법

제품에 대한 설계평가 및 제품시험 또는 제품검사는 다음의 어느 하나에 해당하는 방법으로 한다.

1) 제품에 대한 설계승인을 포함한 설계평가 및 제품시험 또는 제품검사를 하는 방법

2) 제품에 대한 설계승인을 포함하지 않는 설계평가 및 제품시험 또는 제품검사를 하는 방법

3) 설계평가를 따로 하지 않고 제품시험 또는 제품검사를 하는 방법

다. 인증등의 신청

1) 제조업자등은 인증기관에 해당 법령에서 정하는 인증등에 필요한 신청 서류를 제출한다.

2) 제조업자등은 제품시험 또는 제품검사를 위한 시료(試料)를 채취하여 인증기관 또는 인증기관이 지정한 시험·검사기관에서 요구하는 수량만큼 제출하여야 한다.

라. 인증기관의 업무

1) 인증기관은 제조업자등이 신청한 서류를 접수한 경우에는 신청 서류의 반려 여부나 보완 필요성 여부 등을 먼저 검토한다.

2) 인증기관은 제품의 기술설계가 관련 법령에서 설계와 관련하여 제품에 요구하는 요건을 충족하는지를 심사하고 평가한다. 다만, 나목3)의 경우에는 그러하지 아니하다.

가) 인증기관은 제품의 기술설계가 관련 법령에서 설계와 관련하여 제품에 요구하는 요건을 충족하는 경우에는 제품의 설계승인이 되었음을 제조업자등에게 통보하거나 설계승인서를 발급할 수 있다.

나) 인증기관은 제품의 기술설계가 관련 법령에서 설계와 관련하여 제품에 요구하는 요건을 충족하지 않는 경우에는 그 결과를 제조업자등에게 통보한다.

3) 인증기관은 제품이 관련 법령에서 제품에 요구하는 요건을 충족하는지를 확인하기 위한 제품시험 또는 제품검사를 한다.

가) 인증기관은 제품이 관련 법령에서 제품에 요구하는 요건을 충족하는 경우에는 제품시험 또는 제품검사가 해당 요건에 충족됨을 제조업자등에게 통보하거나 증명서를 발급할 수 있다.

나) 인증기관은 제품이 관련 법령에서 제품에 요구하는 요건을 충족하지 않는 경우에는 그 결과를 제조업자등에게 통보한다.

4) 인증기관은 1)부터 3)까지의 절차를 마친 경우에는 신청한 제품의 인증등이 되었음을 나타내는 증명서를 발급할 수 있다.

마. 인증등을 받은 사항의 변경
1) 제조업자등은 인증등이 된 제품에 대하여 관련 법령에서 요구하는 요건의 충족 여부 또는 발급된 인증등의 증명서에 영향을 미치는 중요한 변경사항이 있으면 인증기관에 그 변경사항을 통지하여야 한다.
2) 인증기관은 변경사항을 포함하여 발급한 인증등의 증명서에 대하여 유효성 여부를 검토하여야 하며, 필요한 경우에는 인증등의 여부를 다시 결정할 수 있다.

바. 인증등의 표시
제조업자등은 인증기관으로부터 신청한 제품의 인증등이 되었음을 통보받은 경우에는 해당 제품에 인증등의 표시를 하여야 한다.

사. 사후관리
인증기관에서 실시하는 인증등의 사후관리는 없으나, 제품이 시장에서 혼란을 일으키거나 일으킬 가능성이 있다고 판단되는 경우에는 인증등의 소관 행정기관 또는 권한을 위탁받은 기관에서 조사활동 등의 사후관리를 할 수 있다.

## 3. 씨(C) 심사모듈

가. 개요
인증기관이 제품에 대한 설계평가 및 제품시험 또는 제품검사를 통하여 해당 제품의 품질 등이 법령에서 정하는 요건을 충족하는지를 평가하여 인증등을 하고, 제품의 인증등을 한 후에 제품시험 또는 제품검사를 통하여 사후관리를 하는 심사모듈이다.

나. 적합성평가의 방법
제품에 대한 설계평가 및 제품시험 또는 제품검사는 다음의 어느 하나에 해당하는 방법으로 한다.
1) 제품에 대한 설계승인을 포함한 설계평가 및 제품시험 또는 제품검사를 하는 방법
2) 제품에 대한 설계승인을 포함하지 않는 설계평가 및 제품시험 또는 제품검사를 하는 방법
3) 설계평가를 따로 하지 않고 제품시험 또는 제품검사를 하는 방법

다. 인증등의 신청
  1) 제조업자등은 인증기관에 해당 법령에서 정하는 인증등에 필요한 신청 서류를 제출한다.
  2) 제조업자등은 제품시험 또는 제품검사를 위한 시료를 채취하여 인증기관 또는 인증기관이 지정한 시험·검사기관에서 요구하는 수량만큼 제출하여야 한다.

라. 인증기관의 업무
  1) 인증기관은 제조업자등이 신청한 서류를 접수한 경우에는 신청 서류의 반려 여부나 보완 필요성 여부 등을 먼저 검토한다.
  2) 인증기관은 제품의 기술설계가 관련 법령에서 설계와 관련하여 제품에 요구하는 요건을 충족하는지를 심사하고 평가한다. 다만, 나목3)의 경우에는 그러하지 아니하다.
    가) 인증기관은 제품의 기술설계가 관련 법령에서 설계와 관련하여 제품에 요구하는 요건을 충족하는 경우에는 제품의 설계승인이 되었음을 제조업자등에게 통보하거나 설계승인서를 발급할 수 있다.
    나) 인증기관은 제품의 기술설계가 관련 법령에서 설계와 관련하여 제품에 요구하는 요건을 충족하지 않는 경우에는 그 결과를 제조업자등에게 통보한다.
  3) 인증기관은 제품이 관련 법령에서 제품에 요구하는 요건을 충족하는지를 확인하기 위한 제품시험 또는 제품검사를 한다.
    가) 인증기관은 제품이 관련 법령에서 제품에 요구하는 요건을 충족하는 경우에는 제품시험 또는 제품검사가 해당 요건에 충족됨을 제조업자등에게 통보하거나 증명서를 발급할 수 있다.
    나) 인증기관은 제품이 관련 법령에서 제품에 요구하는 요건을 충족하지 않는 경우에는 그 결과를 제조업자등에게 통보한다.
  4) 인증기관은 1)부터 3)까지의 절차를 마친 경우에는 신청한 제품의 인증등이 되었음을 나타내는 증명서를 발급할 수 있다.

마. 인증등을 받은 사항의 변경
  1) 제조업자등은 인증등이 된 제품에 대하여 관련 법령에서 요구하는 요건의 충족 여부 또는 발급된 인증등의 증명서에 영향을 미치는 중요한 변경사항이 있으면 인증기관에 그 변경사항을 통지하여야 한다.
  2) 인증기관은 변경사항을 포함하여 발급한 인증등의 증명서에 대하여 유효성 여부를 검토하여야 하며, 필요한 경우에는 인증등의 여부를 다시 결정할 수 있다.

바. 인증등의 표시
  1) 제조업자등은 인증기관으로부터 신청한 제품의 인증등이 되었음을 통보받은 경우에는 해당 제품에 인증등의 표시를 하여야 한다.
  2) 제조업자등의 해당 제품이 인증되었음에도 불구하고 관련 법령에 따라 출고되는 모든 생산로트(Lot)에 대하여 인증기관 또는 시험·검사기관에 의한 출고 전 시험이 요구되는 경우에는 출고 전 시험이 성공적으로 끝났음이 확인된 로트에만 인증등의 표시를 할 수 있다.

사. 사후관리
  1) 인증기관은 제품에 대한 인증등이 된 후에 제품시험 또는 제품검사를 통하여 사후관리를 한다.
  2) 제품시험 또는 제품검사는 다음의 어느 하나에 해당하는 방법으로 한다.
    가) 출고되는 모든 생산로트에 대하여 출고 전 시험을 하는 방법
    나) 인증등이 된 제품에 대한 제품시험 또는 제품검사를 정기적으로 또는 수시로 하는 방법
  3) 인증기관은 인증등이 된 제품이 사후관리를 통하여 관련 법령에서 요구하는 요건을 충족하지 않는 것을 확인한 경우에는 그 결과를 제조업자등에게 통보하여 필요한 조치를 할 것을 요구하고, 그 조치가 적절하지 않은 경우에는 인증등을 취소할 수 있다. 또한, 인증등이 된 제품이 시장에서 혼란을 일으키거나 일으킬 가능성이 있다고 판단되는 경우에는 인증등의 소관 행정기관 또는 권한을 위탁받은 기관에서 조사활동 등의 사후관리를 할 수 있다.

## 4. 디(D) 심사모듈

가. 개요
  인증기관이 제품에 대한 설계평가 및 제품시험 또는 제품검사를 통하여 해당 제품의 품질 등이 법령에서 정하는 요건을 충족하는지를 평가하고, 공장의 제조 및 품질관리 능력이 관련 법령에서 정하는 요건을 충족하고 적절한 품질관리체계를 수립하여 운영하는지 여부를 심사하는 공장심사를 하여 인증등을 하며, 제품의 인증등을 한 후에 공장심사를 통하여 사후관리를 하는 심사모듈이다.

나. 적합성평가의 방법
  1) 제품에 대한 설계평가 및 제품시험 또는 제품검사는 다음의 어느 하나에 해당하는 방법으로 한다.

가) 제품에 대한 설계승인을 포함한 설계평가 및 제품시험 또는 제품검사를 하는 방법

나) 제품에 대한 설계승인을 포함하지 않는 설계평가 및 제품시험 또는 제품검사를 하는 방법

다) 설계평가를 따로 하지 않고 제품시험 또는 제품검사를 하는 방법

2) 공장심사는 다음의 어느 하나에 해당하는 방법으로 한다.

가) 공장의 품질관리체계에 대한 전체심사

나) 공장의 품질관리체계에 대한 일부심사

다. 인증등의 신청

1) 제조업자등은 해당 인증기관에 해당 법령에서 정하는 인증등에 필요한 신청 서류를 제출한다.

2) 제조업자등은 제품시험 또는 제품검사를 위한 시료를 채취하여 인증기관 또는 인증기관이 지정한 시험·검사기관에서 요구하는 수량만큼 제출하여야 한다.

라. 인증기관의 업무

1) 인증기관은 제조업자등이 신청한 서류를 접수한 경우에는 신청 서류의 반려 여부나 보완 필요성 여부 등을 먼저 검토한다.

2) 인증기관은 제품의 기술설계가 관련 법령에서 설계와 관련하여 제품에 요구하는 요건을 충족하는지를 심사하고 평가한다. 다만, 나목1)다)의 경우에는 그러하지 아니하다.

가) 인증기관은 제품의 기술설계가 관련 법령에서 설계와 관련하여 제품에 요구하는 요건을 충족하는 경우에는 제품의 설계승인이 되었음을 제조업자등에게 통보하거나 설계승인서를 발급할 수 있다.

나) 인증기관은 제품의 기술설계가 관련 법령에서 설계와 관련하여 제품에 요구하는 요건을 충족하지 않는 경우에는 그 결과를 제조업자등에게 통보한다.

3) 인증기관은 제품이 관련 법령에서 제품에 요구하는 요건을 충족하는지를 확인하기 위한 제품시험 또는 제품검사를 한다.

가) 인증기관은 제품이 관련 법령에서 제품에 요구하는 요건을 충족하는 경우에는 제품시험 또는 제품검사가 해당 요건에 충족됨을 제조업자등에게 통보하거나 증명서를 발급할 수 있다.

나) 인증기관은 제품이 관련 법령에서 제품에 요구하는 요건을 충족하지 않는 경우에는 그 결과를 제조업자등에게 통보한다.

4) 인증기관은 제품을 제조하는 공장의 제조 및 품질관리 능력이 관련 법령에서 정하는 요건을 충족하고 적절한 품질관리체계를 수립하여 운영하는지 여부를 심사하는 공장심사를 한다.
   가) 공장심사에는 제조업자등의 공장에 대한 현장평가가 포함되어야 한다.
   나) 제조업자등은 공장심사를 하기 전에 인증기관의 요구에 따라 공장심사에 필요한 문서를 제출하여야 한다.
5) 인증기관은 1)부터 4)까지의 절차를 마친 경우에는 신청한 제품의 인증등이 되었음을 나타내는 증명서를 발급할 수 있다.

마. 인증등을 받은 사항의 변경
1) 제조업자등은 인증등이 된 제품이나 그 제품을 제조하는 공장에 대하여 관련 법령에서 요구하는 요건의 충족 여부 또는 발급된 인증등의 증명서에 영향을 미치는 중요한 변경사항이 있으면 인증기관에 그 변경사항을 통지하여야 한다.
2) 인증기관은 변경사항을 포함하여 발급한 인증등의 증명서에 대하여 유효성 여부를 검토하여야 하며, 필요한 경우에는 인증등의 여부를 다시 결정할 수 있다.

바. 인증등의 표시
1) 제조업자등은 인증기관으로부터 신청한 제품의 인증등이 되었음을 통보받은 경우에는 해당 제품에 인증등의 표시를 하여야 한다.
2) 제조업자등의 해당 제품이 인증되었음에도 불구하고 관련 법령에 따라 출고되는 모든 생산로트에 대하여 인증기관 또는 시험·검사기관에 의한 출고 전 시험이 요구되는 경우에는 출고 전 시험이 성공적으로 끝났음이 확인된 로트에만 인증등의 표시를 할 수 있다.

사. 사후관리
1) 인증기관은 제품에 대한 인증등이 된 후에 공장심사를 통하여 사후관리를 한다.
2) 공장심사는 다음의 어느 하나에 해당하는 방법으로 한다.
   가) 공장의 품질관리체계에 대한 전체심사
   나) 공장의 품질관리체계에 대한 일부심사
3) 인증기관은 인증등이 된 제품이 사후관리를 통하여 관련 법령에서 요구하는 요건을 충족하지 않는 것을 확인한 경우에는 그 결과를 제조업자등에게 통보하여 필요한 조치를 할 것을 요구하고, 그 조치가 적절하지 않은 경우에는 인증등을 취소할 수 있다. 또한, 인증등이 된 제품이 시장에서 혼란

을 일으키거나 일으킬 가능성이 있다고 판단되는 경우에는 인증등의 소관 행정기관 또는 권한을 위탁받은 기관에서 조사활동 등의 사후관리를 할 수 있다.

## 5. 이(E) 심사모듈

가. 개요

인증기관이 제품에 대한 설계평가 및 제품시험 또는 제품검사를 통하여 해당 제품의 품질 등이 법령에서 정하는 요건을 충족하는지를 평가하고, 공장의 제조 및 품질관리 능력이 관련 법령에서 정하는 요건을 충족하고 적절한 품질관리체계를 수립하여 운영하는지 여부를 심사하는 공장심사를 하여 인증등을 하며, 제품의 인증등을 한 후에 제품시험 또는 제품검사와 공장심사를 통하여 사후관리를 하는 심사모듈이다.

나. 적합성평가의 방법
1) 제품에 대한 설계평가 및 제품시험 또는 제품검사는 다음의 어느 하나에 해당하는 방법으로 한다.
가) 제품에 대한 설계승인을 포함한 설계평가 및 제품시험 또는 제품검사를 하는 방법
나) 제품에 대한 설계승인을 포함하지 않는 설계평가 및 제품시험 또는 제품검사를 하는 방법
다) 설계평가를 따로 하지 않고 제품시험 또는 제품검사를 하는 방법
2) 공장심사는 다음의 어느 하나에 해당하는 방법으로 한다.
가) 공장의 품질관리체계에 대한 전체심사
나) 공장의 품질관리체계에 대한 일부심사

다. 인증등의 신청
1) 제조업자등은 인증기관에 해당 법령에서 정하는 인증등에 필요한 신청 서류를 제출한다.
2) 제조업자등은 제품시험 또는 제품검사를 위한 시료를 채취하여 인증기관 또는 인증기관이 지정한 시험·검사기관에서 요구하는 수량만큼 제출하여야 한다.

라. 인증기관의 업무
1) 인증기관은 제조업자등이 신청한 서류를 접수한 경우에는 신청 서류의 반려 여부나 보완 필요성 여부 등을 먼저 검토한다.

2) 인증기관은 제품의 기술설계가 관련 법령에서 설계와 관련하여 제품에 요구하는 요건을 충족하는지를 심사하고 평가한다. 다만, 나목1)다)의 경우에는 그러하지 아니하다.

　가) 인증기관은 제품의 기술설계가 관련 법령에서 설계와 관련하여 제품에 요구하는 요건을 충족하는 경우에는 제품의 설계승인이 되었음을 제조업자등에게 통보하거나 설계승인서를 발급할 수 있다.

　나) 인증기관은 제품의 기술설계가 관련 법령에서 설계와 관련하여 제품에 요구하는 요건을 충족하지 않는 경우에는 그 결과를 제조업자등에게 통보한다.

3) 인증기관은 제품이 관련 법령에서 제품에 요구하는 요건을 충족하는지를 확인하기 위한 제품시험 또는 제품검사를 한다.

　가) 인증기관은 제품이 관련 법령에서 제품에 요구하는 요건을 충족하는 경우에는 제품시험 또는 제품검사가 해당 요건에 충족됨을 제조업자등에게 통보하거나 증명서를 발급할 수 있다.

　나) 인증기관은 제품이 관련 법령에서 제품에 요구하는 요건을 충족하지 않는 경우에는 그 결과를 제조업자등에게 통보한다.

4) 인증기관은 제품을 제조하는 공장의 제조 및 품질관리 능력이 관련 법령에서 정하는 요건을 충족하고 적절한 품질관리체계를 수립하여 운영하는지 여부를 심사하는 공장심사를 한다.

　가) 공장심사에는 제조업자등의 공장에 대한 현장평가가 포함되어야 한다.

　나) 제조업자등은 공장심사를 하기 전에 인증기관의 요구에 따라 공장심사에 필요한 문서를 제출하여야 한다.

5) 인증기관은 1)부터 4)까지의 절차를 마친 경우에는 신청한 제품의 인증등이 되었음을 나타내는 증명서를 발급할 수 있다.

마. 인증등을 받은 사항의 변경

1) 제조업자등은 인증등이 된 제품이나 그 제품을 제조하는 공장에 대하여 관련 법령에서 요구하는 요건의 충족 여부 또는 발급된 인증등의 증명서에 영향을 미치는 중요한 변경사항이 있으면 인증기관에 그 변경사항을 통지하여야 한다.

2) 인증기관은 변경사항을 포함하여 발급한 인증등의 증명서에 대하여 유효성 여부를 검토하여야 하며, 필요한 경우에는 인증등의 여부를 다시 결정할 수 있다.

바. 인증등의 표시
1) 제조업자등은 인증기관으로부터 신청한 제품의 인증등이 되었음을 통보받은 경우에는 해당 제품에 인증등의 표시를 하여야 한다.
2) 제조업자등의 해당 제품이 인증되었음에도 불구하고 관련 법령에 따라 출고되는 모든 생산로트에 대하여 인증기관 또는 시험·검사기관에 의한 출고 전 시험이 요구되는 경우에는 출고 전 시험이 성공적으로 끝났음이 확인된 로트에만 인증등의 표시를 할 수 있다.

사. 사후관리
1) 인증기관은 제품에 대한 인증등이 된 후에 제품시험 또는 제품검사 및 공장심사를 통하여 사후관리를 한다.
2) 제품시험 또는 제품검사는 다음의 어느 하나에 해당하는 방법으로 한다.
  가) 출고되는 모든 생산로트에 대하여 출고 전 시험을 하는 방법
  나) 인증등이 된 제품에 대한 제품시험 또는 제품검사를 정기적으로 또는 수시로 하는 방법
3) 공장심사는 다음의 어느 하나에 해당하는 방법으로 한다.
  가) 공장의 품질관리체계에 대한 전체심사
  나) 공장의 품질관리체계에 대한 일부심사
4) 인증기관은 인증등이 된 제품이 사후관리를 통하여 관련 법령에서 요구하는 요건을 충족하지 않는 것을 확인한 경우에는 그 결과를 제조업자등에게 통보하여 필요한 조치를 할 것을 요구하고, 그 조치가 적절하지 않은 경우에는 인증등을 취소할 수 있다. 또한, 인증등이 된 제품이 시장에서 혼란을 일으키거나 일으킬 가능성이 있다고 판단되는 경우에는 인증등의 소관 행정기관 또는 권한을 위탁받은 기관에서 조사활동 등의 사후관리를 할 수 있다.

## 6. 에프(F) 심사모듈

가. 개요
인증기관이 제품에 대한 설계평가 및 제품시험 또는 제품검사를 통하여 해당 제품의 품질 등이 법령에서 정하는 요건을 충족하는지를 평가하고, 공장의 제조 및 품질관리 능력이 관련 법령에서 정하는 요건을 충족하고 적절한 품질관리체계를 수립하여 운영하는지 여부를 심사하는 공장심사를 하여 인증등을 하며, 제품의 인증등을 한 후에 제품시험 또는 제품검사를 통하여 사후관리를 하는 심사모듈이다.

나. 적합성평가의 방법
  1) 제품에 대한 설계평가 및 제품시험 또는 제품검사는 다음의 어느 하나에
    해당하는 방법으로 한다.
    가) 제품에 대한 설계승인을 포함한 설계평가 및 제품시험 또는 제품검사
      를 하는 방법
    나) 제품에 대한 설계승인을 포함하지 않는 설계평가 및 제품시험 또는 제
      품검사를 하는 방법
    다) 설계평가를 따로 하지 않고 제품시험 또는 제품검사를 하는 방법
  2) 공장심사는 다음의 어느 하나에 해당하는 방법으로 한다.
    가) 공장의 품질관리체계에 대한 전체심사
    나) 공장의 품질관리체계에 대한 일부심사
다. 인증등의 신청
  1) 제조업자등은 인증기관에 해당 법령에서 정하는 인증등에 필요한 신청 서
    류를 제출한다.
  2) 제조업자등은 제품시험 또는 제품검사를 위한 시료를 채취하여 인증기관
    또는 인증기관이 지정한 시험·검사기관에서 요구하는 수량만큼 제출하여야
    한다.
라. 인증기관의 업무
  1) 인증기관은 제조업자등이 신청한 서류를 접수한 경우에는 신청 서류의 반
    려 여부나 보완 필요성 여부 등을 먼저 검토한다.
  2) 인증기관은 제품의 기술설계가 관련 법령에서 설계와 관련하여 제품에 요
    구하는 요건을 충족하는지를 심사하고 평가한다. 다만, 나목1)다)의 경우에
    는 그러하지 아니하다.
    가) 인증기관은 제품의 기술설계가 관련 법령에서 설계와 관련하여 제품에
      요구하는 요건을 충족하는 경우에는 제품의 설계승인이 되었음을 제조
      업자등에게 통보하거나 설계승인서를 발급할 수 있다.
    나) 인증기관은 제품의 기술설계가 관련 법령에서 설계와 관련하여 제품에
      요구하는 요건을 충족하지 않는 경우에는 그 결과를 제조업자등에게
      통보한다.
  3) 인증기관은 제품이 관련 법령에서 제품에 요구하는 요건을 충족하는지를
    확인하기 위한 제품시험 또는 제품검사를 한다.
    가) 인증기관은 제품이 관련 법령에서 제품에 요구하는 요건을 충족하는
      경우에는 제품시험 또는 제품검사가 해당 요건에 충족됨을 제조업자등

에게 통보하거나 증명서를 발급할 수 있다.

나) 인증기관은 제품이 관련 법령에서 제품에 요구하는 요건을 충족하지 않는 경우에는 그 결과를 제조업자등에게 통보한다.

4) 인증기관은 제품을 제조하는 공장의 제조 및 품질관리 능력이 관련 법령에서 정하는 요건을 충족하고 적절한 품질관리체계를 수립하여 운영하는지 여부를 심사하는 공장심사를 한다.

가) 공장심사에는 제조업자등의 공장에 대한 현장평가가 포함되어야 한다.

나) 제조업자등은 공장심사를 하기 전에 인증기관의 요구에 따라 공장심사에 필요한 문서를 제출하여야 한다.

5) 인증기관은 1)부터 4)까지의 절차를 마친 경우에는 신청한 제품의 인증등이 되었음을 나타내는 증명서를 발급할 수 있다.

마. 인증등을 받은 사항의 변경

1) 제조업자등은 인증등이 된 제품이나 그 제품을 제조하는 공장에 대하여 관련 법령에서 요구하는 요건의 충족 여부 또는 발급된 인증등의 증명서에 영향을 미치는 중요한 변경사항이 있으면 인증기관에 그 변경사항을 통지하여야 한다.

2) 인증기관은 변경사항을 포함하여 발급한 인증등의 증명서에 대하여 유효성 여부를 검토하여야 하며, 필요한 경우에는 인증등의 여부를 다시 결정할 수 있다.

바. 인증등의 표시

1) 제조업자등은 인증기관으로부터 신청한 제품의 인증등이 되었음을 통보받은 경우에는 해당 제품에 인증등의 표시를 하여야 한다.

2) 제조업자등의 해당 제품이 인증되었음에도 불구하고 관련 법령에 따라 출고되는 모든 생산로트에 대하여 인증기관 또는 시험·검사기관에 의한 출고 전 시험이 요구되는 경우에는 출고 전 시험이 성공적으로 끝났음이 확인된 로트에만 인증등의 표시를 할 수 있다.

사. 사후관리

1) 인증기관은 제품에 대한 인증등이 된 후에 제품시험 또는 제품검사를 통하여 사후관리를 한다.

2) 제품시험 또는 제품검사는 다음의 어느 하나에 해당하는 방법으로 한다.

가) 출고되는 모든 생산로트에 대하여 출고 전 시험을 하는 방법

나) 인증등이 된 제품에 대한 제품시험 또는 제품검사를 정기적으로 또는 수시로 하는 방법

3) 인증기관은 인증등이 된 제품이 사후관리를 통하여 관련 법령에서 요구하는 요건을 충족하지 않는 것을 확인한 경우에는 그 결과를 제조업자등에게 통보하여 필요한 조치를 할 것을 요구하고, 그 조치가 적절하지 않은 경우에는 인증등을 취소할 수 있다. 또한, 인증등이 된 제품이 시장에서 혼란을 일으키거나 일으킬 가능성이 있다고 판단되는 경우에는 인증등의 소관 행정기관 또는 권한을 위탁받은 기관에서 조사활동 등의 사후관리를 할 수 있다.

## 7. 지(G) 심사모듈

가. 개요

인증기관이 제품에 대한 설계평가 및 제품시험 또는 제품검사를 통하여 해당 제품의 품질 등이 법령에서 정하는 요건을 충족하는지를 평가하고, 공장의 제조 및 품질관리 능력이 관련 법령에서 정하는 요건을 충족하고 적절한 품질관리체계를 수립하여 운영하는지 여부를 심사하는 공장심사를 하여 인증등을 하는 심사모듈이다.

나. 적합성평가의 방법

1) 제품에 대한 설계평가 및 제품시험 또는 제품검사는 다음의 어느 하나에 해당하는 방법으로 한다.
    가) 제품에 대한 설계승인을 포함한 설계평가 및 제품시험 또는 제품검사를 하는 방법
    나) 제품에 대한 설계승인을 포함하지 않는 설계평가 및 제품시험 또는 제품검사를 하는 방법
    다) 설계평가를 따로 하지 않고 제품시험 또는 제품검사를 하는 방법
2) 공장심사는 다음의 어느 하나에 해당하는 방법으로 한다.
    가) 공장의 품질관리체계에 대한 전체심사
    나) 공장의 품질관리체계에 대한 일부심사

다. 인증등의 신청

1) 제조업자등은 인증기관에 해당 법령에서 정하는 인증등에 필요한 신청 서류를 제출한다.
2) 제조업자등은 제품시험 또는 제품검사를 위한 시료를 채취하여 인증기관 또는 인증기관이 지정한 시험·검사기관에서 요구하는 수량만큼 제출하여야 한다.

라. 인증기관의 업무
  1) 인증기관은 제조업자등이 신청한 서류를 접수한 경우에는 신청 서류의 반려 여부나 보완 필요성 여부 등을 먼저 검토한다.
  2) 인증기관은 제품의 기술설계가 관련 법령에서 설계와 관련하여 제품에 요구하는 요건을 충족하는지를 심사하고 평가한다. 다만, 나목1)다)의 경우에는 그러하지 아니하다.
    가) 인증기관은 제품의 기술설계가 관련 법령에서 설계와 관련하여 제품에 요구하는 요건을 충족하는 경우에는 제품의 설계승인이 되었음을 제조업자등에게 통보하거나 설계승인서를 발급할 수 있다.
    나) 인증기관은 제품의 기술설계가 관련 법령에서 설계와 관련하여 제품에 요구하는 요건을 충족하지 않는 경우에는 그 결과를 제조업자등에게 통보한다.
  3) 인증기관은 제품이 관련 법령에서 제품에 요구하는 요건을 충족하는지를 확인하기 위한 제품시험 또는 제품검사를 한다.
    가) 인증기관은 제품이 관련 법령에서 제품에 요구하는 요건을 충족하는 경우에는 제품시험 또는 제품검사가 해당 요건에 충족됨을 제조업자등에게 통보하거나 증명서를 발급할 수 있다.
    나) 인증기관은 제품이 관련 법령에서 제품에 요구하는 요건을 충족하지 않는 경우에는 그 결과를 제조업자등에게 통보한다.
  4) 인증기관은 제품을 제조하는 공장의 제조 및 품질관리 능력이 관련 법령에서 정하는 요건을 충족하고 적절한 품질관리체계를 수립하여 운영하는지 여부를 심사하는 공장심사를 한다.
    가) 공장심사에는 제조업자등의 공장에 대한 현장평가가 포함되어야 한다.
    나) 제조업자등은 공장심사를 하기 전에 인증기관의 요구에 따라 공장심사에 필요한 문서를 제출하여야 한다.
  5) 인증기관은 1)부터 4)까지의 절차를 마친 경우에는 신청한 제품의 인증등이 되었음을 나타내는 증명서를 발급할 수 있다.
마. 인증등을 받은 사항의 변경
  1) 제조업자등은 인증등이 된 제품이나 그 제품을 제조하는 공장에 대하여 관련 법령에서 요구하는 요건의 충족 여부 또는 발급된 인증등의 증명서에 영향을 미치는 중요한 변경사항이 있으면 인증기관에 그 변경사항을 통지하여야 한다.

2) 인증기관은 변경사항을 포함하여 발급한 인증등의 증명서에 대하여 유효성 여부를 검토하여야 하며, 필요한 경우에는 인증등의 여부를 다시 결정할 수 있다.

바. 인증등의 표시
1) 제조업자등은 인증기관으로부터 신청한 제품의 인증등이 되었음을 통보받은 경우에는 해당 제품에 인증등의 표시를 하여야 한다.
2) 제조업자등의 해당 제품이 인증되었음에도 불구하고 관련 법령에 따라 출고되는 모든 생산로트에 대하여 인증기관 또는 시험·검사기관에 의한 출고 전 시험이 요구되는 경우에는 출고 전 시험이 성공적으로 끝났음이 확인된 로트에만 인증등의 표시를 할 수 있다.

사. 사후관리
인증기관에서 실시하는 인증등의 사후관리는 없으나, 제품이 시장에서 혼란을 일으키거나 일으킬 가능성이 있다고 판단되는 경우에는 인증등의 소관 행정기관 또는 권한을 위탁받은 기관에서 조사활동 등의 사후관리를 할 수 있다.

## 8. 에이치(H) 심사모듈

가. 개요
인증기관이 공장의 제조 및 품질관리 능력이 관련 법령에서 정하는 요건을 충족하고 적절한 품질관리체계를 수립하여 운영하는지 여부를 심사하는 공장심사를 하여 인증등을 하며, 제품의 인증등을 한 후에 공장심사를 통하여 사후관리를 하는 심사모듈이다.

나. 적합성평가의 방법
공장심사는 다음의 어느 하나에 해당하는 방법으로 한다.
1) 공장의 품질관리체계에 대한 전체심사
2) 공장의 품질관리체계에 대한 일부심사

다. 인증등의 신청
제조업자등은 인증기관에 해당 법령에서 정하는 인증등에 필요한 신청 서류를 제출한다.

라. 인증기관의 업무
1) 인증기관은 제조업자등이 신청한 서류를 접수한 경우에는 신청 서류의 반려 여부나 보완 필요성 여부 등을 먼저 검토한다.

2) 인증기관은 제품을 제조하는 공장의 제조 및 품질관리 능력이 관련 법령에서 정하는 요건을 충족하고 적절한 품질관리체계를 수립하여 운영하는지 여부를 심사하는 공장심사를 한다.

가) 공장심사에는 제조업자등의 공장에 대한 현장평가가 포함되어야 한다.

나) 제조업자등은 공장심사를 하기 전에 인증기관의 요구에 따라 공장심사에 필요한 문서를 제출하여야 한다.

3) 인증기관은 1) 및 2)의 절차를 마친 경우에는 신청한 제품의 인증등이 되었음을 나타내는 증명서를 발급할 수 있다.

마. 인증등을 받은 사항의 변경

1) 제조업자등은 인증등이 된 제품을 제조하는 공장에 대하여 관련 법령에서 요구하는 요건의 충족 여부 또는 발급된 인증등의 증명서에 영향을 미치는 중요한 변경사항이 있으면 인증기관에 그 변경사항을 통지하여야 한다.

2) 인증기관은 변경사항을 포함하여 발급한 인증등의 증명서에 대하여 유효성 여부를 검토하여야 하며, 필요한 경우에는 인증등의 여부를 다시 결정할 수 있다.

바. 인증등의 표시

제조업자등은 인증기관으로부터 신청한 제품의 인증등이 되었음을 통보받은 경우에는 해당 제품에 인증등의 표시를 하여야 한다.

사. 사후관리

1) 인증기관은 제품에 대한 인증등이 된 후에 공장심사를 통하여 사후관리를 한다.

2) 공장심사는 다음의 어느 하나에 해당하는 방법으로 한다.

가) 공장의 품질관리체계에 대한 전체심사

나) 공장의 품질관리체계에 대한 일부심사

3) 인증기관은 인증등이 된 제품이 사후관리를 통하여 관련 법령에서 요구하는 요건을 충족하지 않는 것을 확인한 경우에는 그 결과를 제조업자등에게 통보하여 필요한 조치를 할 것을 요구하고, 그 조치가 적절하지 않은 경우에는 인증등을 취소할 수 있다. 또한, 인증등이 된 제품이 시장에서 혼란을 일으키거나 일으킬 가능성이 있다고 판단되는 경우에는 인증등의 소관 행정기관 또는 권한을 위탁받은 기관에서 조사활동 등의 사후관리를 할 수 있다.

## 9. 아이(I) 심사모듈

제품에 대한 인증등을 반드시 받도록 신규로 정하거나 기존의 인증등의 내용을 변경하려는 경우로서 제1호부터 제8호까지의 규정에 따른 심사모듈을 적용할 수 없는 경우에 사용하는 심사모듈로서, 제1호부터 제8호까지의 규정에 따른 심사모듈의 일부 내용을 포함하거나 새로운 인증등의 기준 및 절차 등을 적용하여 인증등 또는 사후관리를 할 수 있다.

[별표 6] 〈개정 2015.6.30〉

## 국가통합인증마크의 표시기준 및 방법(제15조의4제1항 관련)

### 1. 표시기준

가. 국가통합인증마크의 기본도안 모형

나. 도안 요령 및 색채
  1) 도안 요령
    가) 국가통합인증마크의 가로 및 세로 비율은 아래의 격자눈금에 따른다.

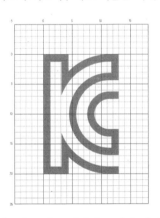

    나) 국가통합인증마크의 크기는 제품의 크기에 따라 조정할 수 있으나 인증
      마크의 세로 높이는 5㎜ 미만으로 할 수 없다. 다만, 저장장치 등의 극
      소형 제품 또는 검정증인(檢定證印)[압인(押印)·타인(打印)·각인(刻印)
      등을 말한다]을 사용하는 제품은 제품의 크기에 따라 국가통합인증마크
      의 세로 높이를 조정할 수 있다.

2) 색채

　가) 국가통합인증마크 기본모형의 색채는 아래와 같은 남색(KS A 0062에
　　따른 5PB 2/8 색채)을 사용한다.

| | 남색 |
| --- | --- |
| | 5PB 2/8 |

　나) 특수한 효과가 필요한 경우에는 아래와 같은 금색(KS A 0062에 따른
　　10YR 6/4 색채)과 은색(KS A 0062에 따른 N 7 색채)을 사용할 수
　　있으며, 남색, 금색 또는 은색을 사용할 수 없는 경우에는 아래와 같은
　　검정색(KS A 0062에 따른 N 2 색채)을 사용할 수 있다.

| | 금색 |
| --- | --- |
| | 10YR 6/4 |

| | 은색 |
| --- | --- |
| | N 7 |

| | 검정색 |
| --- | --- |
| | N 2 |

　　※ 비고: 금색과 은색에는 반짝이는 효과를 넣어 사용할 수 있다.

다. 국가통합인증마크의 부기도안 모형 및 도안 요령

　1) 국가통합인증마크의 부기도안 모형

　※ 비고

　1. 부기 글자는 인증등의 분야별로 구분하여 S, Q, E, H로 한다.

　2. S는 안전 분야, Q는 품질 분야, E는 환경 분야, H는 보건 분야의 국가
　　통합인증마크에 각각 덧붙여 넣는다.

2) 도안 요령

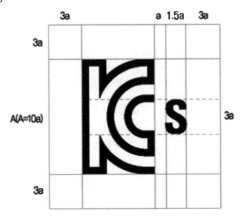

## 2. 표시방법

가. 국가통합인증마크는 해당 제품의 표면에 알아보기 쉽도록 인쇄하거나 각인하
   는 등의 방법으로 표시하여야 한다.

나. 제품의 표면에 국가통합인증마크를 표시하는 것이 곤란하거나 실수요자가 다
   량으로 구입하여 직접 사용하는 제품으로서 시중에 유통될 우려가 없는 제품
   의 경우에는 그 제품의 최소 포장마다 표시할 수 있다.

| 제정 | 1961. 9. 30. | 법률 | 제732호 |
|---|---|---|---|
| | 중 략 | | |
| 전부개정 | 2007. 5. 25. | 법률 | 제8486호 |
| | 중 략 | | |
| 일부개정 | 2015. 1. 28. | 법률 | 제13084호 |
| 타법개정 | 2015. 1. 28. | 법률 | 제13089호 |
| 일부개정 | 2016. 1. 6. | 법률 | 제13737호 |
| 일부개정 | 2016. 1. 27. | 법률 | 제13847호 |
| 타법개정 | 2016. 3. 29. | 법률 | 제14116호 |
| 일부개정 | 2016. 12. 2. | 법률 | 제14312호 |
| 시행 | 2017. 6. 3. | | |

## 제1장 총칙

제1조(목적) 이 법은 적정하고 합리적인 산업표준을 제정·보급하고 품질경영을 지원하여 광공업품 및 산업활동 관련 서비스의 품질·생산효율·생산기술을 향상시키고 거래를 단순화·공정화(公正化)하며 소비를 합리화함으로써 산업경쟁력을 향상시키고 국가경제를 발전시키는 것을 목적으로 한다. 〈개정 2016. 1. 27.〉

제2조(정의) 이 법에서 사용하는 용어의 정의는 다음과 같다. 〈개정 2016. 1. 27.〉

1. "산업표준"이란 산업표준화를 위한 기준을 말한다.
2. "산업표준화"란 다음 각 목의 사항을 통일하고 단순화하는 것을 말한다.
   가. 광공업품의 종류·형상·치수·구조·장비·품질·등급·성분·성능·기능·내구도·안전도
   나. 광공업품의 생산방법·설계방법·제도방법(製圖方法)·사용방법·운용방법·원단위(原單位) 생산에 관한 작업방법·안전조건

다. 광공업품의 포장의 종류·형상·치수·구조·성능·등급·방법

라. 광공업품 또는 광공업의 기술과 관련되는 시험·분석·감정·검사·검정·통계적 기법·측정방법 및 용어·약어·기호·부호·표준수(標準數)·단위

마. 구축물과 그 밖의 공작물의 설계·시공방법 또는 안전조건

바. 기업활동과 관련되는 물품의 조달·설계·생산·운용·보수·폐기 능을 관리하는 정보체계 및 전자통신매체에 의한 상업적 거래

사. 산업활동과 관련된 서비스(전기통신 관련 서비스를 제외한다. 이하 "서비스"라 한다)의 제공절차·방법·체계·평가방법 등에 관한 사항

3. "품질경영"이란 기업·공공기관·단체 등(이하 "기업등"이라 한다)이 고객이 만족할 수 있는 품질목표를 설정하고 이를 달성하기 위하여 체계적으로 품질을 계획·관리·보증·개선하는 등의 경영활동을 말한다.

제3조 삭제 〈2015. 1. 28.〉

제4조(산업표준심의회) ① 산업통상자원부에 산업표준심의회(이하 "심의회"라 한다)를 둔다. 〈개정 2008. 2. 29., 2013. 3. 23.〉

② 심의회는 다음 각 호의 사항을 심의하고 산업통상자원부장관의 자문에 응한다. 〈개정 2008. 2. 29., 2013. 3. 23.〉

1. 제5조에 따른 산업표준의 제정·개정·폐지에 관하여 필요한 사항

2. 제10조에 따른 산업표준의 적부(適否)확인에 관하여 필요한 사항

3. 제15조에 따른 광공업품의 지정에 관한 사항

4. 제16조에 따른 서비스의 지정에 관한 사항

5. 삭제 〈2016. 1. 6.〉

6. 그 밖에 산업표준에 관련된 사항으로서 대통령령으로 정하는 사항

③ 심의회의 업무를 효율적으로 수행하기 위하여 심의회에 표준회의, 전문분야별 기술심의회, 특별심의회 등을 둘 수 있다. 〈신설 2015. 1. 28.〉

④ 제3항에 따른 표준회의(심의회의 위원으로만 구성된 경우로 한정한다)의 심의를 거친 사항은 심의회의 심의를 거친 것으로 본다. 〈신설 2015. 1. 28.〉

⑤ 제1항부터 제4항까지에서 규정한 사항 외에 심의회의 구성 및 운영 등에 관하여 필요한 사항은 대통령령으로 정한다. 〈개정 2015. 1. 28.〉

## 제2장 한국산업표준

제5조(산업표준의 제정 등) ① 산업통상자원부장관은 산업표준을 제정·개정 또는 폐지할 수 있다. 이 경우 대통령령으로 정하는 바에 따라 산업표준안을 작성하여 고시하고 이해관계인의 의견을 들어야 한다. 〈개정 2008. 2. 29., 2013. 3. 23.〉

② 산업통상자원부장관은 산업표준을 제정·개정 또는 폐지하려는 경우에는 관계 행정기관의 장과 협의하고 심의회의 심의를 거쳐야 한다. 〈개정 2008. 2. 29., 2013. 3. 23.〉

③ 산업통상자원부장관은 산업표준의 제정 및 개정을 효율적으로 추진하기 위하여 필요한 경우에는 산업표준화와 관련된 업무를 수행하는 법인이나 단체를 산업표준 개발을 위한 협력기관으로 지정하여 활용할 수 있다. 〈개정 2008. 2. 29., 2013. 3. 23.〉

④ 제3항에 따른 협력기관으로 지정받으려는 법인이나 단체는 산업표준 개발인력 등 산업통상자원부령으로 정하는 요건을 갖추어 산업통상자원부장관에게 신청하여야 한다. 〈개정 2008. 2. 29., 2013. 3. 23.〉

⑤ 산업통상자원부장관은 제3항에 따라 협력기관으로 지정받은 기관이 다음 각 호의 어느 하나에 해당하는 경우에는 그 지정을 취소할 수 있다. 다만, 제1호에 해당하는 경우에는 그 지정을 취소하여야 한다. 〈신설 2014. 5. 20.〉

1. 거짓이나 그 밖의 부정한 방법으로 지정을 받은 때
2. 제4항에 따른 요건에 적합하지 아니하게 된 때
3. 정당한 사유 없이 3년 이상 산업표준 개발을 하지 아니한 때

⑥ 그 밖에 산업표준 개발을 위한 협력기관의 지정절차 및 운영 등에 관하여 필요한 사항은 대통령령으로 정한다. 〈개정 2014. 5. 20.〉

제5조의2(출연금) ① 산업통상자원부장관은 산업표준 개발에 필요한 경비에 충당하게 하기 위하여 제5조제3항에 따라 협력기관으로 지정된 자에게 출연금을 지급할 수 있다.

② 제1항에 따른 출연금의 지급·사용·관리 등에 관한 사항은 대통령령으로 정한다.

[본조신설 2015. 1. 28.]

제6조(산업표준 등의 제정 등의 신청·협의) ① 산업표준의 제정·개정 또는 폐지에 관한 이해관계인은 대통령령으로 정하는 바에 따라 산업통상자원부장관에게 그 제정·개정 또는 폐지를 신청할 수 있다. 〈개정 2008. 2. 29., 2013. 3. 23.〉

② 관계 행정기관의 장은 다른 법령의 규정에 따라 제2조제2호 각 목의 어느 하나에 해당하는 사항에 대하여 기준이나 표준을 정하려는 경우에는 산업표준과의 부합화를 위하여 필요하다고 인정하는 사항에 관하여 산업통상자원부장관과 협의하여야 한다. 〈개정 2008. 2. 29., 2013. 3. 23.〉

제7조(심의회에의 회부) 산업통상자원부장관은 제6조에 따른 신청 또는 협의가 있는 경우 필요하다고 인정하는 때에는 지체 없이 이를 심의회에 회부하여야 한다. 〈개정 2008. 2. 29., 2013. 3. 23.〉

제8조(심의 등) ① 심의회는 제7조에 따라 회부된 안건을 대통령령으로 정하는 바에 따라 지체 없이 심의하고 그 결과를 산업통상자원부장관에게 통보하여야 한다. 〈개정 2008. 2. 29., 2013. 3. 23.〉

② 산업통상자원부장관은 제1항에 따른 통보를 받은 경우에는 지체 없이 신청 또는 협의에 대한 결정을 하여 그 결과를 신청인 또는 관계 행정기관의 장에게 통지하여야 한다. 〈개정 2008. 2. 29., 2013. 3. 23.〉

제9조(공청회) ① 산업통상자원부장관은 산업표준의 제정·개정 또는 폐지에 관하여 필요하다고 인정하는 경우에는 공청회를 개최하고 이해관계인의 의견을 들을 수 있다. 〈개정 2008. 2. 29., 2013. 3. 23.〉

② 산업표준 및 산업표준화에 관한 이해관계인은 서면으로 산업통상자원부장관에게 공청회의 개최를 요구할 수 있다. 〈개정 2008. 2. 29., 2013. 3. 23.〉

③ 산업통상자원부장관은 제2항에 따른 요구가 있는 경우 필요하다고 인정하는 때에는 지체 없이 공청회를 개최하여야 한다. 〈개정 2008. 2. 29., 2013. 3. 23.〉

제10조(산업표준의 적부확인 등) ① 산업통상자원부장관은 산업표준을 제정 또는 개정한 날부터 5년마다 그 적부(適否)를 확인하여야 한다. 이 경우 산업통상자원부장관은 심의회의 심의를 거쳐야 한다. 〈개정 2008. 2. 29., 2013. 3. 23.〉

② 산업통상자원부장관은 제1항에 따라 적부를 확인한 결과 필요하다고 인정하는 경우에는 제5조에 따라 산업표준을 개정 또는 폐지할 수 있다. 〈개정 2008. 2. 29., 2013. 3. 23.〉

제11조(산업표준의 고시) 산업통상자원부장관은 제5조제1항에 따라 산업표준을 제정·개정·폐지한 때 또는 제10조제1항에 따라 산업표준의 적부를 확인한 때에는 대통령령으로 정하는 바에 따라 지체 없이 이를 고시하여야 한다. 〈개정 2008. 2. 29., 2013. 3. 23.〉

제12조(한국산업표준) ① 제11조에 따라 고시된 산업표준을 한국산업표준(KS)이라 한다.

② 제1항에 따른 산업표준이 아니면 한국산업표준이라는 명칭을 사용할 수 없다.

## 제3장 한국산업표준에의 적합성 인증

### 제1절 인증기관의 지정 등

제13조(인증기관의 지정) ① 산업통상자원부장관은 산업표준화를 효율적으로 추진하기 위하여 광공업품(가공기술을 포함한다. 이하 같다) 또는 서비스가 한국산업표준에 적합함을 인증하는 기관(이하 "인증기관"이라 한다)을 지정할 수 있다. 〈개정 2008. 2. 29., 2013. 3. 23.〉

② 제1항에 따라 인증기관으로 지정받으려는 자는 인증업무 수행에 필요한 조직·사무소 및 제18조에 따른 인증심사원을 갖추어 산업통상자원부장관에게 그 지정을 신청하여야 한다. 〈개정 2008. 2. 29., 2013. 3. 23.〉

③ 산업통상자원부장관은 제1항에 따라 인증기관을 지정하는 경우에는 당해 인증기관이 수행할 인증업무의 범위를 함께 지정하여야 한다. 〈개정 2008. 2. 29., 2013. 3. 23.〉

④ 인증기관의 지정기준 및 절차 등에 관하여 필요한 사항은 산업통상자원부령으로 정한다. 〈개정 2008. 2. 29., 2013. 3. 23.〉

제14조(인증기관의 지정취소) ① 산업통상자원부장관은 인증기관이 다음 각 호의 어느 하나에 해당하는 때에는 그 지정을 취소하거나 6개월 이내의 기간을 정하여 업무의 정지를 명할 수 있다. 다만, 제1호에 해당하는 때에는 지정을 취소하여야 한다. 〈개정 2008. 2. 29., 2013. 3. 23., 2015. 1. 28.〉

1. 거짓이나 그 밖의 부정한 방법으로 인증기관의 지정을 받은 때
2. 정당한 사유 없이 1년 이상 계속하여 인증업무를 하지 아니한 때
3. 제13조제4항에 따른 지정기준에 적합하지 아니하게 된 때
4. 제20조제1항에 따른 시판품조사·현장조사 또는 제20조제2항에 따른 조사 결과 인증기관의 고의 또는 중대한 과실로 인하여 품질불량인 제품 또는 서비스가 제15조제1항 또는 제16조제1항에 따라 인증받은 것으로 인정되는 때

② 제1항에 따른 지정취소 및 업무정지의 기준 등에 관하여 필요한 사항은 산업통상자원부령으로 정한다. 〈개정 2008. 2. 29., 2013. 3. 23.〉

### 제2절 제품 등의 인증

제15조(제품의 인증) ① 산업통상자원부장관이 필요하다고 인정하여 심의회의 심의를 거쳐 지정한 광공업품을 제조하는 자는 공장 또는 사업장마다 산업통상자원부령으로 정하는 바에 따라 인증기관으로부터 그 제품의 인증을 받을 수 있다. 〈개정 2008. 2. 29., 2013. 3. 23.〉

② 제1항에 따라 제품의 인증을 받은 자는 그 제품·포장·용기·납품서 또는 보증서에 산업통상자원부령으로 정하는 바에 따라 그 제품이 한국산업표준에 적합한 것임을 나타내는 표시(이하 이 조에서 "제품인증표시"라 한다)를 하거나 이를 홍보할 수 있다. 〈개정 2008. 2. 29., 2013. 3. 23.〉

③ 제1항에 따른 인증을 받은 자가 아니면 제품·포장·용기·납품서·보증서 또는 홍보물에 제품인증표시를 하거나 이와 유사한 표시를 하여서는 아니 된다.

④ 제3항을 위반하여 제품인증표시를 하거나 이와 유사한 표시를 한 제품을 그 사실을 알고 판매·수입하거나 판매를 위하여 진열·보관 또는 운반하여서는 아니 된다.

제16조(서비스의 인증) ① 산업통상자원부장관이 필요하다고 인정하여 심의회의 심의를 거쳐 지정한 서비스를 제공하는 자는 다음 각 호의 어느 하나에 해당하는 인증 단위별로 산업통상자원부령으로 정하는 바에 따라 인증기관으로부터 그 서비스의 인증을 받을 수 있다. 〈개정 2008. 2. 29., 2013. 3. 23., 2015. 1. 28.〉

1. 제공하는 서비스의 종류
2. 서비스를 제공하는 사업장

② 제1항에 따라 서비스의 인증을 받은 자는 그 서비스의 계약서·납품서 또는 보증서에 산업통상자원부령으로 정하는 바에 따라 그 서비스가 한국산업표준에 적합한 것임을 나타내는 표시(이하 이 조에서 "서비스인증표시"라 한다)를 하거나 이를 홍보할 수 있다. 〈개정 2008. 2. 29., 2013. 3. 23.〉

③ 제1항에 따른 인증을 받은 자가 아니면 서비스의 계약서·납품서·보증서 또는 홍보물에 서비스인증표시를 하거나 이와 유사한 표시를 하여서는 아니 된다.

④ 제1항제1호에 따라 서비스의 종류별로 인증을 받은 자는 그 서비스를 제공하는 사업장이 둘 이상인 경우에는 각 사업장에 서비스인증표시를 할 수 있다. 〈신설 2015. 1. 28.〉

# 제3절 인증심사

제17조(인증심사) ① 인증기관은 제15조제1항 또는 제16조제1항에 따른 인증을 하는 때에는 그 제품 또는 서비스가 한국산업표준 및 산업통상자원부령으로 정하는 인증심사기준(이하 "인증심사기준"이라 한다)에 적합한지 여부를 심사(이하 "인증심사"라 한다)하여야 한다. 〈개정 2008. 2. 29., 2013. 3. 23.〉
② 인증심사기준에는 다음 각 호의 구분에 따른 품질보증 관련 사항이 포함되어야 한다. 〈개정 2015. 1. 28.〉

1. 제품의 인증: 제조설비, 검사설비, 검사방법, 품질관리방법 등 제품의 품질보증에 필요한 사항
2. 서비스의 인증: 서비스 제공 절차·방법, 서비스 운영체계, 인력관리, 시설·장비 관리, 품질관리방법 등 서비스의 품질보증에 필요한 사항

③ 인증기관이 제1항에 따라 인증심사를 하는 경우 해당 제품을 제조하는 자는 인증심사에 필요한 최소량의 시료(試料)를 인증기관에 제출하여야 한다.
④ 인증기관은 제1항에 따른 인증심사를 거쳐 인증을 하는 때에는 그 사실을 해당 제품 제조자 및 서비스 제공자에게 통지하여야 한다. 이 경우 인증기관은 제26조 각 호의 어느 하나에 해당하는 검사·검정 또는 시험 등의 업무를 담당하는 기관에도 서면 또는 전자적 방법 등에 의하여 그 사실을 통지하여야 한다. 〈개정 2010. 6. 8.〉
⑤ 인증심사의 방법·절차 등에 관하여 필요한 사항은 산업통상자원부령으로 정한다. 〈개정 2008. 2. 29., 2013. 3. 23.〉

제18조(인증심사원) ① 산업통상자원부장관은 대통령령으로 정하는 기준에 적합한 자에게 제17조에 따른 인증심사, 제19조제1항에 따른 정기심사, 제19조제2항에 따른 이전심사, 제20조제1항에 따른 시판품조사·현장조사 또는 제20조제2항에 따른 조사의 업무를 수행하는 심사원(이하 "인증심사원"이라 한다)의 자격을 부여할 수 있다. 〈개정 2008. 2. 29., 2013. 3. 23., 2015. 1. 28., 2016. 12. 2.〉

② 제1항에 따라 인증심사원의 자격을 부여받으려는 자는 산업통상자원부령으로 정하는 바에 따라 산업통상자원부장관이 실시하는 교육을 받은 후 산업통상자원부장관에게 이를 신청하여야 한다. 〈개정 2008. 2. 29., 2013. 3. 23.〉

③ 산업통상자원부장관은 인증심사원이 다음 각 호의 어느 하나에 해당하는 때에는 그 자격을 취소하거나 6개월 이내의 기간을 정하여 자격을 정지할 수 있다. 다만, 제1호에 해당하는 때에는 자격을 취소하여야 한다. 〈개정 2008. 2. 29., 2013. 3. 23., 2015. 1. 28.〉

1. 거짓이나 그 밖의 부정한 방법으로 인증심사원의 자격을 부여받은 때
2. 부정한 방법으로 인증심사업무를 수행한 때
3. 인증심사원의 고의 또는 중대한 과실로 인하여 품질불량인 제품 또는 서비스가 제15조제1항 또는 제16조제1항에 따라 인증받은 것으로 인정되는 때
3의2. 부정한 방법으로 제20조제1항에 따른 시판품조사·현장조사 또는 제20조제2항에 따른 조사 업무를 수행한 때
4. 제1항에 따른 인증심사원의 자격기준에 적합하지 아니하게 된 때
5. 인증심사 업무와 관련하여 다른 사람에게 자기의 성명을 사용하게 하거나 인증심사원증을 대여한 때

④ 인증심사원의 자격 부여 절차 및 자격 취소·정지의 기준 등에 관하여 필요한 사항은 산업통상자원부령으로 정한다. 〈개정 2008. 2. 29., 2013. 3. 23.〉

## 제4절 사후관리

제19조(정기심사 등) ① 제15조제1항 또는 제16조제1항에 따라 인증을 받은 자(이하 "인증받은자"라 한다)는 그 제품 또는 서비스에 대하여 인증기관으로부터 정기심사를 받아야 한다.

② 인증받은자가 인증제품을 제조하는 공장 또는 사업장을 이전하거나 인증서비스를 제공하는 사업장을 이전한 경우에는 이전심사(이하 "이전심사"라 한다)를 받아야 한다. 〈신설 2016. 12. 2.〉

③ 제1항에 따른 정기심사 또는 제2항에 따른 이전심사에 관하여는 제17조제2항을 준용한다. 〈개정 2016. 12. 2.〉

④ 제1항에 따른 정기심사 또는 제2항에 따른 이전심사를 하는 인증심사원은 그 자격을 나타내는 증표를 지니고 이를 관계인에게 내보여야 한다. 〈개정 2016. 12. 2.〉

⑤ 제1항에 따른 정기심사 또는 제2항에 따른 이전심사의 주기·방법·절차 등에 관하여 필요한 사항은 산업통상자원부령으로 정한다. 〈개정 2008. 2. 29., 2013. 3. 23., 2016. 12. 2.〉

⑥ 인증기관은 제1항에 따른 정기심사 또는 제2항에 따른 이전심사를 실시한 결과 제15조제1항에 따라 인증받은 제품(이하 "인증제품"이라 한다) 또는 제16조제1항에 따라 인증받은 서비스(이하 "인증서비스"라 한다)가 한국산업표준 또는 인증심사기준에 맞지 아니하다고 인정하는 때에는 그 사실을 산업통상자원부장관에게 보고하여야 한다. 〈개정 2008. 2. 29., 2013. 3. 23., 2016. 12. 2.〉

[제목개정 2016. 12. 2.]

제20조(시판품조사 등) ① 산업통상자원부장관은 소비자단체의 요구가 있는 경우 또는 인증제품 또는 인증서비스의 품질저하로 인하여 다수의 소비자에게 피해가 발생하거나 회복하기 어려운 피해가 발생할 우려가 현저하다고 인정하는 경우에는 대통령령으로 정하는 바에 따라 공무원이나 인증심사원으로 하여금 판매되고 있는 인증제품에 대한 품질시험(이하 "시판품조사"라 한다)을 하게 하거나 인증받은자의 공장 또는 사업장에서 그 제품 또는 서비스를 조사(이하 "현장조사"라 한다)하게 할 수 있다. 〈개정 2008. 2. 29., 2013. 3. 23., 2015. 1. 28.〉

② 산업통상자원부장관은 인증받은자(제16조제1항제1호에 따라 서비스의 종류별로 인증을 받은 자로 한정한다. 이하 이 항에서 같다)의 일부 사업장에서 현장조사를 한 결과 서비스 품질보증에 대한 종합점검이 필요하다고 인정되는 경우에는 공무원이나 인증심사원으로 하여금 인증받

은자의 다른 사업장 및 주된 사무소에 대하여 조사하게 할 수 있다. 〈신설 2015. 1. 28.〉

③ 산업통상자원부장관은 제1항에 따른 시판품조사·현장조사 또는 제2항에 따른 조사 결과 그 인증제품 또는 인증서비스가 한국산업표준 또는 인증심사기준에 맞지 아니하다고 인정하는 때에는 해당 인증기관에 그 사실을 통보하여야 한다. 〈개정 2008. 2. 29., 2013. 3. 23., 2015. 1. 28.〉

④ 산업통상자원부장관은 제1항에 따른 현장조사 또는 제2항에 따른 조사를 하게 하는 경우에는 조사 7일 전까지 조사일시, 조사이유 및 조사내용 등에 대한 조사계획을 조사를 받을 자에게 통지하여야 한다. 다만, 긴급을 요하거나 사전통지의 경우 증거인멸 등으로 조사의 목적을 달성할 수 없다고 인정하는 경우에는 그러하지 아니하다. 〈개정 2008. 2. 29., 2013. 3. 23., 2015. 1. 28.〉

⑤ 제1항에 따른 현장조사를 하거나 제2항에 따른 조사를 하는 자는 그 권한을 나타내는 증표를 지니고 이를 관계인에게 내보여야 하며, 출입이 필요한 경우에는 성명·출입시간·출입목적 등이 표시된 문서를 관계인에게 교부하여야 한다. 〈개정 2015. 1. 28.〉

제21조(표시제거 등의 명령) ① 산업통상자원부장관은 제19조제6항 또는 제22조제2항에 따라 보고를 받거나 제20조제1항에 따른 시판품조사·현장조사 또는 제20조제2항에 따른 조사 결과 인증제품 또는 인증서비스가 한국산업표준 또는 인증심사기준에 맞지 아니하다고 인정하는 때에는 인증받은자에게 한국산업표준 또는 인증심사기준에 맞게 개선하도록 명하거나, 인증표시의 제거·정지 또는 판매의 정지, 그 밖에 필요한 조치를 명할 수 있다. 이 경우 인증표시의 제거·정지 또는 판매의 정지는 제16조제1항제1호에 따라 서비스의 종류별로 인증을 받은 자의 경우에는 일부 사업장에 대한 인증표시의 제거·정지 또는 일부 사업장에서의 판매의 정지를 포함한다. 〈개정 2008. 2. 29., 2010. 6. 8., 2013. 3. 23., 2015. 1. 28., 2016. 12. 2.〉

② 산업통상자원부장관은 제1항에 따라 개선명령, 인증표시의 제거·정지 또는 판매의 정지, 그 밖에 필요한 조치를 하는 경우 소비자의 생명

·신체 또는 재산에 대한 위해의 발생이나 확산을 방지하기 위하여 불가피하다고 인정되는 경우에는 인증받은자에게 해당 제품의 수거를 명할 수 있다. 〈신설 2015. 1. 28.〉

③ 제1항에 따른 명령의 세부적인 기준이나 제2항에 따른 제품수거 명령의 절차 등에 관하여 필요한 사항은 대통령령으로 정한다. 〈개정 2015. 1. 28.〉

**제22조(인증의 취소)** ①인증기관은 인증받은자가 다음 각 호의 어느 하나에 해당하는 때에는 그 인증을 취소할 수 있다. 다만, 제1호에 해당하는 때에는 인증을 취소하여야 한다. 〈개정 2010. 6. 8., 2015. 1. 28., 2016. 12. 2.〉

1. 거짓이나 그 밖의 부정한 방법으로 인증을 받은 때

2. 제19조제1항에 따른 정기심사를 받지 아니하거나 제19조제2항에 따른 이전심사를 받지 아니한 때

3. 제19조제1항에 따른 정기심사, 제19조제2항에 따른 이전심사, 제20조제1항에 따른 시판품조사·현장조사 또는 제20조제2항에 따른 조사결과 인증제품 또는 인증서비스가 한국산업표준에 현저히 맞지 아니한 때

4. 제20조제1항에 따른 현장조사 또는 제20조제2항에 따른 조사를 거부·방해 또는 기피한 때

5. 정당한 사유 없이 제21조제1항에 따른 명령 또는 제21조제2항에 따른 제품수거 명령에 따르지 아니한 때

6. 폐업 등의 사유로 인하여 정상적인 영업활동이 불가능하다고 인정되는 때

② 인증기관은 제1항에 따라 인증을 취소한 때에는 그 사실과 구체적인 사유를 산업통상자원부장관에게 보고하고, 인증받은자에게 통지하여야 한다. 이 경우 인증기관은 인증받은자가 제26조에 따라 검사·검정 또는 시험 등의 전부 또는 일부를 면제받은 때에는 해당 검사·검정 또는 시험 등의 업무를 담당하는 기관에도 서면 또는 전자적 방법 등에 의하여 그 사실과 구체적인 사유를 통지하여야 한다. 〈신설 2010. 6. 8., 2013. 3. 23.〉

③ 인증기관은 인증을 취소한 날부터 1년 이내에는 해당 제품 제조자 및 서비스 제공자의 인증이 취소된 제품 및 서비스에 대하여 인증을 할 수 없다. 〈신설 2010. 6. 8.〉

④ 인증받은자는 인증기관이 제1항에 따라 인증을 취소한 경우에는 인증 표시를 제거하지 아니하고는 판매를 목적으로 해당 제품을 진열·보관 또는 운반하여서는 아니 된다. 〈신설 2010. 6. 8.〉

## 제4장 산업표준화의 촉진

제23조 삭제 〈2016. 1. 6.〉

제24조(한국산업표준의 준수) 국가·지방자치단체·공공기관 및 공공단체는 물자 및 용역의 조달·생산관리·시설공사 등을 함에 있어서 이 법에 따른 한국산업표준을 준수하여야 한다.

제25조(인증제품 등의 우선구매) 국가기관·지방자치단체·공공기관 및 공공 단체는 물품을 구매하거나 용역을 조달하려는 때에는 인증제품·인증서 비스 또는 제27조제2항에 따른 단체표준인증을 받은 제품으로서 산업통 상자원부령으로 정하는 기준에 해당하는 우수한 단체표준제품을 우선적 으로 구매하여야 한다. 〈개정 2008. 2. 29., 2013. 3. 23.〉

제26조(검사 또는 형식승인 등의 면제) 산업통상자원부장관 또는 관계 행정 기관의 장은 인증제품에 대하여 관계 법령에 따른 다음 각 호의 검사·검 정·시험·인증·증명·신고 및 형식승인 등의 전부 또는 일부를 면제할 수 있다. 〈개정 2007. 7. 27., 2007. 12. 21., 2008. 2. 29., 2009. 3. 25., 2010. 7. 23., 2011. 8. 4., 2012. 12. 18., 2013. 3. 23., 2014. 5. 28., 2015. 1. 28., 2016. 1. 27., 2016. 3. 29.〉

1. 「전기용품 및 생활용품 안전관리법」 제5조에 따른 안전인증, 같은 법 제8조에 따른 안전검사, 같은 법 제15조에 따른 안전확인신고, 같은 법 제17조에 따른 안전검사, 같은 법 제23조제1항에 따른 공급자적합 성확인 및 같은 조 제2항에 따른 공급자적합성확인신고

2. 삭제 〈2016. 1. 27.〉

3. 「산업안전보건법」 제35조의 규정에 의한 보호구의 검정"을 "「산업안전보건법」 제34조제2항에 따른 의무안전인증대상기계·기구등 중 보호구에 대한 안전인증 또는 제35조제1항에 따른 자율안전확인대상기계·기구등 중 보호구에 대한 자율안전확인의 신고

4. 「전파법」 제58조의2에 따른 적합성평가

5. 삭제 〈2010. 7. 23.〉

6. 「고압가스 안전관리법」 제17조에 따른 용기 등의 검사

7. 「소방시설 설치·유지 및 안전관리에 관한 법률」 제36조에 따른 소방용품의 형식승인

8. 「환경분야 시험·검사 등에 관한 법률」 제9조에 따른 측정기기의 형식승인

9. 「건설기계관리법」 제18조에 따른 건설기계형식의 승인

10. 삭제 〈2009. 1. 30.〉

11. 「계량에 관한 법률」 제14조에 따른 계량기 형식승인

12. 「액화석유가스의 안전관리 및 사업법」 제39조에 따른 검사

13. 「철도안전법」 제27조에 따른 철도용품의 형식승인

14. 「의료기기법」 제6조제2항에 따른 의료기기에 대한 제조허가 및 제조신고

15. 「석유 및 석유대체연료 사업법」 제25조에 따른 품질검사

16. 「선박안전법」 제18조에 따른 형식승인

17. 「수상레저안전법」 제47조에 따른 형식승인

18. 「항공안전법」 제28조에 따른 부품등제작자증명

제27조(단체표준의 제정 등) ① 산업표준화와 관련된 단체 중 산업통상자원부령으로 정하는 단체는 공공의 안전성 확보, 소비자 보호 및 구성원들의 편의를 도모하기 위하여 특정의 전문분야에 적용되는 기호·용어·성능·절차·방법·기술 등에 대한 표준(이하 "단체표준"이라 한다)을 제정할 수 있다. 〈개정 2008. 2. 29., 2013. 3. 23.〉

② 단체표준을 제정한 단체는 산업통상자원부령으로 정하는 바에 따라 단체표준을 활용하여 인증업무를 수행할 수 있다. 〈개정 2008. 2. 29., 2013. 3. 23.〉

③ 단체표준의 제정·등록·운용·보급 등에 관하여 필요한 사항은 산업통상자원부령으로 정한다. 〈개정 2008. 2. 29., 2013. 3. 23.〉

제28조(산업표준화 교육) ① 산업통상자원부장관은 제15조제1항 또는 제16조제1항에 따라 인증을 받으려는 자 및 인증받은자에 대하여 산업표준화 및 품질경영에 관한 교육을 받게 할 수 있다. 〈개정 2008. 2. 29., 2013. 3. 23.〉

② 제1항에 따른 산업표준화 및 품질경영에 관한 교육의 내용·시간·주기 및 실시기관 등 교육에 관하여 필요한 사항은 대통령령으로 정한다.

제29조(국제표준화협력 추진) ① 정부는 국제표준화기구 또는 외국의 표준화기관과의 표준화에 대한 협력(이하 "국제표준화협력"이라 한다)을 촉진하기 위한 시책을 강구하여야 한다.

② 산업통상자원부장관은 국제표준화협력을 촉진하기 위하여 다음 각 호의 사업을 추진한다. 〈개정 2008. 2. 29., 2013. 3. 23.〉

1. 국제표준의 조사·연구·보급 및 활용 촉진
2. 국제표준화협력을 위한 조사·연구
3. 인력교류협력 및 표준화 정보의 수집·분석·보급
4. 그 밖에 국제표준화협력을 촉진하기 위하여 필요하다고 산업통상자원부장관이 인정하는 사업

제30조(산업정보체계 표준화 등의 촉진) 정부는 산업정보화를 촉진하고 산업정보체계의 효율적 관리를 위하여 다음 각 호의 사항을 촉진하기 위한 시책을 강구하여야 한다.

1. 기업활동과 관련되는 물품의 조달·설계·생산·운용·보수·폐기 등에 대한 정보체계의 표준화
2. 전자통신매체에 의한 상업적 거래의 표준화

제30조의2(실태조사) ① 산업통상자원부장관은 산업표준에 관한 정책을 효율적으로 수립·추진하기 위하여 매년 산업표준화 실태조사를 실시하여야 한다.

② 제1항에 따른 산업표준화 실태조사에는 인증제품 및 인증서비스의 활용 실태, 제27조에 따른 단체표준의 제정 현황 등 대통령령으로 정하는 사항이 포함되어야 한다.

③ 산업통상자원부장관은 제1항에 따른 산업표준화 실태조사를 위하여 필요한 경우에는 산업표준화와 관련된 업무를 수행하는 법인이나 단체에 필요한 자료 또는 의견을 제출하도록 요청할 수 있다. 이 경우 요청을 받은 법인 및 단체의 장은 특별한 사유가 없으면 그 요청에 따라야 한다.

④ 산업통상자원부장관은 제1항에 따른 산업표준화 실태조사를 대통령령으로 정하는 법인이나 단체에 위탁하여 실시할 수 있다.

⑤ 제1항에 따른 산업표준화 실태조사의 방법 등에 필요한 사항은 대통령령으로 정한다.

[본조신설 2015. 1. 28.]

제31조(보조금) 산업통상자원부장관은 산업표준화를 촉진하기 위하여 다음 각 호의 사업을 행하는 자에게 예산의 범위 안에서 보조금을 교부할 수 있다. 〈개정 2008. 2. 29., 2013. 3. 23.〉

1. 제29조제2항 각 호의 국제표준화협력 촉진 사업
2. 제30조 각 호의 표준화사업
3. 민간부문의 표준화 촉진 사업
4. 그 밖에 산업통상자원부령으로 정하는 산업표준화 사업

## 제4장의2 품질경영의 촉진 〈신설 2016. 1. 27.〉

제31조의2(품질경영에 관한 종합시책) ① 산업통상자원부장관은 기업등이 품질경영을 효율적으로 추진하도록 지원하기 위하여 다음 각 호의 사항을 포함한 품질경영에 관한 종합시책을 3년마다 수립·시행하여야 한다.

1. 품질경영의 기본방향에 관한 사항
2. 품질경영을 촉진하기 위한 환경 조성 및 지원에 관한 사항
3. 품질경영 기술의 개발 및 보급에 관한 사항
4. 품질경영 분야의 전문인력 양성 및 활용에 관한 사항
5. 품질경영을 촉진하기 위한 교육 및 지도에 관한 사항
6. 그 밖에 품질경영을 촉진하기 위하여 필요한 사항
② 산업통상자원부장관은 제1항에 따른 종합시책의 수립을 위하여 필요한 경우에는 특별시장·광역시장·특별자치시장·도지사 또는 특별자치도지사(이하 "시·도지사"라 한다)에게 관련 자료의 제출을 요청할 수 있다.
[본조신설 2016. 1. 27.]

제31조의3(품질경영추진본부) ① 산업통상자원부장관은 품질경영 환경을 조성하기 위하여 대통령령으로 정하는 품질경영 관련 법인·공공기관 또는 단체를 품질경영추진본부로 지정할 수 있다.
② 품질경영추진본부는 다음 각 호의 사업을 한다.
1. 품질경영 환경의 조성
2. 기업등과의 품질경영에 관련된 협력사업
3. 기업등의 품질경영에 관한 애로사항 수집 및 해결방안 건의
4. 품질경영을 촉진하기 위한 기업등 상호 간의 품질 수준 향상에 관한 협력지원
5. 외국의 품질경영 관계 기관과의 국제 교류 및 협력사업
6. 그 밖에 품질경영 환경을 조성하기 위하여 필요한 사업으로서 대통령령으로 정하는 사업
③ 산업통상자원부장관은 품질경영추진본부가 제2항 각 호의 사업을 추진하는 데 필요한 지원을 할 수 있다.
[본조신설 2016. 1. 27.]

제31조의4(품질경영의 지원) ① 시·도지사는 관할 지역의 기업등이 품질경영을 효율적으로 추진할 수 있도록 제31조의2제1항 각 호 사업의 시행에 필요한 지원을 할 수 있다.

② 정부는 품질경영을 통하여 품질향상, 원가절감, 생산성향상 또는 서비스품질개선 등에 현저한 성과를 거둔 기업등 및 개인을 대통령령으로 정하는 바에 따라 선정하여 포상하거나 필요한 지원을 할 수 있다.

[본조신설 2016. 1. 27.]

## 제5장 한국표준협회

제32조(한국표준협회) ① 인증받은자는 산업통상자원부장관의 인가를 받아 한국표준협회(이하 "협회"라 한다)를 설립할 수 있다. 〈개정 2008. 2. 29., 2013. 3. 23.〉

② 협회는 법인으로 한다.

③ 다음 각 호의 어느 하나에 해당하는 자는 협회의 회원이 될 수 있다.

1. 인증받은자

2. 제27조제1항에 따라 단체표준을 제정한 단체

3. 산업표준화 및 품질경영과 관련된 기관 및 단체

4. 산업표준화 및 품질경영에 관한 지식과 기술이 있는 자 중 협회의 정관으로 정하는 자

④ 협회의 정관에는 다음 각 호의 사항을 기재하여야 한다.

1. 목적

2. 명칭

3. 주된 사무소 및 분사무소의 소재지

4. 임원 및 직원에 관한 사항

5. 업무 및 그 집행에 관한 사항

6. 회원의 가입 및 권리의무에 관한 사항

7. 자금의 조달 및 운영에 관한 사항

8. 자산 및 회계에 관한 사항

9. 총회 및 이사회에 관한 사항

10. 공고에 관한 사항

11. 정관의 변경에 관한 사항

⑤ 협회에 관하여 이 법에 규정한 것을 제외하고는 「민법」 중 사단법인에 관한 규정을 준용한다.

제33조(승인 및 보고) ① 협회는 다음 각 호의 사항을 작성하여 산업통상자원부장관의 승인을 받아야 한다. 〈개정 2008. 2. 29., 2013. 3. 23.〉

1. 사업계획

2. 세입·세출예산

② 협회는 다음 각 호의 사항을 산업통상자원부장관에게 보고하여야 한다. 〈개정 2008. 2. 29., 2013. 3. 23.〉

1. 세입·세출의 결산

2. 사업실적

3. 산업통상자원부장관이 위탁하는 사업의 추진에 관한 사항

제34조(협회의 업무) 협회는 다음 각 호의 업무를 행한다. 〈개정 2008. 2. 29., 2013. 3. 23.〉

1. 한국산업표준 및 간행물의 발간·보급과 한국산업표준 실시의 촉진

2. 국제표준·외국표준, 그 밖의 각종 표준의 수집·보급

3. 산업표준화 및 품질경영에 관한 조사·연구·개발·진흥·진단·지도 및 교육

4. 산업표준화 및 품질경영을 촉진하는 인증·평가

5. 단체표준화 활동의 지원

6. 국제표준화 활동의 지원

7. 그 밖에 산업통상자원부장관이 위탁하거나 정관으로 정하는 업무

# 제6장 보칙

제35조(승계) ① 인증기관이나 인증받은자가 그 사업을 양도하거나 사망한 때 또는 법인의 합병이 있는 때에는 양수인·상속인 또는 합병 후 존속하는

법인이나 합병에 의하여 설립되는 법인은 인증기관 또는 인증받은자의 지위를 승계한다. 다만, 제22조제1항에 따라 인증이 취소된 자는 인증이 취소된 날부터 1년 이내에는 인증이 취소된 제품·서비스와 동일한 제품·서비스에 대하여 인증받은자의 지위를 승계할 수 없다. 〈개정 2016. 12. 2.〉

② 제1항에 따라 인증기관의 지위를 승계한 자는 산업통상자원부장관에게 그 사실을 신고하고, 인증받은자의 지위를 승계한 자는 그 사실을 해당 인증기관에 신고하여야 한다. 〈개정 2008. 2. 29., 2013. 3. 23.〉

③ 제2항에 따른 신고에 관하여 필요한 사항은 산업통상자원부령으로 정한다. 〈개정 2008. 2. 29., 2013. 3. 23.〉

제36조(청문 등) ① 산업통상자원부장관은 제14조 및 제18조제3항에 따라 인증기관의 지정을 취소하거나 인증심사원의 자격을 취소하려는 경우와 제5조제5항에 따라 협력기관의 지정을 취소하려는 경우에는 청문을 실시하여야 한다. 〈개정 2008. 2. 29., 2013. 3. 23., 2014. 5. 20.〉

② 인증기관이 제22조제1항에 따라 인증받은자의 인증을 취소하려는 경우에는 인증받은자에게 의견제출의 기회를 주어야 한다. 〈개정 2010. 6. 8.〉

③ 「행정절차법」 제22조제4항부터 제6항까지 및 제27조는 제2항에 따른 의견제출에 관하여 준용한다. 이 경우 "행정청"은 "인증기관"으로 본다.

제37조(수수료 등) ① 제13조에 따라 인증기관으로 지정받으려는 자는 산업통상자원부령으로 정하는 수수료를 산업통상자원부장관에게 납부하여야 한다. 〈개정 2008. 2. 29., 2013. 3. 23.〉

② 제15조제1항 또는 제16조제1항에 따른 인증을 받으려는 자, 제19조제1항에 따른 정기심사를 받으려는 자 또는 제19조제2항에 따른 이전심사를 받으려는 자는 산업통상자원부령이 정하는 바에 따라 그 심사에 필요한 비용과 수수료를 인증기관에 납부하여야 한다. 〈개정 2008. 2. 29., 2013. 3. 23., 2016. 12. 2.〉

제38조(보고 및 감사 등) ① 산업통상자원부장관은 이 법의 시행을 위하여 필요한 때에는 인증기관에 대하여 그 업무에 관한 사항을 보고하게 할 수 있다. 〈개정 2008. 2. 29., 2013. 3. 23.〉

② 산업통상자원부장관은 제1항에 따른 보고를 받거나 제20조제1항에 따른 시판품조사·현장조사 또는 제20조제2항에 따른 조사 결과 인증기관에 대한 감사가 필요하다고 인정하는 때에는 해당 인증기관에 대한 감사를 실시할 수 있다. 〈개정 2008. 2. 29., 2013. 3. 23., 2015. 1. 28.〉

③ 인증기관은 인증받은자에 대하여 산업통상자원부령으로 정하는 바에 따라 그 업무에 관한 자료를 제출하게 할 수 있다. 〈개정 2008. 2. 29., 2013. 3. 23.〉

④ 인증기관 및 인증받은자는 산업통상자원부령으로 정하는 바에 따라 관련 문서를 작성·비치하여야 한다. 〈개정 2008. 2. 29., 2013. 3. 23.〉

제39조(이의신청) ① 인증제품 또는 인증서비스가 한국산업표준에 맞지 아니하다고 인정하는 자는 해당 인증기관에 이의신청을 할 수 있다.

② 인증기관은 제1항에 따른 이의신청을 받은 경우에는 그 사실관계를 조사하여 필요한 조치를 취하고, 그 결과를 이의신청을 한 자에게 회신하여야 한다.

③ 제1항 및 제2항에 따른 이의신청의 절차 및 필요한 조치 등에 관하여 필요한 사항은 산업통상자원부령으로 정한다. 〈개정 2008. 2. 29., 2013. 3. 23.〉

제40조(권한의 위임·위탁) ① 산업통상자원부장관은 이 법에 따른 권한의 일부를 대통령령으로 정하는 바에 따라 산업통상자원부 소속 기관의 장, 시·도지사, 다른 행정기관의 장 또는 대통령령으로 정하는 단체의 장에게 위임 또는 위탁할 수 있다. 〈개정 2008. 2. 29., 2013. 3. 23., 2016. 1. 27.〉

② 제1항에 따라 권한을 위탁받은 다른 행정기관의 장은 그 권한의 일부를 소속 기관의 장에게 위임할 수 있다. 이 경우 위임하는 기관의 장은 그 사실을 고시하여야 한다. 〈신설 2016. 1. 27.〉

제41조(벌칙적용에서의 공무원 의제) 다음 각 호의 어느 하나에 해당하는 자는 「형법」 제129조부터 제132조까지의 규정에 따른 벌칙의 적용에서는 공무원으로 본다. 〈개정 2008. 2. 29., 2013. 3. 23., 2015. 1. 28.〉

1. 제20조제1항에 따른 시판품조사·현장조사 또는 제20조제2항에 따른 조사 업무를 수행하는 인증심사원
2. 제40조에 따른 수탁 사무에 종사하는 단체의 임원 및 직원

## 제7장 벌칙

제42조(벌칙) 다음 각 호의 어느 하나에 해당하는 자는 3년 이하의 징역 또는 3천만원 이하의 벌금에 처한다. 〈개정 2010. 6. 8., 2015. 1. 28., 2016. 12. 2.〉

1. 제15조제3항 또는 제16조제3항을 위반하여 표시를 하거나 이와 유사한 표시를 한 자
2. 제15조제4항을 위반하여 판매·수입 또는 진열·보관·운반을 한 자
3. 제21조제1항에 따른 인증표시의 제거·정지 및 판매의 정지 또는 제21조제2항에 따른 제품수거 명령을 이행하지 아니한 자
4. 제22조제4항을 위반하여 인증표시를 제거하지 아니하고 판매를 목적으로 해당 제품을 진열·보관 또는 운반한 자
5. 제35조제1항 단서에 따라 인증받은자의 지위를 승계할 수 없음에도 불구하고 인증표시를 하거나 이와 유사한 표시를 한 자

제43조(양벌규정) 법인의 대표자나 법인 또는 개인의 대리인, 사용인, 그 밖의 종업원이 그 법인 또는 개인의 업무에 관하여 제42조의 위반행위를 하면 그 행위자를 벌하는 외에 그 법인 또는 개인에게도 해당 조문의 벌금형을 과(科)한다. 다만, 법인 또는 개인이 그 위반행위를 방지하기 위하여 해당 업무에 관하여 상당한 주의와 감독을 게을리하지 아니한 경우에는 그러하지 아니하다.

[전문개정 2008. 12. 26.]

제44조(과태료) ① 다음 각 호의 어느 하나에 해당하는 자에게는 300만원 이하의 과태료를 부과한다.

1. 삭제 〈2016. 1. 6.〉

2. 제35조제2항을 위반하여 신고를 하지 아니한 자

3. 제38조제1항에 따른 명령을 위반하여 보고를 하지 아니하거나 거짓으로 보고한 자

4. 제38조제4항을 위반하여 관련 문서를 작성·비치하지 아니한 자

② 제1항에 따른 과태료는 대통령령으로 정하는 바에 따라 산업통상자원부장관이 부과·징수한다. 〈개정 2008. 2. 29., 2013. 3. 23.〉

③ 삭제 〈2009. 2. 6.〉

④ 삭제 〈2009. 2. 6.〉

⑤ 삭제 〈2009. 2. 6.〉

**부칙** 〈제8486호, 2007. 5. 25.〉

제1조(시행일) 이 법은 공포 후 1년이 경과한 날부터 시행한다.

제2조(과태료에 관한 적용례) 제44조제1항제2호의 개정규정은 이 법 시행 후 인증기관 또는 인증받은자의 지위를 승계한 자부터 적용한다.

제3조(일반적 경과조치) 이 법 시행 전에 종전의 규정에 따라 행하여진 처분·절차, 그 밖의 행위는 그에 해당하는 이 법의 규정에 따라 행하여진 것으로 본다.

제4조(한국산업규격에 관한 경과조치) 이 법 시행 당시 종전의 규정에 따른 한국산업규격은 제12조의 개정규정에 따른 한국산업표준으로 본다.

제5조(규격표시의 인증에 관한 경과조치) 이 법 시행 당시 종전의 규정에 따라 규격표시의 인증을 받은 제품 및 가공기술은 제15조의 개정규정에 따라 인증을 받은 것으로 본다.

제6조(인증심사원에 대한 경과조치) 이 법 시행 당시 종전의 규정에 따른 인증심사원은 제18조의 개정규정에 따른 인증심사원으로 본다.

제7조(한국표준협회에 대한 경과조치) 이 법 시행 당시 종전의 규정에 따른 한국표준협회는 제32조의 개정규정에 따른 한국표준협회로 본다.

제8조(벌칙에 관한 경과조치) 이 법 시행 전의 행위에 대한 벌칙의 적용에 있어서는 종전의 규정에 따른다.

제9조(다른 법률의 개정) ① 건설기술관리법 일부를 다음과 같이 개정한다.
제23조의3제2항 각 호 외의 부분중 "산업표준화법 제10조의 규정에 의한 한국산업규격"을 "「산업표준화법」 제12조에 따른 한국산업표준"으로 한다.
② 계량에 관한 법률 일부를 다음과 같이 개정한다.
제13조제2호를 다음과 같이 한다.
2. 「산업표준화법」 제15조에 따라 형식승인 기준과 부합되는 인증을 받은 계량기
제40조제2항제3호를 다음과 같이 한다.
3. 계량기·측정기의 기술기준 및 「산업표준화법」 제27조에 따른 단체표준의 개발·보급에 관한 사업
③ 고압가스 안전관리법 일부를 다음과 같이 개정한다.
제18조제1항중 "「산업표준화법」에 의한 한국산업규격을 표시하여 이를 판매하게 할 수 있다"를 "「산업표준화법」 제15조에 따른 인증을 받아 이를 판매하게 할 수 있다"로 한다.
④ 교통체계효율화법 일부를 다음과 같이 개정한다.
제18조제1항제1호를 다음과 같이 한다.
1. 「산업표준화법」 제12조에 따른 한국산업표준이 제정되어 있는 사항
⑤ 기상관측표준화법 일부를 다음과 같이 개정한다.
제4조제2항 각 호 외의 부분 단서중 "「산업표준화법」 제10조의 규정에 따른 한국산업규격"을 "「산업표준화법」 제12조에 따른 한국산업표준"으로 한다.

⑥ 도시철도법 일부를 다음과 같이 개정한다.

제22조제1항 단서중 "산업표준화법에 의한 한국산업규격이 제정되어 있는 사항에 대하여는 그 규격"을 "「산업표준화법」에 따른 한국산업표준이 제정되어 있는 사항에 대하여는 그 표준"으로 하고, 제22조의4제1항 단서중 "산업표준화법 제11조 내지 제13조의 규정에 의하여 규격표시허가를 받은"을 "「산업표준화법」 제15조에 따라 인증을 받은"으로 한다.

⑦ 민·군겸용기술사업촉진법 일부를 다음과 같이 개정한다.

제2조제2호를 다음과 같이 한다.

2. "민수규격"이라 함은 「산업표준화법」 제12조에 따른 한국산업표준, 「정보화촉진기본법」 제19조에 따른 정보통신 관련 표준, 「물품관리법」 제6조에 따른 표준이나 그 밖의 관련 법령에 따라 국방부장관을 제외한 중앙행정기관의 장이 정한 규격 또는 표준을 말한다.

⑧ 방위사업법 일부를 다음과 같이 개정한다.

제26조제1항 후단중 "제10조의 규정에 의한 한국산업규격"을 "제12조에 따른 한국산업표준"으로 한다.

⑨ 산업안전보건법 일부를 다음과 같이 개정한다.

제35조제1항제2호를 다음과 같이 한다.

2. 「산업표준화법」 제15조에 따라 인증을 받은 보호구

⑩ 승강기제조 및 관리에 관한 법률 일부를 다음과 같이 개정한다.

제4조의2제3호를 다음과 같이 한다.

3. 「산업표준화법」 제15조에 따라 인증을 받은 경우

⑪ 액화석유가스의 안전관리 및 사업법 일부를 다음과 같이 개정한다.

제21조제1항중 "「산업표준화법」에 따른 한국산업규격을 표시하여"를 "「산업표준화법」 제15조에 따른 인증을 받아"로 한다.

⑫ 위치정보의 보호 및 이용 등에 관한 법률 일부를 다음과 같이 개정한다.

제34조제1항 단서중 "산업표준화법 제10조의 규정에 따른 한국산업규격이 제정되어 있는 사항에 대하여는 그 규격"을 "「산업표준화법」 제12조에 따른 한국산업표준이 제정되어 있는 사항에 대하여는 그 표준"으로 한다.

⑬ 전기통신기본법 일부를 다음과 같이 개정한다.

제29조제1항 단서중 "산업표준화법에 의한 한국산업규격이 제정되어 있는 사항에 대하여는 그 규격"을 "「산업표준화법」에 따른 한국산업표준이 제정되어 있는 사항에 대하여는 그 표준"으로 한다.

⑭ 전파법 일부를 다음과 같이 개정한다.

제57조제1항제1호를 다음과 같이 하고, 제63조제1항 각 호 외의 부분 단서중 "「산업표준화법」 제10조의 규정에 의한 한국산업규격이 제정되어 있는 사항에 대하여는 그 규격"을 "「산업표준화법」 제12조에 따른 한국산업표준이 제정되어 있는 사항에 대하여는 그 표준"으로 한다.

1. 「산업표준화법」 제15조에 따라 인증을 받은 품목

⑮ 정보통신망 이용촉진 및 정보보호 등에 관한 법률 일부를 다음과 같이 개정한다.

제8조제1항 단서중 "「산업표준화법」 제10조의 규정에 따른 한국산업규격이 제정되어 있는 사항에 대하여는 그 규격"을 "「산업표준화법」 제12조에 따른 한국산업표준이 제정되어 있는 사항에 대하여는 그 표준"으로 하고, 같은 조 제3항중 "「산업표준화법」 제11조 내지 제13조의 규정에 따라 한국산업규격표시의 인증"을 "「산업표준화법」 제15조에 따라 인증"으로 한다.

⑯ 중소기업진흥 및 제품구매촉진에 관한 법률 일부를 다음과 같이 개정한다.

제17조제1항중 "「산업표준화법」 제28조에 따른 단체표준"을 "「산업표준화법」 제27조에 따른 단체표준"으로 한다.

⑰ 중소기업협동조합법 일부를 다음과 같이 개정한다.

제32조제1항중 "산업표준화법 제28조제1항에 따른 단체표준"을 "「산업표준화법」 제27조제1항에 따른 단체표준"으로 한다.

⑱ 철도안전법 일부를 다음과 같이 개정한다.

제34조제1항 단서중 "산업표준화법에 의한 한국산업규격이 제정되어 있는 사항에 대하여는 그 규격"을 "「산업표준화법」에 따른 한국산업표준이

제정되어 있는 사항에 대하여는 그 표준"으로 한다.

⑲ 폐기물관리법 일부를 다음과 같이 개정한다.

제46조제1항제1호를 다음과 같이 한다.

1. 「산업표준화법」제15조에 따라 인증받은 제품을 제조하는 자

⑳ 품질경영 및 공산품안전관리법 일부를 다음과 같이 개정한다.

제15조제1항제3호를 다음과 같이 한다.

3. 「산업표준화법」제15조에 따라 인증을 받은 경우

제19조제5항제2호를 다음과 같이 한다.

2. 「산업표준화법」제15조에 따라 인증을 받은 경우

㉑ 화물유통촉진법 일부를 다음과 같이 개정한다.

제5조제1항중 "산업표준화법 제10조의 규정에 의한 한국산업규격"을 "「산업표준화법」제12조에 따른 한국산업표준"으로 하고, 동조제2항중 "한국산업규격"을 "한국산업표준"으로 한다.

㉒ 환경분야 시험·검사 등에 관한 법률 일부를 다음과 같이 개정한다.

제6조제1항 각 호 외의 부분 후단 및 제7조제2호중 "「산업표준화법」제10조의 규정에 따른 한국산업규격"을 각각 "「산업표준화법」제12조에 따른 한국산업표준"으로 하고, 제9조제1항 단서중 "「산업표준화법」제11조제1항 및 제13조제1항의 규정에 따라 한국산업규격표시의 인증을 받은 제품"을 "「산업표준화법」제15조에 따라 인증받은 제품"으로 한다.

제10조(다른 법령과의 관계) 이 법 시행 당시 다른 법령에서 종전의 「산업표준화법」 또는 그 규정을 인용하고 있는 경우 이 법 중 그에 해당하는 규정이 있는 때에는 이 법 또는 이 법의 해당 규정을 인용한 것으로 본다.


**부칙** 〈제8562호, 2007. 7. 27.〉 **(산업안전보건법)**

제1조(시행일) ① 이 법은 2009년 1월 1일부터 시행한다. 〈단서 생략〉

② 생략

제2조부터 제5조까지 생략

제6조(다른 법률의 개정) ① 법률 제8486호 산업표준화법 전부개정법률 일부를 다음과 같이 개정한다.

제26조 각 호 외의 부분중 "검사·검정·시험·인증"을 "검사·검정·시험·인증·신고"로 하고, 동조제3호를 다음과 같이 한다.

3. 「산업안전보건법」 제35조의 "규정에 의한 보호구의 검정"을 「산업안전보건법」 제34조제2항에 따른 "의무안전인증대상기계·기구등 중 보호구에 대한 안전인증 또는 제35조제1항에 따른 자율안전확인대상기계·기구등 중 보호구"에 대한 자율안전확인의 신고

② 부터 ④ 까지 생략

제7조 생략

**부칙** 〈제8770호, 2007. 12. 21.〉 **(전기용품안전 관리법)**

제1조(시행일) 이 법은 2009년 1월 1일부터 시행한다.

제2조 및 제3조 생략

제4조(다른 법률의 개정) ① 산업표준화법 일부를 다음과 같이 개정한다.

제26조제2호 중 "제5조에 따른 안전인증"을 "제3조에 따른 안전인증, 같은 법 제5조에 따른 안전검사, 같은 법 제11조에 따른 자율안전확인신고 등 및 같은 법 제12조에 따른 안전검사"로 한다.

② 생략

제5조 생략

**부칙** 〈제9229호, 2008. 12. 26.〉

이 법은 공포한 날부터 시행한다.

**부칙** 〈제9384호, 2009. 1. 30.〉**(승강기시설 안전관리법)**

제1조(시행일) 이 법은 공포 후 1개월이 경과한 날부터 시행한다.
　제2조부터 제7조까지 생략

제8조(다른 법률의 개정) ① 및 ② 생략
　③ 산업표준화법 일부를 다음과 같이 개정한다.
　제26조제10호를 삭제한다.

제9조 생략


**부칙** 〈제9427호, 2009. 2. 6.〉

이 법은 공포한 날부터 시행한다.


**부칙** 〈제9535호, 2009. 3. 25.〉**(전기용품안전 관리법)**

제1조(시행일) 이 법은 2010년 1월 1일부터 시행한다. 〈단서 생략〉

제2조 생략

제3조(다른 법률의 개정) ① 산업표준화법 일부를 다음과 같이 개정한다.
　제26조제2호를 다음과 같이 한다.
　2. 「전기용품안전 관리법」 제3조에 따른 안전인증, 제5조에 따른 안전검
　　사, 제11조에 따른 자율안전확인신고등, 제12조에 따른 안전검사 및
　　제14조의3에 따른 공급자적합성확인
　② 생략


**부칙** 〈제10348호, 2010. 6. 8.〉

① (시행일) 이 법은 공포 후 6개월이 경과한 날부터 시행한다.
② (인증 또는 인증취소의 통지 등에 관한 적용례) 제17조제4항 및 제22
조제2항·제3항의 개정규정은 이 법 시행 후 최초로 인증을 하거나 인증
을 취소하는 경우부터 적용한다.

③ (표시제거 등의 명령에 관한 적용례) 제21조의 개정규정은 이 법 시행 이후 최초로 제22조제2항의 개정규정에 따라 보고를 받는 경우부터 적용한다.

**부칙** 〈제10393호, 2010. 7. 23.〉 **(전파법)**

제1조(시행일) 이 법은 공포 후 6개월이 경과한 날부터 시행한다. 〈단서 생략〉

제2조부터 제5조까지 생략

제6조(다른 법률의 개정) ① 생략

② 산업표준화법 일부를 다음과 같이 개정한다.

제26조제4호를 다음과 같이 하고, 같은 조 제5호를 삭제한다.

4. 「전파법」제58조의2에 따른 적합성평가

제7조 및 제8조 생략

**부칙** 〈제11037호, 2011. 8. 4.〉 **(소방시설 설치·유지 및 안전관리에 관한 법률)**

제1조(시행일) 이 법은 공포 후 6개월이 경과한 날부터 시행한다.

제2조부터 제5조까지 생략

제6조(다른 법률의 개정) ①부터 ⑪까지 생략

⑫ 산업표준화법 일부를 다음과 같이 개정한다.

제26조제7호 중 "「소방시설설치유지 및 안전관리에 관한 법률」"을 "「소방시설 설치·유지 및 안전관리에 관한 법률」"로, "소방용기계·기구"를 "소방용품"으로 한다.

⑬부터 ㉕까지 생략

**부칙** 〈제11591호, 2012. 12. 18.〉 **(철도안전법)**

제1조(시행일) 이 법은 공포 후 1년 3개월이 경과한 날부터 시행한다.

제2조부터 제15조까지 생략

제16조(다른 법률의 개정) ① 생략

② 산업표준화법 일부를 다음과 같이 개정한다.

제26조제13호 중 "품질인증"을 "형식승인"으로 하고, 같은 조 제15호를 삭제한다.

제17조 및 제18조 생략


**부칙** 〈제11690호, 2013. 3. 23.〉 **(정부조직법)**

제1조(시행일) ① 이 법은 공포한 날부터 시행한다.

② 생략

제2조부터 제5조까지 생략

제6조(다른 법률의 개정) ①부터 〈389〉까지 생략

〈390〉 산업표준화법 일부를 다음과 같이 개정한다.

제3조제1항 전단, 같은 조 제3항, 제4조제2항 각 호 외의 부분, 제5조제1항 전단, 같은 조 제2항부터 제4항까지, 제6조제1항·제2항, 제7조, 제8조제1항·제2항, 제9조제1항부터 제3항까지, 제10조제1항 전단 및 후단, 같은 조 제2항, 제11조, 제13조제1항부터 제3항까지, 제14조제1항 각 호 외의 부분 본문, 제15조제1항, 제16조제1항, 제18조제1항·제2항, 같은 조 제3항 각 호 외의 부분 본문, 제19조제5항, 제20조제1항·제2항, 같은 조 제3항 본문, 제21조제1항, 제22조제2항 전단, 제23조제1항·제2항, 제26조 각 호 외의 부분, 제28조제1항, 제29조제2항 각 호 외의 부분, 같은 항 제4호, 제31조 각 호 외의 부분, 제32조제1항, 제33조제1항 각 호 외의 부분, 같은 조 제2항 각 호 외의 부분, 같은 항 제3호, 제34조제7호, 제35조제2항, 제36조제1항, 제37조제1항, 제38조제1항·제2항, 제40조, 제41조 및 제44조제2항 중 "지식경제부장관"을 각각 "산업통상자원부장관"으로 한다.

제4조제1항 및 제40조 중 "지식경제부"를 각각 "산업통상자원부"로 한다.
제5조제4항, 제13조제4항, 제14조제2항, 제15조제1항·제2항, 제16조제1항·제2항, 제17조제1항·제5항, 제18조제2항·제4항, 제19조제4항, 제25조, 제27조제1항부터 제3항까지, 제31조제4호, 제35조제3항, 제37조제1항·제2항, 제38조제3항·제4항 및 제39조제3항 중 "지식경제부령"을 각각 "산업통상자원부령"으로 한다.
〈391〉부터 〈710〉까지 생략

제7조 생략


**부칙** 〈제12610호, 2014. 5. 20.〉

이 법은 공포한 날부터 시행한다.


**부칙** 〈제12694호, 2014. 5. 28.〉 **(계량에 관한 법률)**

제1조(시행일) 이 법은 2015년 1월 1일부터 시행한다.

제2조부터 제16조까지 생략

제17조(다른 법률의 개정) ① 생략
② 산업표준화법 일부를 다음과 같이 개정한다.
제26조제11호 중 "「계량에 관한 법률」 제12조"를 "「계량에 관한 법률」 제14조"로 한다.

제18조 생략


**부칙** 〈제13084호, 2015. 1. 28.〉

제1조(시행일) 이 법은 공포 후 6개월이 경과한 날부터 시행한다.

제2조(다른 법률의 개정) ① 중소기업진흥에 관한 법률 일부를 다음과 같이 개정한다.

제81조제5항 중 "「산업표준화법」 제36조의2"를 "「산업표준화법」 제28조"로 한다.

② 하천법 일부를 다음과 같이 개정한다.

제18조제1항 후단 중 "「산업표준화법」 제10조에 따라 제정된 한국산업규격"을 "「산업표준화법」 제12조제1항에 따른 한국산업표준"으로 한다.

③ 해양환경관리법 일부를 다음과 같이 개정한다.

제10조 후단 중 "「산업표준화법」 제10조의 규정에 따른 한국산업규격이 고시되어 있는 경우에는 특별한 사유가 없는 한 고시된 한국산업규격"을 "「산업표준화법」 제12조제1항에 따른 한국산업표준이 고시되어 있는 경우에는 특별한 사유가 없으면 고시된 한국산업표준"으로 한다.


**부칙** 〈제13089호, 2015. 1. 28.〉 **(액화석유가스의 안전관리 및 사업법)**

제1조(시행일) 이 법은 공포 후 6개월이 경과한 날부터 시행한다.

제2조부터 제10조까지 생략

제11조(다른 법률의 개정) ①부터 ⑥까지 생략

⑦ 산업표준화법 일부를 다음과 같이 개정한다.

제26조제12호를 다음과 같이 한다.

12. 「액화석유가스의 안전관리 및 사업법」 제39조에 따른 검사

⑧부터 ⑩까지 생략

제12조 생략


**부칙** 〈제13737호, 2016. 1. 6.〉

이 법은 공포한 날부터 시행한다.

**부칙** 〈제13847호, 2016. 1. 27.〉

제1조(시행일) 이 법은 공포 후 1년이 경과한 날부터 시행한다. 다만, 제40
  조제1항(시·도지사로 개정된 부분은 제외한다) 및 제2항의 개정규정은
  공포한 날부터 시행한다.

제2조(품질경영추진본부에 대한 경과조치) 이 법 시행 당시 「품질경영 및 공
  산품안전관리법」 제4조제1항에 따라 지정된 품질경영중앙추진본부는 제
  31조의3의 개정규정에 따른 품질경영추진본부로 본다.

제3조(다른 법률의 개정) 국가표준기본법 일부를 다음과 같이 개정한다.
  제24조제3항을 삭제한다.


**부칙** 〈제14116호, 2016. 3. 29.〉 **(항공안전법)**

제1조(시행일) 이 법은 공포 후 1년이 경과한 날부터 시행한다. 〈단서 생략〉

제2조부터 제53조까지 생략

제54조(다른 법률의 개정) ①부터 ⑫까지 생략
  ⑬ 산업표준화법 일부를 다음과 같이 개정한다.
  제26조제18호 중 "「항공법」 제20조의2"를 "「항공안전법」 제28조"로
  한다.
  ⑭부터 ㉓까지 생략

제55조 생략


**부칙** 〈제14312호, 2016. 12. 2.〉

제1조(시행일) 이 법은 공포 후 6개월이 경과한 날부터 시행한다.

제2조(승계에 관한 적용례) 제35조의 개정규정은 이 법 시행 후 최초로 제
  22조제1항에 따라 인증이 취소된 자부터 적용한다.

# 산업표준화법 시행령

| 제정 | 1962. 2. 20. | 각령 | 제448호 |
|---|---|---|---|
| | 중 략 | | |
| 전부개정 | 2008. 5. 21. | 대통령령 | 제20789호 |
| 일부개정 | 2011. 4. 5. | 대통령령 | 제22855호 |
| 일부개정 | 2013. 1. 9. | 대통령령 | 제24305호 |
| 타법개정 | 2013. 3. 23. | 대통령령 | 제24442호 |
| 타법개정 | 2013. 12. 11. | 대통령령 | 제24955호 |
| 일부개정 | 2014. 12. 3. | 대통령령 | 제25805호 |
| 타법개정 | 2014. 12. 9. | 대통령령 | 제25840호 |
| 일부개정 | 2015. 1. 6. | 대통령령 | 제26021호 |
| 일부개정 | 2015. 3. 3. | 대통령령 | 제26129호 |
| 일부개정 | 2015. 7. 24. | 대통령령 | 제26440호 |
| 일부개정 | 2017. 1. 26. | 대통령령 | 제27807호 |
| 일부개정 | 2017. 6. 2. | 대통령령 | 제28092호 |
| 타법개정 | 2017. 7. 26. | 대통령령 | 제28212호 |
| 일부개정 | 2017. 9. 5. | 대통령령 | 제28277호 |
| 일부개정 | 2018. 9. 4. | 대통령령 | 제29133호 |
| 시행 | 2018. 9. 4. | | |

제1조(목적) 이 영은 「산업표준화법」에서 위임된 사항과 그 시행에 필요한 사항을 정함을 목적으로 한다.

제2조(산업표준심의회의 구성) ① 「산업표준화법」(이하 "법"이라 한다) 제4조에 따른 산업표준심의회(이하 "심의회"라 한다)는 위원장 1명과 부위원장 2명을 포함하여 500명 이내의 위원으로 구성한다. 〈개정 2015. 3. 3.〉

② 위원장과 부위원장은 제5조제1항에 따른 표준회의 위원 중에서 서로 투표하여 선출한다. 〈개정 2015. 3. 3.〉

③ 위원은 다음 각 호의 어느 하나에 해당하는 자 중에서 산업통상자원부장관이 관계 중앙행정기관의 장과 협의하여 임명하거나 위촉한다. 〈개정 2013. 3. 23., 2015. 3. 3., 2015. 7. 24.〉

1. 관계 중앙행정기관의 4급 이상 또는 이에 상당하는 공무원(고위공무원단에 속하는 공무원을 포함한다) 중에서 소속 기관의 장이 추천하는 자
2. 산업표준화에 관한 학식과 경험이 풍부한 자
3. 분쟁조정 등에 관한 학식과 경험이 풍부한 자
④ 공무원이 아닌 위원의 임기는 3년으로 하되 연임할 수 있다. 다만, 위원이 직무를 수행하기 곤란한 특별한 사유가 있을 때에는 임기 중 해촉할 수 있으며, 해촉된 위원의 후임위원의 임기는 전임위원 임기의 남은 기간으로 한다.

제3조(심의회의 운영 등) ① 심의회의 위원장은 심의회를 대표하고, 위원회의 업무를 총괄한다.

② 부위원장은 위원장을 보좌하며, 위원장이 부득이한 사유로 직무를 수행할 수 없을 때에는 제5조의2제1항제1호에 따른 제1기술분과위원회 위원장을 겸임하는 부위원장이 그 직무를 대행한다. 〈개정 2015. 3. 3.〉

③ 위원장은 필요하다고 인정할 때에는 심의회의 회의를 소집하고 그 의장이 된다.

④ 위원장이 회의를 소집하려는 경우에는 회의의 일시·장소 및 심의안건을 회의 개최일 5일 전까지 위원에게 알려야 한다. 다만, 긴급한 사정이나 그 밖의 부득이한 사유가 있는 경우에는 그러하지 아니하다.

⑤ 심의회의 회의는 재적위원 3분의 1 이상의 출석으로 개의하고, 출석위원 과반수의 찬성으로 의결한다.

⑥ 삭제 〈2015. 3. 3.〉

제4조(심의회의 심의사항) 법 제4조제2항제6호에서 "그 밖에 산업표준에 관련된 사항으로서 대통령령으로 정하는 사항"이란 산업통상자원부장관 또는 심의회의 위원장이 산업표준과 관련하여 심의를 요청한 사항을 말한다. 〈개정 2013. 3. 23.〉

**제5조(표준회의의 구성 및 운영)** ① 법 제4조제3항에 따른 표준회의(이하 "표준회의"라 한다)는 위원장 1명을 포함하여 60명 이내의 심의회 위원으로 구성한다. 〈개정 2015. 3. 3.〉

② 표준회의의 위원장은 심의회의 위원장이 겸임한다. 〈신설 2015. 3. 3.〉

③ 표준회의의 위원은 관계 중앙행정기관의 장과 협의를 거쳐 산업통상자원부장관이 지명한다. 〈신설 2015. 3. 3.〉

④ 표준회의는 다음 각 호의 사항을 심의한다. 〈개정 2015. 3. 3.〉

1. 심의회의 운영에 관한 사항
2. 제6조에 따른 기술심의회의 설치·폐지 및 기술심의회 간 기능·의견 조정에 관한 사항
3. 산업표준 간 중복성 확인 및 산업표준 서식 등의 일관성 유지 등을 위하여 제6조제1항에 따른 기술심의회가 상정한 사항
4. 그 밖에 산업표준과 관련하여 산업통상자원부장관이 심의를 요청하거나 표준회의 위원장이 심의에 부치는 사항

⑤ 표준회의의 위원장은 필요하다고 인정할 때에는 표준회의를 소집하고 그 의장이 된다. 〈개정 2015. 3. 3.〉

⑥ 표준회의의 위원장이 회의를 소집하려는 경우에는 회의의 일시·장소 및 심의안건을 회의 개최일 5일 전까지 위원에게 알려야 한다. 다만, 긴급한 사정이나 그 밖의 부득이한 사유가 있는 경우에는 그러하지 아니하다. 〈개정 2015. 3. 3.〉

⑦ 표준회의는 재적위원 과반수의 출석으로 개의하고, 출석위원 과반수의 찬성으로 의결한다. 〈개정 2015. 3. 3.〉

⑧ 표준회의는 다음 각 호의 요건을 갖춘 정보통신시스템을 통하여 의결할 수 있다. 〈신설 2015. 3. 3.〉

1. 해당 위원인지 식별할 수 있을 것
2. 본인의 의견을 등록하고 다른 위원의 의견을 조회할 수 있을 것

[제목개정 2015. 3. 3.]

제5조의2(분과위원회의 구성 및 운영) ① 표준회의는 다음 각 호의 분과위원회를 구성·운영한다.

1. 제1기술분과위원회: 국제표준화기구(ISO)에서 정하는 표준분야에 대한 산업표준 간 중복성 확인 및 산업표준의 서식 등에 관한 일관성 유지 등의 사항 심의

2. 제2기술분과위원회: 국제표준화기구를 제외한 국제전기기술위원회(IEC) 등 국세표준화 관련 기관에서 정하는 표준분야에 대한 산업표준 간 중복성 확인 및 산업표준의 서식 등에 관한 일관성 유지 등의 사항 심의

② 분과위원회의 위원은 표준회의의 위원 중에서 표준회의 위원장이 지명한다.

③ 심의회 위원장은 심의회의 부위원장 중에서 제1기술분과위원회 및 제2기술분과위원회 위원장을 각각 지명한다.

④ 분과위원회 위원장은 해당 분과위원회를 소집하고 그 의장이 된다.

⑤ 분과위원회 위원장은 제5조제4항제3호에 따른 심의사항에 대해서는 상정한 날부터 30일 이내에 심의 결과를 해당 기술심의회에 통보하여야 한다. 다만, 부득이한 사유로 처리기간 내에 통보가 곤란한 경우에는 그 사유 및 심의 완료 예정일을 명시하여 해당 기술심의회에 통보하여야 한다.

⑥ 제1항부터 제5항까지에서 규정한 사항 외에 분과위원회의 구성 및 운영에 관하여는 제5조제6항 및 제7항을 준용한다. 이 경우 "표준회의"는 "분과위원회"로 본다.

[본조신설 2015. 3. 3.]

제6조(기술심의회의 구성) ① 법 제4조제3항에 따른 기술심의회(이하 "기술심의회"라 한다)는 표준회의의 의결을 거쳐 심의회의 각 전문분야별로 구성하되, 기술심의회의 수는 제한하지 아니한다. 〈개정 2015. 3. 3.〉

② 기술심의회의 위원은 심의회의 위원 중에서 산업통상자원부장관이 지명한다. 〈개정 2015. 3. 3.〉

③ 기술심의회에 회장 1명을 두되, 회장은 기술심의회의 위원 중에서 서로 투표하여 선출한다.

**제7조(기술심의회의 기능)** ① 기술심의회는 각 전문분야에 대한 다음 각 호의 사항을 조사·심의한다. 〈개정 2013. 3. 23., 2015. 3. 3.〉

1. 법 제5조에 따른 산업표준의 제정·개정 또는 폐지에 관한 사항
2. 법 제10조에 따른 산업표준의 적부(適否) 확인에 관한 사항
3. 법 제15조 및 법 제16조에 따른 광공업품 및 서비스 분야의 지정에 관한 사항
4. 삭제 〈2014. 12. 3.〉
5. 국제표준의 심의에 관한 사항
6. 그 밖에 산업통상자원부장관 또는 심의회의 위원장이 산업표준과 관련하여 기술심의회에 심의를 요청한 사항

② 제1항 각 호의 사항에 대하여 기술심의회의 심의를 거친 경우에는 표준회의에 상정하여 심의를 받아야 한다. 〈개정 2015. 3. 3.〉

③ 제6조제3항에 따른 기술심의회 회장은 제1항에 따라 조사·심의한 결과 등 기술심의회 활동의 전년도 실적 및 해당 연도의 계획을 매년 2월 말일까지 표준회의에 보고하여야 한다. 〈신설 2015. 3. 3.〉

**제8조(기술심의회의 운영 등)** ① 기술심의회의 회장은 기술심의회를 대표하고, 기술심의회의 업무를 총괄한다.

② 회장이 부득이한 사유로 직무를 수행할 수 없을 때에는 회장이 미리 지명한 위원이 그 직무를 대행한다.

③ 기술심의회는 제5조제8항 각 호의 요건을 갖춘 정보통신시스템을 통하여 의결할 수 있다. 〈개정 2015. 3. 3.〉

1. 삭제 〈2015. 3. 3.〉
2. 삭제 〈2015. 3. 3.〉

④ 기술심의회는 재적위원 과반수의 출석으로 개의하고, 출석위원 과반수의 찬성으로 의결한다.

⑤ 기술심의회에는 산업표준 및 국제표준문서 등에 관한 전문적인 사항을 조사·검토하기 위하여 기술심의회의 의결로 전문위원회를 둘 수 있다.

제9조(합동기술심의회의) ① 각 기술심의회는 표준회의의 권고 또는 다른 기술심의회와의 협의에 따라 다른 기술심의회와 합동회의를 개최할 수 있다.

② 합동회의는 각 기술심의회의 회장이 소집하되, 그 의장은 합동회의에서 서로 투표하여 선출한다.

제9조의2(특별심의회의 구성) ① 법 제4조제3항에 따른 특별심의회(이하 "특별심의회"라 한다)는 위원장 1명을 포함하여 10명 이내의 위원으로 구성한다.

② 특별심의회의 위원장은 특별심의회 위원 중에서 호선한다.

③ 특별심의회의 위원은 심의회의 위원 중에서 산업통상자원부장관이 지명한다. 이 경우 해당 안건을 심의한 기술심의회의 위원이었던 위원은 제외한다.

[본조신설 2015. 7. 24.]

제9조의3(특별심의회의 운영) ① 특별심의회는 산업통상자원부장관 또는 기술심의회의 회장이 다음 각 호와 관련한 이견의 조정을 위하여 특별심의회에 요청한 사항을 조사·심의한다.

1. 제16조에 따라 산업표준의 제정·개정 또는 폐지에 관하여 제출된 의견의 적정한 처리에 관한 사항
2. 전문위원회 및 기술심의회 위원 구성 및 운영의 적절성 등에 관한 사항
3. 그 밖에 산업통상자원부장관 또는 기술심의회의 회장이 심의의 공정성을 위하여 필요하다고 인정한 사항

② 특별심의회 위원장은 특별심의회의 종료일부터 15일 이내에 특별심의회 심의결과를 해당 기술심의회에 통보하여야 한다.

③ 제2항에 따라 특별심의회 심의결과를 통보받은 기술심의회는 통보받

은 날부터 15일 이내에 특별심의회의 심의결과를 고려하여 기술심의회를 개최하여야 한다.

④ 제1항부터 제3항까지에서 규정한 사항 외에 특별심의회의 운영에 관하여는 제5조제5항부터 제8항까지의 규정을 준용한다. 이 경우 "표준회의"는 "특별심의회"로 본다.

[본조신설 2015. 7. 24.]

제10조(전문위원회의 구성 및 운영) ① 전문위원회는 대표전문위원 1명을 포함한 20명 이내의 위원으로 구성한다.

② 전문위원회는 다음 각 호의 사항을 조사·검토한다. 〈개정 2013. 3. 23.〉

1. 산업표준의 제정·개정·폐지 및 적부 확인에 관한 조사·검토

2. 국제표준 관련 문서의 조사·검토

3. 그 밖에 산업통상자원부장관 또는 대표전문위원이 국제표준문서 등과 관련하여 조사·검토를 요청한 사항

③ 대표전문위원은 전문위원 중에서 서로 투표하여 선출한다.

④ 전문위원회의 위원은 산업·기술분야의 표준화 및 국제표준문서에 관한 전문적 지식이 풍부한 자 중에서 산업통상자원부장관이 위촉한다. 〈개정 2013. 3. 23.〉

⑤ 위원의 임기는 1년으로 하되, 연임할 수 있다.

⑥ 전문위원회는 제5조제8항 각 호의 요건을 갖춘 정보통신시스템을 통하여 조사·검토할 수 있다. 〈개정 2015. 3. 3.〉

⑦ 대표전문위원은 제2항 각 호의 사항에 대한 조사·검토 결과를 다음 각 호에서 정하는 바에 따라 보고하여야 한다. 〈개정 2013. 3. 23., 2015. 3. 3.〉

1. 제2항제1호 및 제2호: 기술심의회에 보고

2. 제2항제3호(산업통상자원부장관이 요청한 경우로 한정한다): 산업통상자원부장관에게 보고

3. 제2항제3호(대표전문위원이 요청한 경우로 한정한다): 기술심의회에 보고

⑧ 전문위원회의 운영에 관하여는 제8조제1항 및 제4항을 준용한다. 이 경우 "기술심의회의 회장"은 "전문위원회의 대표전문위원"으로, "기술심의회"는 "전문위원회"로 본다.

제11조(상임위원과 상임전문위원) ① 기술심의회에는 상임위원 1명을 둘 수 있고, 전문위원회에는 상임전문위원 1명을 둘 수 있다.

② 상임위원은 기술심의회의 회장의 추천을 받아, 상임전문위원은 대표전문위원의 추천을 받아 각각 산업통상자원부장관이 위촉한다. 〈개정 2013. 3. 23.〉

제12조(간사 등) ① 심의회·표준회의·분과위원회·기술심의회 및 특별심의회의 사무를 처리하기 위하여 각각 간사 1명을 두되, 간사는 산업통상자원부 소속 공무원 중에서 산업통상자원부장관이 임명한다. 다만, 제32조제1항제22호 및 같은 조 제2항제4호에 따라 간사의 임명 권한이 위임 또는 위탁된 경우에는 수임기관 또는 수탁기관의 장이 소속 공무원 중에서 임명한다. 〈개정 2013. 3. 23., 2015. 3. 3., 2015. 7. 24.〉

② 산업통상자원부장관은 국제표준화 문서의 조사·검토를 위하여 필요하다고 인정하는 경우에는 전문위원회별로 관련 연구소 및 협회 등을 국제표준화 국내간사기관(이하 이 조에서 "간사기관"이라 한다)으로 지정할 수 있다. 〈개정 2013. 3. 23.〉

③ 산업통상자원부장관은 제2항에 따라 지정된 간사기관에 예산의 범위에서 국제표준화 문서의 조사·검토 비용을 지급할 수 있다. 〈개정 2013. 3. 23.〉

④ 간사기관의 지정·운영 등에 필요한 사항은 산업통상자원부장관이 정하여 고시한다. 〈개정 2013. 3. 23.〉

제13조(수당 등) 심의회·표준회의·기술심의회·특별심의회 또는 전문위원회에 출석한 위원과 관계 전문가 및 제11조에 따라 위촉된 상임위원 및 상임전문위원에게는 예산의 범위에서 수당과 여비를 지급할 수 있다. 다만, 공무원인 위원이 소관 업무와 직접적으로 관련되어 심의회·표준회의

·기술심의회·특별심의회 또는 전문위원회에 출석하는 경우에는 그러하지 아니하다. 〈개정 2015. 7. 24.〉

제14조(관계자의 의견청취 등) 심의회·표준회의·분과위원회·기술심의회·특별심의회 또는 전문위원회는 필요하다고 인정할 때에는 관계 공무원 및 전문가 등에게 자료의 제출 또는 의견의 진술, 그 밖에 필요한 협조를 요청할 수 있다. 〈개정 2015. 3. 3., 2015. 7. 24.〉

제15조(운영 세칙) 심의회의 운영에 관하여 이 영에서 정한 것 외에 필요한 사항은 표준회의의 의결을 거쳐 산업통상자원부장관이 정한다. 〈개정 2013. 3. 23.〉

제16조(산업표준 제정 등의 예고) ① 산업통상자원부장관은 법 제5조제1항에 따라 산업표준을 제정·개정 또는 폐지하려는 경우에는 해당 산업표준의 명칭, 번호(개정 또는 폐지하는 경우에만 해당된다), 주요 내용, 사유 및 의견 제출기간 등을 관보 및 인터넷 홈페이지에 공고하여야 한다. 〈개정 2013. 3. 23.〉

② 제1항에 따른 의견 제출기간은 다음 각 호의 구분에 따른다. 〈개정 2018. 9. 4.〉

1. 산업표준을 제정·개정 또는 폐지하려는 경우: 60일. 다만, 법 제27조제1항에 따라 제정된 단체표준을 산업표준으로 제정하려는 경우에는 본문에 따른 기간을 산정할 때 단체표준을 제정 또는 개정하면서 이해관계인의 의견을 수렴한 기간을 30일의 범위에서 포함하여 산정할 수 있다.
2. 산업표준의 내용 중 용어의 변경 등 경미한 사항을 개정하려는 경우: 30일

제17조(관계 행정기관과의 협의) 산업통상자원부장관은 법 제5조제2항에 따라 산업표준을 제정·개정 또는 폐지하기 위하여 심의회의 심의를 거치려고 할 때에는 미리 관계 행정기관의 장과 협의하여야 한다. 〈개정 2013. 3. 23.〉

제18조(협력기관의 지정절차 등) ① 산업통상자원부장관은 법 제5조제4항에 따라 산업표준 개발을 위한 협력기관(이하 "협력기관"이라 한다)의 지정을 신청한 법인이나 단체가 산업통상자원부령으로 정하는 요건에 적합하다고 인정하는 경우에는 그 법인이나 단체가 수행할 산업표준 개발의 분야를 정하여 협력기관으로 지정할 수 있다. 〈개정 2013. 3. 23.〉

② 산업통상자원부장관은 산업표준 개발을 효율적으로 추진하기 위하여 제1항에 따라 지정된 협력기관 중에서 대표협력기관을 선정할 수 있다. 〈신설 2013. 1. 9., 2013. 3. 23.〉

③ 산업통상자원부장관은 제1항에 따라 협력기관을 지정하였을 때에는 산업통상자원부령으로 정하는 산업표준개발 협력기관 지정서를 신청인에게 내주어야 한다. 〈개정 2013. 1. 9., 2013. 3. 23.〉

④ 삭제 〈2015. 7. 24.〉

⑤ 삭제 〈2015. 7. 24.〉

⑥ 그 밖에 협력기관의 지정 및 대표협력기관의 선정·운영 등에 필요한 사항은 산업통상자원부장관이 정하여 고시한다. 〈개정 2013. 1. 9., 2013. 3. 23.〉

제18조의2(협약체결 및 출연금의 관리 등) ① 산업통상자원부장관은 법 제5조의2제1항에 따라 협력기관에 출연금을 지급하려는 경우에는 협력기관과 다음 각 호의 사항이 포함된 협약을 체결하여야 한다.

1. 사업의 내용
2. 출연금의 용도 및 관리계획
3. 사업성과의 활용
4. 협약의 변경에 관한 사항
5. 그 밖에 협약의 해지 등 산업통상자원부장관이 필요하다고 인정하는 사항

② 산업통상자원부장관은 사업의 내용 또는 착수시기 등을 고려하여 제1항에 따른 출연금을 일시에 지급하거나 분할하여 지급할 수 있다.

③ 출연금을 지급받은 협력기관은 별도의 계정을 설정하여 출연금을 관리하여야 한다.

④ 출연금은 협약에서 정한 용도로만 사용하여야 한다.

⑤ 산업통상자원부장관은 출연금을 지급받은 협력기관이 그 출연금을 정당한 사유 없이 제1항제2호에 따른 용도 외로 사용한 경우에는 출연금의 전부 또는 일부를 회수할 수 있다.

[본조신설 2015. 7. 24.]

제19조(이해관계인의 신청) 법 제6조제1항에 따른 이해관계인이 산업표준의 제정·개정 또는 폐지를 신청할 때에는 산업통상자원부령으로 정하는 서류를 갖추어 산업통상자원부장관에게 제출하여야 한다. 〈개정 2013. 3. 23.〉

제20조(한국산업표준과의 부합화) 법 제6조제2항에서 "산업표준과의 부합화를 위하여 필요하다고 인정하는 사항"이란 다음 각 호의 사항을 말한다.

1. 관련 분야에 대하여 한국산업표준을 사용할 수 있음에도 불구하고 기준이나 표준을 달리 제정하는 경우

2. 한국산업표준을 인용하고 있는 분야의 기준이나 표준을 달리 개정하는 경우

3. 국가·지방자치단체가 물자 및 용역의 조달·생산관리·시설공사 등을 할 때 사용되는 기준이나 표준을 제정 또는 개정하는 경우

4. 「국가표준기본법」제20조제2항에 따라 세계무역기구(WTO)에 통보하여야 하는 기준이나 표준을 제정 또는 개정하는 경우

제21조(심의회의 심의) 심의회는 법 제7조에 따라 산업통상자원부장관으로부터 심의를 의뢰받은 경우에는 이를 제6조에 따른 해당 기술심의회에 회부하여 심의하도록 하여야 한다. 〈개정 2013. 3. 23.〉

제22조(공청회) 법 제9조제2항에 따라 공청회의 개최를 요구하려는 자는 다음 각 호의 사항을 적은 신청서를 산업통상자원부장관에게 제출하여야 한다. 〈개정 2013. 3. 23.〉

1. 신청인의 주소·성명 또는 명칭

2. 공청회의 안건

3. 신청의 이유

제23조(산업표준의 고시) 산업통상자원부장관은 법 제11조에 따라 산업표준을 고시할 때에는 그 산업표준의 명칭, 번호, 주요 내용과 제정·개정·확인 또는 폐지의 구분 및 그 연월일을 관보 및 인터넷 홈페이지에 고시하여야 한다. 〈개정 2013. 3. 23.〉

제24조(제품의 인증 등) ①산업통상자원부장관은 법 제15조제1항에 따라 인증대상이 되는 광공업품의 품목을 지정하였을 때에는 이를 관보 및 인터넷 홈페이지에 공고하여야 한다. 〈개정 2013. 3. 23., 2015. 1. 6.〉

② 법 제15조제1항 및 제17조제1항에 따른 제품의 인증심사는 다음 각 호의 구분에 따른 심사로 한다. 〈신설 2015. 1. 6.〉

1. 공장심사: 제품을 제조하는 공장의 기술적 생산조건이 산업통상자원부령으로 정하는 인증심사기준에 적합한지에 대한 심사

2. 제품심사: 제품의 품질이 법 제12조제1항에 따른 한국산업표준에 적합한지에 대한 심사

[제목개정 2015. 1. 6.]

제25조(서비스의 인증 등) ①산업통상자원부장관은 법 제16조제1항에 따라 인증대상이 되는 서비스의 분야를 지정하였을 때에는 이를 관보 및 인터넷 홈페이지에 공고하여야 한다. 〈개정 2013. 3. 23., 2015. 1. 6.〉

② 법 제16조제1항 및 제17조제1항에 따른 서비스의 인증심사는 다음 각 호의 구분에 따른 심사로 한다. 〈신설 2015. 1. 6.〉

1. 사업장심사: 사업장의 서비스 품질관리시스템 등이 산업통상자원부령으로 정하는 인증심사기준에 적합한지에 대한 심사

2. 서비스심사: 서비스를 직접 제공받는 자 등을 대상으로 산업통상자원부령으로 정하는 인증심사기준에 적합한지에 대한 심사

[제목개정 2015. 1. 6.]

제26조(인증심사원의 자격기준) 법 제18조제1항에서 "대통령령으로 정하는 기준"이란 별표 1과 같다.

[전문개정 2013. 1. 9.]

제26조의2(정기심사 및 이전심사의 종류) 법 제19조제1항 및 제2항에 따라 제품 또는 서비스에 대하여 인증기관으로부터 받아야 하는 정기심사 및 이전심사는 다음 각 호의 구분에 따른 심사로 한다. 〈개정 2017. 6. 2.〉

1. 법 제15조에 따라 인증을 받은 제품: 제24조제2항제1호에 따른 공장심사
2. 법 제16조에 따라 인증을 받은 서비스: 제25조제2항제1호 및 제2호에 따른 사업장심사 및 서비스심사

[본조신설 2015. 1. 6.]

[제목개정 2017. 6. 2.]

제27조(시판품조사 등) ① 법 제20조제1항에 따른 인증제품의 시판품조사는 유통되고 있는 인증제품 중에서 그 시료(試料)를 채취하여 실시하여야 한다. 다만, 유통과정에서 시료 채취가 곤란한 경우에는 그 제품의 제조공장에서 시료를 채취할 수 있다.

② 법 제20조제1항에 따른 인증서비스의 현장조사는 사업장에서 서비스의 이행실태를 조사하는 방법으로 실시한다.

③ 제1항 및 제2항에 따른 시판품조사 및 현장조사의 절차·방법 등에 필요한 사항은 산업통상자원부령으로 정한다. 〈개정 2013. 3. 23.〉

제28조(인증표시 제거 등의 처분 기준) 법 제21조제1항에 따른 인증표시의 제거·정지 또는 판매의 정지 등에 관한 처분 기준은 별표 1의2와 같다. 〈개정 2013. 1. 9., 2015. 7. 24.〉

제29조(수거 명령의 절차) ① 산업통상자원부장관은 법 제21조제2항에 따른 제품수거 명령을 하려는 경우에는 다음 각 호의 사항을 적은 서면으로 하여야 한다.

1. 해당 제품의 제품명·상표

2. 해당 제품의 인증번호 및 제조기간

3. 명령이행 의무자의 상호 및 그 대표자의 성명

4. 명령의 사유 및 내용

5. 그 밖에 산업통상자원부장관이 제품수거에 필요하다고 인정하는 사항

② 법 제21조제2항에 따른 제품수거 명령을 받은 자는 산업통상자원부령으로 정하는 바에 따라 그 이행계획서를 산업통상자원부장관에게 제출하여야 한다.

③ 제품 수거 명령을 받은 자는 제2항에 따른 이행계획서에 따라 제품수거를 완료한 후 다음 각 호의 사항을 산업통상자원부장관에게 서면으로 보고하여야 한다.

1. 수거 내용과 실적

2. 위해의 재발 방지를 위한 대책

3. 그 밖에 수거명령의 이행 결과 확인 및 소비자 위해 방지에 필요한 사항

[본조신설 2015. 7. 24.]

제30조(산업표준화 교육내용 등) ① 법 제28조에 따른 산업표준화 및 품질경영에 관한 교육은 다음 각 호의 교육으로 구분한다. 〈개정 2013. 1. 9.〉

1. 삭제 〈2013. 1. 9.〉

2. 경영간부교육(생산·품질부서의 팀장급 이상 간부에 대한 교육을 말한다)

3. 품질관리담당자 양성교육 및 정기교육

② 제1항에 따른 교육의 내용·시간·주기 및 실시기관은 별표 2와 같다.

③ 제2항에 따른 교육실시기관은 매년 12월 31일까지 다음 해의 교육계획을, 매년 1월 31일까지 지난 해의 교육실적을 산업통상자원부장관에게 보고하여야 한다. 〈개정 2013. 3. 23.〉

제30조의2(실태조사의 내용 및 방법 등) ① 법 제30조의2제2항에서 "인증제품 및 인증서비스의 활용 실태, 제27조에 따른 단체표준의 제정 현황 등 대통령령으로 정하는 사항"이란 다음 각 호의 사항을 말한다.

1. 인증제품 및 인증서비스의 활용 실태
2. 법 제27조에 따른 단체표준의 제정 현황
3. 산업표준과 단체표준의 운영현황 및 활용실태
4. 국내외 표준화 활동현황 및 장애요인
5. 그 밖에 기업, 단체의 표준화 활동을 위한 품질경영, 사내표준 등 산업
   표준화 실태를 파악하기 위하여 필요한 사항
② 법 제30조의2제4항에서 "대통령령으로 정하는 법인이나 단체"란 다음 각 호의 어느 하나에 해당하는 법인 또는 단체를 말한다.
1. 법 제5조제3항에 따른 협력기관
2. 법 제32조에 따른 한국표준협회
3. 산업통상자원부장관이 제1항제1호부터 제4호까지의 규정에 따른 조사업무에 전문성이 있다고 인정하여 지정·고시하는 법인 또는 단체
③ 산업통상자원부장관은 법 제30조의2제4항에 따라 산업표준화 실태조사를 제2항에 따른 법인 또는 단체에 위탁한 경우에는 수탁기관을 공고하여야 한다.
④ 산업통상자원부장관은 실태조사를 하려는 경우 조사 대상자 및 조사항목을 정하고 조사의 일시, 취지, 내용 및 조사기관 등을 포함한 조사계획을 수립하여야 한다.
⑤ 산업통상자원부장관은 제4항에 따른 조사계획을 조사 대상자에게 조사예정일 7일 전까지 알려야 한다.
[본조신설 2015. 7. 24.]

**제30조의3(품질경영추진본부)** ① 법 제31조의3제1항에서 "대통령령으로 정하는 품질경영 관련 법인·공공기관 또는 단체"란 다음 각 호의 법인·공공기관 또는 단체를 말한다.
1. 법 제32조에 따른 한국표준협회
2. 품질경영의 보급·촉진을 주된 목적으로 설립된 다음 각 목의 요건을 모두 갖춘 법인·공공기관 또는 단체

가. 법 제31조의3제2항 각 호의 사업에 대한 연구 실적이 있거나 사업 경험이 있을 것

나. 법 제31조의3제2항 각 호의 사업과 관련된 업무에 3년 이상 종사한 경력이 있는 사람이 3명 이상 상시 근무할 것

② 법 제31조의3제2항제6호에서 "대통령령으로 정하는 사업"이란 품질경영 활동에 우수한 성과를 창출한 다음 각 호의 어느 하나를 발굴하는 사업을 말한다.

1. 기업·공공기관·단체(이하 "기업등"이라 한다) 또는 개인

2. 기업등의 현장에서 근무하는 근로자들의 소집단(이하 "소집단"이라 한다)

[본조신설 2017. 1. 26.]

**제30조의4(품질경영에 관한 포상 및 지원)** ① 법 제31조의4제2항에 따른 포상의 대상 및 종류는 다음 각 호의 구분에 따른다. 〈개정 2017. 9. 5.〉

1. 품질경영에 우수한 성과를 거둔 기업등: 다음 각 목의 상

   가. 국가품질대상

   나. 국가품질경영상

   다. 국가품질혁신상

2. 품질향상에 현저한 성과를 거둔 개인: 국가품질명장 및 품질경영유공자

3. 품질향상에 우수한 성과를 거둔 소집단: 우수품질분임조상(금상, 은상 및 동상으로 구분하여 포상한다)

② 정부는 제1항에 따른 수상자에게 산업통상자원부령으로 정하는 부상(副賞) 및 증서를 수여할 수 있다. 〈신설 2017. 9. 5.〉

③ 산업통상자원부장관은 제1항에 따른 수상자의 선정방법, 선정절차, 포상기준 등에 관한 사항을 정하여 매년 3월 31일까지 공고하여야 한다. 〈개정 2017. 9. 5.〉

④ 산업통상자원부장관은 제1항에 따른 수상자로 선정된 기업등 또는 소집단의 임직원이나 개인에게 다음 각 호의 지원을 할 수 있다. 〈개정 2017. 9. 5.〉

1. 품질경영 관련 내용을 강의할 수 있는 기회 제공 및 강의료 지원
2. 품질경영에 관한 국내외 연수 경비의 지원(수상자가 중소기업 또는 중소기업에 속한 소집단인 경우와 품질명장으로 선정된 사람의 경우에 한정한다)

[본조신설 2017. 1. 26.]

**제31조(한국표준협회의 연구진흥기관 설립)** 법 제32조에 따른 한국표준협회는 법 제34조에 따른 업무를 효율적으로 수행하기 위하여 필요하다고 인정되는 경우에는 연구진흥기관을 설립하여 산업표준화 및 품질경영에 관한 기반 조성 및 조사·연구를 하게 할 수 있다. 〈개정 2013. 1. 9.〉

[제목개정 2013. 1. 9.]

**제32조(권한의 위임·위탁)** ① 산업통상자원부장관은 법 제40조에 따라 다음 각 호의 권한을 국가기술표준원장에게 위임한다. 다만, 제2항에 따라 과학기술정보통신부장관, 농림축산식품부장관, 환경부장관, 고용노동부장관, 국토교통부장관, 해양수산부장관, 식품의약품안전처장, 방위사업청장, 산림청장 및 기상청장에게 위탁되는 권한은 제외한다. 〈개정 2013. 3. 23., 2013. 12. 11., 2014. 12. 3., 2015. 3. 3., 2015. 7. 24., 2017. 1. 26., 2017. 6. 2., 2017. 7. 26.〉

1. 삭제 〈2015. 3. 3.〉
2. 법 제4조에 따른 심의회의 구성 및 운영
3. 법 제5조, 법 제5조의2 및 법 제6조부터 제10조까지의 규정에 따른 산업표준의 제정·개정·폐지 및 적부 확인, 협력기관의 지정·운영, 협력기관에 대한 출연금 지급, 산업표준 등의 제정 협의, 심의회에의 회부, 심의 결과의 접수·통보 및 공청회의 개최
4. 법 제11조에 따른 산업표준의 고시
5. 법 제13조 및 법 제14조에 따른 인증기관의 지정, 지정취소, 업무정지 명령
6. 법 제15조제1항 및 법 제16조제1항에 따른 광공업품의 인증대상 품목 지정 및 서비스의 인증대상 분야 지정

7. 법 제18조에 따른 인증심사원 자격의 부여·정지·취소

8. 법 제19조제6항에 따른 보고의 수리

9. 법 제20조에 따른 시판품조사 또는 현장조사

10. 법 제21조제1항에 따른 인증표시제거 등의 명령

11. 법 제21조제2항에 따른 제품수거 명령

12. 법 제29조제2항에 따른 국제표준화협력 사업 추진

13. 법 제31조에 따른 보조금 지급

13의2. 법 제30조의2에 따른 실태조사의 실시

14. 법 제33조에 따른 승인 및 보고 수리

15. 법 제35조제2항에 따른 인증기관 지위 승계 신고의 수리

16. 법 제36조제1항에 따른 청문의 실시

17. 법 제37조제1항에 따른 수수료의 수납

18. 법 제38조에 따른 보고의 수리 및 감사의 실시

19. 법 제44조에 따른 과태료의 부과·징수

20. 제2조제3항, 제5조제3항, 제6조제2항, 제9조의2제3항, 제10조제4항 및 제11조제2항에 따른 심의회·표준회의·기술심의회·특별심의회·전문위원회의 위원, 상임위원·상임전문위원의 임명·위촉 또는 지명

21. 제4조, 제5조제4항제4호, 제7조제1항제6호, 제9조의3제1항, 제10조제2항제3호 및 같은 조 제7항제2호에 따른 심의회·표준회의·기술심의회·특별심의회·전문위원회에의 심의 요청 및 보고 수리

22. 제12조제1항부터 제4항까지의 규정에 따른 심의회·표준회의·분과위원회·기술심의회·특별심의회 간사의 임명 및 간사기관의 지정·운영

23. 제15조에 따른 운영 세칙의 제정 및 개정

23의2. 제18조의2에 따른 협약체결 및 출연금 관리

24. 제24조 및 제25조에 따른 인증대상 제품 및 서비스 분야의 지정 공고

24의2. 제29조제3항에 따른 제품수거 완료 여부를 확인하기 위한 보고

25. 제30조제3항에 따른 교육계획 및 교육실적 보고의 수리

② 산업통상자원부장관은 관계 중앙행정기관의 장과 협의하여 정하는 산업표준에 관한 다음 각 호의 권한을 법 제40조에 따라 과학기술정보통신부장관, 농림축산식품부장관, 환경부장관, 고용노동부장관, 국토교통부장관, 해양수산부장관, 식품의약품안전처장, 방위사업청장, 산림청장 및 기상청장에게 위탁한다. 〈개정 2015. 3. 3., 2015. 7. 24., 2017. 1. 26., 2017. 7. 26.〉

1. 제1항제3호부터 제13호까지 및 제15호부터 제19호까지의 규정에 따른 권한

2. 제1항제20호 중 심의회·기술심의회·전문위원회의 위원 및 상임위원·상임전문위원의 임명·위촉 또는 지명

3. 제1항제21호 중 기술심의회·전문위원회에의 심의 요청 및 보고 수리

4. 제1항제22호 중 기술심의회 간사의 임명 및 간사기관의 지정·운영

4의2. 제1항제23호의2에 따른 협약체결 및 출연금 관리

5. 제1항제24호에 따른 인증대상 제품 및 서비스 분야의 지정 공고

6. 제1항제24호의2에 따른 보고

③ 산업통상자원부장관은 제2항에 따라 위탁하는 산업표준 및 수탁기관의 장을 매년 관보 및 인터넷에 공고하여야 한다. 〈신설 2015. 3. 3.〉

④ 국가기술표준원장은 제1항제9호에 따라 법 제20조에 따른 시판품조사 등의 업무를 수행할 때 필요하다고 인정하는 경우에는 산업통상자원부령으로 정하는 바에 따라 국가기술표준원장이 지정하는 기관 또는 단체의 지원을 받을 수 있다. 〈개정 2013. 3. 23., 2013. 12. 11., 2015. 3. 3.〉

**제32조의2(규제의 재검토)** 산업통상자원부장관은 제26조 및 별표 1에 따른 인증심사원의 자격기준에 대하여 2015년 1월 1일을 기준으로 2년마다 (매 2년이 되는 해의 1월 1일 전까지를 말한다) 그 타당성을 검토하여 개선 등의 조치를 하여야 한다.

[본조신설 2014. 12. 9.]

제33조(과태료의 부과기준) 법 제44조제1항에 따른 과태료의 부과기준은 별표 4와 같다.

[전문개정 2011. 4. 5.]

**부칙** 〈제20789호, 2008. 5. 21.〉

제1조(시행일) 이 영은 2008년 5월 26일부터 시행한다.

제2조(부회의 부회장에 관한 경과조치) 이 영 시행 당시 종전의 규정에 따른 부회의 부회장은 이 영의 개정규정에 따른 기술심의회의 회장으로 본다.

제3조(부회의 위원에 관한 경과조치) 이 영 시행 당시 종전의 규정에 따른 부회의 위원은 이 영의 개정규정에 따른 기술심의회의 위원으로 본다.

제4조(부회의 상임위원에 관한 경과조치) 이 영 시행 당시 종전의 규정에 따른 부회의 상임위원은 이 영의 개정규정에 따른 기술심의회의 상임위원으로 본다.

제5조(다른 법령의 개정) ① 건설기술관리법 시행령 일부를 다음과 같이 개정한다.

제42조제1항 본문 중 "「산업표준화법」에 의한 한국산업규격"을 "「산업표준화법」에 따른 한국산업표준"으로 하고, 같은 조 제2항 중 "「산업표준화법」에 의한 한국산업규격"을 "「산업표준화법」에 따른 한국산업표준"으로 하며, 같은 조 제3항제2호를 다음과 같이 한다.

2. 「산업표준화법」에 따른 한국산업표준인증제품

② 고령친화산업 진흥법 시행령 일부를 다음과 같이 개정한다.

제7조제1항제1호를 다음과 같이 한다.

1. 「산업표준화법」 제15조에 따라 한국산업표준에 적합함을 인증받거나 같은 법 제27조에 따라 단체표준인증을 받은 제품

제7조제2항제3호가목을 다음과 같이 한다.

가. 「산업표준화법」 제15조에 따른 한국산업표준제품인증서 또는 같은 법 제27조에 따른 단체표준인증서

③ 고압가스 안전관리법 시행령 일부를 다음과 같이 개정한다.

제15조제1항제1호를 다음과 같이 한다.

1. 「산업표준화법」 제15조에 따른 인증을 받아 제조하는 것

④ 공공기록물 관리에 관한 법률 시행령 일부를 다음과 같이 개정한다.

제4조제1항 중 "「산업표준화법」 제10조에 따른 한국산업규격"을 "「산업표준화법」 제12조에 따른 한국산업표준"으로 한다.

⑤ 공유재산 및 물품관리법 시행령 일부를 다음과 같이 개정한다.

제54조제1항 단서 중 "「산업표준화법」에 의하여 물품의 규격(이하 "정부규격"이라 한다)"을 "「산업표준화법」에 따라 물품의 표준(이하 "정부표준"이라 한다)"으로 하고, 같은 조 제2항 중 "정부규격"을 각각 "정부표준"으로 한다.

⑥ 국가를 당사자로 하는 계약에 관한 법률 시행령 일부를 다음과 같이 개정한다.

제23조제1항제6호 중 "「산업표준화법」 제11조의 규정에 의하여 규격표시를 인증받은 제품"을 "「산업표준화법」 제15조에 따른 인증을 받은 제품"으로 한다.

제26조제1항제6호가목 중 "「산업표준화법」 제11조의 규정에 의하여 규격표시를 인증받은 제품"을 "「산업표준화법」 제15조에 따른 인증을 받은 제품"으로 한다.

⑦ 대기환경보전법 시행령 일부를 다음과 같이 개정한다.

제56조제1항제1호를 다음과 같이 한다.

1. 「산업표준화법」 제12조에 따른 한국산업표준

⑧ 도시가스법 시행령 일부를 다음과 같이 개정한다.

제3조의3제2항제1호를 다음과 같이 한다.

1. 「산업표준화법」 제15조에 따른 인증을 받은 것

⑨ 부품·소재전문기업 등의 육성에 관한 특별조치법 시행령 일부를 다음과 같이 개정한다.

제15조제5항제3호 중 "「산업표준화법」제29조"를 "「산업표준화법」 제32조"로 한다.

제34조제2항제2호를 다음과 같이 한다.

2. 「산업표준화법」 제15조에 따라 인증을 받은 것

⑩ 비파괴검사기술의 진흥 및 관리에 관한 법률 시행령 일부를 다음과 같이 개정한다.

제12조제1호나목 중 "「산업표준화법」 제10조의 규정에 따른 한국산업규격"을 "「산업표준화법」 제12조에 따른 한국산업표준"으로 한다.

⑪ 사무관리규정 일부를 다음과 같이 개정한다.

제6조의5제1항 후단 중 "「산업표준화법」 제10조제1항에 따른 한국산업규격으로 제정되어 있는 사항에 대하여는 그 규격"을 "「산업표준화법」 제12조에 따른 한국산업표준이 제정되어 있는 사항에 대하여는 그 표준"으로 한다.

제26조제1항 단서 중 "산업표준화법에 의한 한국산업규격이 제정되어 있는 사항에 대하여는 그 규격"을 "「산업표준화법」에 따른 한국산업표준이 제정되어 있는 사항에 대하여는 그 표준"으로 한다.

⑫ 산업발전법 시행령 일부를 다음과 같이 개정한다.

제7조제5호를 다음과 같이 한다.

5. 「산업표준화법」 제32조에 따른 한국표준협회

⑬ 수도법 시행령 일부를 다음과 같이 개정한다.

제30조제1항제1호부터 제3호까지를 각각 다음과 같이 한다.

1. 「산업표준화법」 제15조에 따라 인증을 받은 것

2. 「산업표준화법」 제27조제2항에 따른 단체표준인증표시제품으로서 같은 법 제25조에 따른 우수한 단체표준제품

3. 「산업표준화법」 제27조제2항에 따른 단체표준인증표시제품으로서 법 제56조에 따른 한국상하수도협회가 인증한 제품

⑭ 수상레저안전법 시행령 일부를 다음과 같이 개정한다.

제35조제2호 중 "「산업표준화법」 제18조제4항의 규정"을 "「산업표준화법」 제17조제4항"으로 한다.

⑮ 승강기제조 및 관리에 관한 법률 시행령 일부를 다음과 같이 개정한다.

제14조의2제1항 본문 중 "「산업표준화법」 제10조의 규정에 의한 한국산업규격(이하 "한국산업규격"이라 한다)"을 "「산업표준화법」 제12조에 따른 한국산업표준(이하 "한국산업표준"이라 한다)"으로 하고, 같은 항 단서 중 "한국산업규격"을 각각 "한국산업표준"으로 한다.

⑯ 액화석유가스의 안전관리 및 사업법 시행령 일부를 다음과 같이 개정한다.

제8조제1항제1호를 다음과 같이 한다.

1. 「산업표준화법」 제15조에 따라 인증을 받은 제품

⑰ 유류오염손해배상보장법시행령 일부를 다음과 같이 개정한다.

제2조제5호 중 "산업표준화법 제10조의 규정에 의한 한국산업규격"을 "산업표준화법 제12조에 따른 한국산업표준"으로 한다.

⑱ 전기용품안전 관리법 시행령 일부를 다음과 같이 개정한다.

제7조제1항제1호 단서 중 "「산업표준화법」 제11조 또는 제13조의 규정에 의한 한국산업규격의 표시인증(이하 "한국산업규격표시인증"이라 한다)"을 "「산업표준화법」 제15조에 따른 제품인증(이하 "제품인증"이라 한다)"으로 하고, 같은 항 제2호 단서 중 "한국산업규격표시인증"을 "제품인증"으로 하며, 같은 조 제4항 단서 중 "한국산업규격표시인증"을 "제품인증"으로 한다.

⑲ 지방자치단체를 당사자로 하는 계약에 관한 법률 시행령 일부를 다음과 같이 개정한다.

제22조제6호 중 "「산업표준화법」 제11조의 규정에 의하여 규격표시를 인증받은 제품"을 "「산업표준화법」 제15조에 따른 인증제품"으로 한다.

제25조제1항제6호가목 중 "「산업표준화법」 제11조 규정에 의하여 규격

표시를 인증받은 제품"을 "「산업표준화법」 제15조에 따른 인증제품"으로
한다.

⑳ 철도안전법 시행령 일부를 다음과 같이 개정한다.

제23조제1항제2호를 다음과 같이 한다.

2. 「산업표준화법」 제15조에 따라 인증을 받은 경우

㉑ 품질경영 및 공산품안전관리법 시행령 일부를 다음과 같이 개정한다.

제3조제1호 중 "「산업표준화법」 제29조"를 "「산업표준화법」 제32조"로
한다.

㉒ 하수도법 시행령 일부를 다음과 같이 개정한다.

제10조제2항제1호부터 제3호까지를 각각 다음과 같이 한다.

1. 「산업표준화법」 제15조에 따라 인증을 받은 것

2. 「산업표준화법」 제27조제2항에 따른 단체표준인증표시제품으로서 같
   은 법 제25조에 따른 우수한 단체표준제품

3. 「산업표준화법」 제27조제2항에 따른 단체표준인증표시제품으로서 「
   수도법」 제56조에 따른 한국상하수도협회가 인증한 제품

제6조(다른 법령과의 관계) 이 영 시행 당시 다른 법령에서 종전의 「산업표
   준화법 시행령」또는 그 규정을 인용한 경우 이 영 가운데 그에 해당하는
   규정이 있으면 종전의 규정을 갈음하여 이 영 또는 이 영의 해당 규정을
   인용한 것으로 본다.


**부칙** 〈제22855호, 2011. 4. 5.〉

제1조(시행일) 이 영은 공포한 날부터 시행한다.

제2조(과태료에 관한 경과조치) ① 이 영 시행 전의 위반행위에 대하여 과태
   료의 부과기준을 적용할 때에는 별표 4의 개정규정에도 불구하고 종전의
   예에 따른다.

② 이 영 시행 전의 위반행위로 받은 과태료 부과처분은 별표 4의 개정규
   정에 따른 위반행위의 횟수 산정에 포함하지 아니한다.

**부칙** 〈제24305호, 2013. 1. 9.〉

이 영은 공포한 날부터 시행한다.


**부칙** 〈제24442호, 2013. 3. 23.〉 **(산업통상자원부와 그 소속기관 직제)**

제1조(시행일) 이 영은 공포한 날부터 시행한다. 〈단서 생략〉

제2조부터 제11조까지 생략

제12조(다른 법령의 개정) ①부터 ㊱까지 생략

㊲ 산업표준화법 시행령 일부를 다음과 같이 개정한다.

제2조제3항 각 호 외의 부분, 제4조, 제5조제1항, 제7조제1항제6호, 제10조제2항제3호, 같은 조 제4항·제7항, 제11조제2항, 제12조제1항부터 제4항까지, 제15조, 제16조제1항, 제17조, 제18조제1항부터 제4항까지, 같은 조 제5항 각 호 외의 부분, 같은 조 제6항, 제19조, 제21조, 제22조 각 호 외의 부분, 제23조, 제24조, 제25조, 제29조제1항 각 호 외의 부분, 같은 조 제2항, 제30조제3항, 제32조제1항 각 호 외의 부분, 제2항 각 호 외의 부분, 별표 2 제1호의 경영간부의 내용란, 품질관리담당자의 내용란, 별표 4 제1호나목1)부터 7)까지의 규정 외의 부분 및 같은 호 다목 전단 중 "지식경제부장관"을 각각 "산업통상자원부장관"으로 한다.

제12조제1항 중 "지식경제부"를 "산업통상자원부"로 한다.

제18조제1항·제3항, 제19조, 제27조제3항 및 제32조제3항 중 "지식경제부령"을 각각 "산업통상자원부령"으로 한다.

제32조제1항 각 호 외의 부분 단서 중 "농림수산식품부장관"을 "농림축산식품부장관 및 해양수산부장관"으로 하고, 같은 조 제2항 각 호 외의 부분 중 "농수축산물 가공식품에 관한 다음 각 호의 권한을 농림수산식품부장관"을 "농축산물 가공식품에 관한 다음 각 호의 권한을 농림축산식품부장관에게 위탁하고, 수산물 가공식품에 관한 다음 각 호의 권한을 해양수산부장관"으로 한다.

별표 3의 그 밖의 가공식품란 중 "지식경제부장관"을 "산업통상자원부장관"으로, "농림수산식품부장관"을 "농림축산식품부장관 및 해양수산부장관"으로 한다.

㊳부터 〈92〉까지 생략

**부칙** 〈제24955호, 2013. 12. 11.〉 **(산업통상자원부와 그 소속기관 직제)**

제1조(시행일) 이 영은 2013년 12월 12일부터 시행한다.

제2조 생략

제3조(다른 법령의 개정) ①부터 ⑩까지 생략

⑪ 산업표준화법 시행령 일부를 다음과 같이 개정한다.

제32조제1항 각 호 외의 부분 본문 및 같은 조 제3항 중 "기술표준원장"을 각각 "국가기술표준원장"으로 한다.

⑫부터 ⑳까지 생략

제4조 생략

**부칙** 〈제25805호, 2014. 12. 3.〉

이 영은 공포한 날부터 시행한다.

**부칙** 〈제25840호, 2014. 12. 9.〉 **(규제 재검토기한 설정 등 규제정비를 위한 건축법 시행령 등 일부개정령)**

제1조(시행일) 이 영은 2015년 1월 1일부터 시행한다.

제2조부터 제16조까지 생략

**부칙** 〈제26021호, 2015. 1. 6.〉

제1조(시행일) 이 영은 공포한 날부터 시행한다. 다만, 별표 1의2의 개정규
정은 공포 후 6개월이 경과한 날부터 시행한다.

제2조(인증표시의 제거·정지 또는 판매의 정지 등의 처분 기준에 관한 경과
조치) 이 영 시행 전에 법 제19조에 따른 정기심사나 법 제20조에 따른
시판품조사·현장조사를 받은 자에 대한 인증표시의 제거·정지 또는 판
매의 정지 등에 관한 처분은 별표 1의2 제2호의 개정규정에도 불구하고
종전의 규정에 따른다.


**부칙** 〈제26129호, 2015. 3. 3.〉

이 영은 2015년 7월 29일부터 시행한다.


**부칙** 〈제26440호, 2015. 7. 24.〉

이 영은 2015년 7월 29일부터 시행한다.


**부칙** 〈제27807호, 2017. 1. 26.〉

제1조(시행일) 이 영은 2017년 1월 28일부터 시행한다.

제2조(다른 법령의 개정) ① 국가를 당사자로 하는 계약에 관한 법률 시행령
일부를 다음과 같이 개정한다.

제21조제1항제4호나목을 삭제한다.

제23조제1항제6호를 다음과 같이 한다.

6. 「산업표준화법」 제15조에 따른 인증을 받은 제품

제56조의2제2호를 다음과 같이 한다.

2. 「산업표준화법」 제31조의4제2항에 따라 수상자로 선정된 기업등 및
개인이 제조한 제품

② 지방자치단체를 당사자로 하는 계약에 관한 법률 시행령 일부를 다음과 같이 개정한다.

제20조제1항제10호나목을 삭제한다.

제22조제6호를 다음과 같이한다.

6. 「산업표준화법」 제15조에 따라 인증을 받은 제품 또는 「녹색제품 구매촉진에 관한 법률」 제2조의2제2호의 제품

제64조의2제2호를 다음과 같이 한다.

2. 「산업표준화법」 제31조의4제2항에 따라 수상자로 선정된 기업등 및 개인이 제조한 제품

③ 지속가능발전법 시행령 일부를 다음과 같이 개정한다.

별표 제22호 중 "「품질경영 및 공산품안전관리법」 제3조제1항"을 "「산업표준화법」 제31조의2제1항"으로 한다.


**부칙** 〈제28092호, 2017. 6. 2.〉

이 영은 2017년 6월 3일부터 시행한다.


**부칙** 〈제28212호, 2017. 7. 26.〉 **(산업통상자원부와 그 소속기관 직제)**

제1조(시행일) 이 영은 공포한 날부터 시행한다.

제2조 및 제3조 생략

제4조(다른 법령의 개정) ①부터 ⑫까지 생략

⑬ 산업표준화법 시행령 일부를 다음과 같이 개정한다.

제32조제1항 각 호 외의 부분 단서 및 같은 조 제2항 각 호 외의 부분 중 "미래창조과학부장관"을 각각 "과학기술정보통신부장관"으로 한다.

⑭부터 ㉜까지 생략

**부칙** 〈제28277호, 2017. 9. 5.〉

이 영은 공포한 날부터 시행한다.

**부칙** 〈제29133호, 2018. 9. 4.〉

제1조(시행일) 이 영은 공포한 날부터 시행한다.

제2조(단체표준을 산업표준으로 제정하려는 경우에 관한 적용례) 제16조제2
항제1호의 개정규정은 이 영 시행 이후 단체표준을 산업표준으로 제정하
기 위하여 산업표준 제정의 예고를 하는 경우부터 적용한다.

## 인증심사원의 자격기준(제26조 관련)

| 학위·자격·양성교육 | 경력 |
|---|---|
| 1. 품질경영 또는 법 제17조제1항에 따른 인증심사(이하 이 표에서 '인증심사'라 한다)의 업무 범위에 해당하는 분야의 박사 학위(외국에서 취득한 같은 수준 이상의 학위를 포함한다)를 취득한 사람 | 표준화·품질경영 또는 인증심사 관련 분야에서 6개월 이상 근무한 경력이 있을 것 |
| 2. 「국가기술자격법」에 따른 품질관리기술사 또는 인증심사의 업무 범위에 해당하는 분야의 기술사 자격을 취득한 사람 | 표준화·품질경영 또는 인증심사 관련 분야에서 6개월 이상 근무한 경력이 있을 것 |
| 3. 「국가기술자격법」에 따른 품질경영기사·품질경영산업기사 또는 인증심사의 업무 범위에 해당하는 분야의 기사·산업기사의 자격을 취득한 사람 | 가. 기사: 표준화·품질경영 또는 인증심사 관련 분야에서 1년 이상 근무한 경력이 있을 것<br>나. 산업기사: 표준화·품질경영 또는 인증심사 관련 분야에서 2년 이상 근무한 경력이 있을 것 |
| 4. 「고등교육법」 제2조에 따른 대학·산업대학·교육대학·전문대학·방송대학·통신대학·방송통신대학·사이버대학 또는 기술대학에서 산업공학 등 품질경영 관련 분야 또는 인증심사의 업무 범위에 해당하는 분야를 전공하고 석사·학사·전문학사 학위(외국에서 취득한 같은 수준 이상의 학위를 포함한다)를 취득한 사람 | 가. 석사: 표준화·품질경영 또는 인증심사 관련 분야에서 1년 이상 근무한 경력이 있을 것<br>나. 학사: 표준화·품질경영 또는 인증심사 관련 분야에서 2년 이상 근무한 경력이 있을 것<br>다. 전문학사: 표준화·품질경영 또는 인증심사 관련 분야에서 3년 이상 근무한 경력이 있을 것 |
| 5. 제30조제1항제3호에 따른 품질관리담당자 양성교육을 받은 사람 | 표준화·품질경영 또는 인증심사 관련 분야에서 3년 이상 근무한 경력이 있을 것 |

비고: 경력은 학위·자격 등을 취득하기 전과 취득한 후 및 양성교육을 받기 전과 받은 후의 모든 경력을 포함한다.

[별표 1의2] 〈개정 2017. 6. 2.〉

## 인증표시의 제거·정지 또는 판매의 정지 등에 관한 처분 기준(제28조 관련)

### 1. 일반기준

가. 위반행위가 둘 이상일 때에는 그 중 처분기준이 무거운 위반사항을 적용한다.

나. 위반행위의 횟수에 따른 행정처분의 기준은 처분일을 기준으로 최근 2년간(사업장심사 또는 서비스심사의 경우에는 1년간) 같은 위반행위로 받은 행정처분을 받는 경우에 적용한다.

다. 법 제35조제1항에 따라 인증받은자의 지위를 승계한 자는 승계받기 전에 그 인증에 대하여 행하여진 처분을 승계한다.

라. 위반행위의 동기, 위반 정도, 그 밖에 사정을 고려할 만한 사유가 있을 때에는 제2호의 개별기준에서 정한 표시정지·판매정지 기간의 2분의 1의 범위에서 처분기간을 줄일 수 있다.

마. 표시정지·판매정지 또는 법 제22조에 따른 인증취소를 하는 경우 법 제26조에 따른 검사 또는 형식승인 등의 면제대상 품목에 해당하거나, 인명의 피해나 화재의 발생 등 공공의 이익을 해칠 우려가 있다고 인정할 때에는 판매되고 있는 제품 또는 서비스에 대하여 표시제거 및 제품수거를 함께 명할 수 있다.

### 2. 개별기준

| 위반행위 | 처분기준 | | |
|---|---|---|---|
| | 1차<br>위반 시 | 2차<br>위반 시 | 3차 이상<br>위반 시 |
| 법 제19조에 따른 정기심사의 보고 결과 또는 법 20조에 따른 시판품조사·현장조사의 결과가 아래와 같은 경우 | | | |
| 가. 정기심사의 보고 결과 법 제17조제1항에 따른 인증심사기준에 맞지 아니하여 품질이나 성능의 결함 등 중대한 결함 요인으로 판정한 경우 | 표시정지<br>3개월 | 표시정지<br>6개월 | 표시정지<br>6개월 |

| | | | |
|---|---|---|---|
| 나. 시판품조사 결과 법 제12조제1항에 따른 한국산업표준에 맞지 아니하는 정도가 법 제17조제1항에 따른 인증심사기준에서 정한 표시위반 등 경미한 결함에 해당되는 경우 | 개선명령 | 표시정지 3개월 | 표시정지 3개월 |
| 다. 시판품조사 결과 법 제12조제1항에 따른 한국산업표준에 맞지 아니하는 정도가 법 제17조제1항에 따른 인증심사기준에서 정한 품질이나 성능의 결함 등 중대한 결함에 해당되는 경우 | 표시정지 3개월 및 판매정지 3개월 | 표시정지 6개월 및 판매정지 6개월 | 표시정지 6개월 및 판매정지 6개월 |
| 라. 현장조사 결과 법 제17조제1항에 따른 인증심사기준에 맞지 아니하여 일반품질 사항이 부적합한 경우 | 개선명령 | 표시정지 1개월 | 표시정지 3개월 |
| 마. 현장조사 결과 법 제17조제1항에 따른 인증심사기준에 맞지 아니하여 핵심품질 사항이 부적합한 경우 | 표시정지 1개월 | 표시정지 3개월 | 표시정지 6개월 |
| 바. 인증받은 자가 인증받지 아니한 자 또는 다른 인증받은 자의 제품(서비스)을 자체 제조한 제품(자체 제공한 서비스)으로 위장하여 인증표시를 한 경우 | 표시정지 6개월 및 판매정지 6개월 | 표시정지 6개월 및 판매정지 6개월 | 표시정지 6개월 및 판매정지 6개월 |
| 사. 인증받은 자가 자체 제조한 제품(자체 제공한 서비스)을 다른 인증받은 자의 제품(서비스)으로 위장하여 인증표시를 한 경우 | 표시정지 6개월 및 판매정지 6개월 | 표시정지 6개월 및 판매정지 6개월 | 표시정지 6개월 및 판매정지 6개월 |

# 산업표준화 및 품질경영에 관한 교육의 내용·시간·주기 및 실시기관

## (제30조제2항 관련)

## 1. 교육내용 및 교육시간

| 과정 | 내용 | 시간 | |
|---|---|---|---|
| | | 양성교육 | 정기교육 |
| 경영간부 | 1) 산업표준화제도와 정책방향<br>2) 산업표준화 및 품질경영의 추진 전략<br>3) 한국산업표준(KS) 인증제도의 최근 동향 및 쟁점<br>4) 사내표준화 및 품질경영 추진 기법 사례<br>5) 산업표준화와 품질경영 추진을 위한 경영간부의 역할<br>6) 표준화 관계 법규 및 국가표준 시책<br>7) 그 밖에 산업표준화의 촉진과 품질경영 혁신을 위하여 산업통상자원부장관이 필요하다고 인정하는 사항 | – | 16시간 |
| 품질관리 담당자 | 1) 산업표준화법규<br>2) 산업표준화와 품질경영의 개요<br>3) 통계적인 품질관리기법<br>4) 사내표준화 및 품질경영의 추진 실시<br>5) 한국산업표준(KS)인증제도 및 사후관리 실무<br>6) 품질관리담당자의 역할<br>7) 그 밖에 산업표준화의 촉진과 품질경영 혁신을 위하여 산업통상자원부장관이 필요하다고 인정하는 사항 | 100시간 | 16시간 |

## 2. 교육 주기 : 정기교육은 3년

## 3. 교육실시기관 : 법 제32조에 따른 한국표준협회

[별표 3] 삭제 〈2015.3.3.〉

[별표 4] 〈개정 2014.12.3.〉

## 과태료 부과기준(제33조 관련)

### 1. 일반기준

가. 제2호에 따른 위반행위의 횟수에 따른 과태료의 부과기준은 최근 2년간 같은 위반행위로 과태료를 받은 경우에 적용한다. 이 경우 위반횟수는 위반행위에 대하여 과태료를 부과처분한 날과 다시 동일한 위반행위를 적발한 날을 각각 기준으로 하여 계산한다.

나. 산업통상자원부장관은 다음 각 호의 어느 하나에 해당하는 경우로서 위반행위자가 과태료를 체납하고 있지 않은 경우에는 제2호에 따른 과태료금액의 2분의 1의 범위에서 그 금액을 줄일 수 있다.

  1) 위반행위자가 「질서위반행위규제법 시행령」 제2조의2제1항 각 호의 어느 하나에 해당하는 경우
  2) 위반행위자가 처음 해당 위반행위를 한 경우로서 2년 이상 해당 업종을 모범적으로 영위한 사실이 인정되는 경우
  3) 위반행위자가 자연재해·화재 등으로 재산에 현저한 손실이 발생하거나 사업여건의 악화로 사업이 중대한 위기에 처하는 등의 사정이 있는 경우
  4) 위반행위가 사소한 부주의나 오류 등 과실로 인한 것으로 인정되는 경우
  5) 위반행위자가 동일한 위반행위로 다른 법률에 따라 과태료·벌금·영업정지 등의 처분을 받은 경우
  6) 위반행위자가 위법행위로 인한 결과를 시정하거나 해소한 경우
  7) 그 밖에 위반행위의 정도, 위반행위의 동기와 그 결과 등을 고려하여 감경할 필요가 있다고 인정되는 경우

다. 산업통상자원부장관은 위반행위의 정도, 위반행위의 동기와 그 결과 등을 고려하여 제2항에 따른 과태료 금액의 2분의 1의 범위에서 그 금액을 늘릴 수 있다. 다만, 늘리는 경우에도 법 제44조제1항에 따른 과태료 금액의 상한을 초과할 수 없다.

## 2. 개별기준

(단위: 만원)

| 위반행위 | 근거 법조문 | 과태료 금액 | | |
|---|---|---|---|---|
| | | 1차위반 | 2차위반 | 3차위반 이상 |
| 가. 삭제 〈2014.12.3〉 | | | | |
| 나. 법 제35조제2항을 위반하여 신고를 하지 않은 경우 | 법 제44조제1항제2호 | 50 | 100 | 200 |
| 다. 법 제38조제1항에 따른 명령을 위반하여 보고를 하지 않거나 거짓으로 보고한 경우 | 법 제44조제1항제3호 | 100 | 200 | 300 |
| 라. 법 제38조제4항을 위반하여 관련 문서를 작성·비치하지 않은 경우 | 법제44조제1항제4호 | 50 | 100 | 200 |

| 제정 | 1971. 3. 15. | 상공부령 | 제338호 |
|---|---|---|---|
| 중 략 | | | |
| 전부개정 | 2008. 6. 3. | 지식경제부령령 | 제11호 |
| 일부개정 | 2009. 11. 20. | 지식경제부령 | 제102호 |
| 타법개정 | 2012. 10. 5. | 지식경제부령 | 제271호 |
| 일부개정 | 2013. 1. 29. | 지식경제부령 | 제285호 |
| 타법개정 | 2013. 3. 23. | 산업통상자원부령 | 제1호 |
| 타법개정 | 2013. 12. 12. | 산업통상자원부령 | 제38호 |
| 일부개정 | 2015. 1. 23. | 산업통상자원부령 | 제114호 |
| 일부개정 | 2015. 7. 29. | 산업통상자원부령 | 제143호 |
| 일부개정 | 2016. 9. 6. | 산업통상자원부령 | 제216호 |
| 일부개정 | 2017. 1. 26. | 산업통상자원부령 | 제239호 |
| 일부개정 | 2017. 6. 2. | 산업통상자원부령 | 제260호 |
| 일부개정 | 2017. 9. 5. | 산업통상자원부령 | 제270호 |
| 시행 | 2017. 9. 5. | | |

**제1조(목적)** 이 규칙은 「산업표준화법」 및 같은 법 시행령에서 위임된 사항과 그 시행에 필요한 사항을 규정함을 목적으로 한다.

**제2조(협력기관의 지정요건 등)** ① 「산업표준화법」(이하 "법"이라 한다) 제5조제3항에서 "산업표준화와 관련된 업무를 수행하는 법인이나 단체"란 다음 각 호의 법인이나 단체를 말한다.

1. 산업표준과 관련된 업무를 수행하는 학회 · 협회 · 조합 또는 연구기관
2. 「고등교육법」 제2조에 따른 학교(산업표준과 관련된 교육과정이 개설된 학교만 해당한다)
3. 「국가표준기본법」 제23조제2항에 따라 인정을 받은 시험 · 검사기관
4. 법 제27조제2항에 따라 단체표준 인증업무를 수행하는 단체

② 법 제5조제4항에 따라 협력기관으로 지정받으려는 법인이나 단체는 다음 각 호의 요건을 모두 갖추어야 한다.

1. 산업표준 개발업무에 필요한 조직과 인력을 갖추고 있을 것
2. 산업표준 개발업무에 필요한 업무규정을 갖추고 있을 것
3. 산업표준과 관련한 다양한 이해관계인의 합의를 이끌어 낼 수 있는 위원회를 구성·운영할 수 있을 것

③ 법 제5조제4항에 따라 협력기관으로 지정받으려는 자는 별지 제1호서식의 협력기관 지정신청서(전자문서를 포함한다. 이하 모든 서식에 대하여 같다)에 다음 각 호의 서류(전자문서를 포함한다)를 첨부하여 「산업표준화법 시행령」(이하 "영"이라 한다) 제32조제1항 또는 제2항에 따라 권한을 위임 또는 위탁받은 기관의 장(이하 "소관 행정기관의 장"이라 한다)에게 제출하여야 한다. 〈개정 2013. 12. 12., 2016. 9. 6.〉

1. 법인의 정관 또는 단체의 규약
2. 산업표준 개발업무를 위한 조직·인력 현황
3. 산업표준 개발업무를 위한 업무규정

④ 제3항에 따라 협력기관 지정신청서를 받은 소관 행정기관의 장은 「전자정부법」 제36조제1항에 따른 행정정보의 공동이용을 통하여 법인 등기사항증명서 또는 사업자등록증을 확인하여야 한다. 다만, 신청인이 사업자등록증의 확인에 동의하지 아니하는 경우에는 사업자등록증 사본을 첨부하도록 하여야 한다. 〈개정 2009. 11. 20., 2012. 10. 5., 2013. 12. 12., 2016. 9. 6.〉

⑤ 영 제18조제2항에 따른 산업표준개발 협력기관 지정서는 별지 제2호서식과 같다. 〈개정 2016. 9. 6.〉

제3조(산업표준 제정 등의 신청) 법 제6조제1항 및 영 제19조에 따라 산업표준의 제정·개정 또는 폐지를 신청하려는 자는 별지 제3호서식의 산업표준 제정(개정·폐지) 신청서에 다음 각 호의 서류를 첨부하여 소관 행정기관의 장에게 제출하여야 한다. 〈개정 2013. 12. 12., 2016. 9. 6.〉

1. 한국산업표준안

2. 한국산업표준안에 대한 설명서

**제4조(인증기관의 지정기준)** 법 제13조에 따른 인증기관(이하 "인증기관"이라 한다)으로 지정받으려는 자는 다음 각 호의 요건을 모두 갖추어야 한다. 〈개정 2013. 3. 23., 2015. 1. 23.〉

1. 제품 또는 서비스에 관한 인증업무 및 산업표준 개발 실적이 있는 법인 또는 단체일 것

2. 법 제17조제1항에 따른 인증심사 업무를 수행하는 전담 조직 및 인력 등 인증심사 수행체계를 갖출 것

3. 재무구조의 건전성과 회계의 투명한 절차를 마련하는 등 재정적 안정성을 확보할 것

4. 별표 1에 따른 인증업무의 범위(이하 "인증업무의 범위"라 한다)별로 법 제18조제1항에 따른 인증심사원(이하 "인증심사원"이라 한다)을 각 2명 이상 보유할 것

5. 법 제15조 및 법 제16조에 따른 인증과 관련된 기술 지도 등 인증업무 외의 업무를 수행하고 있는 경우 그 업무를 함으로써 인증업무가 불공정하게 수행될 우려가 없을 것

**제5조(인증기관의 지정절차)** ① 법 제13조제2항에 따라 인증기관으로 지정받으려는 자는 별지 제4호서식의 인증기관 지정신청서에 다음 각 호의 서류를 첨부하여 소관 행정기관의 장에게 제출하여야 한다. 〈개정 2013. 12. 12., 2016. 9. 6.〉

1. 법인의 정관 또는 단체의 규약(법인 또는 단체인 경우에만 해당된다)

2. 인증업무의 범위를 적은 사업계획서

3. 인증심사원의 보유 현황에 관한 서류

4. 국제표준화기구(ISO)와 국제전기기술위원회(IEC)가 정한 국제기준에 적합하게 작성된 인증업무규정(이하 "인증업무규정"이라 한다)

② 제1항에 따라 인증기관 지정신청서를 받은 소관 행정기관의 장은 「전자정부법」 제36조제1항에 따른 행정정보의 공동이용을 통하여 법인 등기사

항증명서 또는 사업자등록증을 확인하여야 한다. 다만, 신청인이 사업자등록증의 확인에 동의하지 아니하는 경우에는 사업자등록증의 사본을 첨부하도록 하여야 한다. 〈개정 2009. 11. 20., 2012. 10. 5., 2013. 12. 12., 2016. 9. 6.〉

③ 소관 행정기관의 장은 제1항에 따른 신청을 받으면 심사계획서를 작성하여 신청일부터 7일 이내에 신청인에게 알리고, 그 심사계획에 따라 심사하여야 한다. 〈개정 2013. 12. 12., 2016. 9. 6.〉

④ 소관 행정기관의 장은 제3항에 따라 심사한 결과 제4조에 따른 지정기준에 적합한 경우에는 인증기관으로 지정하고, 별지 제5호서식의 인증기관 지정서를 발급하여야 한다. 〈개정 2013. 12. 12., 2016. 9. 6.〉

⑤ 소관 행정기관의 장은 제4항에 따라 인증기관으로 지정하였을 때에는 다음 각 호의 사항을 관보 및 인터넷 홈페이지에 고시하여야 한다. 〈개정 2013. 12. 12., 2016. 9. 6.〉

1. 인증기관명 및 대표자
2. 주된 사무소 및 지방사무소의 소재지
3. 인증업무의 범위
4. 인증기관의 지정번호 및 지정일

제6조(인증기관의 지정취소 등의 처분기준) 법 제14조제2항에 따른 인증기관의 지정취소 및 업무정지에 관한 처분기준은 별표 2와 같다.

제7조(인증대상 품목 등의 지정신청) 법 제15조제1항 또는 법 제16조제1항에 따른 인증대상 제품 또는 서비스 분야의 지정을 신청하려는 자는 별지 제6호서식의 인증대상 품목(서비스 분야) 지정신청서에 지정사유서를 첨부하여 소관 행정기관의 장에게 제출하여야 한다. 〈개정 2013. 12. 12., 2016. 9. 6.〉

제8조(인증대상 품목 등의 지정) ① 소관 행정기관의 장은 법 제15조제1항에 따라 광공업품이 다음 각 호의 어느 하나에 해당하는 경우에는 인증대상 품목으로 지정하여야 한다. 〈개정 2013. 12. 12., 2016. 9. 6.〉

1. 품질을 식별하기가 쉽지 아니하여 소비자 보호를 위하여 한국산업표준에 맞는 것임을 표시할 필요가 있는 경우
2. 원자재에 해당하는 것으로서 다른 산업에 미치는 영향이 큰 경우
3. 독과점이나 가격 변동 등으로 품질이 크게 떨어질 것이 우려되는 경우
② 소관 행정기관의 장은 법 제16조제1항에 따라 서비스가 다음 각 호의 어느 하나에 해당하는 경우에는 인증대상 서비스 분야로 지정하여야 한다. 〈개정 2013. 12. 12., 2016. 9. 6.〉
1. 소비자의 보호 및 피해 방지를 위하여 한국산업표준에 맞는 것임을 표시할 필요가 있는 경우
2. 제조업의 지원서비스에 해당하는 것으로서 다른 산업에 미치는 영향이 큰 경우
3. 국가정책적 목적이나 공공목적을 위하여 서비스의 품질 향상이 필요한 경우

제9조(제품 등의 인증신청) ① 법 제15조제1항에 따라 제품의 인증을 받으려는 자는 별지 제7호서식의 제품인증 신청서를 인증기관에 제출하여야 한다.
② 법 제16조제1항에 따라 서비스의 인증을 받으려는 자는 별지 제8호서식의 서비스인증 신청서를 인증기관에 제출하여야 한다.

제10조(인증서의 발급 등) ① 인증기관은 제9조에 따라 인증신청을 받으면 인증심사를 하여 그 제품 또는 서비스가 법 제12조에 따른 한국산업표준(이하 "한국산업표준"이라 한다) 및 제13조에 따른 인증심사기준에 적합한 경우에는 별지 제9호서식의 제품인증서 또는 별지 제10호서식의 서비스인증서를 발급하여야 한다.
② 제1항에 따라 제품인증서 또는 서비스인증서를 발급받은 자는 다음 각 호의 어느 하나에 해당하는 사유가 발생한 경우에는 그 인증서를 해당 인증기관에 반환하여야 한다.
1. 법 제5조에 따라 해당 한국산업표준이 폐지된 경우

2. 법 제15조제1항에 따른 인증대상 품목의 지정이 취소된 경우

3. 법 제16조제1항에 따른 인증대상 서비스 분야의 지정이 취소된 경우

4. 법 제22조에 따라 해당 인증이 취소된 경우

5. 폐업한 경우

제11조(인증서의 재발급 신청) ① 제10조제1항에 따라 제품인증서 또는 서비스인증서를 발급받은 자가 그 인증서를 잃어버리거나 그 인증서가 헐어 못쓰게 된 경우에는 별지 제11호서식의 인증서재발급(변경) 신청서에 다음 각 호의 서류를 첨부하여 그 인증서를 발급한 인증기관에 제출하여야 한다.

1. 삭제 〈2009. 11. 20.〉

2. 인증서(헐어 못쓰게 된 경우만을 말한다)

② 제10조제1항에 따라 제품인증서 또는 서비스인증서를 발급받은 자는 그 인증서의 기재사항이 변경된 경우에는 별지 제11호서식의 인증서 재발급(변경) 신청서에 다음 각 호의 서류를 첨부하여 그 인증서를 발급한 인증기관에 제출하여야 한다.

1. 삭제 〈2009. 11. 20.〉

2. 인증서

3. 변경 사실을 증명하는 서류

제12조(제품인증표시 등) ① 법 제15조제1항 또는 법 제16조제1항에 따라 제품 또는 서비스의 인증을 받은 자(이하 "인증받은자"라 한다)가 해당 제품 또는 서비스가 한국산업표준에 적합한 것임을 나타내는 표시를 하는 경우에는 다음 각 호의 사항을 표시하여야 한다. 다만, 영 별표 3에 따른 농수축산물 가공식품(이하 "농수축산물 가공식품"이라 한다)의 경우에는 한국산업표준에서 정하는 바에 따라 표시할 수 있다. 〈개정 2015. 1. 23.〉

1. 한국산업표준의 명칭 및 번호

2. 한국산업표준에서 정하는 제품 또는 서비스의 종류·등급·호칭 또는 모델(종류·등급·호칭 또는 모델이 정하여져 있는 경우에만 해당한다)

3. 인증번호

4. 한국산업표준에 맞는 것임을 나타내는 표시를 한 제품의 제조일(제품 인증표시에만 해당한다)

5. 인증받은자의 업체명, 사업자명 또는 그 약호(주문자의 상표를 붙이는 방식에 따라 제품을 제조하는 경우에는 실제의 제조자명 또는 실제의 제조자를 나타내는 약호)

6. 인증기관명

7. 제2항에 따른 한국산업표준을 표시하는 도표

8. 한국산업표준에서 제품의 품목 또는 서비스의 분야별 특성에 따라 표시하도록 정한 사항

② 한국산업표준에 적합함을 표시하는 도표는 별표 3과 같다. 〈개정 2015. 1. 23.〉

1. 삭제 〈2015. 1. 23.〉

2. 삭제 〈2015. 1. 23.〉

3. 삭제 〈2015. 1. 23.〉

③ 인증받은자는 공장에는 별표 6의 표시판을 내걸고, 서비스 사업장에는 별표 7에 따른 표시판을 내걸어 홍보할 수 있다.

**제13조(인증심사기준)** 법 제17조제1항에 따른 인증심사기준은 별표 8과 같다.

**제14조(인증심사의 절차·방법 등)** ① 인증기관은 제9조에 따른 인증신청을 받았을 때에는 지체 없이 인증심사계획을 수립하여 신청인에게 인증심사의 일정과 인증심사원 2명 이상으로 구성된 인증심사반의 명단을 통보하고, 인증심사를 하여야 한다.

② 제1항에 따라 인증심사를 하는 인증심사원은 별지 제13서식의 인증심사원증을 지니고 인증신청인에게 내보여야 한다.

③ 삭제 〈2015. 1. 23.〉

④ 인증기관은 제9조에 따른 인증신청을 받은 후에 해당 한국산업표준이 개정되거나 별표 8의 인증심사기준이 변경된 경우에는 신청인에게 한국

산업표준의 개정내용 또는 인증심사기준의 변경내용을 알려 그 개정내용 또는 변경내용에 적합하도록 인증신청을 보완하게 할 수 있다.

⑤ 영 제24조제2항 또는 제25조제2항에 따른 인증심사의 절차 및 방법은 별표 9와 같다. 〈개정 2015. 1. 23.〉

제15조(인증심사원의 자격 부여 절차 등) ① 법 제18조제1항 및 제2항에 따라 인증심사원 자격을 받으려는 사람은 별표 10에 따른 교육을 받은 후 별지 제12호서식의 인증심사원증 발급신청서에 다음 각 호의 서류를 첨부하여 소관 행정기관의 장에게 인증심사원증의 발급을 신청하여야 한다. 〈개정 2009. 11. 20., 2013. 12. 12., 2016. 9. 6.〉

1. 영 제26조에 따른 인증심사원의 자격기준에 적합함을 증명하는 서류
2. 별표 10의 인증심사원 자격 교육을 받은 사실을 증명하는 서류
3. 최근 6개월 이내에 촬영한 탈모 정면 상반신 반명함판(3×4센티미터) 사진 2매
4. 재직증명서, 경력증명서, 학력증명서 또는 기술자격증 사본 등 경력을 증명할 수 있는 서류

② 소관 행정기관의 장은 제1항에 따라 인증심사원증의 발급을 신청한 자가 인증심사원의 자격기준에 적합하다고 인정하는 경우에는 인증업무의 범위에 해당하는 심사업무의 범위를 정하여 별지 제13호서식의 인증심사원증을 발급하여야 한다. 〈개정 2013. 12. 12., 2016. 9. 6.〉

③ 인증심사원은 다음 각 호의 직무를 수행한다. 〈개정 2017. 6. 2.〉

1. 법 제17조제1항에 따른 인증심사
2. 법 제19조제1항에 따른 정기심사
3. 법 제19조제2항에 따른 이전심사

④ 인증심사원의 자격 취소·정지의 기준은 별표 11과 같다.

제16조(정기심사 및 이전심사의 주기·절차·방법 등) ① 인증받은자는 법 제19조제1항에 따라 인증서를 발급받은 날부터 다음 각 호의 구분에 따른 기간 이내에 정기심사로서 제품에 대하여는 공장심사를 받아야 하고,

서비스에 대하여는 사업장심사 및 서비스심사를 받아야 한다. 〈개정 2013.
1. 29., 2013. 12. 12., 2015. 1. 23., 2016. 9. 6., 2017. 1. 26.〉

1. 법 제15조제1항에 따른 인증제품의 정기심사 주기는 다음 각 목의 구
   분에 따른다.

   가. 별표 12에 따른 1년 주기 공장심사 대상품목에 해당하는 제품: 매
       년. 다만, 정기심사에서 적합한 것으로 심사된 경우에는 그 다음
       1회의 정기심사를 면제할 수 있다.

   나. 가목 외의 제품: 매 3년

2. 법 제16조제1항에 따른 인증서비스의 정기심사 주기는 다음 각 목의
   구분에 따른다.

   가. 소관 행정기관의 장이 서비스의 품질이 떨어진다고 판단되어 고시
       한 업종에 해당하는 서비스: 매년. 다만, 정기심사에서 2회 연속
       으로 적합한 것으로 심사된 경우에는 그 다음 1회의 정기심사 중
       서비스심사를 면제할 수 있다.

   나. 가목 외의 서비스: 매 2년

② 제1항에도 불구하고 인증받은자가 인증제품의 제조공장 또는 사업장
이나 인증서비스의 제공사업장을 이전한 경우에는 그 공장이나 사업장의
이전 완료일부터 45일 이내에 법 제19조제2항에 따른 이전심사를 받아야
한다. 이 경우 해당 공장이나 사업장의 이전 완료일부터 10일 이내에 별
지 제14호서식의 이전심사신청서를 인증을 한 인증기관에 제출하여야 한
다. 〈개정 2015. 1. 23., 2017. 6. 2.〉

③ 제2항에 따른 이전심사에서 적합한 것으로 심사된 경우 제1항에 따른
정기심사를 받은 것으로 보며, 이후의 정기심사는 이전심사 받은 날을 기준
으로 제1항 각 목의 구분에 따른 정기심사 주기를 따른다. 〈신설 2017. 6. 2.〉

④ 제1항에도 불구하고 다음 각 호의 어느 하나에 해당하는 자에 대하여
는 그 사유가 발생한 후에 최초로 받아야 하는 제품에 대한 정기심사를
면제하고, 서비스에 대하여는 정기심사 중 서비스심사를 면제한다. 〈개정
2013. 3. 23., 2013. 12. 12., 2015. 1. 23., 2016. 9. 6., 2017. 6. 2.〉

1. 산업표준화 및 품질경영혁신과 관련하여 「상훈법」에 따라 산업훈장 또는 산업포장을 받은 자
2. 산업표준화 및 품질경영혁신과 관련하여 「정부표창규정」에 따라 대통령 또는 국무총리표창을 받은 자
3. 산업표준화 및 품질경영혁신과 관련하여 중앙행정기관의 장의 표창 등을 받은 자로서 소관 행정기관의 장이 인정하는 자

⑤ 인증받은자가 제1항에 따른 정기심사를 받으려면 별지 제14호서식의 정기심사신청서를 인증을 한 인증기관에 제출하여야 한다. 〈개정 2017. 6. 2.〉

⑥ 제1항에 따른 정기심사 또는 제2항에 따른 이전심사의 절차 및 방법에 관하여는 제14조를 준용한다. 〈개정 2017. 6. 2.〉

⑦ 제1항에 따른 정기심사 또는 제2항에 따른 이전심사의 절차 및 방법 등에 관한 세부적인 사항은 소관 행정기관의 장이 정하여 고시한다. 〈개정 2013. 12. 12., 2016. 9. 6., 2017. 6. 2.〉

[제목개정 2017. 6. 2.]

제17조(시판품조사 등의 절차·방법) 법 제20조제1항 및 영 제27조제3항에 따른 시판품조사 또는 현장조사의 절차 및 방법은 별표 9와 같다.

제17조의2(이행계획서의 내용 등) ① 영 제29조제2항에 따른 이행계획서에는 해당 제품에 대한 다음 각 호의 사항이 포함되어야 한다.
1. 명령이행 의무자의 상호 및 그 대표자의 성명
2. 해당 제품명 및 상표
3. 인증번호 및 제조기간
4. 제품 결함의 내용 및 원인
5. 제품 결함을 시정하지 아니하는 경우 예상되는 위해의 내용
6. 제품 결함의 시정내용(결함의 수리, 같은 종류의 물품과의 교환 또는 구입 금액의 환불 등에 관한 사항을 포함한다) 및 시정기간

② 소관 행정기관의 장은 이행계획서의 내용이 해당 제품의 결함을 바로 잡기에 미흡하다고 판단되는 경우에는 명령이행 의무자에게 그 내용을

보완하도록 명령할 수 있다. 〈개정 2016. 9. 6.〉

[본조신설 2015. 7. 29.]

제18조(우수한 단체표준제품) ① 법 제25조에 따른 우선구매의 대상이 되는 우수한 단체표준제품은 다음 각 호의 요건을 모두 갖춘 제품으로 한다. 〈개정 2013. 12. 12.〉

1. 제20조제1항에 따른 단체표준 인증단체(이하 "인증단체"라 한다)로부터 단체표준 인증을 받고 3개월 이상의 생산 실적이 있는 제품 중 국가기술표준원장이 영 제6조에 따른 기술심의회의 심의를 거쳐 한국산업표준이 제정되어 있지 아니한 제품으로 확인한 단체표준제품일 것

2. 인증단체 중 국가기술표준원장이 인력 및 시험장비를 확인하여 그 인증능력이 우수하다고 인정하는 인증단체로부터 단체표준 인증을 받은 단체표준제품일 것

3. 「국가표준기본법」 제23조제2항에 따라 인정을 받은 공인시험 · 검사기관으로부터 제품이 단체표준에 적합한지에 관한 품질시험을 받아 합격한 단체표준제품일 것

② 국가기술표준원장은 제1항제2호에 따른 인증단체에 대하여는 별지 제15호서식의 단체표준 우수인증단체 인정서를 발급하여야 하며, 국가기술표준원장으로부터 단체표준 우수 인증단체 인정서를 받은 단체는 제1항에 따른 우수 단체표준제품을 제조하는 자에게 별지 제16호서식의 우수 단체표준제품 확인서를 발급하여야 한다. 〈개정 2013. 12. 12.〉

③ 그 밖에 우수 단체표준제품 및 단체표준 우수 인증단체 등에 관하여 세부적인 사항은 국가기술표준원장이 정하여 고시한다. 〈개정 2013. 12. 12.〉

제19조(단체표준의 제정 등) ① 법 제27조제1항에 따른 단체표준(이하 "단체표준"이라 한다)을 제정할 수 있는 단체는 다음 각 호와 같다. 〈개정 2009. 11. 20.〉

1. 「중소기업협동조합법」에 따른 중소기업협동조합(같은 업종의 협동조합이 지역별로 구성되어 있는 경우에는 협동조합연합회로 한다)

2. 소비자보호, 공산품의 품질향상 또는 산업활동과 관련된 서비스의 품질 향상을 목적으로 하는 비영리법인

② 단체표준은 다음 각 호의 요건에 적합하여야 한다.

1. 해당 단체표준에 관한 이해관계인의 합의에 따라 제정된 것일 것

2. 관련 분야의 한국산업표준 또는 다른 단체표준과 중복되지 아니할 것

③ 제1항에 따른 단체가 단체표준을 제정하였을 때에는 법 제32조제1항에 따른 한국표준협회 (이하 "협회"라 한다)에 등록하여야 한다.

④ 단체표준을 제정한 단체의 장은 제3항에 따라 등록된 단체표준에 대하여 등록일부터 3년마다 그 적부(適否)를 확인하여야 한다.

⑤ 그 밖에 단체표준의 제정 및 등록절차 등에 필요한 세부적인 사항을 국가기술표준원장이 정하여 고시한다. 〈개정 2013. 12. 12.〉

제20조(단체표준 인증업무) ① 단체표준을 제정한 단체가 단체표준을 활용하여 인증업무를 하려는 경우에는 다음 각 호의 요건을 갖추어 야 한다. 〈개정 2015. 1. 23.〉

1. 단체표준 인증업무를 위한 전담조직을 갖출 것

2. 단체표준 인증심사원을 2명 이상 확보할 것. 이 경우 1명은 그 단체에 소속된 인증심사원이어야 한다.

3. 단체표준 인증에 관한 국제기준에 적합하게 작성된 단체표준 인증업무규정을 보유할 것

4. 단체표준 인증업무 외의 업무를 수행하고 있는 경우 그 업무를 함으로써 단체표준 인증업무가 불공정하게 수행될 우려가 없을 것

5. 단체표준 인증업무에 필요한 시험설비와 그 설비를 운용하는 제품검사원을 확보할 것

② 제1항에 따른 단체로부터 단체표준 인증을 받은 자는 다음 각 호의 사항을 제품 등에 표시할 수 있다.

1. 단체표준명 및 단체표준번호

2. 단체표준 인증단체명

3. 단체표준 인증번호

4. 단체표준에 맞는 것임을 나타내는 단체표준 인증표시를 한 제품의 제조일

5. 단체표준 제품의 제조자명 또는 제조자를 나타내는 약호(주문자의 상표를 붙이는 방식에 따라 단체표준 제품을 제조하는 경우에는 실제의 제조자명 또는 실제의 제조자를 나타내는 약호)

6. 별표 13의 단체표준 인증표시 도표

③ 그 밖에 단체표준 인증 등에 필요한 세부적인 사항은 국가기술표준원장이 정하여 고시한다. 〈개정 2013. 12. 12.〉

제21조(보조금지급 대상사업) 법 제31조제4호에 따른 보조금지급 대상사업은 다음 각 호와 같다.

1. 산업표준의 연구 · 개발사업

2. 산업표준 관련 정보의 조사 · 분석 및 보급사업

3. 한국산업표준의 발간 · 보급 및 실시 촉진사업

4. 산업표준화의 촉진을 위한 교육 및 지도사업

5. 단체표준의 제정 · 운영 및 보급사업

제21조의2(부상 및 증서 서식) ① 영 제30조의4제2항에 따른 수상자별 부상(副賞) 및 증서는 다음 각 호와 같다.

1. 국가품질대상, 국가품질경영상 및 국가품질혁신상: 트로피

2. 국가품질명장: 패 및 증서

3. 우수품질분임조상: 메달

② 제1항에 따른 부상은 별표 13의2와 같고, 증서는 별지 제16호의2서식과 같다.

[본조신설 2017. 9. 5.]

제22조(지위승계의 신고) ① 법 제35조제1항에 따라 인증기관이나 인증받은자의 지위를 승계한 자는 그 지위를 승계한 날부터 1개월 이내에 별지 제17호서식의 지위승계신고서에 다음 각 호의 서류를 첨부하여 소관 행

정기관의 장 또는 인증을 한 인증기관에 각각 제출하여야 한다. 이 경우 인증받은자의 지위 승계 신고를 받은 소관 행정기관의 장 또는 인증기관은 「전자정부법」 제36조에 따른 행정정보의 공동이용을 통하여 합병 후 존속하거나 합병에 따라 신설된 법인의 등기사항증명서를 확인하여야 한다. 〈개정 2009. 11. 20., 2012. 10. 5., 2013. 12. 12., 2016. 9. 6.〉

1. 삭제 〈2009. 11. 20.〉
2. 인증서(인증받은자의 지위를 승계한 경우에만 해당한다)
3. 양도양수계약서 사본(사업을 양수한 경우에만 해당한다)
4. 사업을 상속받은 사실을 확인할 수 있는 서류(사망으로 인하여 사업을 상속받은 경우에만 해당 한다)

② 제1항에 따른 신고를 받으면 소관 행정기관의 장은 별지 제5호서식의 인증기관 지정서를 그 신고인에게 발급하여야 하며, 인증기관은 별지 제9호서식의 제품인증서 또는 별지 제10호서식의 서비스인증서를 그 신고인에게 발급하여야 한다. 〈개정 2013. 12. 12., 2016. 9. 6.〉

③ 소관 행정기관의 장은 제2항에 따라 인증기관 지정서를 신고인에게 발급하였을 때에는 다음 각 호의 사항을 관보에 게재하여 고시하여야 한다. 〈개정 2013. 12. 12., 2016. 9. 6.〉

1. 인증기관명 및 대표자
2. 주된 사무소 및 지방사무소의 소재지
3. 인증업무의 범위
4. 인증기관의 지정번호 및 지정일

제23조(수수료 등) ① 인증기관으로 지정받으려는 자는 별표 14에서 정한 수수료를 소관 행정기관의 장에게 수입인지로 내야 한다. 〈개정 2013. 12. 12., 2016. 9. 6.〉

② 법 제15조제1항 또는 법 제16조제1항에 따른 제품 또는 서비스의 인증을 받으려는 자, 법 제19조제1항에 따른 정기심사를 받으려는 자 및 같은 조 제2항에 따른 이전심사를 받으려는 자는 별표 14에서 정한 비용

및 수수료를 인증기관에 현금으로 내야 한다. 〈개정 2017. 6. 2.〉

③ 소관 행정기관의 장 및 인증기관의 장은 제1항 및 제2항에도 불구하고 정보통신망을 이용하여 전자화폐 · 전자결제 등의 방법으로 비용 및 수수료를 내게 할 수 있다. 〈개정 2013. 12. 12., 2016. 9. 6.〉

[제목개정 2013. 1. 29.]

**제24조(자료 제출)** ① 인증받은자는 법 제38조제3항에 따라 다음 각 호의 자료를 그 사유가 발생한 날부터 10일 이내에 인증기관에 제출하여야 한다.

1. 인증제품 제조 또는 인증서비스 제공의 중단사유 및 중단기간(3개월 이상 중단하는 경우에만 해당한다)

2. 인증제품 제조 또는 인증서비스 제공을 다시 시작한 날짜(인증제품 제조 또는 인증서비스 제공을 중단한 자가 그 제조 또는 제공을 다시 시작하는 경우에만 해당한다)

3. 인증제품 제조공장 또는 인증서비스 사업장의 이전을 마친 날짜(인증제품 제조공장 또는 인증서비스 사업장을 이전하는 경우에만 해당한다)

4. 명령에 따른 시정 결과(법 제21조에 따라 표시의 제거 · 표시의 정지 또는 판매의 정지 등의 명령을 받은 자가 명령 받은 사항을 시정한 경우에만 해당한다)

② 소관 행정기관의 장은 영 제32조에 따라 권한을 위임 또는 위탁받아 그 업무를 처리하였을 때에는 그 실적을 매 반기 종료 후 15일 이내에 산업통상자원부장관에게 제출하여야 한다. 〈개정 2013. 3. 23., 2013. 12. 12., 2015. 7. 29., 2016. 9. 6.〉

**제25조(문서의 비치 · 보존)** ① 인증기관은 법 제38조제4항에 따라 다음 각 호의 문서를 비치 · 보존하여야 한다. 다만, 제3호부터 제5호까지, 제5호의2 및 제6호의 문서는 3년간 비치 · 보존하여야 한다. 〈개정 2009. 11. 20., 2017. 6. 2.〉

1. 인증업무규정

2. 인증심사원의 채용 및 관리에 관한 자료

3. 인증심사에 관한 서류

4. 별지 제18호서식의 인증심사대장

5. 정기심사에 관한 서류

5의2. 이전심사에 관한 서류

6. 인증취소에 관한 서류

② 인증받은자는 법 제38조제4항에 따라 다음 각 호의 문서를 3년간 비치·보존하여야 한다.

1. 인증제품의 제조설비 및 검사설비 또는 인증서비스의 제공설비의 관리에 관한 서류

2. 인증제품의 자체검사 실적에 관한 서류

3. 인증제품 또는 인증서비스의 품질관리에 관한 서류

제26조(이의신청의 절차 등) ① 법 제39조제1항에 따라 인증제품 또는 인증서비스에 대한 이의를 신청하려는 자는 다음 각 호의 사항을 적은 이의신청서를 해당 인증기관에 제출하여야 한다. 〈개정 2015. 7. 29.〉

1. 신청인의 성명(법인인 경우에는 법인명 및 대표자의 성명) 및 주소

2. 인증제품 또는 인증서비스의 종류·등급·호칭 또는 모델(종류·등급·호칭 또는 모델이 정하여져 있는 경우에만 해당한다)

3. 인증제품의 제조공장명 또는 인증서비스의 제공 사업장명

4. 인증제품의 구입 장소, 판매인의 성명(판매인이 법인인 경우에는 법인명 및 대표자 성명), 주소 또는 인증서비스의 제공장소, 제공자의 성명(제공자가 법인인 경우에는 법인명 및 대표자의 성명), 주소

5. 이의신청의 사유

② 인증기관은 제1항에 따른 이의신청을 받으면 그 사실 여부를 조사하여 인증제품 또는 인증서비스가 해당 한국산업표준에 맞지 아니하다고 인정하는 경우에는 그 인증받은자에 대하여 이의신청을 한 자에게 해당 인증제품 또는 인증서비스를 교환, 수리, 환불 또는 보상하여 주도록 요청하여야 한다.

③ 인증기관은 제2항에 따른 조사결과 인증제품 또는 인증서비스가 해당 한국산업표준에 맞지 아니하여 많은 소비자에게 피해가 발생하거나 회복하기 어려운 피해가 발생할 우려가 현저하다고인정하는 경우에는 소관 행정기관의 장에게 법 제20조제1항에 따른 시판품조사 또는 현장조사를 하도록 건의하여야 한다. 〈개정 2013. 12. 12., 2016. 9. 6.〉

제27조(시판품조사 등을 위한 지원요청) 소관 행정기관의 장은 시판품조사 등을 하는 경우에는 영 제32조제4항에 따라 산업표준화의 촉진 또는 소비자 보호를 목적으로 하는 비영리법인을 인증제품의 품목별 또는 인증서비스의 분야별 품질관리단체로 지정하여 인력 등의 지원을 요청할 수 있다. 〈개정 2013. 12. 12., 2016. 9. 6.〉

제28조(과태료의 징수절차) 영 제33조제4항에 따른 과태료의 징수절차에 관하여는 「국고금관리법 시행규칙」을 준용한다.


**부칙** 〈제11호, 2008. 6. 3.〉

제1조(시행일) 이 규칙은 공포한 날부터 시행한다. 다만, 제20조제1항제3호의 개정규정은 2010년 1월 1일부터 시행한다.

제2조(정기심사의 주기 등에 관한 적용례) 제16조제1항의 개정규정은 2009년 1월 1일 이후 최초로 정기심사를 받는 것부터 적용한다.

제3조(다른 법령의 개정) ① 부품·소재전문기업 등의 육성에 관한 특별조치법 시행규칙 일부를 다음과 같이 개정한다.
제12조 중 "「산업표준화법」 제29조"를 "「산업표준화법」 제32조"로 한다.
② 석유 및 석유대체연료 사업법 시행규칙 일부를 다음과 같이 개정한다.
제28조제1항제1호 중 "「산업표준화법」 제11조"를 "「산업표준화법」 제15조"로 한다.
③ 열사용기자재 관리규칙 일부를 다음과 같이 개정한다.
제34조 본문 중 "「산업표준화법」 제10조의 규정에 의한 한국산업규격(이

하 "한국산업규격"이라 한다)"을 "「산업표준화법」 제12조에 따른 한국산업표준(이하 "한국산업표준"이라 한다)"으로 하고, 같은 조 단서 중 "한국산업규격"을 "한국산업표준"으로 한다.

④ 유통산업발전법 시행규칙 일부를 다음과 같이 개정한다.

제3조 각 호 외의 부분 중 "「산업표준화법」 제4조"를 "「산업표준화법」 제5조"로 한다.

제13조제2항 본문 중 "「산업표준화법」 제10조에 따른 한국산업규격"을 "「산업표준화법」 제12조에 따른 한국산업표준"으로 하고, 같은 항 단서 중 "한국산업규격"을 각각 "한국산업표준"으로 한다.

⑤ 전기용품안전 관리법 시행규칙 일부를 다음과 같이 개정한다.

제9조제2호를 다음과 같이 한다.

2. 「산업표준화법」 제15조에 따른 제품인증을 받은 것

⑥ 중소기업진흥 및 제품구매촉진에 관한 법률 시행규칙 일부를 다음과 같이 개정한다.

제6조제1항 중 "「산업표준화법」 제28조"를 "「산업표준화법」 제27조제2항"으로 한다.

⑦ 품질경영 및 공산품안전관리법 시행규칙 일부를 다음과 같이 개정한다.

제16조제1항제2호를 다음과 같이 한다.

2. 「산업표준화법」 제15조에 따라 외국제품 등의 제품인증을 받은 경우

**제4조(다른 법령과의 관계)** 이 규칙 시행 당시 다른 법령에서 종전의 「산업표준화법 시행규칙」 또는 그 규정을 인용한 경우 이 규칙 가운데 그에 해당하는 규정이 있으면 종전의 규정을 갈음하여 이 규칙 또는 이 규칙의 해당 규정을 인용한 것으로 본다.


**부칙** 〈제102호, 2009. 11. 20.〉

**제1조(시행일)** 이 규칙은 공포한 날부터 시행한다. 다만, 별표 14의 개정규정은 2010년 1월 1일부터 시행한다.

제2조(인증심사기준 등에 관한 적용례) 별표 8 및 별표 9의 개정규정은 2010년 1월 1일 이후 최초로 인증을 신청하는 자부터 적용한다.

제3조(수수료에 관한 적용례) 별표 14의 개정규정은 2010년 1월 1일 이후 최초로 인증을 신청하는 자부터 적용한다.

제4조(인증심사원의 자격 부여 절차 등에 관한 적용례) 제15조1항의 개정규정은 2010년 1월 1일 이후 최초로 인증심사원증의 발급을 신청하는 자부터 적용한다.

**부칙** 〈제271호, 2012. 10. 5.〉 **(법령서식 개선을 위한 계량에 관한 법률 시행규칙 등 일부개정령)**

제1조(시행일) 이 규칙은 공포일부터 시행한다.

제2조(서식 개정에 관한 경과조치) 이 규칙 시행 당시 종전의 규정에 따른 서식은 계속하여 사용하되, 이 규칙에 따라 개정된 부분은 수정하여 사용한다.

**부칙** 〈제285호, 2013. 1. 29.〉

제1조(시행일) 이 규칙은 공포한 날부터 시행한다.

제2조(정기심사 중 제품심사에 관한 적용례) 제16조제1항제1호 단서의 개정규정은 이 규칙 시행 후 제품심사를 신청하는 자부터 적용한다.

제3조(품질시험 생략에 관한 적용례) 별표 9 제2호나목 단서의 개정규정은 이 규칙 시행 후 최초로 인증심사 및 정기심사를 신청하는 자부터 적용한다.

제4조(사업장심사의 면제에 관한 적용례) 별표 9 제3호다목의 개정규정은 이 규칙 시행 후 서비스인증을 신청하는 자부터 적용한다.

제5조(인증심사원 출장비에 관한 적용례) 별표 14 제2호나목의 개정규정은 이 규칙 시행 후 출장을 신청하는 자부터 적용한다.

제6조(정기심사 중 제품심사에 관한 경과조치) 이 규칙 시행 당시 종전의 제16조제1항제1호 단서에 따라 정기심사 중 제품심사에 적합한 것으로 심사된 경우(최초 및 2년차 제품심사에서 연속하여 2회 적합한 것으로 심사되고 그 다음 1회의 제품심사를 면제받은 후 4년차에서 또 다시 적합한 것으로 심사된 경우만 해당한다)에는 제16조제1항제1호 단서의 개정규정에도 불구하고 종전의 규정에 따른다.

**부칙** 〈제1호, 2013. 3. 23.〉 **(산업통상자원부와 그 소속기관 직제 시행규칙)**

제1조(시행일) 이 규칙은 공포한 날부터 시행한다. 〈단서 생략〉

제2조부터 제6조까지 생략

제7조(다른 법령의 개정) ①부터 ㉔까지 생략

㉕ 산업표준화법 시행규칙 일부를 다음과 같이 개정한다.

제4조 각 호 외의 부분 단서 및 제24조제2항의 "농림수산식품부장관"을 각각 "농림축산식품부장관 및 해양수산부장관"으로 한다.

제16조제3항제3호 및 제24조제2항 중 "지식경제부장관"을 각각 "산업통상자원부장관"으로 한다.

별표 14 제2호가목 중 "농수축산물가공식품의 경우에는 농림수산식품부장관"을 "농축산물가공식품의 경우에는 농림축산식품부장관, 수산물가공식품의 경우에는 해양수산부장관"으로 하고, 같은 호 다목 중 "농수축산물가공식품의 경우에는 농림수산부장관"을 "농축산물가공식품의 경우에는 농림축산식품부장관, 수산물가공식품의 경우에는 해양수산부장관"으로 한다.

㉖부터 〈63〉까지 생략

**부칙** 〈제38호, 2013. 12. 12.〉 **(산업통상자원부와 그 소속기관 직제 시행규칙)**

제1조(시행일) 이 규칙은 2013년 12월 12일부터 시행한다.

제2조 및 제3조 생략

제4조(다른 법령의 개정) ①부터 ③까지 생략

④ 산업표준화법 시행규칙 일부를 다음과 같이 개정한다.

제2조제3항 각 호 외의 부분, 같은 조 제4항 본문, 제3조 각 호 외의 부분, 제5조제1항 각 호 외의 부분, 같은 조 제2항 본문·제3항·제4항, 같은 조 제5항 각 호 외의 부분, 제7조, 제8조제1항 각 호 외의 부분, 같은 조 제2항 각 호 외의 부분, 제15조제1항 각 호 외의 부분, 같은 조 제2항, 제16조제1항제2호 단서, 같은 조 제3항제3호, 같은 조 제6항, 제18조제1항제1호·제2호, 같은 조 제2항, 같은 조 제3항, 제19조제5항, 제20조제3항, 제22조제1항 각 호 외의 부분 본문·단서, 같은 조 제2항, 같은 조 제3항 각 호 외의 부분, 제23조제1항·제3항, 제24조제2항, 제26조제3항 및 제27조 중 "기술표준원장"을 각각 "국가기술표준원장"으로 한다.

⑤부터 ⑪까지 생략

**부칙** 〈제114호, 2015. 1. 23.〉

제1조(시행일) 이 규칙은 공포한 날부터 시행한다. 다만, 별표 8 및 별표 9의 개정규정은 2015년 7월 7일부터 시행한다.

제2조(인증표시에 관한 경과조치) 이 규칙 시행 당시 법 제15조제1항 또는 법 제16조제1항에 따라 인증을 받은 자와 법 제19조제1항에 따라 정기심사를 받은 자는 별표 4의 한국산업표준(서비스) 표시 도표, 별표 5의 한국산업표준(농수축산물 가공식품) 표시 도표, 별표 7의 서비스 사업장 표시판의 개정규정에도 불구하고 인증 또는 정기심사를 받은 날부터 제16조제1항 각 호에 따른 기간 동안 종전의 규정에 따라 인증표시를 할 수 있다.

제3조(정기심사의 주기에 관한 경과조치) 이 규칙 시행 당시 제16조제1항제1호 본문에 따라 2015년 7월 6일까지 정기심사의 주기가 도래하는 자는

제16조제1항 각 호 외의 부분 및 제3항의 개정규정에도 불구하고 종전의 규정에 따른다.

**부칙** 〈제143호, 2015. 7. 29.〉

이 규칙은 2015년 7월 29일부터 시행한다.

**부칙** 〈제216호, 2016. 9. 6.〉

이 규칙은 공포한 날부터 시행한다.

**부칙** 〈제239호, 2017. 1. 26.〉

제1조(시행일) 이 규칙은 2017년 1월 28일부터 시행한다.

제2조(다른 법령의 개정) 산업기술혁신 촉진법 시행규칙 일부를 다음과 같이 개정한다.

제2조제1항제2호, 제2조의4제1항제3호 및 제2조의5제1항제3호 중 "「품질경영 및 공산품안전관리법」 제2조제2호에 따른 품질경영체제를 갖추고 있는지에 대한 설명자료"를 각각 "「산업표준화법」 제2조제3호에 따른 품질경영과 관련된 활동을 하고 있는지에 대한 설명자료"로 한다.

별지 제1호서식 앞쪽의 제출서류란 제2호 중 "「품질경영 및 공산품안전관리법」 제2조제2호에 따른 품질경영체제를 갖추고 있는지에 대한 설명자료"를 "「산업표준화법」 제2조제3호에 따른 품질경영과 관련된 활동을 하고 있는지에 대한 설명자료"로 한다.

별지 제5호서식의 제출서류란 제3호 중 "「품질경영 및 공산품안전관리법」 제2조제2호에 따른 품질경영체제를 갖추고 있는지에 대한 설명자료"를 "「산업표준화법」 제2조제3호에 따른 품질경영과 관련된 활동을 하고 있는지에 대한 설명자료"로 한다.

별지 제7호서식 앞쪽의 제출서류란 제3호 중 "「품질경영 및 공산품안전

관리법」제2조제2호에 따른 품질경영체제를 갖추고 있는지에 대한 설명자료"를 "「산업표준화법」제2조제3호에 따른 품질경영과 관련된 활동을 하고 있는지에 대한 설명자료"로 한다.

**부칙** 〈제260호, 2017. 6. 2.〉

제1조(시행일) 이 규칙은 2017년 6월 3일부터 시행한다.

제2조(이전심사의 주기·절차·방법 등에 관한 적용례) 제16조의 개정규정은 이 규칙 시행 이후 공장이나 사업장의 이전을 완료하는 경우부터 적용한다.

제3조(인증기관 지정 신청의 처리기간에 관한 적용례) 별지 제4호서식 처리기간란의 개정규정은 이 규칙 시행 이후 인증기관 지정신청서를 소관 행정기관의 장에게 제출하는 경우부터 적용한다.

**부칙** 〈제270호, 2017. 9. 5.〉

이 규칙은 공포한 날부터 시행한다.

## 인증업무의 범위(제4조제4호 관련)

| 인증업무의 범위 | 인증품목(인증분야) |
|---|---|
| 기　　　본 | 부문기호 A로 분류되는 지정품목 |
| 기　　　계 | 부문기호 B로 분류되는 지정품목 |
| 전 기 전 자 | 부문기호 C로 분류되는 지정품목 |
| 금　　　속 | 부문기호 D로 분류되는 지정품목 |
| 광　　　산 | 부문기호 E로 분류되는 지정품목 |
| 건　　　설 | 부문기호 F로 분류되는 지정품목 |
| 일　용　품 | 부문기호 G로 분류되는 지정품목 |
| 식　　　품 | 부문기호 H로 분류되는 지정품목 |
| 환　　　경 | 부문기호 I로 분류되는 지정품목 |
| 생　　　물 | 부문기호 J로 분류되는 지정품목 |
| 섬　　　유 | 부문기호 K로 분류되는 지정품목 |
| 요　　　업 | 부문기호 L로 분류되는 지정품목 |
| 화　　　학 | 부문기호 M로 분류되는 지정품목 |
| 의　　　료 | 부문기호 P로 분류되는 지정품목 |
| 품 질 경 영 | 부문기호 Q로 분류되는 지정분야 |
| 수 송 기 계 | 부문기호 R로 분류되는 지정품목 |
| 서　비　스 | 부문기호 S로 분류되는 지정분야 |
| 물　　　류 | 부문기호 T로 분류되는 지정분야 |
| 조　　　선 | 부문기호 V로 분류되는 지정품목 |
| 항 공 우 주 | 부문기호 W로 분류되는 지정품목 |
| 정　　　보 | 부문기호 X로 분류되는 지정품목 |

주 : 이 표에서 "부문기호"란 법 제12조에 따른 한국산업표준(KS)의 부문기호를 말한다.

[별표 2] 〈개정 2015.1.23〉

## 인증기관의 지정취소 및 업무정지에 관한 처분기준(제6조 관련)

### 1. 일반기준

가. 위반행위가 둘 이상이면 그 중 무거운 처분기준(무거운 처분기준이 동일하면 그 중 하나의 처분기준을 말한다. 이하 같다)에 따른다.

나. 위반행위의 횟수에 따른 행정처분기준은 그 위반행위가 있던 날 이전 최근 1년 간(2. 개별기준의 나목의 경우에는 최근 2년간) 같은 위반행위로 행정처분을 받은 경우에 적용한다.

다. 위반행위의 동기, 위반 정도, 그 밖에 사정을 고려할 만한 사유가 있는 경우에는 제2호의 개별기준에서 정한 업무정지기간의 2분의 1의 범위에서 그 기간을 줄일 수 있다.

### 2. 개별기준

| 위반행위 | 근거법령 | 처분기준 | | | |
|---|---|---|---|---|---|
| | | 1차 | 2차 | 3차 | 4차 |
| 가. 거짓이나 그 밖의 부정한 방법으로 인증기관의 지정을 받은 경우 | 법 제14조 제1항제1호 | 지정취소 | – | – | – |
| 나. 정당한 사유 없이 1년 이상 계속하여 인증업무를 하지 않은 경우 | 법 제14조 제1항제2호 | 경고 | 업무정지 6개월 | 지정취소 | – |
| 다. 제4조에 따른 인증기관의 지정기준에 적합하지 않게 된 경우 | 법 제14조 제1항제3호 | | | | |
| 1) 제4조제2호 또는 제4호를 위반한 경우 | | 업무정지 3개월 | 업무정지 6개월 | 지정취소 | |
| 2) 제4조제3호 또는 제5호를 위반한 경우 | | 경고 | 업무정지 3개월 | 업무정지 6개월 | 지정취소 |
| 라. 법 제20조에 따른 조사결과 인증기관이 고의로 품질불량인 제품 또는 서비스를 인증한 경우 | 법 제14조 제1항제4호 | 업무정지 6개월 | 지정취소 | – | – |
| 마. 법 제20조에 따른 조사결과 인증기관이 중대한 과실로 품질불량인 제품 또는 서비스를 인증한 경우 | 법 제14조 제1항제4호 | 업무정지 3개월 | 업무정지 6개월 | 지정취소 | – |

## 한국산업표준 표시 도표(제12조제2항 관련)

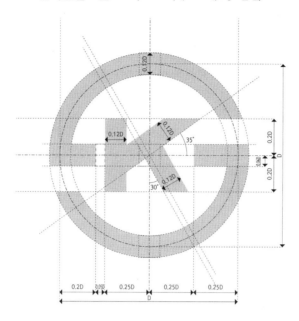

◉ 표시 도표 그리는 방법

### 1. 기준선

수평 및 수직 2중선을 긋고, 그 교점을 중심으로 하여 지름 D인 원을 그린다.

### 2. 자획의 폭

S자 및 K자 획의 폭은 0.12D로 한다.

### 3. S자

가. 원의 원획: 지름 D인 기준원을 중심으로 폭 0.12D인 동심원을 그린다. 상반
   원 우단은 수평 중심선으로부터 위로 거리 0.2D인 점에서 수평으로 긋고, 좌
   단은 수평획과 연결한다. 하반원 좌단은 수평 중심선에서 밑으로 거리 0.2D인
   점에서 수평으로 긋고, 우단은 수평획에 연결한다.

나. 수평획: 수평중심선을 중심으로 상하 수직선을 그어 자획의 폭을 만든다. 좌수
평획 좌단은 원획에 연결하고, 우단은 중심에서 거리 0.2D인 점에 수직으로
그어 좌수평획을 만든다. 우수평획 우단은 원획에 연결하고, 좌단은 중심에서
0.25D인 점에 수직으로 그어 우수평획을 만든다.

## 4. K자

가. 수직획: 수직중심선에서 좌로 거리 0.25D인 점에 수직선을 그어 수직획의 좌
한선으로 하고, 자획의 폭은 오른쪽으로 넓히며, 수평중심선에서 상하 0.2D인
점에서 수평을 그어 수직획을 만든다.

나. 윗방향의 경사획: 중심을 지나고 수평중심선과 35°의 각도를 이루도록 좌선시
킨 사선을 하한선으로 하고, 자획의 폭을 위쪽으로 넓히며, 좌단은 수직획과
연결하고, 우단 수평 중심선에서 위로 거리 0.2D인 점에서 수평으로 그어 윗
방향의 경사획을 만든다.

다. 아랫방향의 경사획: 중심으로부터 수직 아래로 거리 0.06D인 점에서 수직 중
심선과 30°의 각도를 이루도록 투시시킨 사선을 좌한선으로 하고, 좌획의 폭
은 오른쪽으로 넓히며, 수평중심선에서 밑으로 0.2D인 점에서 수평으로 그어
아랫방향의 경사획을 만든다.

## 5. 표 시

도표구성선은 모두 한 가지 색으로 하되 색상은 제한하지 않는다.

[별표 4] 삭제 〈2015.1.23〉

[별표 5] 삭제 〈2015.1.23〉

[별표 6]

## 공장 표시판(제12조제3항 관련)

1. 표시판의 크기는 가로 450mm, 세로 300mm로 한다.
2. 'KS 인증 공장'이라는 글자는 고딕체로 한다.
3. '인증번호 및 가공기술 품명'이라는 글자는 명조체로 한다.
4. 표시문자와 인증마크의 색은 따로 규정하지 아니한다.
5. 인증품목이 2개 이상인 경우에는 가로 450mm, 세로 60mm의 보조 표시판에 인증번호와 품목명을 적어 표시판 아래에 붙인다.
6. 앞판의 문자표시 부분의 재질은 스테인리스 스틸을 기본으로 한다.

[별표 7] 〈개정 2015.1.23〉

## 서비스 사업장 표시판(제12조제3항 관련)

1. 표시판의 크기는 가로 450mm, 세로 300mm로 한다.
2. 'KS 인증 사업장'이라는 글자는 고딕체로 한다.
3. '인증번호 및 인증서비스명'이라는 글자는 명조체로 한다.
4. 표시문자와 인증마크의 색은 따로 규정하지 아니한다.
5. 인증서비스 분야가 2개 이상인 경우에는 가로 450mm, 세로 60mm인 보조 표시판에 인증번호와 인증서비스명을 적어 표시판 아래에 붙인다.
6. 앞판의 문자표시 부분의 재질은 스테인리스 스틸을 기본으로 한다.

# 인증심사기준(제13조 관련)

## Ⅰ. 제품분야

### 1. 일반심사기준

#### 가. 품질경영 관리

| 심사사항 | 심사기준 |
|---|---|
| 1) 사내표준화 및 품질경영의 추진 | 가) 경영책임자는 표준화 및 품질경영을 합리적으로 추진해야 한다.<br>나) 기업의 사내표준 및 관리규정은 한국산업표준(KS)을 기반으로 회사 규모에 따라 적합하게 수립하고 회사 전체 차원에서 적용해야 한다.<br>다) 품질경영의 추진계획은 해당 한국산업표준(KS) 및 인증심사기준의 요구 수준 이상으로 보증할 수 있도록 입안해야 한다. |
| 2) 사내표준화와 품질경영의 도입 및 확산을 위한 활동 | 가) 품질경영을 총괄하는 품질경영부서(임직원이 20인 이하 기업은 품질관리담당자)는 독립적으로 운영해야 한다.<br>나) 제안 활동 또는 소집단 활동 등을 통해 품질개선 활동을 실시하고, 사내표준화와 품질경영 활동 전반에 대해 자체점검을 1년 이내의 주기로 실시하여 그 결과를 경영에 반영해야 한다. |

#### 나. 자재 관리

| 심사사항 | 심사기준 |
|---|---|
| 1) 검사항목 | 한국산업표준(KS)에 따른 주요 자재명 및 자재별 검사항목을 사내표준에 규정해야 한다. 다만, 주요 자재관리 목록(부품, 모듈 및 재료 등)은 인증기관에 심사 전 제출하여 적정성을 확인받아야 하며, 심사 후에도 변경사항이 있을 경우 인증기관의 승인을 받아야 한다. |
| 2) 자재 품질기준 | 자재의 품질기준은 생산제품의 품질이 한국산업표준(KS) 수준 이상으로 보증될 수 있도록 규정해야 한다. |
| 3) 검사방법 | 자재의 검사방법은 제품의 품질이 한국산업표준(KS) 수준 이상으로 보증될 수 있도록 한국산업표준(KS)에 규정된 품질관리기법을 활용하여 규정해야 한다. |

| 4) 이행사항 | 사내표준에 따라 자재를 인수할 때에는 품질검사(이하 이 표에서 "인수검사"라 한다) 및 자재관리를 해야 한다. |

〈비고〉
1. 자재는 한국산업표준(KS) 인증제품을 우선적으로 사용해야 하고, 한국산업표준 (KS) 인증제품 또는 양질의 자재라고 인정될 때에는 자재를 공급하는 업체의 시험성적서, 외부공인 시험기관의 시험성적서, 부품을 자체 제조하는 경우에는 공정관리 기록 등으로 인수검사를 갈음할 수 있다.
2. 인증을 받은 기업은 제품의 종류, 공정의 특수성 및 제조기술의 개발에 따라 자재를 대체 또는 생략하거나 검사항목을 늘리거나 줄일 수 있으며, 이러한 경우 변경사항을 인증기관에 제출하여 승인을 받아야 한다. 변경사항을 인증기관에 제출하지 않고 자재를 대체하거나 생략한 경우, 인증기관은 해당 제품이 한국산업표준(KS)에 현저히 맞지 않은 것으로 간주하여 인증을 취소할 수 있다.

다. 공정·제조설비 관리

| 심사사항 | 심사기준 |
|---|---|
| 1) 검사 또는 관리 항목 | 한국산업표준(KS)에 따른 주요 공정명 및 공정별 검사 또는 관리항목, 주요 제조설비명을 사내표준에 구체적으로 규정해야 한다. |
| 2) 검사 또는 공정관리 방법 | 제품의 품질이 한국산업표준(KS) 수준 이상으로 보증될 수 있도록 한국산업표준(KS)에 규정된 적절한 관리기법을 적용하여 중간검사 또는 공정관리 방법을 규정해야 한다. |
| 3) 이행사항 | 공정관리자가 사내표준에 따라 중간 검사·관리를 하여 그 결과를 기록·활용할 수 있어야 한다. |
| 4) 제조 작업표준 | 각 공정에 대하여 사용설비, 작업방법, 작업조건, 작업상의 유의사항 등을 규정하고 이에 따라 작업을 실시해야 한다. |

〈비고〉
1. 공정에 대해서는 외주가공을 허용하되, 외주가공을 하려는 자는 그 공정에 대한 관리규정을 정하여 제품의 품질이 한국산업표준(KS) 수준 이상으로 보증되도록 관리해야 한다. 필요한 경우 인증기관은 공장심사 시 외주가공 업체에 대한 현장 확인을 실시할 수 있다.
2. 해당 제품을 생산하기에 적합한 제조설비를 보유하고, 설비의 성능을 유지하기 위한 점검, 보수, 윤활관리 등의 관리규정을 구체적으로 정하여 이에 따라 실시해야 한다. 다만, 공정관리에서 외주가공이 허용된 경우에는 제조설비를 보유하지 않아도 된다.
3. 지정된 설비관리자가 설비관리규정에 따라 관리할 수 있어야 한다.

라. 제품 관리

| 심사사항 | 심사기준 |
|---|---|
| 1) 제품 설계 및 개발 절차·계획 | 제품의 설계 및 개발 절차를 사내표준에 구체적으로 규정해야 한다. |
| 2) 제품 품질검사 항목 | 제품의 검사항목 및 품질기준을 구체적으로 사내표준에 규정해야 하고, 제품의 품질기준은 한국산업표준(KS)에서 정한 품질검사 항목을 포함하여 그 수준 이상이어야 한다. |
| 3) 검사 방법 | 제품의 검사방법은 제품의 품질이 한국산업표준(KS) 수준 이상으로 보증될 수 있도록 한국산업표준(KS)에 규정된 적절한 검사방법을 적용해야 한다. |
| 4) 이행사항 | 가) 사내 표준에 따라 제품의 설계 및 개발을 이행하고, 관련 활동에 대한 계획을 수립·유지해야 한다.<br>나) 제품의 품질에 대한 사내 표준에 따라 검사를 실시하고 그 기록을 공정 개선 및 제품의 품질 향상에 활용해야 한다.<br>다) 제품시험 검사자가 한국산업표준(KS) 및 사내표준에 따라 시험검사를 할 수 있어야 한다. |

〈비고〉
1. 중간검사와 중복되는 제품검사의 항목은 중간검사로 갈음할 수 있다.
2. 제품이 한국산업표준(KS) 수준 이상으로 관리될 수 있도록 일정한 주기를 정하여 시험한 외부 공인시험기관의 시험성적서를 보유한 경우 그 시험항목에 대하여는 제품시험을 생략할 수 있다.
3. 심사원은 제품 시험검사자의 시험 수행능력을 확인하기 위해 제품의 주요 검사항목에 대한 현장 입회시험을 실시할 수 있다.
4. 공장심사와 별도로 제품의 설계평가가 필요한 경우, 한국산업표준(KS)에 따른 품목별 인증심사기준에 규정하여 실시할 수 있다.

마. 시험·검사설비의 관리

| 심사사항 | 심사기준 |
|---|---|
| 1) 주요 설비명 | 한국산업표준(KS) 및 인증심사기준에서 정한 주요 시험·검사설비를 포함하여 시험·검사설비명을 사내표준에 구체적으로 규정해야 한다. |
| 2) 이행사항 | 가) 해당 한국산업표준(KS)에 규정되어 있는 품질의 특성과 자재 및 제품을 검사하기 위해 필요한 시험·검사설비를 보유한 경우에는 설비의 정밀도·정확도를 유지하기 위해 「국가표준기본법」 제3조제17호에 따른 교정을 실시하되, 사용빈도와 측정기의 특성 등을 고려하여 회사의 실정에 맞는 시험·검사설비의 관리규정을 정하고 이에 따라 실시해야 한다. |

|  | 나) 정밀도와 정확도를 확인하기 위한 시험·검사설비의 설치장소가 적정하고, 시험·검사설비의 사용 상황을 체계적으로 관리하고 있어야 하며, 시험·검사설비 관리자는 시험·검사설비의 관리규정에 따라 관리할 수 있어야 한다. |
|  | 다) 시험·검사설비를 보유하지 않아, 외부설비를 사용한 경우에는 제품이 한국산업표준(KS) 수준 이상으로 관리될 수 있도록 관리규정을 정하고 사용계약을 체결하여 체계적으로 관리해야 한다. |

〈비고〉
1. 한국산업표준(KS)에 따른 품목별 인증심사기준에 주요 시험·검사설비명을 구체적으로 규정해야 한다.
2. 제품이 한국산업표준(KS) 수준 이상으로 관리될 수 있도록 일정한 주기를 정하여 외부설비를 사용하거나 외부공인시험기관의 시험성적서로 품질관리를 대신하는 경우 그 시험항목에 대한 시험·검사설비를 갖추지 않아도 된다. 다만, 공인시험기관을 제외한 외부설비를 사용한 경우 공장심사 시 외부설비 업체에 대한 현장확인을 실시할 수 있다.

바. 소비자보호 및 환경·자원관리

| 심사사항 | 심사기준 |
|---|---|
| 1) 소비자보호 | 가) 소비자가 제기한 불만사례의 경로를 추적하여 원인을 분석하고 개선 및 재발방지 조치를 해야 한다.<br>나) 소비자에게 제품의 사용 등에 대한 정보를 제공하고 소비자의 불만 및 피해보상에 대해 처리방법을 규정해야 한다. |
| 2) 환경관리 | 가) 한국산업표준(KS)에 따른 제품 요구사항의 적합성을 달성하기 위해 필요한 작업환경을 사내표준에 규정하고 지속적으로 관리해야 한다.<br>나) 청정한 작업환경을 조성하기 위한 활동이 회사 전체적으로 실행되고 지속적으로 관리되어야 한다.<br>다) 작업능률의 향상과 종업원의 안전 및 복지를 고려한 작업환경을 갖추어야 한다. |
| 3) 자원관리 | 가) 교육훈련계획에 따라 종업원에게 표준화 및 품질경영에 관한 교육·훈련을 실시하고, 생산·품질경영부서의 경영간부에 대해 표준화 및 품질경영 전문교육기관의 교육실적이 있어야 한다.<br>나) 품질경영을 효과적으로 추진할 수 있도록 자격을 갖춘 품질관리 담당자를 확보해야 한다.<br>다) 품질관리 담당자는 다음의 직무를 수행해야 한다.<br>  (1) 사내표준화와 품질경영에 대한 계획의 입안 및 추진 |

 (2) 사내표준의 제정·개정 등에 대한 총괄

 (3) 제품 및 가공품의 품질수준 평가

 (4) 각 공정별 사내표준화 및 품질관리의 실시에 관한 지도·조언 및 부문 간의 조정

 (5) 공정에서 발생하는 문제점 해결과 조치, 개선대책에 관한 지도 및 조언

 (6) 종업원에 대한 사내표준화 및 품질경영에 관한 교육훈련 추진

 (7) 부품을 제조하는 다른 업체에 대한 관리에 관한 지도 및 조언

 (8) 불합격품 또는 부적합 사항에 대한 조치

 (9) 해당 제품의 품질검사 업무 관장

## 2. 한국산업표준(KS)에 따른 품목별 심사기준

가. 한국산업표준(KS)에 따른 품목별 심사기준은 제1호의 일반심사기준에 다음의 1)부터 6)까지의 사항을 포함하여 인증기관이 한국산업표준(KS)에 따른 품목별 특성에 적합한 심사기준을 따로 정한다.

 1) 품목별 특성을 고려할 때 제1호의 일반심사기준 중에서 일부 변경이 필요한 사항

 2) 품목별 인증을 위한 심사기준, 절차·방법 등 한국산업표준(KS)에서 별도로 정한 사항

 3) 제품시험을 위한 샘플링방식

 4) 제품시험 결과에 따른 결함 구분(경결함, 중결함, 치명결함)

 5) 제품인증표시 방법

 6) 제품의 인증 구분(종류·등급·호칭 또는 모델) 등

나. 한국산업표준(KS)에 따른 품목별 심사기준의 표지에는 1)부터 4)까지의 사항을 명시해야 한다.

 1) 한국산업표준(KS)번호

 2) 한국산업표준(KS)명

 3) 제정 연월일

 4) 개정 연월일(개정한 경우에만 해당된다)

## II. 서비스 분야

### 1. 사업장심사기준

가. 서비스 품질경영 관리

| 심사사항 | 심사기준 |
|---|---|
| 1) 사내표준화·품질경영의 추진 | 가) 경영책임자는 표준화와 품질경영을 합리적으로 추진해야 한다.<br>나) 기업의 서비스 사내표준 및 관리 규정은 한국산업표준(KS)을 기반으로 회사 규모에 따라 적합하게 수립하여 회사 전체 차원에서 적용되어야 한다.<br>다) 품질경영의 추진계획은 해당 한국산업표준(KS) 및 인증심사기준의 요구수준 이상으로 유지할 수 있도록 입안해야 한다. |
| 2) 서비스품질의 도입 및 확산 | 가) 서비스 품질경영을 총괄하는 품질경영부서는 독립적으로 운영해야 한다.<br>나) 품질경영을 위한 제안활동 또는 그 밖에 표준화와 품질경영의 도입 및 확산을 위해 노력하고, 사내표준화와 품질경영체제 전반에 대한 자체점검을 1년 이내의 주기로 실시하여 그 결과를 서비스품질 경영에 반영해야 한다. |

나. 서비스 운영체계

| 심사사항 | 심사기준 |
|---|---|
| 서비스 운영체계 | 가) 서비스 운영체계에 대한 사항을 한국산업표준(KS) 수준 이상으로 사내표준에 규정하고 이에 따라 조직 및 서비스 업무 수행시스템을 구축해야 한다.<br>나) 경영책임자는 서비스 경영이념과 의지를 정립해야 하고, 서비스 경영전략을 수립하여 체계적으로 시행해야 한다.<br>다) 고객과 시장의 요구 파악이 체계화되어 있어야 하고, 고객접점(MOT), 고객정보시스템 및 고객의 소리(VOC)에 대한 대응체계를 갖춰 고객 요구사항을 서비스품질 경영활동에 반영해야 한다. |

## 다. 서비스 운영

| 심사사항 | 심사기준 |
|---|---|
| 서비스 운영 | 가) 서비스 운영에 대한 사항을 한국산업표준(KS) 수준 이상으로 사내표준에 규정하고 이에 따라 사전 서비스, 서비스 수행 및 사후 서비스가 이루어져야 한다.<br>나) 고객에 제공하는 서비스의 품질은 해당 서비스의 목적을 달성할 수 있어야 하고, 지속적인 새로운 서비스 제공과 타사(타인)가 제공하지 않는 차별화된 서비스를 갖춰야 한다.<br>다) 소비자가 제기한 불만사례의 경로를 추적하여 원인을 분석하고 개선 및 재발방지 조치를 해야 한다.<br>라) 소비자에게 제품의 사용 등에 대한 정보를 제공하고 소비자의 불만 및 피해보상에 대한 처리방법을 규정해야 한다. |

## 라. 서비스 인적자원 관리

| 심사사항 | 심사기준 |
|---|---|
| 서비스 인적자원 관리 | 가) 서비스 인적자원 관리에 대한 사항을 한국산업표준(KS) 수준 이상으로 사내표준에 규정하고 이에 따라 서비스 수행 인력 및 전문인력을 확보해야 한다.<br>나) 서비스 종사자에게 서비스 표준화 및 품질경영에 관한 교육·훈련을 계획·실시해야 하고, 서비스품질경영부서 경영간부에 대해 서비스 표준화 및 품질경영 전문교육기관의 교육 실적이 있어야 한다.<br>다) 서비스 품질경영을 효과적으로 추진할 수 있도록 자격을 갖춘 서비스 품질관리담당자를 확보해야 한다.<br>라) 서비스 품질관리담당자는 다음의 직무를 수행해야 한다.<br>　(1) 사내표준화와 품질경영에 대한 계획의 입안 및 추진<br>　(2) 사내 표준의 제정·개정 등에 대한 총괄<br>　(3) 서비스 품질수준의 평가<br>　(4) 각 서비스 절차별 사내표준화 및 품질관리의 실시에 관한 지도·조언 및 부문 간의 조정<br>　(5) 서비스 및 서비스 과정에서 발생하는 문제점 해결과 조치, 개선 대책에 관한 지도 및 조언<br>　(6) 서비스 종사자에 대한 서비스 사내표준화 및 품질경영에 관한 교육훈련 추진<br>　(7) 고객(소비자)의 불만에 대한 관리 및 조치<br>　(8) 협력업체에 대한 관리 및 지도 |

마. 시설·장비, 환경 및 안전 관리

| 심사사항 | 심사기준 |
|---|---|
| 시설·장비, 환경 및 안전 관리 | 가) 시설·장비, 환경 및 안전 관리에 대한 사항을 한국산업표준(KS) 수준 이상으로 사내표준에 규정하고 이에 따라 관리해야 한다.<br>나) 서비스 종사자의 직무수행에 필요한 환경관리와 안전관리를 지속적으로 관리해야 한다.<br>다) 환경관련 법규의 요구사항을 반영하여 환경오염물질(대기, 수질, 토양, 진동, 소음, 폐기물 등), 실내 공기질 등에 대한 친환경 경영을 실시해야 한다. |

## 2. 서비스심사기준

| 심사사항 | 세부 심사항목 |
|---|---|
| 1) 고객이 제공받은 사전 서비스 | 한국산업표준(KS)에서 정한 사전 서비스 제공에 관한 사항을 포함하여 정해야 한다. |
| 2) 고객이 제공받은 서비스 | 한국산업표준(KS)에서 정한 서비스 제공에 관한 사항을 포함하여 정해야 한다. |
| 3) 고객이 제공받은 사후 서비스 | 한국산업표준(KS)에서 정한 사후 서비스 제공에 관한 사항을 포함하여 정하여야 한다. |

## 3. 한국산업표준(KS)에 따른 분야별 심사기준

가. 한국산업표준(KS)에 따른 분야별 심사기준은 제1호의 사업장심사기준 및 제2호의 서비스심사기준에 다음의 1)부터 4)까지의 사항을 포함하여 인증기관이 한국산업표준(KS)에 따른 분야별 특성에 적합한 심사기준을 따로 정한다.
  1) 분야별 특성을 고려할 때 제1호의 사업장심사기준 및 제2호의 서비스심사기준 중에서 일부 변경이 필요한 사항
  2) 분야별 인증을 위한 심사기준, 절차·방법 등을 한국산업표준(KS)으로 별도로 정한 사항
  3) 인증표시의 방법
  4) 서비스의 인증 구분
나. 한국산업표준(KS)에 따른 분야별 심사기준의 표지에는 1)부터 4)까지의 사항을 명시해야 한다.
  1) 한국산업표준(KS)번호
  2) 한국산업표준(KS)명
  3) 제정 연월일
  4) 개정 연월일(개정한 경우에만 해당된다)

[별표 9] 〈개정 2017.6.2〉

## 인증심사의 절차 및 방법(제14조제5항 및 제17조 관련)

### 1. 공장심사

가. 인증기관은 별표 8 I에 따른 심사를 위하여 인증신청 품목의 특성과 심사원의 전문성, 시험능력 및 인증신청인과의 편의성 등을 감안하여 2명 이상의 인증심사반을 편성해야 한다. 이 경우 인증심사원은 제15조제2항에 따른 인증심사원증을 보유하고 있어야 한다.

나. 신규 인증의 경우 신청인의 제조공장에서 최근 3개월간, 제16조제1항에 따른 정기심사의 경우에는 최근 1년간, 같은 조 제2항에 따른 심사의 경우에는 심사의 사유가 발생한 날부터 심사일까지의 기간의 공장 운영에 관한 기록(시제품 생산기록을 포함한다)이 별표 8 I의 인증심사기준에 맞는지의 여부에 대하여 실시한다.

다. 인증심사원은 심사를 완료한 때에는 한국산업표준(KS)에서 정하는 공장심사결과보고서를 작성하여 인증기관에 제출해야 한다.

라. 인증기관은 인증심사원으로부터 공장심사결과보고서를 받았을 때에는 한국산업표준(KS)에서 정하는 심사결과 판정기준에 따라 적합 여부를 판정한다.

마. 인증기관은 다음 각 호의 기준에 따라 심사사항의 일부를 생략할 수 있다.

  1) 인증 받은 자가 이미 인증 받은 품목 내에서 그 종류·등급·호칭·모델이 다른 제품에 대하여 인증신청을 한 경우에는 별표 8 I제1호가목부터 다목까지의 규정

  2) 인증신청에 따른 공장심사에는 적합하였으나, 제품심사에는 적합하지 아니하여 인증불가 통보를 받은 후 해당 제품에 대하여 1년 이내에 다시 인증신청을 하는 경우에는 별표 8 I제1호가목부터 다목까지의 규정

  3) 삭제 〈2017. 1. 26.〉

  4) 국가기술표준원장이 인증심사 면제에 관하여 정하여 고시한 경우

바. 인증신청 후부터 인증서 발급 전까지의 기간 동안에 한국산업표준(KS) 및 심사기준이 변경된 경우 인증기관은 신청자에게 개정기준에 적합하도록 보완을 요구하고 개정된 심사기준에 따라 재심사를 할 수 있다.

사. 인증기관은 제16조제1항제1호 단서에 따른 1년 주기 공장심사를 하는 경우 제27조에 따른 품목별 품질관리단체의 지원을 받을 수 있다.

## 2. 제품심사

가. 인증심사원은 심사대상 제품의 시료(試料)를 신청인의 제품제조공장에서 채취하여 봉인(封印)한 후에 지방중소기업청장 또는 「국가표준기본법」 제23조제2항에 따라 인정을 받거나 같은 수준의 기준 및 절차에 따라 국제 인정기구로부터 인정을 받은 공인시험·검사기관(이하 "공인시험·검사기관"이라 한다)의 장에게 별지 제19호서식의 품질시험 의뢰서를 제출하여 그 제품의 품질시험을 의뢰해야 한다. 다만, 제품의 특성상 제품의 시료를 채취하는 것이 곤란한 경우 제품의 생산과 관련된 서류의 비교·분석을 통하여 제품의 품질을 심사할 수 있다.

나. 인증심사원은 가목에 따라 제품의 시료를 채취하는 경우에는 별표 8 Ⅰ제2호의 한국산업표준(KS)에 따른 품목별 심사기준의 '제품시험을 위한 샘플링방식'에 따라 제품의 인증 구분(종류·등급·호칭 또는 모델)별로 채취한다. 다만, 다음 어느 하나에 해당하는 경우 인증대상 공장에서 생산한 시료로 공인시험·검사기관으로부터 2년 이내에 발급받은 제조업체명이 기재된 시험성적서를 제출할 경우 해당 항목의 품질시험을 생략할 수 있다.

1) 시험기간이 3개월 이상 소요되는 시험항목의 경우

2) 인증심사 시 다른 법령에서 규정하는 인증을 받은 시험항목으로서 한국산업표준(KS) 요구수준 이상의 경우

다. 인증심사원은 가목에 따라 공인시험·검사기관에 품질시험을 의뢰할 때에는 시료의 운반을 위하여 신청인에게 협조를 요청할 수 있다.

라. 가목에도 불구하고 시료가 다음의 어느 하나에 해당하는 경우 인증심사원은 신청인의 제품제조공장 현장에서 제품의 품질을 시험할 수 있다.

1) 시료가 무거운 물건이거나 성질상 운반이 곤란한 경우

2) 공장이 외국에 있는 경우로서 현지에는 공인시험·검사기관이 없는 경우

3) 국내에 그 시료에 대한 시험·검사장비를 갖춘 공인시험·검사기관이 없는 경우

마. 공인시험·검사기관은 가목에 따라 품질시험을 의뢰받은 경우에는 한국산업표준(KS) 및 인증심사기준에서 정하는 시험방법에 따라 시험을 실시하고, 그 결과를 별지 제20호서식의 시험성적서에 명시하여 인증기관에 송부해야 한다.

## 3. 사업장심사

가. 인증기관은 별표 8 II에 따른 심사를 위하여 인증신청 서비스 분야의 특성과 심사원의 전문성, 시험능력 및 인증신청인과의 편의성 등을 감안하여 2명 이상의 인증심사반을 편성해야 한다.

나. 신규인증의 경우 신청인의 사업장에서 최근 3개월간, 제16조제1항에 따른 정기심사의 경우에는 최근 1년간, 같은 조 제2항에 따른 이전심사의 경우에는 심사의 사유가 발생한 날부터 심사일까지의 기간의 서비스 제공에 대한 기록이 별표 8 II의 인증심사기준에 맞는지의 여부에 대하여 실시한다.

다. 사업장심사에 합격하고 서비스심사에 불합격한 경우에는 서비스심사 불합격 판정 후 6개월 이내에 서비스인증 재신청 시 사업장심사를 면제할 수 있다.

라. 인증심사원은 심사를 끝냈을 때에는 한국산업표준(KS)에서 정하는 사업장심사 결과보고서를 작성하여 인증기관에 제출해야 한다.

마. 인증기관은 인증심사원으로부터 사업장심사 결과보고서를 받았을 때에는 한국산업표준(KS)에서 정하는 심사결과 판정기준에 따라 적합 여부를 판정한다.

## 4. 서비스심사

가. 인증심사원은 실제 서비스 사업장에서 일반 소비자의 입장으로 서비스 이행 실태를 심사해야 한다.

나. 인증심사원 2명이 합동으로 1일간 심사를 하고 서비스심사 결과보고서를 인증기관에 제출해야 한다.

## 5. 시판품조사 및 현장조사 등의 방법 · 절차

제17조에 따른 시판품조사 및 현장조사는 제1호나목 및 라목, 제2호가목부터 라목까지, 제3호나목부터 마목까지, 제4호가목 및 나목을 준용한다.

## 6. 인증업무의 온라인 처리

인증기관은 인증의 모든 과정을 온라인으로 처리하고 인증 기업별 정보를 데이터 베이스화하여 인증과정을 투명하고 신속하게 처리하도록 노력해야 한다.

## 7. 그 밖에 인증심사의 절차 및 방법 등에 필요한 세부적인 사항은 국가기술표준원장이 정하여 고시한다.

## 인증심사원의 자격교육(제15조제1항 관련)

### 1. 교육내용

가. 인증심사원의 역할과 자세

나. 산업표준화 관련 법규(산업표준화법령 등) 및 인증심사기준

다. 인증심사 실무

라. 그 밖에 국가기술표준원장이 인증심사원의 자질 향상을 위하여 필요하다고 인정하는 내용

### 2. 교육실시기관: 국가기술표준원 또는 국가기술표준원장이 지정하여 고시하는 기관

## 인증심사원의 자격 취소 · 정지의 기준(제15조제4항 관련)

| 위반행위 | 법적근거 | 행정처분기준 |
|---|---|---|
| 1. 거짓이나 그 밖의 부정한 방법으로 인증심사원의 자격을 부여받은 경우 | 법 제18조제3항제1호 | 자격취소 |
| 2. 부정한 방법으로 인증심사업무를 수행한 경우<br> 가. 심사기준에 규정되지 않은 내용으로 인하여 심사결과에 영향을 미친 경우<br> 나. 심사대상 사업장을 대상으로 심사와 무관한 영업활동을 한 경우<br> 다. 심사대상 사업장으로부터 향응을 제공받은 경우<br> 라. 심사대상 사업장을 대상으로 심사 전에 한국산업표준(KS) 인증에 대한 지도 및 교육을 한 경우 | 법 제18조제3항제2호 | 자격정지 3개월<br>자격정지 3개월<br>자격정지 6개월<br>자격취소 |
| 3. 인증심사원의 고의 또는 중대한 과실로 인하여 품질불량인 제품 또는 서비스가 법 제15조제1항 또는 법 제16조제1항에 따라 인증받은 것으로 인정되는 경우 | 법 제18조제3항제3호 | 자격취소 |
| 4. 법 제18조제1항에 따른 인증심사원의 자격기준에 적합하지 아니하게 된 경우 | 법 제18조제3항제4호 | 자격취소 |
| 5. 인증심사업무와 관련하여 다른 사람에게 자기의 성명을 사용하게 하거나 인증심사원증을 대여한 경우<br> 가. 2회 사용 또는 대여한 경우<br> 나. 1회 사용 또는 대여한 경우<br> 다. 인증심사원증 대여로 인하여 다른 사람에게 손해를 입힌 경우 | 법 제18조제3항제5호 | 자격취소<br>자격정지 6개월<br>자격취소 |

## 1년 주기 공장심사 대상품목(제16조제1항제1호 관련)

1년마다 공장심사를 받아야 하는 품목은 다음 각 호의 어느 하나에 해당하는 품목으로서 국가기술표준원장이 공공의 안전과 인증제품의 품질수준 유지를 위하여 특히 필요하다고 인정하여 고시하는 품목을 말한다.

1. 삭제 〈2016. 9. 6.〉
2. 「액화석유가스의 안전관리 및 사업법 시행령」 제18조제1항제1호에 따라 검사의 전부를 생략하는 가스용품
3. 「산업안전보건법」 제34조제2항에 따른 의무안전인증대상기계·기구등 또는 같은 법 제35조제1항에 따른 자율안전확인대상 기계·기구등 중 안전인증 또는 신고가 면제되는 보호구
4. 「건설기술 진흥법 시행령」 제91조제2항제2호에 따라 품질시험 또는 검사를 생략하는 재료
5. 「품질경영 및 공산품 안전관리법」 제2조와 같은 법 시행규칙 별표 1 및 별표 2에서 정하는 안전인증대상 공산품 또는 자율안전확인대상 공산품
6. 법 제26조 각 호의 어느 하나에 해당되어 관계 법령에서 정하는 바에 따라 검사·검정·시험·인증 또는 형식승인이 면제되는 품목
7. 국가기술표준원장이 해당 제품의 결함으로 소비자의 안전에 위해(危害)를 끼친다고 인정하는 품목

## 1년 단체표준 인증표시 도표(제20조제2항제6호 관련)

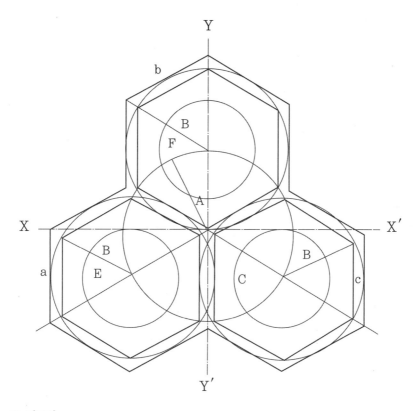

※ 제도법

  1. R(반지름) = a인 중심원을 제도

  2. 중심원을 3등분

  3. R = b인 원 A, B, C를 제도(B=A)

  4. R = b/2인 원 E, F, C를 제도

  5. 원 내부와 아래 네모 칸에는 단체명을 표시함.

[별표 13의2] 〈신설 2017.9.5〉

# 트로피, 패 및 메달(제21조의2제2항 관련)

1. 국가품질대상 트로피

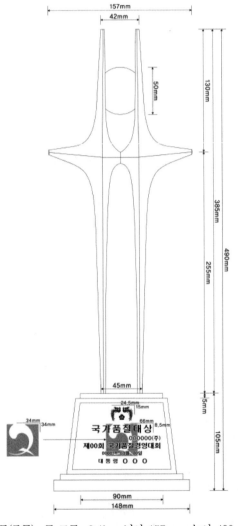

[황동(주물), 금 도금, 3.1kg, 넓이 157mm, 높이 490mm]

## 2. 국가품질경영상 트로피

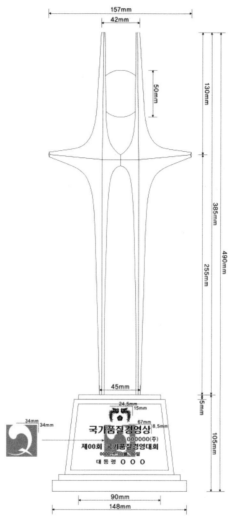

[황동(주물), 금 도금, 3.1kg, 넓이 157mm, 높이 490mm]

## 3. 국가품질혁신상 트로피

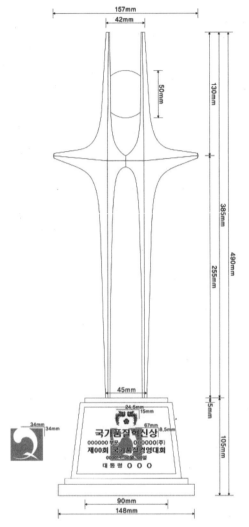

[황동(주물), 금 도금, 3.1kg, 넓이 157mm, 높이 490mm]

## 4. 국가품질명장 패

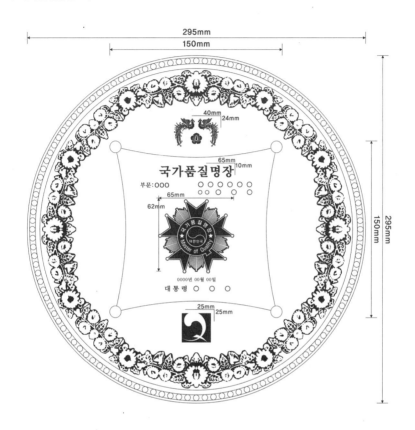

[황동(주물), 금 도금, 1.3kg, 넓이 295mm, 높이 295mm]

## 5. 우수품질분임조상 메달(금상, 은상, 동상)

### 앞면

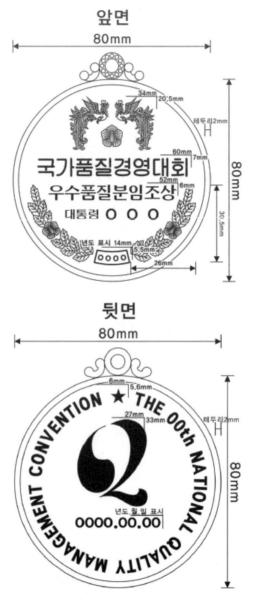

### 뒷면

[황동(주물), 금,은,동 도금 0.2kg, 넓이 80mm, 높이 80mm]

[별표 14] 〈개정 2017.6.2〉

# 수수료 및 비용(제23조제1항 및 제2항 관련)

## 1. 인증기관 지정신청의 경우
50만원(인증기관 지정을 받은 자가 인증업무의 범위를 확대하는 경우: 10만원)

## 2. 인증심사, 정기심사 및 이전심사의 경우

| 구분 | 금액 |
|---|---|
| 가. 기본수수료 | ○ 인건비, 사무실 운영비, 감가상각비 등 인증기관의 운영을 위한 실비로서 국가기술표준원장(농축산물가공식품의 경우에는 농림축산식품부장관, 수산물가공식품의 경우에는 해양수산부장관)의 승인을 받아 인증기관의 장이 인증업무규정에서 정한 금액 |
| 나. 인증심사원 출장비 | ○ 「공무원 여비규정」에 따른 5급 공무원 상당의 여비를 적용한다.<br>○ 출장기간은 제품인증의 경우에는 공장심사에 필요한 일수, 서비스인증의 경우에는 사업장심사에 필요한 일수 및 서비스심사에 필요한 일수(별표 9에 따라 심사항목의 과반수를 생략하는 경우에는 1일)와 목적지까지의 왕복에 필요한 기간을 적용하고, 출장인원은 2명으로 산정한다. |
| 다. 공장심사비 | ○ 한국엔지니어링협회에서 매년 공표하는 엔지니어링기술자 노임단가 중 사업부문별 고급기술자 노임단가를 평균한 값(만원 단위 미만 절사)을 적용하여 계산한다. 다만, 농축산물가공식품의 경우에는 농림축산식품부장관, 수산물가공식품의 경우에는 해양수산부장관이 달리 정하는 기준을 적용할 수 있다.<br>○ 공장심사비 산정의 기간은 심사에 필요한 일수로 하고, 공장심사비의 산정 인원은 2명으로 한다. 다만, 목적지까지의 왕복에 필요한 이동기간이 2일 이상인 경우에는 이동에 필요한 일수의 2분의1을 공장심사비로 추가할 수 있다. |
| 라. 제품시험 수수료 | ○ 「국가표준기본법」 제23조제2항에 따라 인정을 받거나 같은 수준의 기준 및 절차에 따라 국제 인정기구로부터 인정을 받은 시험·검사기관에서 정한 시험 수수료 |
| 마. 시료 운반·조작비 | ○ 시료의 운반 및 조작에 필요한 실비 |
| 〈비고〉<br>1. 별표 9 제1호사목에 따라 재심사하는 경우에는 추가 심사에 따른 비용은 인증기관이 부담한다.<br>2. 별표 9 제2호라목에 따라 현장에서 제품심사를 하는 경우에는 별표 14 제2호라목에 따른 제품시험 수수료의 2분의1을 감면한다. | |

■ 산업표준화법 시행규칙 [별지 제1호서식] 〈개정 2016.9.6〉

## 협력기관 지정신청서
## ( [ ] 신규, [ ] 추가 )

※ 바탕색이 어두운 난은 신청인이 적지 않으며, [ ]에는 해당되는 곳에 √표를 합니다.

| 접수번호 | 접수일 | 처리기간 90일 |
|---|---|---|

| 기 관 명 | 대 표 자 |
|---|---|
| 사업자등록번호 | |

| 기관 주소 | 전화번호 |
|---|---|
| | 팩스번호 |
| | 전자우편 |

| 신청분야 및 표준번호 목록 | |

「산업표준화법」 제5조제4항 및 같은 법 시행규칙 제2조제3항에 따라 협력기관으로 지정받기 위하여 위와 같이 신청합니다.

년         월         일

신 청 인                    (서명 또는 인)

### 소관 행정기관의 장 귀하

| 첨부서류 | 1. 법인의 정관 또는 단체의 규약 1부<br>2. 산업표준 개발업무를 위한 조직·인력 현황 1부<br>3. 산업표준 개발업무를 위한 업무규정 1부 | 수수료 |
|---|---|---|
| 소관 행정기관의 장<br>확인사항 | 법인 등기사항증명서 또는 사업자등록증 | 없 음 |

### 행정정보 공동이용 동의서

본인은 이 건 업무처리와 관련하여 소관 행정기관의 장이 「전자정부법」 제36조제1항에 따른 행정정보의 공동이용을 통하여 위의 소관 행정기관의 장 확인사항인 사업자등록증을 확인하는 것에 동의합니다.    *동의하지 아니하는 경우에는 신청인이 직접 사업자등록증 사본을 제출하여야 합니다.

신청인 주민등록번호:                    신청인                    (서명 또는 인)

### 처 리 절 차

| 신청서<br>제출 | → | 접 수 | → | 서류 평가 | → | 현장평가<br>(필요시) | → | 위원회<br>심의 | → | 지정<br>결정 | → | 공 고 |
|---|---|---|---|---|---|---|---|---|---|---|---|---|

신청기관                    처리기관: 소관 행정기관의 장                    신청기관<br>결과 통보

210mm×297mm(백상지 80g/㎡)

제 호

# 산업표준개발 협력기관 지정서

1. 기 관 명:

2. 대 표 자:

3. 사업자등록번호:

4. 주 소:

5. 지정분야 및 표준번호 :

「산업표준화법」 제5조제3항, 같은 법 시행령 제18조제1항·제2항 및 같은 법 시행규칙 제2조제5항에 따라 위 기관을 산업표준개발 협력기관으로 지정합니다.

년        월        일

## 소관 행정기관의 장 　직인

210mm×297mm(백상지 120g/㎡)

■ 산업표준화법 시행규칙 [별지 제3호서식] 〈개정 2016.9.6〉

# 산업표준 제정(개정 · 폐지) 신청서

※ 바탕색이 어두운 난은 신청인이 적지 않습니다.

| 접수번호 | 접수일 | 처리기간 | 90일 |
|---|---|---|---|

| 신청인 | ① 성명 | ② 생년월일 |
|---|---|---|
| | ③ 기관명 또는 단체명 | ④ 전화번호 |
| | ⑤ 주소 | |

| ⑥ 신청 품목 또는 신청서비스 분야 | ⑦ 한국산업표준(KS) 번호 |
|---|---|

「산업표준화법」 제6조제1항 및 같은 법 시행규칙 제3조에 따라 위와 같이 산업표준의 제정(개정·폐지)을 신청합니다.

년      월      일

신 청 인      (서명 또는 인)

## 소관 행정기관의 장 귀하

| 첨부서류 | 1. 한국산업표준안<br>2. 한국산업표준안에 대한 설명서 | 수수료<br>없 음 |
|---|---|---|

### 작 성 방 법
1. 행정기관인 경우에는 ①란 및 ②란을 적지 아니합니다.
2. 단체인 경우에는 ①란 및 ②란에 대표자의 성명 및 생년월일(외국인은 외국인등록번호)를 각각 적습니다.
3. 개인인 경우에는 ③란을 적지 아니합니다.
4. 제정 신청인 경우에는 ⑦란을 적지 아니합니다.

### 처 리 절 차

신청서 → 접 수 → 담당과 → 기술검토 → 제정(개정·폐지)예고 → 심의회 심의 → 결 재 → 고 시

신청인          처리기관: 소관 행정기관의 장      신청인 회신

210mm×297mm(백상지 80g/㎡)

# 인증기관 지정 신청서

※ 바탕색이 어두운 난은 신청인이 적지 않습니다.

| 접수번호 | | 접수일 | | 처리기간 | 90일 |
|---|---|---|---|---|---|
| 신청인 | 기관명 | | | | |
| | 소재지 | | 전화번호 | | |
| | 대표자 성명 | | 대표자 생년월일 | | |

| 설립 목적 |
|---|

| 설립 연월일 |
|---|

| 인증업무의 범위 |
|---|

| 인증업무의 범위별 심사능력 | 월    간 | 연    간 |
|---|---|---|
| | | |

「산업표준화법」 제13조제2항 및 같은 법 시행규칙 제5조제1항에 따라 위와 같이 인증기관의 지정을 신청합니다.

년         월         일

신 청 인                    (서명 또는 인)

## 소관 행정기관의 장 귀하

| 첨부서류 | 1. 법인의 정관 또는 단체의 규약 1부(법인 또는 단체인 경우만 해당됩니다)<br>2. 인증업무의 범위를 적은 사업계획서 1부<br>3. 인증심사원의 보유 현황에 관한 서류 1부<br>4. 인증업무규정 1부 | 수수료 |
|---|---|---|
| 국가기술표준원장 확인사항 | 법인 등기사항증명서 또는 사업자등록증 | 수입인지:<br>50만원 |

### 행정정보 공동이용 동의서

본인은 이 건 업무처리와 관련하여 국가기술표준원장이 「전자정부법」 제36조제1항에 따른 행정정보의 공동이용을 통하여 위의 소관 행정기관의 장 확인사항인 사업자등록증을 확인하는 것에 동의합니다.    *동의하지 아니하는 경우에는 신청인이 직접 사업자등록증 사본을 제출하여야 합니다.

신청인                    (서명 또는 인)

### 처리 절차

| 신청서 | → | 접 수 | → | 검 토 | → | 심 사 | → | 결 재 | → | 고 시 |
|---|---|---|---|---|---|---|---|---|---|---|
| 신청인 | | 처리기관: 소관 행정기관의 장 | | | | | 신청인 회신 | | | |

210mm×297mm(백상지 80g/㎡)

■ 산업표준화법 시행규칙 [별지 제5호서식] 〈개정 2016.9.6〉

제    호

# 인증기관 지정서

1. 기 관 명:

2. 대 표 자:                    (생년월일:              )

3. 소 재 지:

4. 인증업무의 범위:

「산업표준화법」 제13조제1항 및 같은 법 시행규칙 제5조제4항에 따라
위 기관을 인증기관으로 지정합니다.

년        월        일

### 소관 행정기관의 장  [직인]

210mm×297mm(백상지 120g/㎡)

■ 산업표준화법 시행규칙 [별지 제6호서식] 〈개정 2016.9.6〉

인증기관    [ ] 품      목    지정신청서
             [ ] 서비스 분야

※ 바탕색이 어두운 난은 신청인이 적지 않으며, [ ]에는 해당되는 곳에 ✓표를 합니다.

| 접수번호 | | 접수일 | | 처리기간 | 40일 |
|---|---|---|---|---|---|
| 신청인 | ① 성명 | | ② 생년월일 | | |
| | ③ 기관명 또는 단체명 | | ④ 전화번호 | | |
| | ⑤ 주소 | | | | |
| ⑥ 신청 제품 또는 신청서비스 분야 | | | ⑦ 표준번호 | | |

「산업표준화법」 제15조제1항, 제16조제1항 및 같은 법 시행규칙 제7조에 따라 위와 같이 인증대상 품목(서비스 분야)의 지정을 신청합니다.

년      월      일

신 청 인      (서명 또는 인)

**소관 행정기관의 장** 귀하

| 첨부서류 | 지정사유서 1부 | 수수료<br>없음 |
|---|---|---|

작 성 방 법

1. 단체인 경우에는 ①란 및 ②란에 대표자의 성명 및 생년월일(외국인은 외국인등록번호)을 각각 적습니다.
2. 행정기관인 경우에는 ①란 및 ②란을 적지 아니합니다.
3. 개인인 경우에는 ③란을 적지 아니합니다.

처 리 절 차

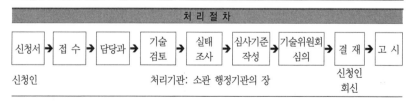

210mm×297mm(백상지 80g/㎡)

# 제품인증 신청서

※ 바탕색이 어두운 난은 신청인이 적지 않습니다.

| 접수번호 | | 접수일 | | | 처리기간 40일 |
|---|---|---|---|---|---|

| | 회사명 | | 대표자성명 | | 사업자등록번호 | |
|---|---|---|---|---|---|---|
| 회사 현황 | 소재지 | 본사 | | | 전화번호 | |
| | | | | | 팩스번호 | |
| | | | | | 전자우편 | |
| | | 공장 | | | 전화번호 | |
| | | | | | 팩스번호 | |
| | | | | | 전자우편 | |
| | 설립 연월일 | | 공장 규모 | | | |
| | | | | 대지: m² / 건물: m² | | |
| | 인·허가 상황 | 형식승인 취득일 | | | | |
| | | ISO/KSA 9001 인증일 | | | | |
| | | 외국인증 취득일 | | | | |
| | | 기타 | | | | |
| | 자 본 금 | | 백만원 | 1인당 매출액(A/C) | | 백만원 |
| | 매 출 액(A) | | 백만원 | 1인당 부가가치액(B/C) | | 백만원 |
| | 경 상 이 익(B) | | 백만원 | 1인당 교육훈련 투자비(교육훈련비/C) | | 원 |
| | 종업원 수 (C) | 경영 간부 | | 연구개발 투자율(연구개발비/A) | | % |
| | | 기 술 직 | | 공정 자동화율(자동화공정/전체공정) | | % |
| | | 사 무 직 | | | | |
| | | 기 타 | | 설비 자동화율(자동화설비/전체설비) | | % |
| | | 계 | | 한국산업표준 원부자재 사용률 | | % |

| 품목 | 표준명 | | | 표준번호 | | |
|---|---|---|---|---|---|---|
| | 종류·등급·호칭 또는 모델 | | | | | |

| 이미 인증 받은 품목 | 인증기관 | 인증번호 | 인증일자 | 표준명 | 표준번호 |
|---|---|---|---|---|---|
| | | | | | |
| | | | | | |

| 품질관리 담당자 | 성명 | | 생년월일 | |
|---|---|---|---|---|
| | 자격 구분 | | 자격증번호 | |
| | 전자우편 | | | |

| 설비 | 제조·가공 설비 | |
|---|---|---|
| | 시험·검사 설비 | |

「산업표준화법」 제15조제1항 및 같은 법 시행규칙 제9조1항에 따라 위와 같이 제품인증을 신청합니다.

년    월    일

신 청 인 　(서명 또는 인)

**(인증기관명)** 귀하

| 첨부서류 | 없음 | 수 수 료 |
|---|---|---|
| | | 「산업표준화법 시행규칙」 제23조제2항에서 정하는 수수료 |

### 처 리 절 차

| 신청서 | → | 접 수 | → | 검 토 | → | 심 사 | → | 결 재 | → | 인증서 발급 |
|---|---|---|---|---|---|---|---|---|---|---|

처리기관: 인증기관

210mm×297mm(백상지 80g/㎡)

■ 산업표준화법 시행규칙 [별지 제8호서식] 〈개정 2012.10.5〉

# 서비스인증 신청서

※ 바탕색이 어두운 난은 신청인이 적지 않습니다.

| 접수번호 | | 접수일 | | | 처리기간 | 40일 |
|---|---|---|---|---|---|---|

| 신청업체 현황 | 업체명 | | 사업자번호 | |
|---|---|---|---|---|
| | 대표자 성명 | | 담당자 | |
| | 소재지 | | 전화번호 | |
| | | | 팩스번호 | |
| | | | 전자우편 | |

| 서비스 사업장 일반현황 | 사업장명 | | | 사업자번호 | | |
|---|---|---|---|---|---|---|
| | 소 재 지 | | | 전화번호 | | |
| | | | | 팩스번호 | | |
| | | | | 전자우편 | | |
| | 대 표 자 | | | 담당자 | | |
| | 사업장규모 | | | 설립 연월일 | | |
| | 신청 인증분야 | 표 준 명 | | | | |
| | | 표준번호 | | 인증구분 | | |
| | 자본금 | | 백만원 | 1인당 매출액 (A/C) | | 백만원 |
| | 매출액(A) | | 백만원 | 1인당 부가가치액 (B/C) | | 백만원 |
| | 경상이익(B) | | 백만원 | 1인당 교육훈련 투자비(교육훈련비/C) | | 원 |
| | 종사자 (C) | 경영 간부 | | | | |
| | | 일반직 | | | | |
| | | 기술직 | | | | |
| | | 기타 | | | | |
| | | 계 | | | | |
| | 품질관리 담당자 | 성명 | | 생년월일 | | |
| | | 자격 구분 | | 자격증번호 | | |
| | | 전자우편 | | | | |
| | 기 인증현황 | 인증기관 | 인증번호 | 인증일자 | 표준명 | 표준번호 |
| | | | | | | |

「산업표준화법」 제16조제1항 및 같은 법 시행규칙 제9조제2항에 따라 위와 같이 서비스 인증을 신청합니다.

년        월        일

신 청 인                （서명 또는 인）

**(인증기관명)** 귀하

| 첨부서류 | 없음 | 수 수 료 「산업표준화 법시행규칙」 제23조제2항에 따른 수수료 |
|---|---|---|

### 처 리 절 차

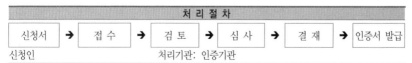

신청인                처리기관: 인증기관

210mm×297mm(백상지 80g/㎡)

제 호

# 제 품 인 증 서

1. 제조업체명:
2. 대표자성명:
3. 공장 소재지:
4. 인증제품
  가. 표 준 명:
  나. 표준번호:
  다. 종류·등급·호칭 또는 모델:

  「산업표준화법」 제17조제1항에 따른 인증심사를 한 결과 한국산업표준(KS)과 인증심사기준에 적합하므로, 「산업표준화법」 제15조 및 같은 법 시행규칙 제10조제1항에 따라 위와 같이 한국산업표준(KS)에 적합함을 인증합니다

년     월     일

인증기관의 장 | 직인 |

210mm×297mm(백상지 120g/㎡)

제  호

# 서비스인증서

1. 업 체 명:

2. 대 표 자:

3. 소 재 지:

4. 인증서비스 대상

　가. 표 준 명:

　나. 표준번호:

　다. 분　　야:

　라. 사업장명 및 소재지

　　○ 사업장명:

　　○ 소 재 지:

　「산업표준화법」 제17조제1항에 따른 인증심사를 한 결과 한국산업표준 (KS)과 인증심사기준에 적합하므로,「산업표준화법」 제16조 및 같은 법 시행규칙 제10조제1항에 따라 위와 같이 한국산업표준(KS)에 적합함을 인증합니다.

　　　　　　　　　　　　　　　　　　년　　　　월　　　　일

### 인증기관의 장 　직인

210mm×297mm(백상지 120g/㎡)

■ 산업표준화법 시행규칙 [별지 제11호서식] 〈개정 2015.7.29〉

# 인증서 재발급(변경) 신청서

※ 바탕색이 어두운 난은 신청인이 적지 않습니다.

| 접수번호 | 접수일 | 처리기간 | 3일<br>(기재사항이 변경된 경우에는 7일) |
|---|---|---|---|

| 신청인 | 업 체 명 | | 전화번호 | |
|---|---|---|---|---|
| | 소 재 지 | | | |
| | 대표자 | 성 명 | 생년월일 | |
| | | 전자우편 | | |

| 인증품목<br>(인증서비스) | 인증번호 | | 인증일자(년월일) | |
|---|---|---|---|---|
| | 표준명 | | 표준번호 | |
| | 종류·등급·호칭 또는 모델(제품인 경우로 한정합니다) | | | |
| | 분야(서비스인 경우로 한정합니다) | | | |

| 구 분 | 변경전 | 변경후 | 변경 연 월 일 |
|---|---|---|---|
| | | | |
| | | | |
| 사 유 | | | |

「산업표준화법 시행규칙」 제11조제1항 및 제2항에 따라 위와 같이 한국산업표준(KS) 인증서의 재발급(변경)을 신청합니다.

년       월       일

신 청 인                (서명 또는 인)

**인증기관** 귀하

| 첨부서류 | 1. 재발급 신청의 경우<br>  인증서 1부(헐어 못쓰게 된 경우에만 해당합니다)<br>2. 변경 신청의 경우<br>  가. 인증서 1부<br>  나. 변경 사실을 증명하는 서류 1부 | 수수료 |
|---|---|---|
| | | 「산업표준화법 시행규칙」<br>제23조제2항에 따른 수수료 |

## 처 리 절 차

| 신청서 | → | 접 수 | → | 검 토 | → | 결 재 | → | 인증서 재발급 |
|---|---|---|---|---|---|---|---|---|

처리기관 : 인증기관

210mm×297mm(백상지 80g/㎡)

■ 산업표준화법 시행규칙 [별지 제12호서식] 〈개정 2016.9.6〉

# KS인증심사원증 발급신청서

※ 바탕색이 어두운 난은 신청인이 적지 않습니다.

| 접수번호 | 접수일 | | 처리기간 30일 |
|---|---|---|---|
| 신청인 | 성명 | 생년월일 | |
| | 근무처명 | 직위 | |
| | 자택주소 | 전화번호 | |
| | 근무처주소 | | |
| 신청구분 | □신규 □심사업무범위변경 □재발급 | | |
| 심사업무범위 | | | |

「산업표준화법」 제18조제2항 및 같은 법 시행규칙 제15조제1항에 따라 위와 같이 인증심사원증의 발급을 신청합니다.

년      월      일

신 청 인            (서명 또는 인)

## 소관 행정기관의 장 귀하

| 첨부서류 | 1. 「산업표준화법 시행령」 제26조에서 따른 인증심사원의 자격기준에 적합함을 증명하는 서류 1부<br>2. 「산업표준화법 시행규칙」 별표 10의 인증심사원 자격 교육을 받은 사실을 증명하는 서류 1부<br>3. 최근 6개월 이내에 촬영한 탈모 정면 상반신 반명함판(3×4센티미터) 사진 2매<br>4. 재직증명서, 경력증명서, 학력증명서 또는 기술자격증 사본 등 경력을 증명하는 서류 1부 | 수수료<br><br>없 음 |
|---|---|---|

| 처 리 절 차 |
|---|

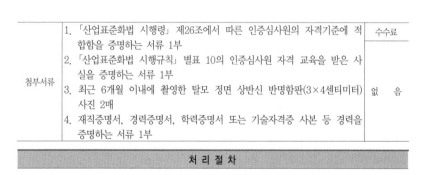

신청서 → 접 수 → 검 토 → 결 재 → 신청인 회신

처리기관: 소관 행정기관의 장

210mm×297mm(백상지 80g/㎡)

■ 산업표준화법 시행규칙 [별지 제13호서식] 〈개정 2016.9.6〉

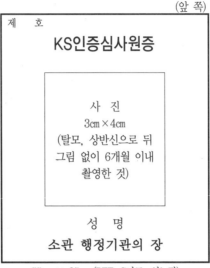

(앞 쪽)

제 호

# KS인증심사원증

사 진
3cm × 4cm
(탈모, 상반신으로 뒤
그림 없이 6개월 이내
촬영한 것)

성 명
**소관 행정기관의 장**

55mm × 85mm (PET-G카드, 연노랑)

(뒤 쪽)

# KS인증심사원증

소 속:
성 명:
생년월일:
심사업무범위:

위 사람은 「산업표준화법」 제18조제1항 및
같은 법 시행규칙 제15조제2항에 따라 한국
산업표준(KS) 인증심사원자격이 있음을 증
명합니다.

년 월 일

**소관 행정기관의 장** 직인

■ 산업표준화법 시행규칙 [별지 제14호서식] 〈개정 2017.6.2〉

□ 정기심사
□ 이전심사 　　신청서

※ 바탕색이 어두운 난은 신청인이 적지 않습니다.

| 접수번호 | 접수일 | | 처리기간 | 35일 |
|---|---|---|---|---|

| 신청인 | ① 업체명 | | ② 전화번호 | |
|---|---|---|---|---|
| | ③ 소재지 | | | |
| | ④ 대표자 | 성명 | 생년월일 | |
| | | 전자우편 | | |

| 인증현황 | ⑤ 인증번호 | ⑥ 인증일자 년 　 월 　 일 |
|---|---|---|
| | ⑦ 인증 품목(분야) | |
| | ⑧ 종류·등급·호칭 또는 모델 | |

| 정기심사 현황 | ⑨ 직전 정기심사일 　　　　　　　　　　　　　　년 　 월 　 일 |
|---|---|
| 심사대상 구분 | ⑩ 정기심사 또는 이전심사대상 　　공장심사( )　　사업장심사 및 서비스심사( ), 사업장심사( ) |

「산업표준화법」 제19조제1항 및 같은 법 시행규칙 제16조제5항 또는 같은 법 제19조제2항 및 같은 법 시행규칙 제16조제2항에 따라 정기심사 또는 이전심사를 받기 위하여 위와 같이 신청합니다.

년 　 월 　 일

신 청 인 　　　　　　　　　　(서명 또는 인)

**인증기관장** 귀하

| 첨부서류 | 없음 | 수수료 |
|---|---|---|
| | | 인증기관에서 정한 수수료 |

**작 성 방 법**

⑩란에는 다음과 같이 표시합니다.
o 인증제품의 정기심사
 　－「산업표준화법 시행규칙」 제16조제1항제1호에 따른 경우: "공장심사"에 ○ 표시
o 인증서비스의 정기심사
 　－「산업표준화법 시행규칙」 제16조제1항제2호에 따른 경우: "사업장심사 및 서비스심사"에 ○ 표시
 　－「산업표준화법 시행규칙」 제16조제4항에 따른 경우: "사업장심사"에 ○ 표시
o 인증제품의 이전심사
 　－「산업표준화법 시행규칙」 제16조제2항에 따른 인증제품의 이전심사인 경우: "공장심사"에 ○ 표시
o 인증서비스의 이전심사
 　－「산업표준화법 시행규칙」 제16조제2항에 따른 인증서비스의 이전심사인 경우: "사업장심사 및 서비스심사"에 ○ 표시

**처 리 절 차**

| 신청서 | → | 접 수 | → | 검 토 | → | 심 사 |
|---|---|---|---|---|---|---|

처리기관: 인증기관

210mm×297mm(백상지 80g/㎡)

제　　호

# 단체표준 우수인증단체 인정서

1. 단 체 명:

2. 소 재 지:

3. 단체표준번호 및 단체표준명:

「산업표준화법」 제25조 및 같은 법 시행규칙 제18조제2항에 따라 위 단체를 단체표준 우수인증단체로 인정합니다.

년　　　월　　　일

**국가기술표준원장** | 직인 |

210mm×297mm(백상지 120g/㎡)

## 우수 단체표준제품 확인서

※ 바탕색이 어두운 난은 신청인이 적지 않습니다.

| 접수번호 | 접수일 | | 처리기간 | 30일 |
|---|---|---|---|---|
| 제조업체명 | | | | |
| 대표자 성명 | | 생년월일 | | |
| 공장 소재지 | | 전화번호 | | |
| 단체표준번호 | | 단체표준명(종류·등급) | | |

「산업표준화법」 제25조 및 같은 법 시행규칙 제18조제2항에 따라 위와 같이 우수 단체 표준제품임을 확인합니다.

년　　　월　　　일

### 단체표준 인증단체의 장　　직인

210mm×297mm(백상지 80g/㎡)

국가품질명장 증서

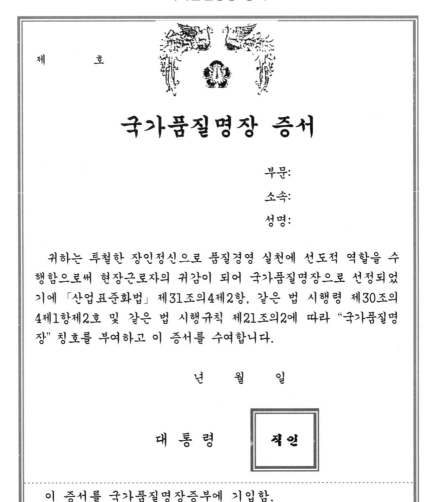

제　　호

## 국가품질명장 증서

부문:

소속:

성명:

　귀하는 투철한 장인정신으로 품질경영 실천에 선도적 역할을 수행함으로써 현장근로자의 귀감이 되어 국가품질명장으로 선정되었기에 「산업표준화법」 제31조의4제2항, 같은 법 시행령 제30조의4제1항제2호 및 같은 법 시행규칙 제21조의2에 따라 "국가품질명장" 칭호를 부여하고 이 증서를 수여합니다.

년　　월　　일

대 통 령　　작인

이 증서를 국가품질명장증부에 기입함.

산업통상자원부장관　작인

210mm×297mm(백상지 150g/㎡)

■ 산업표준화법 시행규칙 [별지 제17호서식] 〈개정 2016.9.6〉

# 지위승계신고서

※ 바탕색이 어두운 난은 신청인이 적지 않습니다.

(앞쪽)

| 접수번호 | | 접수일 | | 처리기간 | 7일 |
|---|---|---|---|---|---|

| 신고자 | 기관(업체)명 | | |
|---|---|---|---|
| | 소재지 | | 전화번호 |
| | 대표자 성명 | | 생년월일 |

| 인증품목 또는<br>인증분야<br>(인증받은자인<br>경우에만 기재) | 인증번호 | 인증일 |
|---|---|---|
| | 표준명 | 표준번호 |
| | 종류·등급·호칭 또는 모델(제품인 경우로 한정합니다) | |
| | 분야(서비스인 경우로 한정합니다) | |

| 승계사항 | 승계전 | 승계후 | 승계 연월일 |
|---|---|---|---|
| 기관(업체) 명 | | | |
| 대표자 | | | |

「산업표준화법」 제35조제2항 및 같은 법 시행규칙 제22조제1항에 따라 위와같이 신고합니다.

년          월          일

신 청 인          (서명 또는 인)

## 소관 행정기관의 장(인증기관의 장) 귀하

| 구 분 | 첨부서류 | 소관 행정기관의 장<br>(인증기관의 장)<br>확인 사항 | 수수료 |
|---|---|---|---|
| 인증기관의 지위승계인 경우 | 1. 양도양수계약서 사본 1부(사업을 양수한 경우에만 해당합니다)<br>2. 사업을 상속받은 사실을 확인할 수 있는 서류 1부(사망으로 인하여 사업을 상속받은 경우에만 해당합니다) | 없음 | 없 음 |
| 인증받은 자의 지위승계인 경우 | 1. 인증서 1부<br>2. 양도양수계약서 사본 1부(사업을 양수한 경우에만 해당합니다)<br>3. 사업을 상속받은 사실을 확인할 수 있는 서류 1부(사망으로 인하여 사업을 상속받은 경우에만 해당합니다) | 합병 후 존속하거나 합병에 따라 신설된 법인의 등기사항증명서(법인이 합병되는 경우에만 해당합니다) | |

210mm×297mm(백상지 80g/㎡)

## 처 리 절 차

이 신청서는 아래와 같이 처리됩니다.

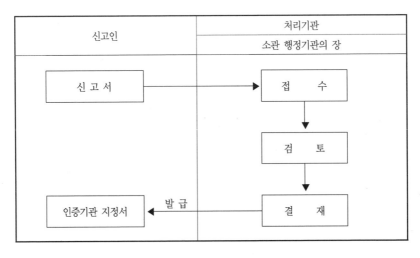

〈인증받은 자의 지위승계신고의 경우〉

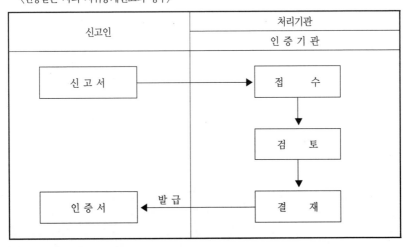

■ 산업표준화법 시행규칙 [별지 제18호서식] 〈개정 2009.11.20〉

## 인증심사 대장

| 신 청 연월일 | 심 사 공 장 | | | 심 사 구 분 | | 인 증 심사원 성 명 | 심사 일자 | 심사 결과 | 심 사 수수료 | 비 고 |
| | 공장명 (사업장명) | 대표자 | 주 소 | 표준 번호 | 제품품목 (서비스 분야) | | | | | |
| --- | --- | --- | --- | --- | --- | --- | --- | --- | --- | --- |
| | | | | | | | | | | |
| | | | | | | | | | | |
| | | | | | | | | | | |
| | | | | | | | | | | |
| | | | | | | | | | | |
| | | | | | | | | | | |

210㎜×297㎜[보존용지(1종)70g/㎡]

■ 산업표준화법 시행규칙 [별지 제19호서식] 〈개정 2015.7.29〉

<table>
<tr><td rowspan="2" colspan="2" style="text-align:center">품질시험 의뢰서</td><td style="text-align:center">처 리 기 간</td></tr>
<tr><td>30일(표준에 시험기간이 따로 정하여진 경우에는 그 기간까지로 합니다)</td></tr>
<tr><td colspan="3">수　신:<br>제　목: 한국산업표준(KS) 인증 품질시험 의뢰<br><br>　「산업표준화법 시행규칙」 별표 9 제2호 가목에 따라 품질시험을 다음과 같이 의뢰하오니 관련 한국산업표준(KS) 및 인증심사기준에 따라 시험하여 주시기 바랍니다.<br><br> 다　　음 </td></tr>
</table>

| ① 표준번호 | ② 품 목 | ③ 종류·등급·<br>호칭 또는 모델 | ④ 시료의 크기<br>(시료수, 시료번호) | ⑤ 시험방법 및 시험항목 |
|---|---|---|---|---|
|  |  |  |  | (관련 표준명 및 연도를 표기하되, 시험기준에서 제외되거나 선택되는 시험항목이 있는 경우에는 따로 기재) |

주: 시험기관은 시료 접수 시 시료의 상단에 표시된 봉인지의 날인과 이 품질시험 의뢰서의 날인이 일치하는지 확인할 것

년　　　월　　　일

의뢰인　　소　속:<br>주　소:<br>전화번호:<br>직　위:<br>성　명:　　　　　(인)

첨부물: 시험분석 시료

210㎜×297㎜[신문용지 54g/㎡(재활용품)]

(1 면)

# 시 험 성 적 서 (          용)

시험 의뢰일자:                                        접수번호:

---

의 뢰 기 관  명:

소재지(전화번호):

성          명:


1. 표   준   명:

2. 종류·등급·호칭 또는 모델:

3. 시험·검사 수량:

4. 시 험 기 간:

5. 합격 여부 판정: (붙임 시험결과 참조)


　「산업표준화법 시행규칙」 별표 9 제2호마목에 따라 붙임과 같이 시험
성적서를 송부합니다.


붙 임: 시험결과 1부. 끝


년          월          일


## 시험검사기관의 장  │ 직인 │

---

210mm×297mm[신문용지 54g/㎡(재활용품)]

# 시 험 결 과

표준번호 및 표준명:

(시료번호:          )　　　종류·등급 또는 호칭:

| 시험 항목 | 기준치 | 시 험 결 과 ( 시 료 ) | | | | | | | | 합격 여부 판정 |
|---|---|---|---|---|---|---|---|---|---|---|
| | | 1 | 2 | 3 | 4 | 5 | 6 | 7 | 8 | |
| | | | | | | | | | | |
| | | | | | | | | | | |
| | | | | | | | | | | |
| | | | | | | | | | | |
| | | | | | | | | | | |
| | | | | | | | | | | |
| | | | | | | | | | | |
| | | | | | | | | | | |
| 적용검사기준 | | | | | | | | | | |

주) 1. 한국산업표준(KS) 및 인증심사기준의 시험항목 중 시험장비를 갖추지 아니하여 품질시험을 하지 못한 시험항목의 경우에는 "기준치"란에 그 내용을 적는다.
　　2. "합격 여부 판정"란에는 불합격된 시험항목에 대하여 "불합격"이라고 표시한다.

210mm×297mm[보존용지(1종)70 g /㎡]

# 한국산업표준(KS) 인증업무 운용요령

| | | | |
|---|---|---|---|
| 제정 | 1999. 6. 25. | 기술표준원고시 | 제1999-111호 |
| 개정 | 2001. 3. 23. | 기술표준원고시 | 제2001-173호 |
| 개정 | 2002. 6. 27. | 기술표준원고시 | 제2002-566호 |
| 개정 | 2004. 7. 30. | 기술표준원고시 | 제2004-408호 |
| 개정 | 2005. 8. 5. | 기술표준원고시 | 제2005-469호 |
| 폐지 제정 | 2008. 6. 3. | 기술표준원고시 | 제2008-253호 |
| 제정 | 2009. 3. 27. | 기술표준원고시 | 제2009-108호 |
| 폐지 제정 | 2013. 3. 22. | 기술표준원고시 | 제2013-116호 |
| 일부 개정 | 2014. 4. 8. | 국가기술표준원고시 | 제2014-164호 |
| 폐지 제정 | 2015. 2. 25. | 국가기술표준원고시 | 제2015-60호 |
| 전부 개정 | 2018. 2. 27. | 국가기술표준원고시 | 제2018-43호 |
| 시행 | 2018. 2. 27. | | |

## 제1장 총칙

제1조(목적) 이 고시는 「산업표준화법」(이하 "법"이라 한다) 제13조부터 제22조 및 제35조부터 제41조 등에서 위임한 한국산업표준(이하 "KS"라 한다) 인증에 관한 사항과 KS 인증업무의 합리적인 시행을 위해서 필요한 사항을 구체적으로 정함을 목적으로 한다.

제2조(정의) 이 고시에서 사용하는 용어의 뜻은 다음과 같다. 다만, 이 고시에서 정하지 않은 용어의 뜻은 법 제2조 및 KS Q ISO/IEC 17000 시리즈에 따른다.

1. "인증기관"이란 법 제13조에 따라 KS 인증업무를 수행하도록 소관 행정기관의 장이 지정한 기관을 말한다.

2. "지정범위"란 법 시행규칙(이하 "규칙"이라 한다) 별표 1에 따라 인증기관에게 인증업무의 범위 및 인증품목(인증분야)으로 지정된 품목(분

야)을 말한다.

3. "지정심사"란 신청기관이 지정기준의 요구사항을 충족하는 지를 확인하기 위한 모든 활동을 말하며, 문서평가와 현장평가로 구성된다.

4. "문서평가"란 신청기관이 규칙 제4조에 따른 지정기준에의 적합 여부와 인증업무규정이 적절하게 수립되었는지를 확인하기 위하여 서류상으로 실시하는 평가를 말한다.

5. "현장평가"란 사무소평가와 입회평가를 말한다.

6. "사무소평가"란 신청기관이 지정기준에 따른 인증업무규정을 효과적으로 시행하는지를 확인하기 위하여 신청기관의 사무소를 방문하여 실시하는 평가를 말한다.

7. "입회평가"란 신청기관의 인증심사반을 대상으로 인증업무의 절차 준수여부 및 수행능력을 확인하기 위하여 신청기관이 실시하는 KS 인증심사 현장을 방문하여 실시하는 평가를 말한다.

8. "최초평가"란 신청기관이 지정기준에 적합한 지 확인하기 위해 최초로 실시하는 지정심사를 말한다.

9. "지정범위확대심사"란 인증기관이 지정받은 인증업무의 범위를 확대하거나 지정범위를 추가하려는 경우에 실시하는 지정심사를 말한다.

10. "지도 · 점검"이란 인증기관이 지속적으로 지정기준에 적합하게 운영되고 있으며, 인증업무규정이 효과적으로 실행 및 유지되고 있는지를 확인하기 위해 정기적으로 실시하는 평가를 말한다.

11. "인증심사"란 인증기관이 법 제17조에 따라 제품 또는 서비스가 KS 및 인증심사기준에 적합한지 여부를 확인하는 활동을 말한다.

12. "정기심사"란 인증제품 또는 인증서비스가 KS 및 인증심사기준에 적합한지 여부를 법 제19조제1항에 따라 인증기관이 정기적으로 확인하는 활동을 말한다.

13. "3년 주기 정기심사"란 제12호의 정기심사 중 인증받은 제품이 KS 및 인증심사기준에 적합한지 여부를 법 제19조제1항에 따라 인증기관이 3년마다 정기적으로 확인하는 활동을 말한다.

14. "1년 주기 공장심사"란 제12호의 정기심사 중 규칙 별표 12에 해당하는 품목의 인증제품 또는 인증서비스가 KS 및 인증심사기준에 적합한지 여부를 법 제19조제1항에 따라 인증기관이 1년마다 정기적으로 확인하는 활동을 말한다.

15. "이전심사"란 인증받은 자가 인증제품을 제조하는 공장 또는 사업장을 이전하거나 인증서비스를 제공하는 사업장을 이전한 경우에 인증기관이 법 제19조제2항에 따라 이전한 공장 또는 사업장의 제품 또는 서비스가 KS 및 인증심사기준에 적합한지 여부를 확인하는 활동을 말한다.

16. "변경심사"란 인증받은 자가 인증기관을 변경하려는 경우에 변경을 희망하는 인증기관이 공장 또는 사업장의 제품 또는 서비스가 KS 및 인증심사기준에 적합한지 여부를 확인하는 활동을 말한다.

17. "행정처분"이란 법 제21조에 따라 인증받은 자의 제품 또는 서비스가 KS 및 인증심사기준에 맞지 아니한 경우, 인증받은 자에게 개선을 명하거나 인증표시의 제거·정지 또는 판매의 정지 등의 명령을 하는 것을 말한다.

18. "시판품조사"란 법 제20조에 따라 소비자단체의 요구가 있는 경우 또는 인증제품의 품질저하로 인하여 다수의 소비자에게 피해가 발생하거나 회복하기 어려운 피해가 발생할 우려가 현저하다고 인정하는 경우에 실시하는 인증제품에 대한 품질시험을 말한다.

19. "현장조사"란 법 제20조에 따라 소비자단체의 요구가 있는 경우와 인증제품 또는 인증서비스의 품질저하로 인하여 다수의 소비자에게 피해가 발생하거나 회복하기 어려운 피해가 발생할 우려가 현저하다고 인정하는 경우에 인증받은 자의 공장 또는 사업장에서 그 제품 또는 서비스를 조사하는 것을 말한다.

20. "개선명령"이란 법 시행령(이하 "영"이라 한다) 별표 1의2에 따라 시판품조사의 결과가 표시위반 등 경미한 결함에 해당되는 1차 위반의 경우 또는 현장조사의 결과가 일반품질 사항의 부적합에 해당되는 1차 위반의 경우에 실시하는 행정처분을 말한다.

21. "표시정지"란 영 별표 1의2에 따라 정기심사의 보고 결과가 품질이나 성능의 결함 등 중대한 결함 요인으로 판정된 경우, 시판품조사의 결과가 표시위반 등 경미한 결함에 해당되는 2차·3차 위반의 경우, 현장조사의 결과가 일반품질 사항의 부적합에 해당되는 2차·3차 위반의 경우 및 현장조사의 결과가 핵심품질 사항이 부적합한 경우에 실시하는 행정처분을 말한다.

22. "표시정지 및 판매정지"란 영 별표 1의2에 따라 시판품조사의 결과가 품질이나 성능의 결함 등 중대한 결함에 해당되는 경우 또는 인증받은 자가 위장하여 인증표시를 한 경우에 실시하는 행정처분을 말한다.

## 제2장 위원회

**제3조(위원회의 구성)** 국가기술표준원장은 KS 인증업무의 효율적인 운영에 관한 심의 또는 자문을 위하여 다음의 위원회를 둘 수 있다.

1. 법 제13조 및 제14조에 따른 인증기관의 지정 및 지정취소에 관한 사항, 규칙 제27조에 따른 품목별 품질관리단체의 지정 등을 담당하는 KS 인증기관 지정심의위원회(이하 "지정심의위원회"라 한다)

2. 법 제18조에 따른 인증심사원 자격에 관한 사항 등을 담당하는 KS 인증심사원 자격심의위원회(이하 "자격심의위원회"라 한다)

3. 법 제21조에 따른 표시제거 등의 명령에 관한 사항을 담당하는 KS 인증 행정처분운영위원회(이하 "행정처분운영위원회"라 한다)

**제4조(위원회 위원)** ① 지정심의위원회, 자격심의위원회 및 행정처분운영위원회는 국가기술표준원장이 위촉하는 15인 이내의 위원으로 각각 구성한다.

② 각 위원회 위원은 KS 인증 또는 품질경영 관련 전문적인 지식과 경험이 풍부한 사람으로 다음 각 호의 어느 하나에 해당하는 경력을 가진 외부전문가와 표준조정과장으로 구성한다.

1. 대학, 연구소, 업종단체, 산하기관, 협회 등에서 관련분야 5년 이상 경력
2. 소비자 · 시민단체 등에 소속되었거나 법률전문가로 관련분야 경력
3. 기타 제1호 · 2호와 동등이상의 자격이 있다고 국가기술표준원장이 인정하는 경력

③ 위원의 임기는 2년으로 하고 연임할 수 있으며, 위촉된 위원에게는 별지 제1호서식의 위촉장을 교부한다.

④ 위촉된 위원은 제5조제1항부터 제3항에 따라 각 위원회별로 심의를 수행함에 있어 공정성을 유지하여야 한다.

⑤ 국가기술표준원장은 다음의 각 호에 해당하는 경우 임기 중 위원을 해촉할 수 있다.

1. 제4항의 규정을 위반한 경우
2. 사전 통보 없이 상당기간 위원회에 불참하는 경우
3. 위원회의 운영에 지장을 초래하는 경우
4. 위원이 정당한 이유를 표명하고 해촉을 원하는 경우
5. 기타 국가기술표준원장이 필요하다고 인정하는 경우

제5조(위원회 심의사항) ① 지정심의위원회는 다음 각 호에서 정한 사항을 심의한다.

1. 제11조제2항, 제16조제3항, 제20조제2항 및 제22조제3항에 따른 인증기관의 지정 · 변경 및 지도 · 점검에 따른 조치 등에 관한 심의
2. 제27조제8항에 따른 민원의 조정에 관한 자문
3. 제42조제3항 및 제45조제2항에 따른 품목별 품질관리단체의 지정, 취소 등에 관한 심의
4. 기타 국가기술표준원장이 필요하다고 인정하는 사항

② 자격심의위원회는 다음 각 호에서 정한 사항을 심의한다.

1. 제28조제3호에 따른 품질관리담당자 자격 인정에 관한 사항
2. 제30조제2항 및 제31조제3항에 따른 인증심사원 자격 부여 등에 관한 심의

3. 제35조제6항 및 제37조제2항에 따른 교육기관의 지정·변경 및 점검에 따른 조치 사항에 관한 심의

4. 기타 국가기술표준원장이 필요하다고 인정하는 사항

③ 행정처분운영위원회는 다음 각 호에서 정한 사항을 심의한다.

1. 인증받은 자가 위장하여 인증표시를 한 경우의 표시정지 및 판매정지에 관한 사항

2. 시판품조사 결과에 따른 개선명령, 표시정지, 표시정지 및 판매정지에 관한 사항

3. 현장조사 결과에 따른 개선명령, 표시정지에 관한 사항

4. 정기심사의 보고 결과에 따른 표시정지에 관한 사항

5. 제1호부터 제4호까지에 따른 표시정지, 표시정지 및 판매정지의 처분기간에 대한 2분의1 범위에서의 감경에 관한 사항

6. 불량 제품 또는 서비스에 대한 표시제거 및 제품수거에 관한 사항

7. 기타 행정처분과 관련하여 국가기술표준원장이 필요하다고 인정하는 사항

제6조(위원회의 운영) ① 위원장은 위원회를 대표하고 위원회의 업무를 총괄하며 위원 중에서 호선한다.

② 위원회의 업무를 담당하기 위하여 1명의 간사를 두며, 간사는 공무원 중에서 국가기술표준원장이 임명한다.

③ 위원회의 심의는 재적위원 과반수의 출석과 출석위원 과반수의 찬성으로 의결한다.

④ 위원회 위원이 부득이한 사유로 회의에 참석할 수 없을 때에는 서면으로 의견을 제출할 수 있으며, 이 경우 출석한 것으로 간주한다.

⑤ 위원회 위원이 제3항에 따른 회의에 처음 참석할 때에 별지 제2호서식의 서약서를 국가기술표준원장에게 제출하여야 한다.

⑥ 위원회에 출석한 위원에게는 예산의 범위에서 수당과 여비를 지급할 수 있다. 다만, 공무원인 위원이 그 소관 업무와 관련하여 위원회에 출석한 경우에는 그러하지 아니하다.

# 제3장 인증기관 지정 및 취소

**제7조(인증업무의 범위)** 국가기술표준원장은 인증기관을 지정할 때 법 제13조제3항에 따라 규칙 제4조제4호 및 별표 1에 따른 인증업무의 범위 및 인증품목(인증분야)별로 지정범위를 정하여야 한다.

**제8조(지정심사 계획의 수립)** ① 국가기술표준원장은 지정심사를 문서평가와 현장평가로 구분하여 실시하고, 현장평가는 사무소평가와 입회평가로 구분하여 실시한다.

② 국가기술표준원장은 제1항에 따른 지정심사의 구분별로 별표 1 인증기관 지정심사·평가 계획 수립 기준에 따라 규칙 제5조제3항에 따른 심사계획서를 작성하여야 한다.

**제9조(문서평가)** ① 국가기술표준원장은 별표 2 인증기관의 지정심사·평가 세부항목별 심사·평가기준에 따라 규칙 제4조에 따른 인증기관의 지정기준에 적합한지 여부를 평가하여야 한다.

② 국가기술표준원장은 규칙 제5조제1항 및 별지 제4호서식에 따라 제출된 인증기관 지정신청서 및 첨부서류의 적절성을 확인하기 위하여 평가반을 구성하여 다음 각 호의 사항을 확인하여야 한다.

1. 지정신청서에 누락된 기재사항이 없는지 여부
2. 정관 또는 규약에 따라 인증업무 수행이 가능한지 여부
3. 별표 3에 따른 사업계획서 작성 항목에 따라 사업계획서가 작성되었는지 여부
4. 규칙 제4조제4호 및 별표 1에 따른 인증업무의 범위별로 인증심사원이 별표 4의 기준에 적합한 지 여부
5. 규칙 제5조제1항제4호에 따라 관련 법규, KS Q 8000 시리즈 및 KS Q ISO/IEC 17065 요구사항에 적합하게 인증업무규정이 작성되었는지 여부

③ 평가반은 제1항 및 제2항에 따른 문서평가를 실시하고 별지 제3호서식에 따라 문서평가보고서를 작성하여 국가기술표준원장에게 제출하여야 한다.

④ 제3항에 따른 문서평가보고서에 조치요청서가 첨부되어 제출된 경우, 국가기술표준원장은 신청자에게 해당 조치요청서를 송부하여 1개월 내에 조치가 이루어지도록 하여야 한다.

⑤ 신청자가 제4항의 조치요청사항에 대한 조치결과를 제출하면, 국가기술표준원장은 평가반에서 조치결과의 유효성을 확인하여 보고토록 하여야 한다.

⑥ 제3항 및 제5항에 따른 문서평가 결과 규칙 제4조의 지정기준에 중대한 부적합 사항이 있는 경우, 국가기술표준원장은 신청자에게 지정이 불가함을 서면으로 통보하여야 한다.

제10조(현장평가) ① 국가기술표준원장은 제9조제3항 및 제5항에 따른 문서평가 결과가 적합한 경우, 제8조에 따른 심사계획서에 따라 현장평가계획을 수립하여 신청자에게 송부하여야 한다.

② 평가반은 제1항에 따른 현장평가계획에 따라 사무소평가를 실시하고 별지 제4호서식의 사무소평가보고서를 작성하여 국가기술표준원장에게 제출하여야 한다.

③ 신청자가 영 제24조제2항제2호에 따른 제품심사 업무 등을 위탁하여 수행하려는 경우 평가반은 해당 업무의 위탁기관이 한국인정기구(KOLAS)의 인정을 받은 시험·검사기관인지 여부 또는 이와 같은 수준 이상의 시험·검사 능력을 보유하고 있는지 여부 등을 방문하여 확인할 수 있다.

④ 평가반은 제2항 및 제3항에 따른 사무소평가가 적합한 경우 제1항에 따른 현장평가계획에 따라 입회평가를 실시하고 별지 제5호서식에 따라 입회평가보고서를 작성하여 국가기술표준원장에게 제출하여야 한다.

⑤ 제2항 및 제3항에 따른 사무소평가와 제4항에 따른 입회평가에서 부적합이 발견된 경우, 평가반은 부적합 사항을 개선하기 위하여 조치요청서를 작성하여 신청자에게 전달하여야 한다.

⑥ 신청자가 제5항의 조치요청사항에 대한 조치결과를 제출하면, 평가반은 조치결과의 유효성을 확인하여야 한다.

⑦ 현장평가 과정에서 규칙 제5조제1항 및 별지 제4호서식에 따라 제출된 인증기관 지정신청서 및 첨부서류의 내용이 허위 또는 부정한 방법으로 작성 또는 발급된 것임이 확인된 경우, 평가반은 평가를 중단하고 중단사유를 명시한 평가보고서를 국가기술표준원장에게 제출하여야 한다.

**제11조(평가 결과의 심의)** ① 제10조에 따른 현장평가가 종료되면, 국가기술표준원장은 지정심의위원회를 개최하여 신청자에 대한 평가결과와 시정조치 확인결과를 상정하고 심의를 요청하여야 한다.

② 지정심의위원회는 지정신청서, 평가보고서 및 시정조치 결과의 적합성과 함께 신청자가 인증기관으로서의 수행능력을 갖추고 있는지 여부를 심의하여야 한다.

③ 위원장은 제2항의 규정에 의한 심의 결과를 지정, 지정불가, 지정보류 중 선택하여 결정하여야 한다.

④ 제3항의 심의 결과가 지정불가로 결정된 경우, 국가기술표준원장은 신청자에게 그 사유를 기재하여 지정이 불가함을 통보하여야 한다.

⑤ 신청자가 특별한 사유 없이 부여된 기간 내에 최종평가결과에 따른 시정조치를 취하지 않거나 조치결과를 보고하지 않은 경우에 국가기술표준원장은 지정심의위원회 심의를 생략하고 신청자에게 지정이 불가함을 통보할 수 있다.

**제12조(지정서의 발급)** 제11조제3항에 따른 심의 결과가 "지정"으로 결정된 경우, 국가기술표준원장은 규칙 제5조제4항에 따라 인증기관으로 지정하고, 규칙 별지 제5호서식의 인증기관 지정서를 발급하여야 한다.

**제13조(KS 인증제도 전환에 따른 인증기관 지정)** 인증제도의 통합 등을 위해 다른 법령에 의한 인증제도가 KS 인증제도로 전환되는 경우, 다른 법률에 특별한 규정이 있는 경우를 제외하고는 해당 법령에 의해 인증기관으로 지정을 받은 기관은 법 제13조제1항에 따라 인증기관으로 지정을 받은 것으로 본다. 다만, 이 경우 KS 인증으로 전환한 이후 1년 이내에 법 제13조제1항에 따라 인증기관으로 지정을 받아야 한다.

제14조(인증업무 범위의 확대 및 축소) ① 인증기관이 법 제13조제3항에 따른 인증업무의 범위를 확대 또는 축소하고자 하는 경우에는 별지 제6호서식의 지정범위(확대·축소) 신청서를 국가기술표준원장에게 제출하여야 한다.

② 국가기술표준원장은 제1항에 따라 인증업무 범위의 확대를 신청한 기관의 지정범위확대심사계획을 별표 1 인증기관 심사·평가 계획 수립 기준에 따라 수립하여 신청자에게 송부하여야 한다.

③ 제2항에 따른 범위의 확대심사 및 결과의 심의에 관하여는 제10조제2항부터 제7항까지 및 제11조를 준용한다. 이 경우 "현장평가"는 "지정범위확대심사"로, "별지 제4호서식의 사무소평가보고서"는 "별지 제7호서식의 지정범위확대심사보고서"로, "지정신청서"는 "지정범위(확대·축소) 신청서"로 본다.

④ 제1항에 따라 인증업무의 범위를 축소하려는 인증기관에 대해서는 제3항에 따른 심사를 생략한다.

⑤ 국가기술표준원장은 제4항에 따른 심의 결과 "지정"으로 결정되었거나 인증업무 범위의 축소 사유가 타당한 것으로 확인된 경우 기존의 지정서를 반납받고 인증업무의 범위를 변경하여 규칙 별지 제5호서식의 인증기관 지정서를 발급하여야 한다.

⑥ 제5항에 따라 발급된 지정서의 고시는 규칙 제5조제5항에 따른다.

제15조(인증기관 지정서의 반납) ① 인증기관이 그 업무를 6개월 이상 중단하거나 지정서를 반납하고자 할 때에는 별지 제8호서식의 인증기관(업무중단·지정서반납) 신고서를 국가기술표준원장에게 제출하여야 한다.

② 제1항에 따라 인증기관의 업무중단 또는 지정서반납의 고시는 규칙 제5조제5항에 따른다.

제16조(인증기관 변경사항의 신고) ① 인증기관은 다음 각 호의 어느 하나에 해당하는 경우에는 1개월 이내에 국가기술표준원장에게 변경된 내용을 보고하여야 한다.

1. 법적 지위 및 법인 명칭의 변경
2. 대표자 또는 소재지의 변경
3. KS 인증 조직 및 주요 직원(인증책임자, 품질책임자)의 변경
4. KS 인증에 관한 주요 방침의 변경(인증업무규정의 중요한 사항의 개정)
5. KS 인증의 공정성에 영향을 미치는 변경
6. 규칙 제4조에 따른 지정기준과 관련된 인증심사원의 변동, 위탁기관의 변경
7. 기타 국가기술표준원장이 필요하다고 인정하는 사항

② 인증기관은 지정서의 기재사항에 해당하는 내용이 변경되었을 경우에는 별지 제9호서식의 지정사항 변경 신고서에 변경사유 증명 서류를 첨부하여 국가기술표준원장에게 지정서 변경발급을 신청하여야 한다.

③ 국가기술표준원장은 제2항의 규정에 의한 변경 내용이 인증업무 수행에 중대한 영향을 미친다고 판단될 때에는 그 실태를 현장에서 확인하여야 하며, 확인결과 지정받은 지정범위에 대한 업무수행이 불가능하다고 판단될 때에는 그 사실을 지정심의위원회에 상정하여 그 결정에 따라 적절한 조치를 취하여야 한다.

④ 제3항에 따른 변경 신고의 사유가 타당한 것으로 확인된 경우 기존의 지정서를 반납받고 변경 사항을 기재하여 규칙 별지 제5호서식의 인증기관 지정서를 발급하여야 한다.

⑤ 제4항에 따라 발급된 지정서의 고시는 규칙 제5조제5항에 따른다.

**제17조(인증업무의 보고)** 인증기관은 법 제38조제1항에 따라 다음 각 호의 자료를 매월 종료 후 5일 이내에 국가기술표준원장에게 보고하여야 한다.
1. 법 제15조 및 제16조에 따른 인증 실적 및 현황
2. 법 제19조에 따른 정기심사 실적
3. 법 제22조에 따른 인증 취소 실적
4. 기타 국가기술표준원장이 필요하다고 인정하는 사항

제18조(자체점검) 인증기관은 규칙 제4조에 따른 인증기관 지정기준의 요건이 지속적으로 충족되고 있는지를 확인하고 인증업무가 규칙 제5조제1항 제4호에 따른 인증업무규정에 따라 효과적으로 수행되고 있는지 확인하기 위하여 연 1회 이상 자체점검을 실시하고, 그 결과를 국가기술표준원장에게 보고하여야 한다.

제19조(지도 · 점검) ① 국가기술표준원장은 인증기관에 대하여 연 1회 이상 지도 · 점검을 실시할 수 있다.

② 국가기술표준원장은 제1항의 규정에 따라 인증기관별로 별표 1 인증기관 심사 · 평가 수립 기준에 따른 지도 · 점검 계획을 수립하여 대상 인증기관에 사전에 통보하여야 한다.

③ 제1항에 따른 지도 · 점검에 관하여는 제10조제2항부터 제4항까지를 준용한다. 이 경우 "현장평가"는 "지도 · 점검"으로, "별지 제4호서식의 사무소평가보고서"는 "별지 제10호서식의 지도 · 점검보고서"로 본다. 다만, 종전 지도 · 점검 결과 인증심사 능력이 매우 우수하다고 평가된 경우 등 국가기술표준원장이 인정하는 경우에는 입회평가를 생략할 수 있다.

제20조(지도 · 점검 결과에 따른 조치) ① 국가기술표준원장은 제19조에 따른 지도 · 점검 결과 부적합 사항을 발견한 경우, 조치요청서를 송부하여 필요한 조치가 이루어지도록 하여야 한다.

② 국가기술표준원장은 지도 · 점검 결과 인증기관의 지정취소 및 업무정지 사유를 확인한 경우, 지정심의위원회의 심의를 거쳐 법 제14조, 규칙 제6조 및 별표 2의 인증기관의 지정취소 및 업무정지에 관한 처분기준에 따라 처분하여야 한다.

③ 인증기관 지정취소, 업무정지 등의 처분에 대한 고시는 규칙 제5조제5항에 따른다.

④ 인증기관은 지정취소 시에는 지체 없이 지정서를 반납하여야 한다.

제21조(청문) ① 국가기술표준원장은 인증기관 지정취소, 업무정지 등의 처분을 하려는 경우에는 법 제36조에 따라 대상 인증기관에 의견을 진술

기회를 부여하여야 하고, 의견진술은 서면으로 이루어져야 한다.

② 국가기술표준원장이 제1항의 규정에 의한 청문을 행하고자 할 때에는 청문예정일 10일전까지 처분 대상 인증기관에 서면으로 청문의 사유, 일시, 장소, 청문에 응하지 아니하는 경우의 처리방법 등을 통지하여야 한다.

③ 제2항의 규정에 의한 통지를 받은 대상인 또는 대리인은 지정된 일시 및 장소에 출석하여 의견을 진술하거나 서면으로 의견을 제출할 수 있다. 다만, 제2항의 규정에 따른 통지를 받고도 정당한 사유 없이 응하지 않은 경우에는 의견 진술 기회를 포기한 것으로 본다.

제22조(이의제기의 처리) ① 제11조제3항에 따른 인증기관 지정과 관련된 결정에 관하여 이의가 있는 사람은 국가기술표준원장에게 해당 결정이 이루어진 날로부터 60일 이내에 이의를 제기하여야 한다.

② 제1항의 규정에 따라 제기된 이의신청을 검토하기 위하여 이와 관련된 사람에게 의견진술 기회를 부여하여 하고, 의견진술은 서면으로 이루어져야 한다.

③ 제2항에 따라 의견진술이 접수되면 지정심의위원회의 심의를 거쳐 이의신청에 따른 적절한 조치를 취하고, 해당 조치 결과를 서면으로 이의를 제기한 사람에게 알려야 한다.

④ 제3항에도 불구하고, 이의신청의 내용이 즉시 개선이 가능한 사항인 경우에는 지정심의위원회의 심의를 생략하고, 개선 결과를 서면으로 이의를 제기한 사람에게 알려야 한다.

## 제4장 제품 등의 인증

제23조(인증대상 품목 및 서비스분야 지정 절차) ① 국가기술표준원장은 이해관계인으로부터 규칙 제7조에 따른 인증대상 품목 또는 서비스분야의 지정을 신청받거나, 규칙 제8조에 따른 인증대상 품목 또는 서비스분야 등을 지정하고자 하는 경우에는 이를 검토한 후 법 제4조제3항에 따른 기술심의회의 심의를 거쳐 지정하여야 한다.

② 국가기술표준원장은 인증대상 품목 또는 서비스 분야를 지정한 때에는 그 품목 또는 서비스 분야의 지정내용을 국가기술표준원 인터넷 홈페이지에 공고하여야 한다.

③ 제1항 및 제2항의 규정은 인증대상 품목 또는 서비스 분야의 지정 취소의 경우에도 이를 준용한다. 이 경우 "지정"은 "지정 취소"로 본다.

제24조(인증심사기준) ① 제23조에 따른 인증대상 품목 또는 서비스 분야의 지정을 신청하는 인증기관은 규칙 제13조에 따라 인증대상 품목 또는 서비스 분야 KS별 특성에 적합한 인증심사기준을 정하여 중복성 및 타당성 검증을 위해 제46조제2항에 따른 KS 인증지원사무국으로 제출하여야 한다.

② 국가기술표준원장은 제1항에 따라 인증 대상 품목 또는 서비스 분야에 대한 인증심사기준을 최초로 제출한 인증기관이 제14조에 따라 대상 품목 또는 서비스 분야로 인증업무의 범위를 확대하고자 하는 경우에는 지정심의위원회의 심의를 거쳐 일정기간 동안 우선적으로 인증업무를 수행할 수 있도록 할 수 있다.

③ 인증기관 및 제46조제2항에 따른 KS 인증지원사무국은 해당 KS별 인증심사기준의 제·개정, 폐지 현황 및 유효한 인증심사기준을 인터넷 홈페이지를 통해 공지하여야 한다.

제25조(인증심사절차) ① 인증기관이 규칙 별표 9에 따라 인증심사를 하는 때에는 인증신청 품목 또는 서비스 분야를 심사할 수 있는 인증심사반을 편성하여야 한다. 다만, 심사원 중 1인은 10회 이상 인증심사에 참여한 경험이 있는 심사원 또는 제30조제1항에 따른 선임심사원이어야 한다.

② 인증기관은 심사의 공정성을 저해할 우려가 있는 인증심사원을 인증심사반으로 편성하여서는 아니 된다.

③ 제품인증의 경우 제1항에 따른 심사반의 심사일수는 1개 품목은 1일, 2개 또는 3개 품목은 2일 이하, 4품목 이상은 3일 이하로 한다. 다만, 1개 품목에 대한 신규인증심사의 경우와 신청공장이 외국에 소재한 경우

에는 1개 품목을 2일 이하로 할 수 있고, KS에 따른 주요공정이 외주가공으로 이루어지는 경우에는 해당 외주가공 업체에 대한 현장 확인을 하여야 하며, 이를 위하여 필요한 심사일수를 최대 3일 까지 연장하여 심사할 수 있다.

④ 서비스 인증의 경우 제1항에 따른 심사반의 심사일수는 서비스별 사업장마다 신규 인증심사는 사업장심사 2일, 서비스심사 1일 이하로 하고, 정기심사는 사업장심사 1일, 서비스심사 1일 이하로 한다. 다만, 기존 서비스 인증기업의 사업장을 추가로 인증심사하는 경우에는 사업장심사 1일, 서비스심사 1일 이하로 할 수 있다.

⑤ 인증심사원은 공장심사 또는 사업장심사에 적합하지 아니한 경우에는 영 제24조제2항제2호에 따른 제품심사 또는 영 제25조제2항제2호에 따른 서비스심사를 실시하지 아니한다. 다만, 해당 제품의 KS 인증을 받으려는 자의 요청이 있는 경우에는 공장심사에 적합하지 아니한 평가항목을 개선하여 적합하게 된 경우 실시될 제품심사를 위하여 시료를 채취할 수 있다.

제26조(인증서 발급) ① 인증업무규정에 따라 인증위원회에서 판정기준에 적합하여 인증을 결정한 경우, 인증기관은 인증신청자와 인증에 관련된 모든 책임과 의무에 관한 계약을 체결한 후에 인증서를 발급하여야 한다.

② 인증기관은 제1항에 따른 인증서 발급 시에 인증신청자가 영문 인증서 발급을 희망하는 경우에는 영문으로 발급하여야 한다.

③ 인증서에는 인증번호, 업체명, 대표자 성명, 공장 또는 사업장 소재지, 인증제품 또는 인증서비스의 표준번호, 표준명 및 종류 · 등급 · 호칭 · 모델, 인증에 관계되는 산업표준화법령의 근거 조항, (최초)인증일, 인증기관 변경일(해당되는 경우), 정기심사기한 등이 표시되어야 한다.

제27조(인증기관의 변경) ① 인증받은 자가 인증받은 인증기관(이하 "인계인증기관"이라 한다)을 변경하고자 하는 경우에는 별지 제11호서식의 인

증기관 변경 신청서를 작성하여 변경을 희망하는 인증기관(이하 "인수인 증기관"이라 한다)에 제출하여야 한다.

② 인수인증기관은 기관 변경심사를 위한 심사반을 구성하기 전에 인계 인증기관에 인증받은 자에 관한 정보의 제공을 서면으로 요청하여야 하며, 인계인증기관은 서면으로 요청이 접수된 날부터 7일 이내에 인수인 증기관에게 서면 또는 전자적인 방법으로 다음 각 호의 정보를 제공하여 야 한다. 다만, 인계인증기관이 정기심사 등 진행중인 업무가 있는 경우에는 그 진행중인 업무가 완료될 때까지 인증기관을 변경할 수 없다는 사실과 그 사유를 구체적으로 명시하여 요청이 접수된 날부터 7일 이내에 인수인증기관에게 서면으로 알린 경우에는 그러하지 아니하다.

1. 기본정보: 기업명, 대표자명, 사업자등록번호, 공장(사업장) 주소, 연락처
2. 인증정보: 최초인증일, 인증번호, KS번호, 인증품목, 종류·등급·호칭·모델
3. 심사이력: 최초인증심사일, 정기심사일, 1년 주기 공장심사일, 공장이전심사일, 종류·등급·호칭·모델 추가일, 특별현장조사일
4. 사후관리: 정기심사, 특별현장조사, 시판품조사, 현장조사 및 처분 관련사항
5. 기타사항: 민·형사상 또는 행정 소송 관련사항, 인증기관 변경 이력 등

③ 인증기관 변경을 위한 변경심사는 영 제24조제2항제1호에 따른 공장 심사 또는 영 제25조제2항 제1호 및 제2호에 따른 사업장 및 서비스심사로 하되 제품의 품질확인이 필요하다고 판단하는 경우에는 영 제24조제2항제2호에 따른 제품심사의 전부 또는 일부를 추가로 실시할 수 있다.

④ 제2항에 따라 인증기관을 변경할 수 없는 사유가 확인된 경우에 인수인증기관은 제1항에 따른 변경 신청서에 대한 조치결과를 신청자에게 서면으로 알려야 한다.

⑤ 제3항에 따른 변경심사의 결과 인증업무 규정에 따라 인증위원회에서

판정기준에 적합하여 인증을 결정한 경우, 인증받은 자 또는 인수인증기관은 인증번호, 인증제품, 인증서 발급예정일 등을 인증서 발급전에 인계인증기관에 서면으로 알려야 한다.

⑥ 제5항에 따른 인증기관변경을 확인한 인계인증기관은 인수인증기관의 인증서 발급일 전까지만 제1항에 따른 신청자의 기존 인증서 효력이 유지됨을 서면으로 알리고, 필요한 조치를 하여야 한다.

⑦ 국가기술표준원은 인증받은 자의 인증기관 변경과 관련하여 별도로 정하지 않은 사항에 대한 민원이 있는 경우에 지정심의위원회의 자문을 거쳐 해당 민원에 대한 조정을 하여야 한다.

⑧ 인수인증기관은 인증서 발급예정일까지 제7항에 따른 민원이 발생하지 않는 경우에는 제26조에 따라 인증서를 발급하여야 한다.

제28조(품질관리담당자의 자격) 규칙 별표 8의 품질관리담당자의 자격은 다음 각 호의 어느 하나에 해당하는 사람으로 본다.

1. 국가기술자격법에 따른 품질관리기술사, 품질경영기사 또는 품질경영산업기사 자격을 가진 사람
2. 영 제30조에 따른 품질관리담당자 양성교육 이수한 사람으로서 소정의 시험에 합격한 사람
3. 기타 국가기술표준원장이 자격심의위원회 심의를 거쳐 제1호 및 제2호와 동등 이상의 자격이 있다고 인정하는 사람

제29조(산업표준화 교육 방법) 영 제30조에 따른 산업표준화 교육방법은 집합교육, 원격교육(통신교육, 인터넷교육 등), 실습교육 등을 과정별로 적절하게 배분하여 실시한다.


## 제5장 인증심사원 자격관리

제30조(인증심사원 자격 구분 및 심사업무범위) ① 국가기술표준원장은 법 제18조 및 영 제26조에 따른 인증심사원에 대해 별표 4의 구분에 따라 경력에 따른 업무자격을 부여할 수 있다.

② 인증심사원이 수행하는 심사업무범위는 규칙 별표 1의 인증업무의 범위에서 규정한 분야에 따르되, 별표 5의 인증심사원 심사업무범위 부여기준에 따라 부여하고, 세부분야를 정하여 심사업무범위를 부여하는 경우, 세부분야의 분류, 범위 부여 수 등에 관한 사항은 자격심의위원회의 결정에 따른다.

**제31조(인증심사원 자격 부여)** ① 인증심사원 자격을 받으려는 사람은 규칙 별지 제12호서식의 인증심사원증 발급신청서와 규칙 제15조제1항에 따른 서류를 국가기술표준원장에게 제출하여야 한다.

② 제1항에 따라 인증심사원 자격을 받으려는 사람은 신청하는 경력에 따른 업무자격의 종류별로 다음 각 호에 해당하는 추가 서류를 제출하여야 한다.

1. 심사원보: 심사업무범위 신청내역서(별지 제12호서식)

2. 심사원: 인증심사 경력 확인서(별지 제13호서식)

3. 선임심사원: 인증심사 경력 확인서(별지 제13호서식) 및 인증심사 경력 총괄표(별지 제14호서식)

③ 국가기술표준원장은 자격심의위원회를 개최하여 인증심사원증의 발급을 신청한 사람에 대한 자격기준에의 적합 여부와 심사업무범위 신청에 대한 적절성을 심의하여야 한다.

④ 국가기술표준원장은 인증심사원증의 발급을 신청한 사람이 인증심사원의 자격기준에 적합하다고 인정하는 경우에는 규칙 별표 1의 인증업무의 범위에 해당하는 심사업무의 범위를 정하여 규칙 별지 제13호서식의 인증심사원증을 발급하여야 한다.

⑤ 인증심사원증 유효기간은 3년으로 하고, 유효기간이 경과하기 전에 제32조제1항에 따른 직무교육 이수 증빙서류와 함께 인증심사원증 재발급을 신청하여야 한다.

⑥ 국가기술표준원장은 자격심의위원회의 운영, 자격 심의, 인증심사원증 발급, 자격 유지 및 갱신 등의 자격관리 업무를 제46조제2항에 따른 KS 인증지원사무국에서 수행하도록 위탁할 수 있다.

제32조(인증심사원 자격 유지 및 적격성 검증) ① 인증심사원은 직무교육으로써 다음 각 호의 어느 하나에 해당하는 7시간 이상의 교육을 매년 1회 이상 받아야 한다.

1. 제34조제1항에 따라 지정된 교육기관에서 주관하는 인증심사원 교육·워크숍 또는 세미나

2. 제46조제2항에 따른 KS 인증지원사무국에서 주관하는 인증심사원 교육·워크숍 또는 세미나

3. 기타 인증심사원 직무수행을 위하여 필요하다고 국가기술표준원장이 인정하는 교육·워크숍 또는 세미나

② 인증심사원은 3년에 1회 이상 소속 인증기관 또는 제46조제2항에 따른 KS 인증지원사무국으로부터 심사수행능력평가 등을 통하여 적합성을 검증받아야 한다. 다만, 제10조제4항에 따른 입회평가에 참여한 심사원은 적격성 검증을 받은 것으로 본다.

③ 제2항에 따른 적격성 검증은 대상 심사원이 속한 심사반에 포함되지 않은 독립된 선임심사원, 인증기관장이 지명한 심사원 또는 인증기관장이 위촉한 평가사에 의해 수행되어야 한다.

④ 국가기술표준원장은 인증심사원의 인증심사 등의 직무수행에 대하여 관찰·평가를 위하여 소속 공무원 또는 대리인을 해당 인증심사에 참관시킬 수 있다.

제33조(인증기관 직원의 적격성) ① 인증책임자, 품질책임자, 인증담당자 등 KS 인증제도 운영에 필요한 업무를 수행하는 인증기관 직원은 KS 인증업무에 대한 기술적 능력을 보유하고, 인증제도 및 해당분야의 전문기술에 관하여 충분한 지식과 경험을 갖추어야 한다.

② 인증관련 업무를 수행하는 인증기관 직원의 적격성 요건은 별표 6과 같다.

제34조(교육기관 지정기준) ① 규칙 제15조제1항 및 별표 10 제2호에 따라 국가기술표준원장은 인증심사원 자격교육 및 직무교육을 실시하는 교육

기관을 지정할 수 있다.

② 교육기관으로 지정받으려는 사람은 다음 각 호의 요건을 모두 갖추어야 한다.

1. KS 인증에 관한 교육훈련 실적 또는 전문성이 있는 법인일 것
2. 교육 업무를 수행하는 조직 및 인력을 갖출 것
3. 교육과정의 품질 확보를 위한 교육위원회를 구성하여 운영할 것
4. 교육업무규정(교육과정 개발, 교육과정 운영, 교재 관리, 강사 등록 및 운영, 교육효과 평가 등의 내용 포함)을 보유할 것
5. 교육 프로그램을 보유할 것(참가자용 교재 및 강사용 교안 포함)
6. 교육 과목별로 강사를 각 2명 이상 확보할 것
7. 교육 참가자에 대한 관찰평가 및 필기시험을 위한 절차, 판정기준, 시험문제, 채점기준 등을 보유할 것
8. 교육 참가자의 만족도를 조사하기 위한 절차를 보유할 것

제35조(교육기관 지정절차) ① 교육기관으로 지정받으려는 사람은 별지 제15호서식의 교육기관 지정신청서에 다음 각 호의 서류를 첨부하여 국가기술표준원장에게 제출하여야 한다.

1. 법인등록증
2. 직원 및 강사 현황(학력, 경력, 교육과목 등)
3. 교육업무규정
4. 교육시설 현황
5. 교육 교재

② 국가기술표준원장은 제출된 신청 서류가 지정기준 충족 여부를 평가하는데 적절한지를 검토하여야 한다.

③ 제2항에 따른 평가결과 적절하다고 판단되는 경우, 국가기술표준원장은 별표 7의 교육기관 평가계획 수립기준에 따라 평가반을 구성하여 교육기관 지정을 위한 평가를 실시하여야 한다.

④ 평가반은 교육기관 방문 및 교육과정 입회를 통한 평가를 실시하고 별

지 제16호서식 또는 이를 준용하여 작성한 서식의 교육기관 평가보고서를 작성하여 국가기술표준원장에게 제출하여야 한다.

⑤ 제4항에 따른 평가 결과가 지정기준에 부적합한 경우, 1개월 이내의 기한을 정하여 보완을 요구할 수 있다.

⑥ 제4항 및 제5항에 따른 평가 결과가 교육기관 지정기준에 적합한 경우, 국가기술표준원장은 자격심의위원회의 심의를 거쳐 교육기관으로 지정할 수 있다.

⑦ 교육기관을 지정하는 경우, 국가기술표준원장은 별지 제17호서식의 교육기관 지정서를 발급하여야 한다.

제36조(교육기관 점검) ① 국가기술표준원장은 제30조에 따라 지정한 교육기관에 대하여 교육기관이 제29조제2항의 지정기준의 요건을 지속적으로 충족하는지를 확인하기 위하여 연 1회 이상 업무의 지도 및 점검(이하 "점검"이라 한다)을 할 수 있다.

② 제1항의 규정에 따라 점검을 하고자 하는 경우에는 1주일 전에 점검일자, 점검내용, 점검자 등을 서면으로 교육기관에 알려야 한다.

제37조(점검 결과에 따른 조치) ① 국가기술표준원장은 교육기관에 대한 점검 결과 교육기관이 지정기준의 요건을 충족하지 못하는 경우에는 3개월 이내의 기간을 정하여 개선을 권고할 수 있다.

1. 제34조제2항의 규정에 의한 교육기관 지정기준을 위반한 경우
2. 제36조제1항의 규정에 의한 점검을 실시한 결과 보완이 요구되는 경우
② 국가기술표준원장은 교육기관이 다음 각 호의 어느 하나에 해당하는 경우에는 자격심의위원회의 심의를 거쳐 교육기관 운영을 중지하거나 교육기관 지정을 취소할 수 있다.

1. 제1항의 규정에 의한 개선 권고를 거부하거나 회피하는 경우
2. 허위 기타 부정한 방법으로 교육기관을 운영한 사실이 인지된 경우
3. 교육기관으로서 업무수행이 불가능하다고 판단되는 경우
4. 기타 국가기술표준원장이 필요하다고 판단하는 경우

③ 국가기술표준원장은 교육기관 운영을 중지하거나 교육기관 지정을 취소한 때에는 이를 고시하여야 한다.

④ 제2항의 규정에 의해 교육기관의 운영이 중지된 기관은 위반한 내용을 개선하고 개선 결과를 국가기술표준원장에게 제출하여야 한다.

⑤ 국가기술표준원장은 제출된 개선 결과를 확인한 후 교육기관 운영을 재개하도록 할 수 있다.

## 제6장 KS 인증 제품 등에 대한 사후관리

제38조(정기심사) ① 인증받은 자는 인증받은 날부터 규칙 제16조에 따른 기간 이내에 정기심사로서 규칙 별표 9 제1호에 따른 공장심사, 제3호에 따른 사업장심사 및 제4호에 따른 서비스 심사를 받아야 한다. 다만, 정기심사를 받아야 할 품목 또는 서비스 분야가 시기적으로 서로 다른 경우에는 가장 앞서 도래하는 품목 또는 서비스에 일괄하여 정기심사를 신청할 수 있다.

② 인증기관은 인증받은 자가 3년 주기 정기심사를 받은 경우 정기심사일을 기준으로 같은 연도에 1년 주기 공장심사를 면제할 수 있다.

③ 제2항에 따라 1년 주기 공장심사를 면제받은 경우에는 3년 주기 정기심사일 다음 연도에 1년 주기 공장심사는 면제되지 않는다.

④ 인증기관은 규칙 제16조에 따른 정기심사결과 규칙 제13조에 따른 인증심사기준에 적합하지 않은 경우 시정을 요구할 수 있다.

⑤ 인증기관은 정기심사 결과 적합한 것으로 확인되면 다음 정기심사기한을 직전 정기심사기한 이후부터 제품인증은 3년, 서비스 인증은 2년 이내로 명시하여 제26조에 따른 인증서를 재발급하여야 한다. 다만, 1년 주기 공장심사의 경우에는 인증서를 재발급하지 않는다.

제39조(시판품조사 및 현장조사) ① 국가기술표준원장은 법 제20조에 따른 시판품조사 등을 실시한 결과 제품 또는 서비스가 KS에 맞지 않아 처분을 하는 때에는 품목별 인증심사기준에 따라 경결함은 경미한 결함으로,

중결함은 중대한 결함으로, 치명결함은 현저히 맞지 아니한 결함으로 그 결함의 정도를 분류하여야 한다.

② 인증기관은 인증받은 자가 영 제28조에 따른 표시정지 3개월 이상의 처분을 받은 때에는 시정조치 완료 보고일로부터 3개월 이내에 규칙 제14조제5항에 따른 공장심사, 제품심사, 사업장심사, 서비스심사 등을 실시할 수 있다.

③ 인증기관은 시판품조사 또는 현장조사 실시 전에 인증받은 자가 규칙 제24조제1항제1호에 따라 제출한 내용을 확인하여야 한다.

제40조(시판품조사 및 현장조사에 따른 처리 절차) ① 국가기술표준원장은 제39조에 따른 시판품조사와 현장조사 결과에 따라 행정처분에 대한 안건을 행정처분위원회에 상정하고 심의를 요청할 수 있다. 다만, 행정처분 예고에 대한 의견제출이 없는 경우에는 안건 상정을 생략할 수 있다.

② 제1항의 안건에는 처분대상자, 처분대상 품목, 예정처분 내용 및 사유, 처분대상자 의견 등이 포함되어야 하고, 제출된 안건에 대하여는 가능한 빠른 시일 내에 위원회에 상정하여 처리하는 것을 원칙으로 한다.

③ KS 인증업체의 의견 청취 결과 이견이 있는 경우, 이해관계자(해당품목에 관한 KS 담당과, 인증기관, 인증업체, 시험 · 검사기관 등)로 하여금 위원회에 출석하여 의견을 제시하게 할 수 있다.

④ 위원회 간사는 위원회 개최 결과를 별지 제18호서식에 의하여 작성하여 표준정책국장에게 보고하여야 한다.

⑤ 표준조정과장은 제4항에 따른 위원회 개최 결과에 따라 처분대상자에게 행정처분을 통보하고 인증기관으로 하여금 행정처분 이행 여부를 확인하게 할 수 있다.

⑥ 인증받은 제품 또는 서비스의 행정처분을 위한 처리절차는 별표 8과 같다.

# 제7장 품목별 품질관리단체

제41조(품질관리단체의 지정) ① 국가기술표준원장은 규칙 제27조에 따라 인증제품의 품목별 품질관리단체(이하 "품질관리단체"라 한다)를 지정할 수 있다.

② 품질관리단체는 다음 각 호의 요건을 모두 갖추어야 한다.

1. 산업표준화의 촉진 또는 소비자보호를 목적으로 하는 비영리법인일 것
2. 법 제18조제1항에 따른 인증심사원을 1인 이상 확보할 것
3. 품질관리업무를 수행하는데 필요한 내부규정(이하 "품질관리 업무규정"이라 한다)이 제39조에 따른 시판품조사 및 현장조사 지원업무 수행에 지장이 없을 것
4. 시판품조사 및 현장조사 업무를 지원함에 있어 공정성을 보장할 수 있을 것

제42조(품질관리단체의 지정절차) ① 인증기관은 국가기술표준원장에게 제41조제2항의 요건을 갖춘 단체를 제1항에 따라 품질관리단체로 지정하여 줄 것을 요청할 수 있다.

② 인증기관이 제1항에 따라 품질관리단체의 지정을 요청하는 경우에는 지정대상 단체에 대한 다음 각 호의 서류를 첨부하여야 한다.

1. 법인등기부등본
2. 정관
3. 품질관리에 관한 사업계획서
4. 인증심사원의 확보현황에 관한 서류
5. 품질관리 업무규정

③ 국가기술표준원장은 제2항에 따라 제출한 서류, 품질관리단체의 지정기준, 이해당사자들의 의견 등을 종합하여 지정심의위원회에 심의를 요청하여야 한다.

④ 국가기술표준원장은 제3항에 따른 품질관리단체의 지정에 관한 심의결과를 인증기관에 알려야 한다.

제43조(시판품조사 등의 지원) ① 국가기술표준원장은 법 제20조에 따른 시판품조사 및 현장조사에 인증기관, 제46조제2항에 따른 KS 인증지원사무국 및 품질관리단체 등에 소속된 KS 인증심사원을 포함하여 필요한 지원을 요청할 수 있다.

② 국가기술표준원장은 예산의 범위 내에서 제1항에 따른 지원 인력 등의 수당과 여비 등 필요한 비용을 지급할 수 있다.

제44조(1년 주기 공장심사의 지원) ① 사무국은 국가기술표준원장이 요청한 경우 인증기관, 품질관리단체 등과의 협의를 거쳐 1년 주기 공장심사에 대한 품목 선정 및 실행 계획을 수립하고, 국가기술표준원장의 승인을 거쳐 인터넷 홈페이지에 공고하여야 한다.

② 인증기관은 제1항에 따라 공고된 1년 주기 공장심사의 실행을 위해 1년 주기 공장심사일 7일전까지 심사 일정을 인증받은 자에게 통보하여야 하며, 품질관리단체에 인력 등 공장심사 지원을 요청할 수 있다.

③ 인증기관은 제2항에 따라 품질관리단체가 보유하고 있는 인증심사원을 지원받는 경우 1년 주기 공장심사반에 품질관리단체 인증심사원 1인이 포함되도록 편성할 수 있다.

④ 인증기관은 제2항에 따라 품질관리단체의 지원을 받아 1년 주기 공장심사 실시한 경우에는 규칙 제23조제2항에 따른 인증심사원의 출장비 및 수당을 당해 단체에 지급하여야 한다. 다만, 품질관리단체의 부담으로 실시할 때에는 1년 주기 공장심사를 받는 자로부터 수수료를 받지 아니할 수 있다.

제45조(품질관리단체의 준수사항 등) ① 품질관리단체는 제41조제2항의 품질관리단체의 지정요건을 유지하고 품질관리 업무규정을 준수하여야 하고, 국가기술표준원장은 품질관리단체에 대하여 연 1회 이상 업무지도·점검을 실시할 수 있다.

② 국가기술표준원장은 품질관리단체가 제1항에 따른 준수사항을 위반한 경우에는 지정심의위원회의 심의를 거쳐 그 지정을 취소할 수 있다.

## 제8장 KS 인증기관협의회 및 KS 인증지원사무국

제46조(협의회의 구성 및 운영) ① 인증기관은 KS 인증업무의 합리적이고 효율적인 운영을 위하여 KS 인증기관협의회(이하 "협의회"라 한다)를 구성할 수 있다.

② 협의회의 KS 인증 관련 사무를 처리하기 위하여 협의회에 KS 인증지원사무국(이하 "사무국"이라 한다)을 둘 수 있다.

③ 협의회는 다음 각 호의 위원으로 구성한다.

1. 규칙 제5조제4항에 따라 지정받은 인증기관의 장

2. KS 인증업무 담당 고위공무원

④ 위원장은 협의회 위원 중에서 호선하고, 간사는 사무국의 담당 부서장으로 한다.

⑤ 협의회는 다음 각 호의 사항을 심의한다.

1. 협의회 및 사무국 운영을 위한 분담금 납부에 관한 사항

2. 사무국 운영재원(사업보고, 사업계획, 예 · 결산 등)에 관한 사항

3. 규칙 별표 8에 따른 KS별 인증심사기준 제 · 개정 또는 폐지에 관한 사항

4. 사무국 및 회원의 제안사항

5. 회칙의 변경 및 협의회 해산에 관한 사항

6. 기타 협의회에서 필요하다고 인정한 사항

제47조(사무국의 업무) 사무국은 다음 각 호의 업무를 수행하고, 국가기술표준원장은 사무국에 대하여 연 1회 이상 업무지도 · 점검을 실시할 수 있다.

1. 규칙 제8조에 따라 국가기술표준원장이 요청하는 인증대상 품목 지정에 관한 지원

2. 규칙 별표 8에 따른 KS별 인증심사기준 제 · 개정 또는 폐지에 따른 중복 · 타당성 조사 · 조정업무 및 이와 관련한 심의회 구성 · 운영

3. 규칙 제16조제1항제1호가목에 따라 국가기술표준원장이 요청하는 1
년 주기 공장심사 품목 지정 등에 관한 지원

4. 법 제20조에 따라 국가기술표준원장이 요청하는 시판품조사, 현장조
사 등의 계획 수립 및 조사 등에 관한 지원

5. KS 인증통계 총괄 관리, 협의회 홈페이지 개발 및 운영

6. KS 인증 관련 민원(불량 인증제품 신고센터 운영, 인증기관 업무처리
불만민원 접수·처리) 통합창구 운영

7. 법 제18조에 따라 국가기술표준원장이 요청하는 인증심사원 자격 심
의 및 자격관리시스템에 관한 지원

8. 제19조제2항에 따라 국가기술표준원장이 요청하는 인증기관의 지
도·점검 계획 수립 등 업무 지원

9. 제32조제2항에 따른 인증심사원에 대한 적격성 검증 업무 지원

10. 제33조제1항에 따른 인증기관 직원의 직무 수행에 필요한 교육

11. 기타 국가기술표준원장이 요청한 사항

**제48조(사무국 운영의 독립성)** ① 사무국은 제47조에 따른 업무를 수행함에
있어 인증기관 등의 특정 이해관계자의 영향을 받지 않도록 독립적으로
운영되어야 한다.

② 사무국은 이해관계자가 균형있게 참여하는 운영위원회 구성 등의 독
립적 운영을 보장하기 위한 조치를 하여야 한다.

**제49조(협력 의무)** 인증기관은 협의회의 요청에 따라 사무국에 KS 인증과
관련된 사항에 대해 협력하여야 한다.

**제50조(분담금 납부)** 인증기관은 협의회 등의 원활한 운영재원 마련을 위
해 제46조제5항제2호에 따라 의결한 분담금을 납부할 의무가 있으며,
사무국은 분담금에 대한 수입 및 지출 실적을 매년 협의회에 보고하여야
한다.

**제51조(재검토기한)** 이 고시는 「훈령·예규 등의 발령 및 관리에 관한 규정」
에 따라 2018년 02월 27일(발령한 날)을 기준으로 매 3년이 되는 시점(매

3년째의 12월 31일까지를 말한다)마다 그 타당성을 검토하여 개선 등의 조치를 취할 수 있다.

**부칙** 〈제2018-43호, 2018. 2. 27.〉

**제1조(시행일)** 이 고시는 발령한날부터 시행한다. 다만, 제38조제1항의 개정규정은 2018년 10월 1일부터 시행한다.

**제2조(위원회에 대한 경과조치)** ① 이 고시 발령 당시 「KS 인증기관 지정 및 인증심사원 자격관리에 관한 요령(국가기술표준원 공고 제2017-81호, 2017.04.11.)」에 따른 지정심사위원회 위원 및 자격심의위원회 위원은 각각 이 고시 제3조제1호에 따른 지정심의위원회, 제3조제2호에 따른 자격심의위원회 위원으로 각각 위촉된 것으로 본다.

② 이 고시 발령 당시 「KS인증 제품 및 서비스의 행정처분 시 절차 등에 대한 운영지침(국가기술표준원 내규 제2015-9호(2015.12.22.)」에 따른 운영위원회 위원은 이 고시 제3조제3호에 따른 행정처분운영위원회 위원으로 위촉된 것으로 본다.

③ 제1항 및 제2항에 따른 위원의 임기는 각 위원별 위촉장에 명시된 기간에 따른다.

**제3조(정기심사에 대한 경과조치)** 이 고시 발령 당시 인증서에 정기심사기한이 기재되어 있지 않은 경우에는, 최초인증일, 인증기관 변경일, 이전심사일, 3년 주기 정기심사일 중 가장 최근의 날을 제38조제5항에 따른 직전 정기심사기한으로 본다.

**제4조(인증기관 및 인증심사원에 대한 경과조치)** ① 이 고시 시행일 이전에 「KS 인증기관 지정 및 인증심사원 자격관리에 관한 요령(국가기술표준원 공고 제2017-81호, 2017.04.11.)」에 따라 지정된 인증기관은 이 고시에 따라 지정된 것으로 본다.

② 이 고시 시행일 이전에 「KS 인증기관 지정 및 인증심사원 자격관리에 관한 요령(국가기술표준원 공고 제2017-81호, 2017.04.11.)」에 따라 자

격이 부여된 인증심사원은 이 고시에 따라 자격이 부여된 것으로 본다. 다만, 요령 제정 시행일(2015.07.27.)이전 인증심사원증을 발급받은 인증심사원은 이 고시 시행일로부터 1년 내에 제30조에 따라 인증심사원 자격 구분 및 심사업무 범위를 부여 받아야 한다.

③ 제2항 단서에 따라 인증심사원증을 다시 발급받아야 하는 심사원은 규칙 별지 제12호서식의 인증심사원증 발급신청서와 심사수행범위 신청 내역서(별지 제13호서식)을 국가기술표준원장에게 제출하여야 한다.

제5조(교육기관에 대한 경과조치) 이 고시 시행일 현재 KS 인증심사원 자격 교육 및 직무교육을 실시하는 교육기관은 이 고시 시행일로부터 1년 이내에 제34조에 따른 교육기관 지정기준을 충족시키는 지를 제35조의 절차에 따라 확인받아야 한다.

제6조(산업표준심의회에 대한 경과조치) 이 고시 발령 당시 종전 고시(국가기술표준원 고시 제2013-60호, 2015.02.25.)에 따라 운영되는 산업표준심의회 관련 규정은 별도의 고시가 있을 때까지 종전 고시(국가기술표준원 고시 제2015-60호, 2015.02.25.)에 따른다.

제7조(폐지) 국가기술표준원 공고 제2017-81(2017.04.11.)호 및 국가기술표준원 내규 제2015-9호(2015.12.22.)는 폐지한다.

## [엮은이 소개]

### 박 형 수

전남대학교 법대 행정학과를 졸업하고 1996년 한국표준
협회에 입사하여 경영기획팀, 표준진흥팀, KS 인증진흥
팀에서 근무했으며, KS 인증기관협의회 KS 인증지원사
무국장을 거쳐 현재는 KS 인증지원센터에서 센터장으로
근무하고 있다.

▸ 주요 자격: KS인증심사원, 자가품질보증심사원, 국가
  품질상 유공자부문 심사위원, QMS심사원보, 표준전문가
  1급, 품질관리담당자

### 조 철 호

인천대학교 토목공학과를 졸업하고 교통대학교(前충주
대학교) 대학원 산업공학과에서 석사학위를 받았다. 1990년
한국표준협회에 입사하여 KS 인증 건설화학팀, 충남북부
지역본부에서 근무했으며, 현재는 국제인증심사센터에서
수석연구원으로 근무하고 있다.

▸ 주요 자격: KS인증심사원, 자가품질보증심사원, 품질관리
  담당자, 건설재료시험기사